Rimantas Matulis

LIETUVIŲ TAUTOS KILMĖ

CHARIBDĖ

Vilnius

Rimantas Matulis
LIETUVIŲ TAUTOS KILMĖ
Istorinės apybraižos
2-oji pataisyta, papildyta laida

Redaktorė Rita Kubilienė
Dizainerė Laura Luišaitytė
Korektorės
Ieva Lukoševičienė
Birutė Petkevičienė

© Leidykla „Charibdė", 2017
© Rimantas Matulis, 1990, 2017

Nuotraukų autoriai
Vytautas Abramauskas,
© Nacionalinis muziejus Lietuvos Didžiosios Kunigaikštystės valdovų rūmai, p. 237
Vytautas Musteikis, p. 236

Visos teisės saugomos. Nė viena šio leidinio dalis negali būti publikuojama, laikoma elektroninėse laikmenose ar kitu būdu dauginama be raštiško leidėjo sutikimo

Išleido leidykla „Charibdė"
www.charibde.lt

Leidinio bibliografinė informacija pateikiama Lietuvos nacionalinės Martyno Mažvydo bibliotekos Nacionalinės bibliografijos duomenų banke (NBDB)

ISBN 978-9955-739-63-0

Turinys

Įžanga 9

I
LIETUVIŲ TAUTOS KILMĖ 11

SENIAUSI LIETUVOS GYVENTOJAI 13
BALTŲ GENTYS 17
   Aisčiai – estijai 17
   Baltai 20
   Lietuviai ir latviai 22
   Prūsai 29
   Bartai 34
   Galindai 38
   Sambiai 41
   Varmiai 43
   Skalviai 45
   Sūduviai 45
   Kuršiai 46
   Sėliai 48
   Geruliai 50
   Vitingai ir vidivarijai 54
   Gepidai 55

Stavanai 56
Arimfėjai 57
Neurai 58

GENTYS, ĮSILIEJUSIOS Į BALTŲ ETNOSĄ IŠ BALKANŲ IR
JUODOSIOS JŪROS BASEINO 60
    Sarmatai 60
    Hetai, getai, gotai, jotvingiai ir giminingos gentys 62
    Trakai 69
    Dakai 71
    Mezai 73

KAIMYNINĖS TAUTOS, TURĖJUSIOS ĮTAKOS BALTŲ GENTIMS FORMUOTIS 76
    Krivičiai 76
    Slavai 77
    Lenkai 79
    Rusai 80
    Vandalai venedai 82
    Veletai 87
    Alanai 88
    Skitai 90
    Kimbrai kimerai 91
    Vokiečiai 93
    Germanai 93
    Finai suomiai 95
    Hunai 97
    Kitos tautos, gyvenusios Lietuvoje 97

Pabaiga 99
Išvados 99

II
RIMANTO MATULIO STRAIPSNIAI APIE LIETUVIŲ TAUTOS KILMĘ 101

PTOLEMAJO GEOGRAFIJA IR BALTŲ TAUTOS 103
APIE ALGIRDO PATACKO KNYGĄ *LITUA* 111
GIRIŲ GYVENTOJAI GERULIAI IR LIETUVIŲ KILMĖS IŠ ROMĖNŲ TEORIJA 117
NETIKĖTA ĮSPŪDINGA KNYGA APIE MŪSŲ PROTĖVIUS 128
PROKOPIJUS IŠ CEZARĖJOS 131
KAS TRUKDO SPRĘSTI LIETUVIŲ KILMĖS PROBLEMAS? 132
HIPERBORĖJŲ APOLONAS, ŠVENTOS UPĖS IR LIETUVOS VARDO KILMĖ 139
AR NORS KIEK MOKSLAS PRIPAŽINS GEDGAUDĄ? 144
GYVENANTYS UŽ ŠIAURĖS VĖJŲ: HIPERBORĖJAI IR ARIMFĖJAI 147
KAIP J. STATKUTĖ DE ROSALES BANDO GRIAUTI ISTORINIUS ŠTAMPUS APIE MŪSŲ PRAEITĮ? PASLAPTINGIEJI GOTAI 151
DAKAI 154
TRAKAI 158

BALTŲ GENTYS ISTORIJOS ŠVIESOJE (*Ciklas*) 162
    Galindai 162
    Neįminta mįslė: getai ar arijai? 165
    Skitų, sarmatų ir alanų indėlis į Lietuvos istoriją 169
    Mezija prie Dunojaus ir Lietuva 173
    Sūduviai ir getai 175
    Neurai, galėję pasiversti vilkais 178
    Bartai 180
    Sėliai 183
    Prūsai 185
    Sambiai 188
    Kuršiai 191

Baltų gentys istorijos šviesoje (*Apibendrinimas*) 193

KAIP LIETUVIAI DALYVAVO SUGRIAUNANT GALINGIAUSIAS
PASAULIO IMPERIJAS?! 199
GEOGRAFIJA PADEDA PERSKAITYTI TAUTŲ VARDUS. *Miškas – laukas* 199
GEOGRAFIJA PADEDA PERSKAITYTI TAUTŲ VARDUS. *Etnonimai
iš spalvų pavadinimų ir kiti geografinės kilmės tautų vardai* 203
KUNIGAIKŠČIŲ IR TAUTŲ VARDAI 207
IŠ KUR TIE SLAVAI? 210
LIETUVIAI – GETŲ IR GERULIŲ PALIKUONYS 212
KAS KLYDO: J.BASANAVIČIUS AR MES? 216
LIETUVIŲ TAUTOS KILMĖS TEORIJŲ SĄVADAS 218
VAIDEVUTIS – LEGENDA AR TIKROVĖ? 224
DIVONIO IŠ BITINIJOS DIENORAŠTIS IR LEGENDOS APIE LIETUVIŲ KILMĘ 227
DVASIOS MILŽINAS PROKOPIJUS IŠ CEZARĖJOS APIE GOTUS IR GERULIUS 230
KĄ REIŠKIA ŠIE ŽENKLAI? 236
APIE MŪSŲ PROTĖVIŲ GERULIŲ KARALIŲ RODVULFĄ,
RADVILAS IR VAIDEVUTĮ 238
AR VALDĖ LIETUVĄ OSTROGOTŲ KARALIUS TEODORIKAS DIDYSIS? 240
KĄ REIŠKIA ŽODIS „LIETUVA"? 242
KUNIGAIKŠTIENĖ OLGA, DREVLIANAI IR RYTŲ BALTŲ NUKARIAVIMAS 244
ARIOGALA, GERULIAI IR LIETUVIŲ KILMĖS IŠ ROMĖNŲ TEORIJA 246
AR SENOVĖJE LIETUVIAI TURĖJO RAŠTĄ? 248
KĄ MUMS MENA ROMOS IMPERATORIAUS TRAJANO ŽYGIAI? 250
PATRIARCHO DARBAI LIKO NEĮVERTINTI 252
GERULIAI. *Straipsnis Visuotinei lietuvių enciklopedijai (nespausdintas)* 254

Šaltiniai 255
Vardynas 271

Įžanga

Nuo seniausių laikų visos tautos stengdavosi išsiaiškinti savo kilmę. Ir jei kas imdavo labiau gilintis, visada susidurdavo su begale problemų. Tyrinėtojams dirbti būdavo lengviau, kol jie nepasiekdavo didžiojo tautų kraustymosi arba dar senesnių klajoklinės gyvulininkystės laikų, kai ištisos tautos per kelis šimtus metų galėdavo persikelti iš vieno Europos galo į kitą.

Lietuvių tautos kilmės problema nesudaro išimties. Senovėje į mūsų tautą įsiliejo daugybė genčių ir gentinių junginių. O kiek pėdsakų paliko įvairūs užkariautojai?

Tautos kilmės klausimo nagrinėti chronologiškai neįmanoma, nes kad ir kurią gentį imtume, ji dažniausiai gerokai pasikeitusiu pavadinimu minima labai skirtingais laikotarpiais. Taigi kiekvienu tam tikru laikotarpiu susidarytų ir didžiulis sąrašas genčių, turėjusių įtakos lietuvių tautai formuotis. Todėl lengviausia būtų nagrinėti atskiras ar susijusias gentis ir pasekti jas pavieniui nuo seniausių iki tų laikų, kai vienų vardai išnyksta istorijos priešaušryje, o kai kurių iš jų vardai pasiekia ir mūsų laikus.

Nagrinėdami šį iškeltą klausimą, gentis arba tam tikrus geografinius pavadinimus turėsime skirstyti pagal jų svarbą mūsų nagrinėjamam klausimui. Taip pamažu nuo pačių svarbiausių etninių vienetų pereisime prie tokių, kurie turėjo tik šalutinės reikšmės lietuvių tautai susidaryti, o pabaigoje paminėsime ir kaimynus, nes visais laikais vyko tautų maišymasis ir jokios kaimyninės tautos čia negalėjo likti visiškai nuošalyje.

Šioje knygoje bus kalbama ne tik apie lietuvių tautos, bet ir apie visų baltų tautų kilmę. Žodis „lietuvių" pasirinktas todėl, kad baltų arba aisčių vardai yra per daug bendri ir ne visai nusako vieną etninį junginį – tautą. Jeigu knygą pavadintume „Lietuvių ir latvių tautų kilmė", tai tuoj iškiltų klausimas, kodėl neminimi prūsai, jotvingiai ir kt.

Rašytiniais šaltiniais remsimės pirmiausia, nes kalbant etniniais klausimais jie bene labiausiai gali padėti. Seniausią periodą iki rašytinių šaltinių atsiradimo paminėsime tik pačiais bendriausiais bruožais. Rašytiniais šaltiniais dėl įvairių kliūčių kartais teks ir netiesiogiai pasiremti. Kiek sunkesnė problema bus archeologinės medžiagos taikymas. Kol kas dar neįmanoma daugelio aptariamų genčių susieti su atskiromis archeologinėmis kultūromis.

Pastaruoju metu lietuvių kilmės problemas daugiau archeologiniu aspektu kartu su gana didele mokslininkų grupe labai plačiai tyrinėja Eugenijus Jovaiša. Man teko daugiau remtis istoriniais šaltiniais, o Sąjūdžio ir Nepriklausomybės laikais buvau gerokai įsitraukęs į politiką, todėl lietuvių tautos kilmės problemos buvo kiek atidėtos.

Mūsų dienomis senesnių laikų autorių darbai skelbiami netolygiai. Visai neteisinga, kad didelė dalis romantizmo laikų istorikų ir jais besiremiantys autoriai ignoruojami. Turbūt reikėtų ne atmesti, o tikrinti jų pateiktus ir minimus istorinius šaltinius.

Lietuvių tautos kilmės knyga tikiuosi prisidėti prie keliamos problemos sprendimo ir būsiu dėkingas visiems, kurie, perskaitę šį tyrimą, pateiks savo nuomonę apie jį. Taigi pasisakome už drąsias hipotezes, už praeities pažinimą ir savęs suvokimą.

Tenka atsiprašyti skaitytojų, kad ne dėl autoriaus kaltės rankraštis sovietmečiu išgulėjo 10 metų neskelbtas, o šis 2017 m. variantas paskelbtas iš naujo, nes Sąjūdžio laikais 1990 m. gana kukliai publikuotas pirminis tekstas buvo labai greitai išpirktas ir šiuo metu yra tapęs bibliografine retenybe. Rengdamas kartotinį leidimą ne tik klaidas stengiausi ištaisyti, bet ir tekstą papildžiau naujausiais duomenimis. Be to, noriu padėkoti A. Girininkui ir V. Girininkienei už pagalbą ruošiant „Seniausių Lietuvos gyventojų" skyrių, be kurio skaitytojai negalėtų susidaryti pilnesnio vaizdo apie lietuvių kilmę.

I
LIETUVIŲ TAUTOS KILMĖ

SENIAUSI LIETUVOS GYVENTOJAI

Dėl medžiagos trūkumo šį laikotarpį galime nagrinėti chronologiškai, neieškodami kokio nors atskiro etninio vieneto individualių raidos kelių. Nėra kaip apeiti drąsių A. Seibučio hipotezių apie mūsų protėvių gyvenimą dabartinėje teritorijoje dar visiškai neištirpus ledynui, t. y. prieš 12000–10000 metų ar seniau. Jau pats šis penkiaženklis skaičius verčia abejoti. Juk tokiais senais laikais per ledynu apklotą žemę galėjo klajoti tik nedidelės žmonių grupelės, kurios, sekdamos paskui šiaurės elnius, vargu ar galėjo ilgai gyventi vienoje vietoje. Tiesiog neįtikėtina, kad tokios nesėslios žmonių grupės galėtų perduoti iš kartos į kartą tam tikrų geografinių vietų vardus, kurie išliktų iki mūsų dienų. Tačiau paleogeografinės senų vietovardžių studijos stebinamai patvirtina A. Seibučio hipotezę[1]. Kol kas negalime pasakyti nei „už", nei „prieš". Galbūt ateities tyrinėtojai išspręs šią problemą.

Iš archeologų akmens amžiaus Lietuvos gyventojus išsamiausiai tyrinėja R. Rimantienė. Jos nuomone, pirmieji gyventojai Lietuvos teritorijoje turėjo pasirodyti tarpledyninio atšilimo – biolingo – metu, maždaug prieš 11 tūkst. m. pr. Kr. To laikotarpio radinių buvo aptikta netoli Lietuvos sienos – šiaurės Prūsijoje ir šiaurės Lenkijoje[2]. Nedidelės medžiotojų grupės, autorės nuomone, tuo metu turėjo pasiekti Lietuvą iš Danijos – šiaurės Vokietijos. Paskui, 11000 m. pr. Kr., klimatas vėl atšalo ir visi žmonės persikėlė į šiltesnius kraštus.

Nuolat mūsų kraštas buvo apgyvendintas antrojo atšilimo – aleriodo – laikotarpiu: 10000 m. pr. Kr. Lietuvoje pamažu įsitvirtino svidro kultūros medžiotojai, o madleno kultūros medžiotojai buvo svečiai iš tolimųjų kraštų[3]. Svidrinė kultūra išsirutuliojo iš ankstesnių Lenkijos–Vakarų Ukrainos kultūrų[4]. R. Rimantienė rašo, kad būdingas svidrinės kultūros gyventojų bruožas Lietuvoje yra didžiulės jų stovyklos su daugeliu lizdų. Tai rodytų, kad stovyklose gyvenusieji žmonės neklajojo dideliuose plotuose ir turėjo būti atėję ne iš toli. Senosios svidrinės Lietuvos stovyklos priklausė pagrindinei šios kultūros paplitimo sričiai, tad jų gyventojus tenka laikyti vietiniais[5].

Madleno kultūra egzistavo 10 tūkst. m. pr. Kr. Vakarų ir Vidurio Europoje. Atėjusi iš Vakarų į Lietuvą, ši kultūra pasidalijo į keletą savitų Baltijos tautų kultūrų variantų[6]. Būdingas Lietuvos madleno paminklų bruožas, skiriantis juos nuo svidrinių, yra tas, kad madleno stovyklos dažniausiai yra mažos, vieno lizdo, su negausiu titnago inventoriumi[7]. Pamažu abi kultūros susipynė, praturtino viena kitą. Žmonės buvo priversti dažnai ir toli keliauti dėl medžioklės ir dėl egzogaminių santykių, ieškodami partnerio būtinai kitoje gimininėje bendruomenėje[8].

9 tūkst. m. pr. Kr. iš pietų Europos pradėjo plisti azylinė kultūra, išsirutuliojusi iš vienos madlo kultūros šakos. Klaidžiojimo plotai sumažėjo, gyventojai tapo sėslesni[9]. Susiformavo jau tam tikras etninis-kultūrinis junginys tarp Oderio, Karpatų, Polesės ir Pietų Lietuvos[10].

Prasidedant mezolitui, vadinamuoju epipateolito laikotarpiu, Lietuvoje išnyko šiaurės elniai ir paskui juos į šiaurės rytus pasitraukė didelė dalis Lietuvos gyventojų[11]. Ankstyvuoju mezolito laikotarpiu iš vakarų Lietuvą pasiekė maglemozinė žvejų kultūra, giminiška Baltijos madlenui, dabar ji gerokai skyrėsi nuo buvusios savo tėvynėje Danijoje[12]. Vėliau, mezolite (8–4 tūkst. m. pr. Kr.), Lietuvoje susiformavo vietinė mikrolitinė-makrolitinė kultūra, perėmusi senesnių kultūrų palikimą.

Svidrinė kultūra Lietuvoje ir Vakarų Baltarusijoje išsilaikė paleolite. Dalis svidrinės kultūros gyventojų liko Lietuvoje ir vėliau daugiausia jie formavo naują mezolito kultūrą, kuri išlaikė dalį svidrinių elementų iki pat neolito[13]. R. Rimantienė rašo, kad maglemozinės kultūros elementai už Lietuvos į rytus nesiplėtė, o mikrolitinė-makrolitinė kultūra daugiau susikoncentravo Baltarusijoje.

Antropologiniu požiūriu, iš keleto rastų kaukolių galima nustatyti, kad paleolite ir mezolite Lietuvoje gyveno įvairių tipų žmonių: viena kaukolė priskiriama ilgagalviams, senajam Viduržemio pajūrio tipui, o kita – plačiagalviams; tačiau iš viso mezolito Lietuvos gyventojai priskiriami europidams[14]. R. Rimantienės nuomone, ir mes išlaikėme kai kuriuos paleolito ir mezolito gyventojų bruožus.

Iš mikrolitinės-makrolitinės kultūros išsirutuliojo Nemuno aukštupio neolitinė kultūra. Anot R. Rimantienės, vėliau šiems seniesiems gyventojams susimaišius su virvelinės keramikos nešėjais, susidarė baltų gentys[15].

Grįždami prie neolito vėl pasiremsime R. Rimantienės tyrinėjimų išvada, kad nuo mezolito pabaigos per visą neolitą baltų teritorijoje išlieka dvi skirtingos kultūros sritys: 1) vakarinė Latvija, vakarų Lietuva ir didelė Prūsijos dalis; 2) Pietų Rytų Lietuva ir Baltarusija, besisiekianti su Dniepro-Donecko kultūra[16]. Abiejų kultūros grupių keramika yra skirtinga, be to, vakarinei grupei būdingi kauliniai dirbiniai, o rytinei – titnaginiai[17].

Ir latvių archeologė L. Vankina pabrėžia, kad neolite Vakarų Latvijos Sarnatės tipo keramika labai skiriasi nuo duobėtos dantytos keramikos, būdingos Rytų Latvijai (Sarnatės tipo keramika skiriasi ir nuo vėlesnės virvelinės keramikos, išplitusios II a. pr. Kr. pradžioje didesnėje Europos dalyje[18]).

Anot R. Rimantienės, ir neolito Lietuvoje randama europidinių kaukolių su kai kuriais pietietiškais požymiais; kaukolės su mongoloidų bruožais sudaro tik išimtis[19]. Jei žvelgiame platesniu Šiaurės Rytų Europos mastu, matome didelę rasių įvairovę. A. Briusovas, remdamasis M. Gerasimovu, aprašo šioje teritorijoje rastas europidų, mongoloidų, įvairių jų mišinių ir net negroidų kaukoles[20].

Neolito pabaigoje, 2 tūkst. m. pr. Kr. pradžioje, baltų žemes, kaip ir likusią Europą, užplūsta naujos gentys, puošusios savo keramiką įspaustos virvelės ornamentais, kovose naudojusios laivinius akmeninius kirvius ir laidojusios gentainius vienišuose kapuose. Šios, atkeliavusios gentys, turėjo lemiamos reikšmės kultūrai, nors atsikeldamos rado ir iš seniau gyvenusių indoeuropiečių genčių. Mums labai svarbu nustatyti, ar virvelinės keramikos nešėjai kalbėjo baltų kalbomis, ar vietiniai senesni gyventojai vartojo tas kalbas ir asimiliavo ateivius. Atėjūnai nevienodai įsigalėjo naujai apgyvendintuose Rytų Europos plotuose. Pamaskvyje ir prie Volgos įsikūrė vadinamosios Fatjanovo kultūros atstovų, giminingų Ukrainos katakombinei kultūrai[21]. Vietiniai gyventojai buvo medžiotojai, o naujieji, priešingai, gyvulių augintojai. Senesnius gyventojus jie arba išvijo, arba sunaikino, nes neaptikta jokių abiejų genčių kontaktų. Šiauriniuose Baltijos kraštuose jų giminaičiai tikriausiai „ištirpo" tarp ugrosoumių[22] arba susiliejo su indoeuropietiškomis Narvos kultūros gentimis. A. Briusovo nuomone, šios naujos gentys Baltijos kraštuose neįsitvirtino (tai tinka tik šiaurinei Baltijos daliai – Estijai ir Suomijai). J. Žurekas spėja, kad virvelinė Žucevo keramika (Šiaurės Lenkija) gali būti siejama su baltų kultūros pradžia[23]. Vakarų Latvija, kuriai būdinga minėta keramika – priešinga virvelinei – galėjo būti išlikusi kaip senųjų gyventojų sala. R. Rimantienė rašo, kad virvelinė keramika Lietuvoje suliejo skirtingas Vakarų ir Rytų kultūras, nors ir paliko kai kurių skirtumų[24]. Virvelinės keramikos nešėjai labiausiai galėjo būti susiję su getų-trakų, taip pat ir su venedų-vandalų gentimis, kurios labiausiai buvo įsitvirtinusios Mažojoje Azijoje ir kituose gretimuose ragionuose.

Yra tam tikra grupė radinių iš neolito, priskiriamų tik baltams, – tai „baltiški" kirviai su lygiomis ilgosiomis briaunomis. Įvairūs autoriai tokius kirvius mini Lietuvoje, Baltarusijoje, Prūsijoje ir Lenkijos pamaryje; daugiausia jie randami kartu su virveline keramika[25].

Žalvario amžiuje Lietuvoje įvyko daug pakitimų: pradėti vartoti metalai, virvelinę keramiką pakeitė brūkšniuotoji, atsirado įtvirtintos gyvenvietės – pirmieji piliakalniai, atsirado mirusiųjų deginimo paprotys ir pirmieji pilkapiai. Tačiau neatsižvelgiant į šias naujoves, ryškaus etninio gyventojų pasikeitimo nepastebėta, nes įvairių dirbinių formos, pamažu tobulėdamos, rutuliojosi gana nuosekliai.

Etninių klausimų ir gyventojų pakitimo ryšius nagrinėsime kalbėdami apie atskirus etninius junginius. Vis labiau artėjant prie rašytinių šaltinių, kai kuriuos reiškinius jau galima bandyti susieti su etninėmis grupėmis.

BALTŲ GENTYS

Aisčiai – estijai

Seniausias, ryškiausiai apibrėžtas ir tiksliausias baltų genčių pavadinimas yra estijų gentys, t. y. „rytų gentys". Mūsų kraštą taip pavadino Vakarų kaimynai, po to šis vardas prigijo Romos imperijoje, Karolio Didžiojo valstybėje ir kituose Vakarų, Vidurio ir Pietų Europos kraštuose. Rašytiniuose šaltiniuose seniausias estijų paminėjimas aptiktas keliautojo iš Masilijos (dabar Marselis) Pitėjo raštuose. Strabonas (I a.), perpasakodamas Pitėją, aisčius vadina *Ostiaioi* (Ostimioi)[26]. T. Narbutas, naudodamasis Stefano Bizantino (Stephanus Byzantinus) perpasakojimu iš Pitėjo raštų, šį vardą pateikia kiek kitaip: *Ostyaeos, Ostiones*[27]. O pasak S. Daukanto, Pitėjas aisčius vadinęs *aestuarii* (aušrėnais)[28].

Kokia neapibrėžta tuo metu buvo genčių etninė priklausomybė, galima spręsti kad ir iš to, jog K. Tacitas aisčius (*aestiorum gentes*) mini kalbėdamas apie Germaniją. Jis sako, kad aisčiai pagal papročius ir išorę yra panašūs į svevus, o pagal kalbą – į britus[29].

Apie 523–526 m. ostrogotų karalius Teodorikas, dėkodamas už dovanas, siunčia aisčiams laišką, kuriame save tituluoja *Haestis Theodoricus Rex*. Šis laiškas įdėtas į Teodoriko sekretoriaus, rašytojo Kasiodoro (Cassiodorus) raštus[30]. Į anglosaksų kalbą išverstoje Orozijaus *Pasaulio istorijoje* sakoma, kad prie Baltijos jūros gyvena ostijai[31]. Estijus (*aesti, aestorum*), užimančius ilgą Baltijos jūros pakrantę už Vyslos, mini gotų istorikas Jordanas (VI a.), kalbėdamas apie IV a. viduryje ostgotų karaliaus Hermanariko užvaldytas tautas[32].

Kaip matėme, iki šiol visuose šaltiniuose pasitaikantys vardai – estai, estijai, ostai – reiškia rytus ir jokiu būdu negali būti perskaityti kaip aisčiai. Tik Karolio Didžiojo biografas Einhardas, pats, matyt, mažiau susidūręs su baltų gentimis dėl didelio atstumo, rašo, kad prie Baltijos jūros (*ad litus australe*) gyvena slavai, aisčiai (*Sclavi et Aisti*) ir įvairių kitų tautų[33]. IX a.

pab. Vulfstano aprašyme estijų žemė vadinama *Eastland*[34]. Baltijos jūra čia tituluojama Rytų jūra (*Ostsae*) ir greta minimos Aistmarės (*Estmere*), kurias tiksliau reikėtų vadinti Estmarėmis.

Skandinavų vikingų šaltiniuose baltų žemės, taip pat ir Rusija, vadinamos Rytų šalimis. T. Narbutas surinko šiuos skandinaviškus rytų Baltijos vardus: *Austurland, Austarreich, Austurweg*[36], *Ostrogardya*[37]. S. Daukantas prie Dauguvos patalpina ir mitinį Asgardą, kur gyvenęs Odinas (vėliau sudievintas) ir valdęs skandinavus[38]. Apie Ostrogardiją kronikininkas Helmoldas tiesiog rašo, kad „danai taip vadinę Rusiją todėl, kad yra rytuose"[39]. Kol kas neaišku, ar ši sąvoka apėmė ir Lietuvą. Ji galėjo reikšti baltų žemes prieš slavų kolonizaciją. Tada natūralu, kad šis terminas apimtų ir Šiaurės Rusiją.

Yra dar vienas pavadinimas, patvirtinantis estijų kildinimą iš „rytiečių": anglosaksų seniausioje poemoje *Widsith* tarp daugybės dainiaus aplankytų tautų minima ir *Iste*[40]. Abejonių kelia tik žodžio pradžioje tariama *i*, kuri būdinga naujajai anglų kalbai, o pats žodis reiškia *rytus*. Prieš balsių kaitą senojoje anglų kalboje šis garsas greičiausiai turėjo būti tariamas *e*. Be to, balsiui *i* pasikeitus į *ai*, galėjo atsirasti ir Vulfstano įvesta forma *aisti*. A. Račkaus nuomone, skandinavai prūsų lietuvių žemę vadinę *Reit-gota-land* (Rytų gotų žemė)[41]. Prie galutinai neišaiškintų estijų (aisčių) vardo variantų reikėtų priskirti *hosijus* (osijus), pažymėtus Ptolemajo žemėlapyje į šiaurę nuo venedų ir veltų, už Chersino upės. Tikra šio vardo forma yra *hossii*[42]. Tačiau P. Klimas rašo, kad vienintelis vardas Ptolemajo darbuose, kurį galima sieti su aistais, yra *Ossioi*[43]. Galbūt šis variantas pakliuvo į kitus Ptolemajo veikalų leidimus?

Iki XX a. pradžios estijų (aisčių) kildinimas iš „rytiečių" buvo visuotinai priimtas[44, 45]. Panašios nuomonės laikosi M. Aleksaitė-Gimbutienė[46] ir daug kitų istorikų. Tačiau tokiu aisčių vardo kildinimu abejoja J. Basanavičius[47].

K. Būga ir K. Jaunius šio amžiaus pradžioje iškėlė hipotezę, kad žodis *Aistuva* etimologiškai giminingas su indoeuropiečių *os*, lotynų *or-a* ir reiškia, kaip ir lotynų kalba *Ostium*, „pakraštinę žemę"[48]. *Ost* – rytai ir *Ostium* – „pakraštinė žemė" gali turėti ir tam tikrą etimologinį ryšį. Visai priešingi bandymai kildinti aisčius iš gotų *aistan* – gerbti, brangintii (V. Gaerte)[49] arba iš Suvalkijos vandenvardžio Aista[50], iš vokiečių žemaičių *este* – jauja ir pan.[51] Atsižvelgiant į tai, kad garsas i žodyje estai, estijai (*aesti*) įsiterpė tik apie IX–XI a. (nepatvirtinta lieka žinia, kad skandinavų *Gutasaga* mini salą *Dagaipi* (Dago) prie *Aistland*[52]), reikia sugrįžti prie ankstesnės nusistovėjusios nuomonės, kad estijai (ne aisčiai) tiesiogiai reiškia „rytiečius". Tą patį sako ir šiuo metu išlikęs estų tautos vardas, kuris skandinavams reiškia „rytų gyventojus". O lietuvių germanams duotas vardas – vokiečiai (latvių k. – *vaci, vacieši*), kaip ir skandinavai, kur skandinasi, skęsta saulė, atvirkščiai, reiškia – „vakarų gyventojai".

Mums dar reikia išsiaiškinti, kokią teritoriją užėmė tos estijų gentys ir kokiems etniniams junginiams jos priklausė. Iš karto turime pastebėti, kad seniausias pavadinimas *aestiorum gentes* apėmė siauresnę teritoriją prie Baltijos jūros (įtraukti ir dabartiniai estai), o skandinavų *Austurveg* ir *Ostrogardija* rytuose jau siekė ir Rusiją. Visa bėda, kad gentinės santvarkos laikais tokie geografiniai terminai niekada nereiškė vieningo etninio vieneto. Užtenka pasižiūrėti į dabartinius kraštus, išlaikiusius ryškius gentinės santvarkos bruožus (pvz., Kaukazas, kai kurios Afrikos bei Azijos teritorijos), ir pamatysime, kad pavienės gentys sudarė atskirus etninius vienetus, daug labiau nutolusius tarpusavyje negu dabar. Tai mes galime pasakyti apie Romos imperijos laikus, kai pirmieji Šiaurės ir Rytų Europos žemėlapiai tiesiog mirgėjo nuo genčių vardų, nors, kaip šiuo metu skelbia J. Statkutė de Rosales, vestgotai (man rodos, tiksliau lietuviškai „visi gotai"), būdami išbarstyti visoje Rytų ir Vakarų Europoje, daugelį savo veiksmų tarpusavyje derino su ostrogotais (ostgotais), vadinasi, jautė bendrą kilmę. Dar seniniais, klajoklinės gyvulininkystės ir poledynmečio, laikais gyventojų sudėtis visoje Šiaurės Europoje vėlgi galėjo būti vienodesnė. Tai mums rodo didelės akmens amžiaus kultūrų teritorijos.

Pagrindinį estijų (aisčių) branduolį prieš 4 tūkstančius metų, kaip minėta, suformavo virvelinės kultūros nešėjai, susimaišę su vietiniais Narvos-Nemuno ir Aukštupio kultūrų gyventojais. Vėliau, žalvario amžiuje, jų apgyvendintą plotą tiksliausiai atitinka baltiškų gyvatgalvių kaplių paplitimo teritorija[53]. Geležies amžiaus būdingiausias baltų bruožas – brūkšniuotoji keramika. Rytuose ji apima Aukštaitiją ir Baltarusiją, o vakaruose, deja, nesiekia Žemaitijos[54], kur kaip tik antikos laikais gyveno *aestiorum gentes*. Šis skirtumas tarp Vakarų ir Rytų Lietuvos gyventojų galėjo išlikti iš neolito laikų, kai būsimus lietuvius atitiko Nemuno aukštupio kultūra, o žemaičius – Narvos-Nemuno. Tokiam etniniam pasidalijimui didelės įtakos, matyt, turėjo ir tai, kad Žemaitijoje ilgą laiką buvo įsigalėję venedai. Tačiau, neatsižvelgiant į visus skirtumus, estijai gyveno didžiulėje teritorijoje tarp Vyslos ir Dauguvos bei tarp Baltijos jūros ir Dniepro aukštupio, daugiausiai miškinguose plotuose. Miškas buvo vienas iš skiriamųjų estijų teritorijos bruožų.

Tad estijais ir dabar reikėtų vadinti estus, latvius ir lietuvius. Tai būtų daug patogesnis terminas negu Pabaltijis, nes Pabaltiju dažnai vadinamos visos tautos aplink Baltijos jūrą. Tik teritorijos vardas Estija skambėtų taip pat kaip ir dabartinės Estijos vardas ir sudarytų daug keblumų. Tačiau reikia nepamiršti ir to, kad Estija dar turi kitą pavadinimą: Estonija.

Baltai

Antras, labiau prigijęs terminas, taikomas estijų kraštams, yra baltai. Baltijos vardą pirmasis pamini Ksenofontas iš Lampsako, kurio žinios mus pasiekė per Plinijaus *Gamtos istoriją*: „Skitų pajūry trijų dienų jūros kelione pasiekiama labai didelė sala, vadinama Baltija (*Balciam tradit*), kurią Pitėjas vadina Bazilija[55]. Baltijos sala čia laikomas Skandinavijos pusiasalis; tai patvirtina Eratosteno Europos žemėlapis (220 m. pr. Kr.)[56], kuriame ryškiai pažymėta Anglija (Albijono sala) ir didelė šiaurėje nesibaigianti sala – Baltija. Abejonių gali kelti tik Plinijaus aiškinimas, kad Baltijos salą Pitėjas iš Masilijos vadino Bazilija. Jau Detlefsenas, Irena Nievojska[57] ir kt. pastebėjo, kad Pitėjo ir Timajaus (*Timaeus*) sala Abalus yra Sambija (*Semba*). Anot Plinijaus, Timajus salą vadinęs Bazilija (*Basilia*)[58]. Taigi Baltija ir Abalus greičiausiai yra dvi skirtingos salos, kurioms abiem Plinijus suteikia Bazilijos vardą. Su Baltijos vardu Goselinas sieja Beltų sąsiaurį tarp Jutlandijos ir Skandinavijos[59].

Ir visiškai naujai turime atkreipti dėmesį į tai, kad baltai (gentis ar viena seniausių didikų pavardžių) minimi jau V–VI a. tarp Ispaniją nukariavusių „visų gotų" genčių (vestgotų pavadinimas yra primestas „visiems gotams" siekiant juos atskirti nuo į Rytų Europą atsikrausčiusios jų dalies – ostrogotų (ostgotų)). Tik abejotina, ar suteikdamas aisčiams baltų vardą, apie Ispanijos baltus žinojo Neselmanas.

Toliau turime peršokti visą tūkstantmetį – tik XI a. vokiečių kronikininkas Adomas Brėmenietis savo veikale *Gesta Hammaburgensis ecclesiae pontificum*, IV kn., 10 sk. pamini Baltijos vardą: „šią įlanką gyventojai vadina Baltija (*Balticus*), nes ji lyg kokia juosta (*baltei*) ilgu ruožu per skitų kraštus tęsiasi"[60]. Anot J. Kabelkos, paaiškinimą Adomas pridėjęs norėdamas nepagrįstai parodyti Baltijos vardo kilmę nuo lotynų k. žodžio *balteus* – juosta, diržas[61]. Straipsnyje sakoma, kad vidurio vokiečiai aukštaičiai Baltijos jūrą vadina *Beltemere*[62].

Neaišku, kokios tautos daugiausiai prisidėjo prie Baltijos vardo atsiradimo. Dž. Bonfantė sieja su ilirų-albanų *balte* – purvas, dumblas, E. Frenkelis (netiesiogiai) su lietuvių baltas, bala[63]. J. Kabelka atsargiai iškelia mintį, kad Baltijos vardas galėjęs būti ir aisčių kilmės, susijęs su vandeniu. Plg. mūsų pelkėvardį *Nemuyn-balt*, pievų vardus *Peuse-balten* ir *Rythabalt*[64]. Be abejo, reikėtų pritarti nuomonei, kad Baltijos vardas greičiausiai yra aisčių kilmės.

Pirmą kartą šį Baltijos vardą aisčiams (estijams) 1845 m. pritaikė vokiečių kalbininkas Neselmanas knygoje *Senųjų prūsų kalba* (*Die Sprache der alten Preussen*)[65]. Taip gana dirbtinai baltų terminas prigijo iš pradžių kalbininkų raštuose, o ilgainiui beveik visiškai išstūmė senesnį ir tikslesnį estijų vardą. Nors, kaip minėjome, estijų terminas daugiau apima Baltijos pajūrį, o baltų – didelę teritoriją į rytus, buvusias baltų žemes.

Lietuviai ir latviai

Iš kur kilo vienintelių išlikusių baltų tautų – lietuvių ir latvių – vardai? Jau iš pirmo žvilgsnio krinta į akis abiejų vardų panašumas. O jeigu peršoksim į XIII a., į ankstyvuosius kryžiuočių laikus, tai pamatysime, kad tada lietuviai ir latviai buvo vadinami visai vienodai: Mindaugo laiške bei Dusburgo kronikoje *Letovia*, *Lethovia*[66] (Lietuva) ir Henriko Latvio *letai* (latviai) bei *lettones*[67] (lietuviai). Abu pavadinimai daugiau nutolo tik po to, kai kalavijuočiai nukariavo Latviją ir perskėlė letus į dvi dalis (mums kalbant apie latvius ir lietuvius kartu, reikėtų sugrįžti prie seno letų pavadinimo – *Letos*, reiškiančio Lietuvą ir Latviją kartu paėmus).

Dabar neįmanoma išsiaiškinti, kas, kur ir kada pirmą kartą pavartojo letų vardą tam tikram etniniam vienetui arba kraštui pavadinti. Taip pat neaišku, kokios buvo pirmos šio žodžio formos. Sunku rasti Europoje kraštą, kuriame kas nors nebūtų aptikęs Lietuvos vardo.

Užtenka čia paminėti neseniai Gedimino Vaišvilos surastus ir paskelbtus *Veide* („Lietuva – atsarginė Litava, bėglių iš Romos imperijos prieglobstis", 2015, 24–25) duomenis, kad Romos imperijos vėlyvuoju laikotarpiu bene penktadalį Romos imperijos kariuomenės (tik neaišku, ar samdytos, ar visos kariuomenės) sudarė letai, kurie, be abejonės, yra tų pačių letų – lietuvių dalis. Pagal kitus duomenis, dar apie 13% romėnų kariuomenės sudarė mūsų protėviai geruliai.

Pasak S. Tarvydo, viena senovės Galijos pajūrio provincija lotyniškai buvo vadinama *Litovia* (pakraščio, pajūrio šalis), o *litus* reiškė pakraščio gyventoją. Todėl kai kurie užsienio lietuviai ir kiti kalbininkai (pvz., Walde) lietuvius siejo su lotynų kalbos žodžiu *litus*[68]. Kadangi *litus* lotyniškai reiškia „jūros pakrantę", tai S. Tarvydas gali būti ir teisus. Tik neaišku, ar vietovardis užrašytas tiksliai. Kai kurie mokslininkai sako, kad lotynų k. V–VI a. Bretanės pusiasalio pajūris vadintas ne *Litovia*, bet *Letau*, *Letavia*[69].

Pataruoju metu iš emigrantų lietuvių vardo kilme daug domėjosi Č. Gedgaudas[70]. Šiaurės Italijoje jis aptiko 195 m. minimą *Litano* mišką; 336 m. Belgijoje vykęs letų sukilimas; 357 m. kairiajame Reino krante buvęs *Pre-*

fectus Loetorum, kur pavaldiniai vadinti *laeti*, *letes*, *lites*, *letovici*; Katalonijos laukuose kautynėse prieš Atilą dalyvavę *letes*; 800 m. Karolio Didžiojo laikais *letes* – *leudes* kovęsi su burgundais. Net patį Liudviko vardą Č. Gedgaudas sieja su lietuviais. Armorike (Bretanėje) jis surado tokius vietovardžius: *Litovia, Litaw, Llydaw* ir kt.

Kai kurie iš Č. Gedgaudo minėtų vardų galbūt tik atsitiktinai primena lietuvių vardą. Bet su kai kuriais paminėjimais, pvz., su minėtomis letų kovomis prieš hunus, turime sutikti. Juk ir S. Daukantas Plinijaus *Istorijoje* (*Hist.*, lib. IV, cap. 25) aptiko tautą, vadinamą *latovici*, gyvenusią į šiaurę nuo Panonijos (dab. Vengrijos)[71] – hunų centrinės teritorijos. Taip pat žinoma, kad Priską, vykstantį į hunų vado Atilos stovyklą, vietiniai gyventojai vaišino gėrimu, vadintu *medos*[72]. Tai gali būti bendras ilirų–baltų ar kokios kitos artimos kilmės žodis. Kronikose suradęs bendrinius vardus: *in Sudua Littonia* (Lietuva Sūduvoje), *Letovini de Samethia* (Žemaitijos lietuviai) ir *Littovin Lant* (Lietuvos kraštas Žemaitijoje), Č. Gedgaudas prieina prie labai pagrįstos išvados, kad šie lietuviai žymi liaudų, tam tikrų karinių lietuvių formuočių teritorijas – stovyklavietes, iš kurių kildina ir lietuvių vardą[73].

Kol kas tokie aiškinimai nėra pakankamai ištirti. Tačiau čekų kalbininkas Šafarikas sako, kad senais laikais iš Azijos į Europą atkeliavusi letų tauta ilgą laiką gyvenusi kartu su graikais. Atsiskyrusi nuo graikų, ji užėmusi Reino sritį ir Galiją. Vėliau iš tos srities ji nukeliavusi į šiaurės rytus ir užėmusi žemes tarp liachų ir šiaurės germanų. Šafariko nuomone, tie letai ir buvę lietuviai[74]. Kaip matėme, Šafariko „maršrutas" užgriebia beveik visas mūsų minėtas vietas.

Čia norėtume priminti dar kai kuriuos lietuvių paminėjimus arba atsitiktinius vardų panašumus, į kuriuos iki šiol nebuvo pakankamai atkreiptas dėmesys. Pvz., Julijus Cezaris netoli Dunojaus ištakų mini *Latobrigus*; Kornelijus Tacitas Šiaurės Balkanuose aprašo tautą *kiolaletus*, kur antroji dalis galėjo reikšti letus. Kiolaletai daug kovojo su odruzais ir dijanais dėl nepriklausomybės[75].

S. Daukantas rašo, kad Dakijoje gyvenę *scirai*, sudargai ir heruliai, 377 m. talkininkavę hunams, lotyniškai buvę vadinami *lituani*[76]. J. Ochmanskis mini hunų vado Atilos laikais buvusią Lietuvą (*Litovia*) prie kairiojo Dunojaus intako Leitos, tarp dabartinės Austrijos ir Vengrijos[77]. Ir T. Narbutas, remdamasis Naruševičiumi, sako, kad Atilai tarnavę litianai (*lithuani*)[78]. Tai, kad baltai gyveno centrinėje Europoje, įrodinėjo čekų kalbininkas K. Turnvaldas. Šiame regione jis surinko daug vietovardžių, kuriuos kildina iš baltų kalbų[79, 80]. Atrodo, kad dalis šių lietuvių bus atėję iš Baltijos kraštų kartu su vandalais-venedais ir gotais Romos nukariavimo laikais, kai 476 m. Odoakras su baltų gentimis geruliais, skiriais ir rugijais nuvertė paskutinį Romos imperatorių nepilnametį Romulą Augustą (Iki šiol literatūroje Odoakro į Romos imperiją atvestos gentys klaidingai laikomos germanais). O prieš Odoakrą prie Dunojaus gyvenę lietuvių protėviai galėjo slėptis po bendru gotų vardu, kuriuo vadinti getai, jotvingiai ir kt. Vargu ar galėjo jie atsidurti Centrinėje Europoje dar senuoju indoeuropiečių kraustymosi laikotarpiu 2 tūkst. m. pr. Kr.

Lengviau paaiškinti vietovardžius Litva Baltarusijoje, vakarų Rusijoje ir vakarų Ukrainoje. Tai greičiausiai lietuvių nunešti vardai Vytauto ir kitų kunigaikščių laikais, bet taip pat dar reikėtų išsiaiškinti, ar jie negalėjo kilti ankstyvuoju baltų išplitimo laikotarpiu, prieš Lietuvos feodalinės valstybės susidarymą.

Mes nesistengsime nustatyti tikrų lietuvių gyvenamų plotų ribų, nes tai būtų neįmanoma. Gentinės santvarkos laikais tokios ribos buvo be galo nepastovios, ką jau kalbėti apie tai, kaip sudėtinga nustatyti tas ribas ir suprasti, kurias gentis laikyti lietuviais, kurias kuršiais, jotvingiais ir pan.

Dabar vyrauja klaidinga nuomonė, kad Lietuvos vardas pirmą kartą paminėtas 1009 m., kai „Šventas Brunonas... Rusijos ir Lietuvos (*Lituae*) pasienyje, pagonių trenktas į galvą, su 18 saviškių vasario 23 d. nukeliavo į dangų"[81]. Senesni Lietuvos vardo paminėjimai dažnai esti skirtingai arba netiksliai užrašyti. Pvz., anglosaksų poemoje *Widsith* minimi *Lidwicings* gali reikšti lietuvius arba Lietuvoje gyvenančius lydus ir vikingus, Lietuvos vikingus (litvikingai) ir pan. Šių klausimų kalbininkai kol kas beveik netyrinėjo.

O lydai Lietuvoje galėjo gyventi. Apie tai rašė J. Basanavičius[82]. Jo pateikti vietovardžiai, kaip Lyda, Lydavėnai, tikrai gali sietis su lydais (čia pridursime vietovardį Lydnia, Šiaulių r.).

Teoriškai iš lydų (lidų), gyvenusių Mažojoje Azijoje, galėjo kilti ir Lietuvos vardas (Lituva), bet tam prieštarauja kai kurie faktai. Herodotas (V a. pr. Kr.) rašo, kad lidai seniau vadinęsi mejonais, o lidų vardą jie priėmę nuo Ačio sūnaus Lido valdymo laikų[83]. Jeigu tas Lidas valdė apie keletą šimtų metų prieš Herodotą, tai lydų tautos dalis į šiaurę turėjo išsikelti beveik antikos laikais. Tačiau apie tokią ryškią migraciją mes kol kas nežinome.

Galimas ir kitas variantas. Tas Lidas galėjo būti mitinė būtybė, pasiekusi mus iš amžių glūdumos – tada lidų tautos vardo atsiradimą tektų nukelti į senuosius indoeuropiečių kraustymosi laikus?! Įdomu, kad tarp galimų Lietuvos vardo paminėjimų yra ir Lydau[84] (su garsu d) Britų salose (žr. skyrių *Kimbrai*). Be to, Mažosios Azijos lydai galėjo būti nuo bendro lietuvių protėvių kamieno atskilusi gentis.

Kita nauja Lietuvos vardo kilmės teorija, kurią norėtume čia paskelbti, siejasi su senąja religija. Mažai kas atkreipė dėmesį į kai kuriuose šaltiniuose minimą lietuvių dievą *Lietuwanį*. Anot T. Narbuto, dievas Lietuvanis primena skandinavų Frėją[85]. Į T. Narbutą galima būtų nekreipti dėmesio, kaip dažnai ir daroma, bet, deja, savo giesmyno dievų sąraše dievą *Lituans* mini Danielius Kleinas (šis dievas paminėtas ir J. Lasickio)[86]. N. Vėlius dar primena, kad „latvių liaudies tikėjimuose nurodoma lietuvėnus esant mirusių blogų žmonių, nekrikštytų vaikų, pakaruoklių, skenduolių dvasiomis, raganų pasiuntiniais, raganų ir burtininkų dvasiomis"[87] (čia neigiamos savybės galėjo atsirasti ir dėl krikščionybės). Strijkovskis teigia, kad dievas Litvanis sukelia lietų. Jam būdavę aukojamos baltos, juodos ir kitokios vištos[88].

Kažkada dievas Lietuvanis galėjo tiesiog reikšti ir lietuvių mitinį, tautinį protėvį – dievą. Tokius dievų vardus, sutampančius su tautos pavadinimu, turėjo daugelis tautų, pavyzdžiui, deivė Eirė žinoma airių mitologijoje[89]. Pausanijus rašo, kad pirma gentis, vadinama helenais, atvyko iš Tesalijos, kur buvo garbinama deivė *Helle*[90], o Kretos salos vardas kilęs nuo žodžio *crateia* – stipri deivė, valdovė[91].

Pereikime prie mūsų hipotezės. Graikų mitologijoje yra žinoma deivė

Leta, ir įdomiausia, kad ją garbinę hiperborėjai, gyvenę „už šiaurės vėjų". Deivė Leta buvusi titanų Fėbės (*Phoebe* – mėnulis) ir Kėjaus (Coeus – išmintis) duktė bei Apolono motina. Pavydi Hera persekiojusi Letą per visą pasaulį ir uždraudusi jai pasirodyti ten, kur šviečia saulė. Galų gale Leta atvykusi į Graikiją pas Ortigiją prie Delfų[92]. Kaip čia neprisiminsi, kad Delfų šventyklą Graikijoje pastatė hiperborėjai (žr. enciklopediją) ir kad bene didžiausias, šių eilučių autoriaus nuomone, Č. Gedgaudo atradimas buvo, kad hiperborėjų Apolonas yra tas pats lietuvių dievas Upelionis (prūsų ir trakų kalbose upė tariama kaip „apė"). Tenka pridurti, kad upių, t. y., vandens, dievo Upelionio motina deivė Leta reiškia ne ką kitą kaip lietų. Taip viskas atsistoja į savo vietas. Paaiškėja, kodėl geruliai vykdavo į Delfus – į atlaidus, ir kodėl, kaip rašo Herodotas, hiperborėjai siuntė moterų delegaciją į Delfus, tačiau jos kažkodėl pas hiperborėjus (baltus) negrįžo. Taip Č. Gedgaudas atvertė naują mūsų istorijos puslapį, susiejęs hiperborėjus, baltus ir senąją baltų religiją.

Šiame mite Leta gali perkeltine prasme reikšti lietuvių atskilimą nuo graikų helėnų atsikraustymo į Heladą metu (plg., Herodoto aprašytus gelonus, kurie atskilę nuo graikų ir ištirpę tarp barbarų iš dalies išlaikydami savo kalbą[93]). Deivė Leta, anot Graveso, savo kilme yra gimininga Egipte ir Palestinoje garbintai derlingumo deivei *Lat* (plg. mūsų Lietuvanį – lietaus sukėlėją) ir romėnų *Latonai*[94] (plg. centrinės Italijos srities pavadinimą *Latium*, iš kurio kilo lotynų kalbos vardas). Letos konfliktą su Hera Gravesas laiko kovos tarp įvairių etninių grupių, atvykusių į Graikiją, atspindžiu[95]. Remdamasis Hekataju ir Diodoru Sikulu (Siciliečiu (?)), Gravesas spėja, kad Letą garbinę hiperborėjai buvę britai, bet čia pat pabrėžia, kad Pindaras juos laikė libiais, t. y. Libijos gyventojais[96]. (O gal čia libiai yra painiojami su lydais, gyvenusiais ir Lietuvoje, arba Latvijos lybių protėviais (?)). Gravesas Letą dar tapatina su hiperborėjų deive Brizo, krikščionybėje ilgainiui tapusia šv. Brigita[97]. Etniniu požiūriu ją sieja su trakais[98] (!). Antras deivės Letos vardo variantas yra Leda[99]. Čia negalime pamiršti, kad sušalęs vanduo ir yra „ledas".

Pastaruoju metu R.Gravesas, detalizuodamas Apolono–Letos mitą, pateikia kitą mito apibendrinimą. Apolonas kiekvieną rudenį vykdavęs į paslaptingą hiperborėjų žemę už Ripėjų kalnų, valdomą Borėjo. Ten gyvenusi laiminga žmonių giminė, garbinusi Apoloną. Apolono motina kilusi iš tos palaimintos žemės, bet ji pasivertusi vilke ir atvykusi į Delfus[100]. Mums įdomu tai, kad būtent pas hiperborėjus ji pasivertė vilku – vilkas žinomas lietuvių mitologijoje (prisiminkime mūsų geležinį vilką ir neurus, kurie galėdavę pasiversti vilkais; šis faktas mus, hiperborėjus ir neurus, tam tikra prasme suartina į vieną etnogentį). Kurgi gyveno tie hiperborėjai? Dėl neapibrėžtų antikos laikų geografinių žinių įvairūs autoriai jų ieško labai skirtinguose kraštuose: nuo pat Britanijos (minėtasis Graves) iki Dniepro žemupio (N. A. Onaiko)[101]. Pabandykime ir mes paieškoti šios žemės remdamiesi graikų mitologija ir istoriniais šaltiniais.

Kalbėdamas apie Dionisą, R. Gravesas rašo, kad jo mokytojas senas satyras Silenas (Silenus) pakeliui iš Trakijos į Beotiją pasigėręs ir užmigęs rožių sode. Sodininkai surišę jį ir pristatę Midui, kuriam buvęs priverstas papasakoti apie didžiulį kontinentą, okeano atskirtą nuo Europos, Azijos ir Afrikos, kur pilna nuostabių miestų, apgyvendintų milžiniško sudėjimo laimingais ir ilgaamžiais gyventojais, prisilaikančiais teisingos įstatymų sistemos. Kartą į šią hiperborėjų šalį buvę pasiųsta daugybė laivų, bet nustatę, kad jų senoji žemė buvusi pati geriausia, keliautojai sugrįžę atgal[102].

Galima spėti, kad čia turima galvoje viena iš trijų žemių: Atlantida, Britanija arba Skandinavija. O ką rašė Diodoras? Remdamasis Hekatajumi iš Abderos (200 m. pr. Kr.) jis jau beveik neabejodamas hiperborėjus apgyvendins Britų salose: „Rytuose priešais keltų žemę (t. y. Galiją), vandenyne po Grįžulo Ratų žvaigždynu, yra sala, nė kiek ne mažesnė už Siciliją, kurioje įsikūrę hiperborėjai"[103] (čia galima įžvelgti ir kimbrų migraciją iš estijų (aisčių) žemių į Britaniją).

Tačiau vienas iš garsiausių antikos geografų Ptolemajas hiperborėjų kalnus pažymi savo žemėlapio pačiame kampe, kažkur šiaurėje už boruskų (prūsų) ir pagiritų, tarp Azijinės ir Europinės Sarmatijos[104]. Taigi matome, kad Ptolemajo hiperborėjai neturi nieko bendra su Britanija, išskyrus tik tai, kad yra toli šiaurėje. Pagal geografinį apibūdinimą būtų panašiau, kad hiperborėjai turėjo priklausyti ugrosuomių gentims, bet tai paneigia jų dalyvavimas deivės Letos šventėse Graikijoje ir hiperborėjo Abario, vieno iš Delfų šventyklos Graikijoje statytojo, pavardė, Lietuvoje išlikusi iki šių dienų. Kadangi ugrosuomiai su indoeuropiečiais buvo negiminingi ir kadangi ugrosuomiai buvo dažniausiai medžiotojų gentys, neįmanoma patikėti, kad jie rengtų tokias ilgas švenčių „ekskursijas" į Graikiją. Taigi patikimiausiais deivės Letos garbintojais lieka tik baltai.

Yra ir kitų faktų, patvirtinančių deivės Letos (Ledos) „buvimą" baltų kraštuose. Nenuilstantis T. Narbutas yra užrašęs lietuvių dainos žodžius su priedainiu: „Lado, Lado, didie mūsų dewe"[105]. Ir mes vaikystėje dar girdėdavome vaikų žaidimuose žodžius: „ledur, ledur, letki" ir pan., kurie galbūt siejasi su deive Leta ar Leda. Pastebėsime, kad Bulgarijoje ir dabar prieš Naujuosius metus išlikęs paprotys – *laduvanije*. Tai yra savotiškas kolektyvinis būrimas, pavyzdžiui, nešamas vanduo, ir tas, kuris nepratars nė žodžio, taps stebuklingas; tą dieną galima išburti ateinančias vestuves ir kt. Čia būtinai dainuojama daina, kuri baigiasi priedainiu *Lado*. T. A. Koleva laiko šias dainas labai senomis ir susijusiomis su slavų deive Lada, vestuvių ir šeimos globėja[106]. Kadangi Bulgarijoje yra šioks toks trakų-getų substratas, bent jau etnografine prasme, tai čia ryšys tarp Bulgarijos ir Lietuvos įmanomas.

Grįžkime prie didžiausios iki šiol parašytos Lietuvos istorijos autoriaus T. Narbuto. Teko labai nustebti – jo tekste aptikome atsargiai išreikštą mintį, kad Lietuvos vardas galėjo kilti nuo dievo *Lietuwanio*[107].

Nenoromis iškyla klausimas: jeigu Lietuvos vardas toks senas, tai kodėl jis išnyksta rašytiniuose šaltiniuose tarp antikos laikų, besibaigiančių IV–V a. ir 1009 m. – tariamu pirmuoju Lietuvos vardo paminėjimu. Į šį klausimą atsakyti sunku dėl rašytinių šaltinių trūkumo. Kartu jį galima paaiškinti ir labai paprastai. Lietuvos vardas galėjo nepakliūti į Vakarų bei Pietų Europos rašytinius šaltinius todėl, kad jis galėjo išlikti tik labai nedidelėje teritorijoje ir toli nuo jūros, maždaug dabartinės Aukštaitijos dalyje ir Vakarų Baltarusijoje, apie Lydą, Naugarduką ir Vilnių. Todėl, pavyzdžiui, Vulfstanui visiškai užteko bendro estijų vardo, be to, mes nežinome, ar nesislėpė šis vardas kokia nors komplikuotesne forma, pvz., minėti anglosaksų *lidvicingai* arba *Leuticija* (liutičiai, minimi *Povestj vremennych let*) arba dar kita. Panašiu į liutičių vardu Lietuvą vadina popiežius Klemensas IV sutartyje tarp kryžiuočių ir Čekijos karaliaus dėl Lietuvos nukariavimo (Lutovija)[108].

Čia neapsistosime prie įvairiausių Lietuvos vardo kilmės aiškinimų iš vandenvardžių: Leitės upės, Leiciškių ežero, Lietaukos upelio[109] (prie kurio nėra jokio ženklesnio piliakalnio ar rašytiniuose šaltiniuose minimos pilies) ir kt., kurie, atrodo, nėra pagrįsti.

Jei kalbėtume apie etninį junginį, kurį žymėjo Lietuvos vardas pačiais seniausiais laikais, galima spėti, kad lietuviai tikrai turėjo gyventi netoli graikų, neatsižvelgiant į tai, ar juos kildinsime iš deivės Letos ar lydų, arba į tai, kad ir lietuviai, ir lidai galėjo turėti bendras šaknis. Greičiausiai su graikais jie susidūrė Mažojoje Azijoje – Balkanuose. Link dabartinės Lietuvos jie turėjo pajudėti 2 tūkst. m. pr. arba 1 tūkst. m. pr. Kr. pirmoje pusėje, jeigu neatsižvelgsime į didžiulį indoeuropiečių branduolį – daugelis mums giminingų etninių junginių, užėmusių didelę Europos dalį. Šie lietuviai galėjo būti susiję su mirusiųjų deginimo papročio atėjimu, bet vargu ar jie gali siekti virvelinės keramikos ir laivinių kovos kirvių laikus, kai į Lietuvą įsiliejo didelė nauja indoeuropiečių europidų rasės gyventojų banga. Apie naujų gyventojų įsiliejimą iš pietų liudija tai, kad randama ožkos kaulų ir kanapių grūdų[110]. Lietuvių įsiliejimo laikotarpį labiau patvirtina liudijimai, kad Latvijoje aptiktų 2 tūkst. m. pr. Kr. pab. kaukolių dantyse[111] pasireiškia pietų europidų elementų. Tą patį patvirtino ir R. Denisovos kaukolių tyrinėjimai[112]. Galbūt tie patys lietuviai 2 tūkst. m. pr. Kr. pab. atsinešė žmonių figūrėles iš Pajuodjūrio, tai patvirtina archeologų radiniai[113]. Sunku išsiaiškinti lietuvių ir visų baltų santykį su mums labai giminingomis Balkanuose ir Mažojoje Azijoje gyvenusiomis trakų-getų šakos gentimis. Galime tik spėti, kad visos šios gentys kilo iš vieno kamieno, galbūt ir atvyko beveik kartu.

Prūsai

Peržvelgę letus (lietuvius-latvius), pereisime prie kitos estijų tautos – prūsų, kurių kilmė yra ne mažiau paini. Jau J. Basanavičius ir K. Būga, kaip ir daugelis jų pirmtakų autorių, pastebėjo, kad 236–148 m. pr. Kr. Mažojoje Azijoje bitinus valdė du karaliai, kurių bendras vardas – Prūsijas. Buvo ir miestas Prūsa (dabar Brusa)[114]. Bitinijos valdovus Prūsijus mini ir kiti autoriai[115]. Galime dar pridurti, kad tarp Mizijos srities (*Mysia*) ir Bitinijos į Marmuro jūrą iš Mažosios Azijos tekėjo upė *Prusias*, o piečiau tos upės pažymėtas ir miestas *Prusa*[116].

Motiejus iš Miechovo (*Mathias de Michovis*) ir Dlugošas rašo, kad Hanibalo sukurstytas prieš romėnus Bitinijos valdovas Prūsijas, pralaimėjęs karą su savo tauta, persikėlė į šiaurę[117, 118]. Kairysis Dunojaus intakas Prutas, skiriantis Rumuniją nuo Moldovos, gali būti tokio persikėlimo liudytojas, nes ši upė kaip tik yra į šiaurę nuo Mažosios Azijos ir Marmuro jūros. Kol kas tai dar mažai tyrinėta hipotezė.

Apie Bitinijos (šalies Mažojoje Azijoje prie Egėjo jūros) ryšį su estijų kraštais gali kalbėti Divonio kelionės dienoraštis, kuris buvęs įdėtas į Prūsijos vyskupo Kristijono kroniką (arba tai buvęs atskiras rankraštis). Bitinijos astronomai susiginčiję, ar šiaurėje – Vėžio ženkle – už septintojo ir aštuntajame dangaus rate gali gyventi žmonės ar negali. Tai nustatyti ir turėjęs Divonis su palydovais. Jis vykęs per Komaniją, Tartariją, Roksolaniją ir per Venedų bei Alanų kraštą, kuris vėliau vadinęsis Leiflandtu (tai gali būti vienas iš seniausių Lietuvos vardo variantų, įterptų vyskupo Kristijono), ir per didelius vandenis pasiekęs plačią šalį, kuri neturėjusi vardo ir buvusi apytuštė. Divonis su niekuo negalėjęs susikalbėti, tik iš Sarmatijos atvykę keli venedai jam padėję. Divonis likęs toje šalyje ir miręs Plocke[119], t. y. apytikriai estijų (aisčių) krašte (toliausiai jo pasiekta žemė „už didelių vandenų" greičiausiai buvo Suomija, o gal Skandinavija – R. M.). Divonis prieš mirtį 110 metais parašęs apie tai knygą rusiškai graikiškomis raidėmis[120].

Iš karto galime pasakyti, kad čia painiojami du dalykai. Minėta knyga, parašyta *rusiškomis raidėmis*, galėjo atsirasti ne seniau kaip VIII–X a., bet iš karto matyti ir tai, kad ji buvo perrašyta iš senesnių raštų, kuriuos ir galėjo būti palikęs Divonis. Atvykęs iš tokios civilizuotos šalies kaip Bitinija, jis tikrai galėjo būti laikomas dievų pranašu, apie tai liudija jo vardas, galbūt suteiktas vietinių gyventojų. Ir iš kraštų pavadinimų akivaizdu, kad tekstas buvo perrašinėjamas. Apie Alanų kraštą sakoma, kad jis dabar vadinamas Leiflandtu. Pastarasis vardas negalėjo būti labai senas, nes kaip rodo Vaidevučio legenda, alanai turėjo gyventi su estijais (aisčiais) iki V–VI a., ir tik po to galėjo atsirasti Leiflandto pavadinimas. Venedų vardas gali siekti legendinius Divonio laikus, o Komanijos (polovcų-kipčakų žemė) ir ypač Tartarijos pavadinimai įrašyti gerokai vėliau – tik XIII a., galbūt beveik tuo metu, kai vyskupas Kristijonas jau gyveno patekęs į prūsų nelaisvę. Grįždamas iš Skandinavijos arba Suomijos, Divonis, matyt, pasiliko Prūsijoje ir mirė Plocke (dabar Lenkija, kiek piečiau Prūsijos).

Jeigu prūsų vardas kilo iš Mažosios Azijos, Bitinijos valdovo Prūsijo, tai kaip tada paaiškinti šio vardo vėlesnį virsmą į Borus (II–X a.) ir vėl atgal į Prūsiją (X–XIII a.)? Tai viena iš daugelio mįslių. Borusų vardą (ne prūsų) Č. Gedgaudas aptinka jau II a.: Romos konsulas Valerijus Flakas (Flacco) turėjęs mūšį su prūsais (*Borus*) 195 m. prie Litano miško[121]. Panašiai skamba ir senasis Dniepro pavadinimas: *Boristenes*.

II a. į šiaurę nuo Ripėjų kalnų, gerokai šiauriau už galindus ir sudinus, Ptolemajas žymi boruskus[122], kuriuos beveik neabejodami galime laikyti prūsų protėviais! Tą patį sako ir T. Narbutas, remdamasis Kocebiu (Kotzebue)[123]. Nežinomas tų borusų santykis su brukteriais ir boruktuarijais.

K. Tacitas I a. rašo, kad greta tenkterų (netoli dabartinės Olandijos – *vertėjos paaišk.*) kadaise gyveno brukterai, kurie visi kaip atsikėlėliai buvę išžudyti aplinkinių genčių – 60000 vyrų krito. Tacito laikais ten jau gyvenę chamavai ir angrivarijai[124].

Anglosaksų autorius Beda, rašęs 700 m., tarp numatytų aplankyti tautų – fryzų (*Fresones*), rugijų (*Rugini*), danų, senųjų saksų (*Antiqui Saxones*) – dar mini boruktuarijus[125]. Dabar sunku pasakyti, ar tie brukterai, boruktuarijai ir borusai yra ta pati gentis, ar atskiros vienos genčių grupės šakos. Šiaip ar taip, jie, matyt, yra giminingi. Netiesiogiai apie VI–VIII a. Prūsiją (Borusiją) kalba Erazmas Stela, aprašydamas Vaidevučio legendą[126].

Pagaliau prieiname prūsų (Bruzi) vardo paminėjimą IX a., kuris iki šiol laikomas pirmuoju. Tai nežinomo vardo bavarų geografo darbas: *Descriptio civitatum et regionum ad septentrionalem plagam Danubii*[127]. IX a. Miuncheno kodekse yra sąrašas: *Nomina diversarum provinciarum et urbium*, kuriame minimi vardai *Bruteri* ir *Prezzun*[128]. M. Aleksaitė-Gimbutienė juos sieja su prūsais, kadangi raidės *b* ir *p* viduramžiais dažnai buvo neskiriamos[129]. 965 m. Ispanijos žydas Ibrahimas Ibn Jakubas rašo, kad prūsų (brusų) sodybos yra prie jūros[130]. XI a. prūsus (jau su p) *Pruzi* mini Adomas Brėmenietis ir Helmoldas[131]. Einamųjų laikų kronika (*Povestj vremennych let*) skelbia: „[...] liachovie že prusy čiudj prisiediat k moriu variažskomu"[132]. Po to jau jie minimi dažnai, kartais *pruteni* vardu. Iš viso Strijkovskis chronologiškai pateikia tokius prūsų vardus: *Bructreri, Bruteni, Pruteni, Borusy, Porusy, Prusy*[133] (kaip matome, jis brukterius nedvejodamas priskiria prie prūsų).

S. Daukantas prūsus kildina iš Parusių, nuo „didžiai garsios žinyčios" (t. y. Rusnės) arba nuo Baltijos jūros, kuri buvusi vadinta Rusų jūra[134]. T. Narbutas, remdamasis J. Foigtu (Voigt), Prūsiją kildina iš Parusijos (Porusios): „prie Rusijos"[135] ir kt. A. Vanagas mini daug naujausių prūsų vardo kilmės teorijų: iš indų *purusa-h* – „žmogus, vyras" (J. Otrembskis), liet. prausti (M. Rudnickis), liet. prusti – išprusti (O. Trubačiovas, S. Karaliūnas), iš vandenvardžio (V. Mažiulis)[136] ir kt. Reikia pritarti A. Vanagui, kad kol kas „prūso" kilmės klausimas lieka neišspręstas[137].

Pabandykime pasvarstyti, kurioje teritorijoje įvairiais laikais gyveno prūsai. Jeigu tikrai gentys, vadintos prūsais, išsikėlė iš Mažosios Azijos, tai tiksliai jų „maršruto" nustatyti neįmanoma. Tą patį galima pasakyti ir apie brukterus ar boruktuarijus, kuriuos Tacitas randa net Vakarų Vokietijoje.

Kaip ir Lietuvos vardas pirmiau sutinkamas į pietus nuo dabartinės Lietuvos, taip ir prūsų etnonimas apie X a. ir vėliau turėjo žymėti gyventojus arčiau Vyslos. Dar senaisiais kryžiuočių laikais (XIII a.) Prūsijai, atrodo, nebuvo priskiriamos Nadruva ir Skalvija, esančios prie dabartinės Lietuvos sienos, nors kryžiuočiai į prūsų terminą dažnai įtraukdavo ir Lietuvą. Skalvijos ir Nadruvos vietovardžiai: Pruseliai (netoli Tilžės), Prūsiškiai (netoli Gumbinės), Prūskiemiai (buvusi Želvų aps.), Prušilai (Nemirskiemio aps.) sako, kad čia prūsai buvo ateiviai[138].

Kad Prūsijos teritorijos klausimas painus, rodo ir padavimas apie Brutenį (Prutenį) ir Vaidevutį, čia Lietuva laikoma Prūsijos dalimi[139].

Apie ryškų etninį grynumą kalbėti negalime (turbūt tai tinka visoms tautoms). Žinome, kad IX a., kaip aprašo Galas, daug žmonių iš Saksonijos, bėgdami nuo krikšto, atplaukė į Prūsų žemę. Tai įvyko Karolio Didžiojo viešpatavimo laikais. J. Lelevelis spėja, kad tie žmonės buvo ne saksai, bet prūsų giminaičių herulių, po kovų su romėnais pasitraukusių į šiaurę, palikuonys[140]. Be to, didelė dalis prūsų, matyt, buvo išsikėlusi į Lietuvą, Latviją, Baltarusiją ir Novgorodo sritį. Tai galėjo įvykti dar prieš atsikeliant į Baltijos kraštus kryžiuočiams, pavyzdžiui, prūsams bėgant nuo niokojančių lenkų žygių arba vykstant vidinėms kovoms. J. Antonievičius yra suradęs daug prūsų vietovardžių visuose šiuose minėtuose kraštuose, o prie Šelonės upės, tarp Novgorodo ir Pskovo, surado net 5 tokius vietovardžius. J. Antonievičius spėja, kad tie „atsikėlėliai prūsai davė pavadinimą ir Prūsų gatvei Novgorode", kuri paminėta jau XII–XIII a. sankirtoje, t. y. iki kryžiuočių[141].

Daug prūsų buvo atbėgę į Lietuvą gelbėdamiesi nuo kryžiuočių. Dusburgietis rašo, kad po didžiojo prūsų sukilimo (1260–1274) dalis Pogezanijos gyventojų pabėgo į Lietuvą ir buvo įkurdinti Gardine[142]. Rusų metraščiai skelbia, kad Traidenis dalį atbėgusių prūsų apgyvendino Gardine ir Slonime. O Vladimiras su savo broliais pasiuntė kariuomenę į Slonimą, kurį užėmė dėl to, kad šioje žemėje niekas neapsigyventų[143]. 1277 m., kai vyko mūšis dėl Gardino, pasak Ipatijaus metraščio, prūsai subėgo į Gardino pilį ir, sulipę į aukštą bokštą, aršiai gynėsi išžudydami daug priešų[144]. Apie 1284 m., kai ordinas dovanojo pabėgėliams senas kaltes, daugelis jų sugrįžo į senąsias sodybas[145].

Matome, įvykiai daugelį prūsų privertė bėgti, bet buvo ir atvirkščiai. 1352 m. „sūduvis Luprechtas, sūnus Gedeto [...] tūkstantį sūduvių nuvedė gyventi į Žemiją"[146] (Sambiją), tuo metu priklausiusią kryžiuočiams. Jie ten labai tvirtai laikėsi, nes dar 1584 m. Sambijoje (Semboje) randame žemę Suda[147].

Suminėjome tik keletą prūsų migracijų. Jų buvo daug daugiau. Toliau aptarsime prūsų genčių vardus ir jų kilmę. Apie bartus (barčius), galindus, sambius ir varmius kalbėsime atskirai, nes šių genčių vardai yra senos kilmės ir juos galima išskirti į atskirus gentinius vienetus. *Natangija*, *Nadruva*, *Liubava* ir *Graudė* (taip pat kitoje Nemuno pusėje, jau Žemaitijoje, Pagraudė) yra mažiau žinomos žemės, gavusios vardus jau beveik istoriniais laikais. Norėtume iškelti hipotezę, kad Natangijos ir Nadruvos vardai (lygiai kaip ir Nalšios Lietuvoje – „ant Alšios upės") yra labai nesudėtingi, reiškiantys: „ant Angės upės"; ir „ant Drojos upės". Ties Drojos upe kaip tik turėjo būti Nadruvos žemės centras (Rytinė Nadruva, H. Samboros nuomone, dar tada priklausė kryžiuočių nepavergtiems sūduviams). Kiek sudėtingiau nustatyti, ar galima Angės upę tapatinti su Angerape (Ungurupe). Tarp Natangijos ir Angerapės žemių kryžiuočių laikais buvo įsiterpę barčiai. Žinoma, genčių teritorija galėjo ir keistis, arba galbūt Angės vardu buvo vadinama kita upė. Su tuo vardu galėjo sietis angrivarijų genties pavadinimas: „varijai prie Angės upės". Angė, upės vardas, reiškiantis besirangančią gyvatę, angį.

Liubavos žemė buvo netoli dabartinės Lenkijos sienos. Šis etnonimas gali sietis su šaknimi *lab-* (geras, labas). Sambijoje žinomi du tokie vietovardžiai: Labguva (kryžiuočių laikais vadinta Labegove) ir Labutė (Labota). Taip pat etnonimas Liubava gali turėti ryšį su kunigaikščių vardais Liubartas, Liugaila ir kt.

Sasnavos žemės vardą K. Būga kildino iš prūsų *sasnis* – kiškis[148]. Pritardami K. Būgai, šiam vardui galėtume suteikti dar ir kitą galimybę – kildinti jį iš saksų išeivių iš Saksonijos: Saksnava.

Bartai

Viena iš žinomiausių prūsų genčių buvo bartai. Iki šiol neteko girdėti bandymų šį vardą susieti su antikos laikais minimomis gentimis. Genčių migracijos kelių tyrinėtojui peršasi išvada, kad langobardai, dalyvavę nukariaujant Romos imperiją, buvo tų Prūsijos bardų giminaičiai. Langobardai greičiausiai reiškia „lankos bartai" kaip priešingybė miškuose gyvenusiems estijams giruliams (geruliams). Ir Palanga, matyt, reiškia: palanka, palankė, lygiai kaip ir Lenkija – „lankų kraštas", priešinamas girių gyventojams giruliams (geruliams). Todėl tenka suabejoti iki šiol priimta langobardų etimologija iš longobardų („ilgabarzdžių"). Nors praeityje su Prūsijos bartais ryšių ir nebuvo ieškota, bet langobardų kilimu iš šiaurės Europos ir anksčiau neabejota. M. Bielskis mano, kad jie į Romos imperiją atsikraustė iš Skandinavijos[149]. Tacitas (I a.) juos jau „apgyvendina" prie Elbės[150]. Siekdami patvirtinti hipotezę apie bartų ir langobardų giminystę, panaudosime garsiuose anglosaksų epuose *Beowulfe*[151] ir *Widsith*[152] minimus *heathobardus*, kur pirmoje dalyje *heathai* greičiausiai sietini su Tacito minimais chatais, gyvenusiais Hercinijos girioje[153], arba su plačiai *Beovulfe* minimais geatais. Tiek chatai, tiek geatai, matyt, yra giminingos kilmės su getais, chetais, kilusiais iš garsiųjų hetitų. Jeigu *heathobardus* laikysime „Getijos bardais", tai aišku, kad čia nėra jokios sąsajos su žodžiu „barzda" (vok. *bard*). Barzdos sąvoka tiktų tik tuo atveju, jeigu langobardai būtų vienintelis pavadinimas su *bard* („getų barzda" jau būtų nesąmonė).

Rišamoji grandis mums yra rugijai iš Riugeno salos, kurių religija prieš krikštą turėjo daug bendrų bruožų su estijais (aisčiais). Vilniaus universiteto Lelevelio fonde yra Gasparo knyga apie Germaniją, kurioje sakoma: „historici et opidi Archyvum referunt, quando a Langobardis Rugiensem insulam occupantibus, loco negociatoni peroportuno, ad Balthicum mare aedificatum Barthiensi seu Wolgastiensi Duci parwit"[154], t. y. langobardai užėmė Riugeno salą. 1159 m. Riugeno saloje dar buvo Bardo (*Barth*)[155] provincija, bent jau tokias žinias pateikia Osienglovskis.

Aptarę langobardų ir Prūsijos bartų giminingumo galimybę, persikelkime į kitą Europos kraštą – Volgos pakrantes. Nuostabą kelia čia VIII a. gyvenusios tautos vardas: *burtai*. Šią šalį kartu su pečenegais, ugrais, guzais ir Volgos bulgarais valdė chazarai[156]. Prie Volgos gyvenusią burtų tautą mini arabas Ibn Rustas IX a.[157]. Burtai greitai išnyko. 1380 m. jie dar kartu su totoriais kariavo prieš rusus[158]. J. Lelevelis, aiškindamas arabų keliautojo Idrisi apie 1154 m. sudarytą Europos žemėlapį, kraštą prie Volgos, žemiau Bulgaro miesto, vadina Bartu[159]. Sunku patikėti, kad J. Lelevelis, versdamas iš arabų kalbos, vietoj *u* būtų įrašęs *a*, nors arabų kalboje balsės gali būti įvairiai skaitomos. Išskyrus galūnę *-as* ir priebalsių tapatumą, kitos medžiagos, kuri sietų Volgos burtus su prūsų bartais, neturime. Dažniausiai tokie sutapimai nėra atsitiktiniai.

Kitas etnonimas, kurio ryšį su bartais mums reikia išsiaiškinti, yra partai. Mūsų eros pradžioje Pomponijus Mela rašė, kad Sarmatijos pakraštyje tarp Vyslos ir Įstro (Dunojaus, o gal ir Prūsijos Įstro, įtekančio į Prieglių – prie Įsručio (?)) gyveno partai: „gens... Parthicae"[160]. 815 m. tuos partus mes vėl aptinkame karaliaus Leško valdžioje, minimus greta getų: „[...]nam et Gethis et Parthis ac Transporthanis regionibus imperavit" (Narbutas cituoja Kadlubeką)[161]. Kitoje vietoje Narbutas perteikia Gunterio Ligurino žinias, kad lenkų valdžioje 1156–1157 m. kariavo pamarėnai (*Pomericos*), prūsai (*Bruscos*), partai (*Parthos*), taip pat rusai (*Ruthenos*) ir trakai (*Traces*)[162]. Iš to galime susidaryti vaizdą, kad partai ir buvo prūsų bartai, o transportanai, esantys „už bartų", galėjo būti ir lietuviai dabartinėje Lietuvos teritorijoje. Savo giliomis šaknimis bartų (partų) vardas galėjo būti kilęs iš partų, gyvenusių Persijoje I a. po Kr., tiksliau iš kažkokių bendrų su partais protėvių. Tai, kad kai kurie autoriai partus tapatina su polovcais (valvais), gali reikšti teritorinius polovcų ryšius su Volgos bartais (burtais).

Dėl bartų vardo atsiradimo yra įvairių nuomonių. T. Narbutas spėja, kad žodis bartai kilo iš ginkluotų šaulių, vadintų portikais. Ir vėlesniais laikais artileristai Lietuvoje buvo vadinami šiuo vardu[163]. Kai kas spėja, kad bartininkai (Dzūkijoje taip vadinami bitininkai) ir bartai yra vienos kilmės.

Yra dar viena galimybė susieti bartų genties vardą su žodžiu *burti* (prisiminkime minėtus burtus prie Volgos) arba *barti*. Iš burtų, stebuklų ir pan. sąvokų yra kilusių genčių vardų, pvz., estus rusai vadino *čiudais*, t. y. stebukladariais, stebuklingais. Panašiai rašo S. Daukantas apie lybius: „žemaičiai vadino tuos kurius (t. y. kuršius – R. M.) lybiečiais, kaipo garsius žavėtininkus"[164]. Vakarų Latvijoje yra didelis Burtniekų (t. y. burtininkų) ežeras. Balsių *a* ir *u* neatitikimas čia nėra labai svarbus, nes senaisiais laikais įvairios gentys tuose pačiuose žodžiuose vartodavo skirtingus balsius. Čia galima pailiustruoti tik vieną pavyzdį iš daugelio. Jogaila kronikose buvo vadinamas Jogėla, Jogalu, Jogilu, Jogaila ir kt.

Tačiau greičiausiai šie bartų genties vardo aiškinimai nėra teisingi: tikrąją bartų vardo prasmę slepia tūkstantmečiai. Jau vien partų ir bartų giminystė, jeigu ji pasitvirtintų, atmestų visas čia mūsų pateiktas etimologijas.

Baigdami apie bartus, turime pridurti, kad, kaip matėme, jie buvo daug daugiau išplitę, negu apie tai rašoma kryžiuočių kronikininko Dusburgo raštuose, kai jie užėmė nedidelę teritoriją į pietus nuo Priegliaus upės, tarp Alnos upės ir Ungurupės. Tai rodo spėjamų bartų kilmės vietovardžių paplitimas[165]. Lietuvoje yra *Bartuva* (upė Žemaitijoje), *Barteliai* (Lazdijų r.), *Barčiai* (Varėnos r., Lazdijų r., Trakų r.), *Bardiškiai* (Pakruojo r.), *Bartaičiai* (Kaišiadorių r.), *Berčiūnai* (Panevėžio r.), *Berte* (prie Dotnuvos 1372 m.). Net tolimoje Galijoje Bordo miestas, Romos laikais vadinęsis *Burdigala*, gali būti susijęs su bartais arba langobardais.

Ptolemajas Klaudijas, II a. po Kr.

Galindai

Šiuo metu Lietuvoje įsivyravo nuomonė, kad galindai ir sūduviai yra vienintelės baltų gentys, minėtos antikos laikais. Iš tikrųjų nors jos ir nėra vienintelės, be jokios abejonės, paminėtos aiškiai.

Suteiksime žodį Ptolemajui: „Iš mažesnių tautų Sarmatijoje gyvena: prie Vyslos upės už venedų – gitonai, taip pat finai, taip pat sulonai; į rytus nuo paminėtųjų už venetų yra galindai ir sudinai, ir stavanai ligi alanų, už jų igilionai..."[166]. Taigi Ptolemajo laikais (II a.) galindai gyveno toje pačioje vietoje, kur juos pažymėjo kronikininkas Dusburgietis (XIII a.).

Bet ar tik Ptolemajas žinojo apie galindus antikos laikais? Daugelis istorikų nutyli faktą, kad galindai 253 m. kartu su venedais, vandalais ir finais kariavo prieš Romos imperiją. Romos imperatorius Voluzianas, juos nugalėjęs, pasivadinęs „Imperatori Cesari Vandalico, Finnico, Galendico, Vendenico Volusiano Augusto" (Voigt, I p. l. 104)[167]. P. Klimas rašo, kad taip buvę užrašyta ant Romos pinigų, o T. Narbutas – ant medalių (Vaillant, *Numismat. Imper. Roman.*, II, p. 337)[168]. Argi sunku būtų mūsų numizmatams šį faktą patikrinti? Be šių galindų, Jordano (V–VI a.) minimus *goltescytha* daugelis mokslininkų sieja su galindais[169].

Daug buvo rašyta apie pavardes, primenančias galindų vardą, iki šiol užtinkamas Ispanijoje ir Lotyvų Amerikoje[170]. Prie jų reikėtų priskirti ir IX a. tarp vestgotų įpėdinių pasirodžiusį vardą Galindo[171]. Spėjimas, kad šios pavardės yra paliktos galindų protėvių, išėjusių į Romos imperiją kartu su vandalais, gotais ir kitomis gentimis, be abejo, yra teisingas. Apie tokį baltų genčių išvykimą į pietus liudija daugybė maždaug IV a. apleistų baltų piliakalnių[172]. Dar IX a. bavarų geografo minimi *Golensizi* taip pat kalba apie piečiau nuo prūsų teritorijos gyvenusius galindus[173].

Nebenagrinėsime galindų šakos prie Maskvos – prie Porotvos upės[174] ir daugybės rusų, lenkų, kryžiuočių žygių aprašymų į Prūsijos Galindiją – tai jau plačiai tyrinėta. Čia norėtume paieškoti naujesnių hipotezių.

V. N. Toporovas dar vis mini seną labai abejotiną T. Narbuto teoriją, kad prūsų ir Pamaskvio galindų vardai, kaip ir Žiemgala (tiksliau reiktų rašyti

Žemgala), yra kilę nuo „baltų žemių galo"[176] arba nuo *gal-* – „pelkių, plikų vietų"[177]. Naują teoriją apie galindų vardo kilmę iš „gilių ežerų": *Gieliondz* (*Gielądz*) ir *Gallinden*, esančių pačiame buvusios prūsų Galindijos centre, iškelia J. Nalepa[178]. Pastaroji teorija vargu ar gali būti priimta vien todėl, kad galindų vardas yra labai senas ir paplitęs didelėje Europos dalyje. Savo šaknimis šis vardas turėtų būti kilęs labiau iš pietų – arčiau senųjų civilizacijos lopšių.

T. Narbutas teisingai pastebėjo, kad negalima visiškai atsieti galindų nuo gelonų ir igilonų, minimų antikos šaltiniuose[179], o gelonus savo ruožtu Herodotas kildina iš graikų, t. y. helenų (!), nutautėjusių tarp barbarų[180]. Helenų vardo kilmę reikėtų sieti su žodžiais: *helios,* saulė, ir *galia*[181]. Galindų ryšis su gelonais ir helenais, matyt, siekia indoeuropiečių kraustymosi laikus – 3 tūkst. m. pr. Kr. pab. (virvelinės keramikos išplitimas). Iš tų laikų bus išlikusios mūsų žodžių bendros galūnės su graikais: *-us, -is, -as* (graikų *-os*). O gelonai nuo helenų galėjo atskilti tik keletą šimtmečių iki Herodoto, t. y. 1 tūkst. m. pr. Kr. pirmoje pusėje (atrodo, kad viena iš tų gelonų, helenų, šakų pasiekė Azerbaidžaną ir žemėlapiuose gelų vardu žymimi į šiaurę nuo senųjų Rytų Užkaukazės gyventojų, ugnies garbintojų albanų).

Su gelonais mus sieja legenda apie lietuvių kilmę iš pusdievio Gelono, kurio motina Iglona buvusi vaidilutė, o tėvas – senovės lietuvių dievas. Ši legenda buvo rasta paslaptingame Raudonės rankraštyje, surašytame 1488 ar 1489 m.[182].

Pačiais seniausiais indoeuropiečių bendro gyvenimo su galindais ir gelonais laikais turėjo gyventi ir galų protėviai. Su žodžiu Galija dabar mes paprastai siejame tik Romos laikais Julijaus Cezario nukariautus dabartinės Prancūzijos teritorijoje gyvenusius galus. Pasiraušę senuosiuose raštuose pamatysime, kad buvo ne visai taip.

Diodoras Sicilietis prieš pat Kristaus gimimą rašė, kad priešais Skitiją, netoli Galijos, yra sala, vardu Bazilija, kurioje renkamas gintaras[183]. Kaip tai suprasti? Ar tai geografinė klaida? Juk yra beveik aiškiai įrodyta, kad Bazilija – tai Sambija. Skitijos paminėjimas patvirtina šią mintį. Jeigu Bazilija yra Jutlandijos pusiasalyje, kaip kai kas galvoja, tai kaip galėjo Sicilietis ją sieti su skitais? O gal čia Galija siejama su Galindija, arba Sambijos pavadinimas *Glezarija* ir gintaro *glaesum* kilo nuo galindų?

Elijas Šedijus Diodoro raštuose (lib. V) randa galus, įkurdintus ir prie Hercinijos kalnų[184], t. y. į šiaurę nuo Dunojaus. Spėjame, kad čia Diodoras juos užtiko besikraustančius iš Šiaurės Vakarų Europos į pietryčius, kaip tai vaizdžiai aprašo H. Štolis:

„Tuo metu, kai Graikijoje vyko pragaištingasis Peloponeso karas, [...] galų gentys, iki tol beveik nežinomos, išsikraustė iš savo būstų tolimiausiuose ūkanotuose šiaurvakariuose, kaip skėriai užplūdo ir nusiaubė Italiją ligi Tarento, nukariavo ir apiplėšė Romą. Po to jie pasuko atgal: vieni sugrįžo į Galiją, kiti patraukė į Iliriją ir Panoniją ir ten įsikūrė [...] paskui įsiveržė į Makedoniją, sunaikino Ptolemajo Kerauno kariuomenę ir nudobė jį patį. Viena jų gauja, Breno vedama, pasiekė net Delfus [...] dešimtys tūkstančių kitų brovėsi į Trakiją ir grasino Bizantijai[133], olimpiados ketvirtaisiais metais jiems leido kurtis Halio pakrantėse. Šie žmonės, garsėjantys kaip galvažudžiai ir plėšikai, [...] mielai samdomi į kareivius, nes puola be atodairos, nebijo mirties ir niekada nesigaili priešų [...] netrukus (jie) įsitvirtina Mažojoje Azijoje, ir jau po poros dešimtmečių visos tautos, net ir didieji, galingieji Sirijos karaliai, neprieštaraudamos moka jiems duoklę vien už tai, kad nebūtų puldinėjamos ir plėšiamos"[185]. Čia pacitavome šį vaizdingą aprašymą tam, kad galėtume geriau suprasti tautų kraustymąsi pr. Kr. Po šio galų antplūdžio tarp Bitinijos ir Kapadokijos susidarė Galatijos žemė.

Pomponijus Mela Mažojoje Azijoje tarp genčių vardų mini galogrekus (*galogreci*)[186]. Tai greičiausiai buvo tie patys galai, susimaišę su graikais.

Tuoj po Kristaus gimimo galai ir kitos jiems giminingos tautos yra žinomos keltų, helvetų vardais. Žodis *keltai* greičiausiai yra tik galų vardo variantas, nes Transalpinė (už Alpių kalnų) Galija vienu metu graikiškai vadinta Keltike, o vėliau jau – Galatija[187] (čia *k* pakeičia garsą *g*).

Sambiai

Kalbėdami apie baltus nustatėme, kad Sambijos sala antikos laikais vadinta Abalus, arba Bazilija. Kyla klausimas, kodėl čia Sambiją vadiname sala – juk tai pusiasalis. Pasirodo antikos autoriai neklydo: Sambija yra Priegliaus upės žiočių sala. Prieglius ją riboja iš pietų, o jo atšaka Deimė atskiria šią salą nuo žemyno iš rytų.

Ko gero, nereikia abejoti, kad šią salą Plinijus vyresnysis vadino Glezarija (*Glaesaria*). Jis sako, kad gintaras randamas šiaurės jūroje ir germanai jį vadina *glaesum*. Todėl Plinijaus tėvynainiai, dalyvavę Cezario Germaniko jūros žygiuose, vieną iš gintaringų salų ir praminę Glezarija[188] (kaip minėta, šios Glezarijos ryšys su galindais arba galais kol kas nėra aiškus). Galėtų tai būti ir viena iš Jutlandijos (Danijos) salų, kurioje taip pat randama gintaro. Bet dar XVI a. žemėlapiuose Sambija vadinama Glesaria[189] ir, be to, Diodoras Sicilietis nebūtų jos įkurdinęs prie Skitijos. Taip pat ir skandinavai panašiai rytinį Baltijos kraštą vadino: *Glasisvellir, Glaesisvellir*. Mitologinė tradicija sako, kad šiame krašte žmonės nemirdavę – tai buvęs „nemirusiųjų laukas", „gyvenančių vyrų šalis"[190]. Ji užėmusi didelę teritoriją į pietus nuo Biarmijos (Permės, t. y. ugrosuomių plačiąja prasme). Remdamasis A. Nikitinu („Biarmija ir Senoji Rusia", *Voprosy istorini*, 1976, 7), B. Genzelis *Glezisveliro* kraštą tapatina su kuršių valstybe Kuronija[191]. Taigi ši sąvoka galėjo apimti ir didelę pajūrio dalį nuo Sambijos iki Kuršo. Vargu ar galėjo Glasisveliras siekti Permę, nors vikingai ją ir buvo užvaldę.

Pats Sambijos pavadinimas pasirodo tik VIII–IX a. Netiesiogiai šiaurės kronikose užsiminta, kad VIII a. pabaigoje danų karalius jau buvo nukariavęs Sambiją[192], o 815 m. karalius Leško Sambiją dovanoja savo žmonai: „[...] donationis vero propter nuptias a viro Sambiensis condonata est provincia" (Kadlubek, lib. 1, ep. 16)[193]. Saksonas Gramatikas (XII a.) rašė apie danų karalių Haroldo Mėlynadančio (935–985) ir Kanuto (1047–1086) išpuolius Sambijos pusiasalyje[194]. Jis taip pat praneša apie Haquiną, Danijos karaliaus sūnų, kuris X a. nugalėjęs Sambiją, vyrus išžudęs, o moteris privertęs eiti už nugalėtojų[195]. Adomas Brėmenietis savo veikale *Gesta Hammaburgensis ecclesiae pontificum* (1072-1076) 4-oje knygoje kalbėjo apie „sembus, arba prūsus" (*Sembi vel Pruzzi*)[196]. Nuo to laiko sambių vardas dažnai pradėtas minėti įvairiuose šaltiniuose.

Kaip ir kitų estijų (aisčių) žemių vardai Sambija turi atitikmenų įvairiose Europos vietose. Tik šį kartą atitikmenys nebūtinai reiškia senojo Sembos vardo perkėlimą iš vienos žemės į kitą.

Neaiškus yra svebų atšakos semnonų, priskiriamų germanams, ryšis su sambiais. K. Tacitas (I a.) rašė, kad jie gyveno tarp Elbės ir Oderio[197]. S. Daukantas semnonus tapatina su žemaičiais[198]. Rašydamas apie keltiberų-galų žynius druidus, E. Šedijus daug kalba apie kažkokius *Samothe, Semnothei*[199], kurių pavadinimas skamba panašiai kaip sambiai arba semnonai.

Antikos pasaulyje pasitaiko šių panašių vardų: *Samos* (Samo sala Egėjo jūroje), *Samosata*[200] (miestas Sirijoje), *Samothrakija* (Trakijos dalis[201] ir Samotrakė – sala Egėjo jūroje[202]). Pagal struktūrą pavadinimas *Samothrakija* (Samo + Trakija) yra panašus į lotynišką Žemaitijos pavadinimą, vartotą kryžiuočių laikais: Samogitija (Samo + Gitija, kitaip Getija, Gitonija) – „Žemoji Getija" ir Semegalija (Seme + galas) – „žemasis galas". Samo sala ir Samosata gali ir neturėti struktūrinio ryšio su žodžiu Sambija (Semba), tačiau Samogitija ir Semegalija tokį ryšį tikrai turi: jie reiškia žemai prie jūros esančią žemę – vok. Sembos pavadinimas *Semland* reiškia „žemą žemę" (nepainiokime „žemai esanti žemė" su tiesiog „žemė", kaip dažnai daroma). Semba, Semegalija (Semland) ir Samogitija („Žemoji Getija" – Žemaitija) reiškia žemai esanančią žemę prie jūros.

Įdomu, kad Romos provincijų sąraše I a. Italijoje pažymėta Semigalija (*Semigallias*). Pirma paminėtos galų, germanų ir britanų provincijos[203]. Taigi šis vardas galėjo ir atsitiktinai įsipainioti tarp Italijos viduje esančių provincijų, arba *m* čia per klaidą įrašyta vietoj *n*, nes yra leidėjo pataisymas, kad vietoje *Semigallias* reikia skaityti *Senogallia*[204].

T. Narbutas Semigalijos vardą kildina iš „žemės galas" (*koniec*). Pirmosios dalies aiškinimui galime pritarti tik iš dalies: tai reiškia ne žemę įprasta reikšme, bet žemai esančią žemę, kaip Vokietijoje yra *Hoch Deutsch* ir *Nieder Deutsch*. Olandija, Niederlandai, – „žemai esanti žemė", tokie vardai apie

visą Baltijos jūrą. Šią hipotezę patvirtina ir kryžiuočių karo kelių aprašymas, kur sakoma: „[...] nuo *Ante* upės 5 mylios iki Semegallen krašto", o kitoje vietoje tame pačiame puslapyje rašoma *Szemgallen*[205] („Žemasis galas").
Čia turime nedaryti vienos klaidos. Mes pripratome Žemgalę (*Semegallen*) vadinti Žiemgala (teisingiau Žemgala) su -*a* galūne. Iš tiesų mūsų vietovardžiai su -*gala* žodžio pabaigoje reiškia „galią" – tvirtovę arba svarbią apeigų vietą: Dievogala – „Dievo galia", Ramygala – „ramovės galia", Svirbigala – „svarbi, skvarbi galia" ir kt. Galą, pabaigą reiškiantys vietovardžiai yra tokie kaip Kopgalis – „kopų galas", Laukagalys – „lauko galas", bet ne su -*gala* žodžio gale.
J. Basanavičius Semigalijos ir Sambijos žodžius vėl sieja su „žeme" ir priduria lietuviškas pavardes: Samušis, Samulis, Samilus ir kt.[206]. J. Pakarklis visur vietoje Sambija tiesiog rašo Žemija. Ir V. Toporovas pastebėjo, kad prūsiškam Elbingo žodynėlyje dirva, laukas, arimas (*Acker*) žymimas žodžiu samye[207]. Mes kiek pataisysime, kad Sambijos (Sembos) pavadinimas yra kilęs nuo žodžio „žemas" (garsas *b* čia, matyt, įsiterpė dėl skandinavų įtakos). Panašiai kaip sambių vardas skamba šiaurės Skandinavijoje gyvenančių samių arba net suomių etnonimas.
Čia matome, kad remdamiesi garsų panašumu galime suklysti. Beje, ir suomiai galėjo gauti savo vardą nuo žodžio „žema žemė" – „pajūrio žemė" (semė) ir vadinti juo į šiaurę prie ledjūrio atsikrausčiusius samius. Nepamirškime, kad pietų Suomijoje prieš 3000–4000 metų buvo įsigalėję indoeuropiečiai, galimai artimi mūsų protėviams.

Varmiai

Iš ryškesnių etnonimų Prūsijos teritorijoje, išskyrus skalvius, kurie priskirtini greičiau prie lietuvių žemaičių, mums liko varmiai. Ir šis pavadinimas neįsitenka nedideliame plotelyje, kur jį aptinka Dusburgietis XIII a. Vėl suteiksime žodį Tacitui (I a.): „...gyvenančius už (langobardų) reudingus, avijonus, varinus, anglijus, eudozus, svardonus ir nuitonus (*vertėjos pastaba*:

tautelės, gyvenusios pietinėje Jutlandijos pusiasalio dalyje) apsaugo upės ir miškai[...] Jie visi bendrai garbina žemę Nertą"[208]. Taigi tie už langobardų gyvenę varinai ir bus varmių giminaičiai. Apie VII–VIII a. jie minimi anglosaksų poemoje *Widsith*, vadinami *Wernas*, greta vandalų, venedų, (*Wendlas*) ir vikingų (*Vikings*)[209].

Iš šių varinų, varulių, greičiausiai kilo ir Berlyno miesto vardas. Elias Šedijus savo veikale apie germanų dievus mini *Werlem* gentį, kurią jis nori tapatinti su geruliais („Werlam seu Herulam")[210]. *V* pavirto į *B* ir atsirado Berlynas (Verulynas). Dėl šių Šedijaus iškeltų analogijų galima suabejoti, tačiau tokių minčių savo knygoje „Mūsų praeities beieškant" daugelyje vietų pateikia Č. Gedgaudas.

Su varinais greičiausiai giminiavosi angrivarijai (galbūt varijai nuo Angerapės, Angės upės), apsigyvenę vietoj išžudytų brukterų (boruktuarijų, t. y. boruktvarijų (?)). Čia galime prisiminti ir gentį vidivarijus, kurią kartu su aisčių (estijų) vardo variantu estvarijai (aestuarii)[212] Jordanas VI a. įtaiso Vyslos žiotyse[211], t. y. beveik Prūsijoje. Aestvarijai čia gali ir tiesiog reikšti rytų varijus, kaip *Aest Saxones* – rytų saksus.

Be abejo, ir skandinavų vikingų, variagų, vardas yra giminingas. Čia paminėsime ir jau kiek primityvoką T. Narbuto aiškinimą. Remdamasis Pretoriumi, variagų vardą jis kildina iš prūsų žodžio *vareis* (nuo liet. *varyti*). Dar Pretorijaus laikais duoklių rinkėjai taip tebesivadinę. Toliau T. Narbutas stebisi, kad ši žinia nuostabiai sutampa su Nestoro užuomina, kad variagai kailių duoklės rinkimą pavedę krivičiams[213]. T. Narbutas, remdamasis *Greters saga*, prieina prie išvados, kad variagai (Waeringen) gyveno Baltijos krašte – tik Ostrogardijoje, pajūryje tarp Nemuno ir Dauguvos[214]. Jeigu šios Narbuto žinios tikslios, tai varmius su variagais galėtume tiesiog sutapatinti. Toliausiai šiuo klausimu siekiančių išvadų yra priėjęs Č. Gedgaudas. Variagų ryšį su Lietuva patvirtina tokie pilių vardai kaip Mindaugo Voruta, Vorpilio piliakalnis prie Sudargo, Vorusnė ir kt.

Skalviai

Skalvių etnonimas užfiksuotas gana vėlai – apie XIII a. *Liber censuum Daniae* vardijama: *Zambia, Scalewo, Lammato, Curlandia, Semigallia*[215]. Dėl skalvių vardo iškyla kai kurių neaiškumų: greta Skalvijos daug kur rašoma Šalovė. Kuris iš šių pavadinimų yra senesnis?

Lietuvoje yra daug vietovardžių, kilusių iš žodžių *šaulys* arba *šaltas*: Šiauliai, Šiaulėnai, Šaltuonos upės ir kt. Panašios kilmės galėjo būti ir Šalovė (Skalvija). T. Narbutas šį pavadinimą veda nuo *šalin*, kaip toli nutolusį kraštą nuo kitų genčių[216]. Dabar tokia etimologija skamba primityviai, bet sąvoka *šalis*, reiškianti *kraštą*, gali būti verta dėmesio. 1293 m. Šalovės žemės centre, netoli Tilžės (arba tai pati Tilžė), buvo pastatyta Šalauenenburgo pilis[217]. 1255 m. *Olivos kronikoje* žemutiniai prūsai skirstomi į *Shalbini* (Šalbini), *Nadrowini* ir *Sudowini*[218]. Mindaugas savo tikram ar suklastotam laiške ordino broliams dovanoja Šalovės žemę[219].

O Skalvijos vardas daugiau aptinkamas skandinavų, danų dokumentuose. Jie ir galėjo pagal savo kalbos dėsnius įrašyti *sk* vietoj *š*. Jaunesniojoje *Edoje* minimas „karys konungas, vardu Skelviras (Skalvyras (?)), o jo giminė vadinama Skilvingais. Jie gyvenę Rytų šalyse"[220]. Vargu ar abejosime, kad ta rytų šalis ir buvo Skalvija.

Viskas būtų gerai, bet pačiam Skalvijos centre, tarp Tilžės ir Ragainės, yra Paskalvių kaimas ir to paties vardo piliakalnis. Kaip jis galėjo būti taip pavadintas, jeigu vietos kalboje nebūtų vartotas skalvių vardas? Bet skalvių vardas galėjo prigyti ir per skandinavus jų valdymo metais. Neatsižvelgiant į šiuos neaiškumus, mums reikėtų apsistoti prie Šalovės vardo, tiksliau jį nustatyti turėtų kalbininkai.

Sūduviai

Kaip ir skalvius, taip ir sūduvius priskiriame labiau prie lietuvių negu prie prūsų. Juos greta galindų mini K. Tacitas (I a.)[221]. Pomponijaus Melos žemėlapyje sudėnai (*Sudeni*), matyt, netiksliai parodyti greta kvadų, į pietus nuo kurionų (kuršių), maždaug dabartinėje Rumunijos Transilvanijoje[222]. Galbūt nuo tų sūduvių arba jų giminaičių, kilo Sudetų kalnų pavadinimas Čekijoje. Minėtoje *Liber Censuum Daniae* Sūduva vadinama Zudna. Maždaug tuo pačiu metu, 1255 m. *Olivos kronikoje* rašoma *Sudowini*[223]. 1278 m. sūduviai (Sudowici) puolė Lenkijos pilis Lubavą ir Chelmną[224]. Yra ir daugiau panašių paminėjimų.

Kai kurie istorikai sūduvius artimai sieja su sudargais. S. Daukantas rašo, kad 377 m. *scirai*, sudargai ir heruliai iš Dakijos, vadovaujami Edukono, kariavo hunų pusėje, bet ties Florencija buvo romėnų sumušti[225]. Be abejo, šie istorikai sieja Dakijos sudargus su Suvalkijos vietovardžiu Sudargas (prie Nemuno, pasienyje). Prie Stalupėnų (dabar Nesterovas) XX a. pradžioje taip pat buvo kaimas Sudargai. Abu šie kaimai yra Sūduvoj, taigi greičiausiai susiję su sūduviais.

Pats Sūduvos vardas galėjo kilti iš dabar necenzūrišku virtusio žodžio, seniau dar reiškusio purvą, neišdžiūstančią žemę. Sūduva yra molingos vietos, tai iš to ir galėjo kilti šis žodis. Tokį vardą galėjo duoti ir labiau pažengusios gentys, norėdamos pabrėžti kitos genties nešvarumą arba netvarkingumą, atsilikimą. Šlapios žemės – Suvalkijos molynų – versija atkristų, jeigu tie patys sūduviai kažkada siekė Balkanus ir iš ten atsinešė pavadinimą.

Tačiau norom nenorom čia tenka priminti Vytauto Didžiojo laišką ordinui, kuriame jis sako: „sūduviai, kitaip getai". O mes žinome, kad getai buvo indoeuropiečių kamieninė (branduolinė) tauta ir esame bandę indoeuropiečius tiesiog vadinti getais, nes prieš tūkstantį ar du tūkstančius metų etnonimų su vardu „getai" buvo pilna visa Europa, skaičiuojant ir Samogitiją (kitur Samogetiją), t. y. Žemaitiją – Žemąją Getiją.

Kuršiai

J. Basanavičius kuršių protėviais laiko Ptolemajo I a. paminėtus *Karasones* ir *Kareotus*[226]. Reikia su juo sutikti. Tik dar pridursime, kad tie karsai ir kareotai bus kilę iš Mažojoje Azijoje pr. Kr. gyvenusių karijų, arba tai buvo vienos indoeuropiečių genties šakos, nukeliavusios į skirtingus kraštus (Mažojoje Azijoje ir dabar tebėra Karso miestas).

Pomponijus Mela *Kuriones*, kaip minėta, žymi į šiaurę nuo sudėnų (vakariau Vyslos ištakų). Jų taip pat jokiu būdu negalime atsieti nuo kuršių, tik Mela juos galėjo netiksliai pažymėti.

Vaidevučio legendoje (V–VII a.) kalbama apie Kurtorko (Curtorko) uostą Nemuno deltoje, vėliau pavadintą Rusne. Kurtorkas reiškia „Kuršių uostas"[227], o gal „turgus"?

Pirmas mažiau legendinis kuršių paminėjimas yra *Kurland*: skandinavų *Hervararsaga* pasakoja, kad švedų karalius Ivaras 675 m. valdė Kurlandiją, Estiją ir kt. kraštus[228]. Vėliau *Šv. Ansgaro kronikoje* švedų vyskupas Rimbertas, aprašydamas 854 m. įvykius, kuršius vadina *Chori, Chorelant*[229]. *Povestj vremennych let* pusiaunakčio (šiaurės) kraštuose randa gentį *kors*[230], o estijų (aisčių) žemių, priklausiusių danams, aprašymuose Kuršas vėl vadinamas *Curliandia*[231].

Taigi kronikose randame du skirtingus kuršių pavadinimus: su raidėmis š arba s (*kuršis, kors*) ir be jų (*Kuronija, Kurlandija*). Nors ir keista, bet abu variantus aptinkame jau pas Ptolemają, t. y. net I–II a.: *Karsones* ir *Kareotai*. Pirmasis iš jų visiškai atitinka kryžiuočių laikais Vakarų Žemaitijoje buvusią kuršių žemę, vardu Karšuva.

Iš ko kilo kuršių vardas? S. Daukantas pateikia net tris skirtingas etimologijas: nuo „finų kilties balų gyventojų kuresarų"[232], nuo ugnies kūrenimo[233] ir nuo Peruno (Perkūno) kūrėjo[234]. T. Narbutas aiškino, kad Kuršžemė galėjo būti kilusi nuo dievo Kurcho vardo, žinomo Prūsijoje[235].

Kuršo vardo kilmę taip pat bandė išaiškinti daugelis kalbininkų. K. Būga jį kildina iš iš ukrainų *kors* – „lydimas, plėšimas...", čekų *krs* – „nuskurdęs, apkiautęs medis" ir kt.[236]; J. Kazlauskas nuo *kurti*[237]. J. Šliavas bando sujungti visas etimologijas: iš dievo Kurcho, K. Būgos „lydimo" ir žemaičių linaminio pabaigos *čiučelos* vardo „kuršio", pirminiu šaltiniu laikydamas pastarąją žemaičių *čiučelą*[238].

Visos šios etimologijos įdomios, bet, jeigu pritarsime J. Basanavičiaus teorijai, kad pirminė forma buvo *Karsones* ir *Kareotai*, kurias dar sietume su Mažosios Azijos *karijais* (visur balsis *a*), tai teks viską spręsti iš naujo. Iš karto aišku, kad, jei persikeltume visu puse tūkstančio metų atgal ir gerokai į pietus, mūsų dabartinėmis kalbomis paaiškinti vardo kilmę ne taip lengva. Kadangi seniausia kuršių vardo forma yra *kar-*, tai pietuose, priartėję prie tiurkų kalbų, galėtume įžiūrėti ir tiurkų kalbų žodį *kara* – „juodas". Galbūt tiktų ir tokie lietuvių k. žodžiai: keršyti, karštas arba ir karas; šiuo paaiškinimu savo darbuose plačiai remiasi Č. Gedgaudas. Tačiau tai tik paviršutiniški spėliojimai, kuriuos turi patvirtinti gilesni tyrinėjimai. O balsių *a* virtimu į *o*, *u* visai nereikia stebėtis, nes šių panašių balsių kaitos pavyzdžių yra daug, pvz., *chetai* (*chatai*) ir *chitim*; *gotai*, *gudai* ir kt. Su kokiomis nors archeologinėmis kultūromis karijus, kuršius kol kas susieti sunku, nes trūksta medžiagos.

Sėliai

Sėlių pasireiškimo pradžią taip pat teks nukelti į antikos pasaulį. Tik čia vėl išryškėja kelios skirtingos kryptys: ar juos turime sieti su J. Basanavičiaus minimais *Saloi* (iš Ptolemajo)[239], su *sulonais* (taip pat minimais Ptolemajo), gyvenusiais netoli venetų, galindų ir sudinų, ir pažymėtais prie Vyslos[240]. Ptolemajo *Kosmografijoj Sali* yra greta kareotų[241] (tai, matyt, tų pačių Basanavičiaus *Saloi* variantas). Greičiausiai juos ir turėtume tapatinti su sėliais, nes ir vėlesniais laikais tarp kuršių ir sėlių įsiterpė tik žemgaliai.

Antrasis – sulonų – variantas yra kiek tolimesnis, bet irgi tos pačios kilmės. Prie Vyslos juos pažymėjęs Ptolemajas galėjo suklysti. Sulonus galbūt reikėtų patalpinti prie Sulos upės, kur jie 1136 m. minimi *Nikanorovo metraštyje*, aprašant mūšius dėl Černigovo. Čia gyventojai prie Sulos vadinami pasulėnais (*posulene*)[242]. Nereikia nė aiškinti, kad pirmasis variantas gali būti siejamas su lietuvių žodžiu *sala*, o antrasis – su *sula*.

Bet yra ir trečia galimybė. Tarp prūsų Galindijos ir Sūduvos danų šaltiniai mini teritoriją *Syllonis*[243], kurią lietuviškai galima skaityti ir Zilionis,

Šilonis, Žilonis, Šilionys (lietuvių k. piebalsiai *ž* ir *š* dažnai tariami vietoj kitų baltų kalbų *s*, *z*). Panašios yra mūsų pavardės *Žilėnas* ir *Žilionis*, vietovardžiai *Šiliniškės*, *Šilėnai*, *Šiluva*, *Šilainiai* ir kt. Visi jie sietini su žodžiu *šilas*. Beje, pastaruoju metu etnonimą *Sylones* senuosiuose šaltiniuose pavyko surasti buvusį visai netoli mūsų aptariamų sėlių Palatvyje.

Yra ir daugiau duomenų, kurie sėlių vardą verčia tapatinti su šilinių vardu. Pvz., tarp Novgorodo ir Pskovo yra 5 prūsiški vietovardžiai: *Prusskaja*, *Pruskovo*, *Prusskoje*, *Prusy* ir kiti *Prusy* – visi išsidėstę prie *Šelonj* (Šelonės) upės. Šiuos vietovardžius J. Antonievičius sieja su baltų kolonizacija[244]. Šelonės upės vandenvardis, matyt, kilo nuo *sėlių, šilionių* vardų.

Istorikams daug problemų sukėlė *Selencijos* vardas, kurį X–XI a. Anonimas Galas dažnai kartoja greta prūsų ir pamarėnų. Jis sako, kad prie *Pusiaunakčio jūros* yra trys visiškai laukinės barbarų pagonių tautos: Selencija, Pamarys ir Prūsija[245]. J. Tiškevičius Selencija laiko viena iš jotvingių atšakų[246]. Jį palaiko J. Bieniakas, kuris kryžiuočių ir danų minimą žemę, vardu *Silia*, *Syllonis* (iš rusų šaltinio *Zlina*), ir Narevo intaką Seliną tapatina su sėliais[247]. Įdomu, kad jis šiuos sėlius įkurdina Liutičių žemėje[248], kurios pavadinimo variantas *Leuticija* yra labai artimas Lietuvos vardui (plg. sėliai – Selencija, tad ir letai – Leuticija). Telieka Sylonijos, Selencijos, vardu pavadinti visą Aukštaitiją ir pamatysime, kad ji reiškia Sėliją, kuri eina nuo pat sėlių žemės prie Dauguvos iki jotvingių, t. y. apima didžiąją Aukštaitijos dalį, o tiksliau – buvusią Lietuvos teritoriją. Dar XVI a. jotvingių žemėje užfiksuotas miestas Selionis[249] galėjo žymėti šių sėlių pietinį kraštą.

Aišku, nereikia manyti, kad Sėlija buvo tokia vientisa teritorija. Dauguvos sėlių pagrindą greičiausiai sudarė iš jotvingių Selencijos nuo krikšto pasitraukę žmonės. Kalavijuočiams užėmus Latviją, didesnę Dauguvos sėlių teritorijos dalį atkirto ordinas, panašiai kaip tai atsitiko su žemgaliais ir kuršiais. Patekę į ordino valdas, sėliai įsiliejo į besiformuojančią latvių tautą, o pietinė jų dalis – į Lietuvą.

Matyt, teisingiau būtų sėlius pradėti vadinti *šilionimis* ir laikyti tik girių gyventojų girulių (gerulių) pavadinimo variantu, priešinant juos laukų, lankų (pirmiausia stepių), gyventojams.

Geruliai

Kas buvo tie romantizmo laikais plačiau išgarsėję lietuvių protėviai geruliai? S. Daukantas rašo, kad 259 m. romėnams kariaujant su persais, geruliai, vadovaujami Malabato, nuteriojo Graikiją iki Atėnų miesto, o kita gerulių dalis 366 m. buvusi romėnų sumušta prie Reino[250]. Persekiojami gotų jie perėję į Rytų Romos imperiją, o kita jų atšaka po mūšių su langobardais 490 m. grįžusi į Baltijos kraštą ir Redingotiją[251]. Pasak T. Narbuto, apie 494 m. prie Dunojaus jie paprašė vienos slavų genties, kad juos praleistų į Tulę (*Procop., de Bello Goth.*, Wolfgangus Lazius, lib. 20, comment., Cluverius, *Geograph.*, p. 140) ir patraukė į šiaurę[252]. Vadinasi, kalbėdami apie savo šalį Tulę, geruliai tiesiog galėjo turėti galvoje „tolimą kraštą".

J. Basanavičius[253] ir juo sekantis A. M. Račkus labai taikliai pastebėjo, kad tie patys geruliai vadinosi *Hirri* – Giriai, „kas reiškia girių gyventojus"[254]. A. M. Račkus cituoja Pliniją: „Nec minor opinione Eningia, Quidam haec habitari ad Vistulam a Sarmatis, Venedis, Sciris, Hirris, tradunt". A. M. Račkus teisingai rašo, kad Girulių kaimo, esančio prie Klaipėdos, vardas yra tos pačios kilmės. Reikėtų nuosekliau ištirti jo iškeltą hipotezę, kad vienas iš Ariogalos pavadinimo variantų *Heragala* taip pat yra kilęs iš gerulių vardo. A. M. Račkus čia pamini dar netoli Ariogalos esantį Girkalnio miestelį, Vadgirio bažnytkaimį ir šių apygardų pavardes: Girėnas, Girulis, Gerulis, Gerulaitis[255].

Jei grįžtume prie Romos laikų, mums dar reikia panagrinėti, ar galėjo geruliai migruoti iš estijų (aisčių) krašto link Romos imperijos ir atgal. Pirmiausia priminsime plačiai Renesanso laikais paplitusią teoriją apie lietuvių kilmę iš romėnų. Dabar mėgstama iš panašių teorijų pasijuokti ir visai nebandoma giliau pažvelgti į šią problemą. Matyt, renesanso laikais lietuvių kilmė iš romėnų buvo tik išpūstas burbulas, paremtas liaudyje ir bajorų sluoksniuose išlikusiomis legendomis apie lietuvių protėvių migracijas prie Romos imperijos sienų ir pačioje imperijoje, kai dalies mūsų protėvių net kelios kartos gyveno Romos imperijoje.

J. Jurginis pripažįsta, kad lietuvių kilmę iš romėnų skelbė jau J. Dlugošas, ir net P. Dusburgietis užsiminė apie prūsų giminystę su romėnais[256] (XIII–XIV a.). Su tokia migracija gali būti susiję tai, kad II–IV a. buvo apleisti daugelis Lietuvos ir Prūsijos piliakalnių (pvz., Narkūnų piliakalnis prie Utenos ir kt.). Čia mums galėtų pasitarnauti romėniškų dirbinių ir monetų radiniai, kurių estijų (aisčių) kraštuose randame gana gausiai ir mažai aptinkama Estijoje.

Kaip matėme, S. Daukantas gerulių pėdsakų Romoje atseka nuo III a. vidurio. Vis dėlto importas iš Romos prasideda kiek anksčiau. Pvz., sparninės segės iš šiaurinių Romos imperijos sričių Norikumo ir Panonijos yra iš II a.; taip pat aptikta emaliuotų segių II–V a. kapavietėse[257]. Ir romėnų monetos, rastos Lietuvoje, yra iš II–III a., daugiausiai nukaldintos imperatoriaus Trajano[258]. Taigi geruliai, jeigu jie grįžo į šiaurę V–VI a., negalėjo šių romėniškų dirbinių parsigabenti. Dalis jų parsiveštų monetų galėjo būti ir senesnės, jau nebenaudojamos, arba paveldėtos bei pradėtos naudoti kaip papuošalai. Geruliai galėjo dalyvauti karo žygiuose į Romos imperiją ir seniau arba galėjo talkininkauti trakų gentims prieš romėnus pirmaisiais amžiais po Kr., tačiau tas vardas galėjo nepakliūti į rašytinius šaltinius.

Antikos laikais geruliai buvo daug plačiau paplitę, negu mano daugelis istorikų. Lelevelio fondo *Marcelino Komičio kronikoje* V a. minimi eruliai – *Gens Erulorum* – bus tie patys geruliai[259]. IX–XII a. jie jau vadinami heruliais, kuriuos Helmoldas laiko slavų gentimis, gyvenusiomis tarp Oderio ir Elbės[260]. Kitoje vietoje Helmoldas herulius tapatina su obodritais: „Herulorum sive Obotritorum"[261].

Anot J. Basanavičiaus, apie 1164 m. gyvenęs Thioderikas herulius mini tarp gotų (*gothi*), danų (*dani*), dakų (*daci*), rugių (*rugi*) ir gepidų (*gepidi*), kurie gyvenę Pomeranijoje ar Meklemburge, t. y. dabartinės Lenkijos – rytų Vokietijos pajūryje[262]. E. Šedijus, kaip minėta, herulius tapatina su veruliais („Werlam seu Herulam")[263], iš kurių greičiausiai kilo Berlyno miesto vardas. Šie duomenys, matyt, pasiekė ir Č. Gedgaudą. Čia garso *g* virtimas į *v* kalbiniu požiūriu yra labai nebūdingas.

Vardo geruliai priesaga *-ul-* yra gimininga tokiai pat priesagai lietuvių kalboje (plg. pavardes Jatulis, Dundulis ir pan.). Priesagą numetę, šaknį *ger-*, *gir-* aptinkame daugelyje genčių vardų. Į rytus nuo Vyslos žiočių, nuo *Divonio dienoraščio* (apie II a.) ir iki *Dlugošo kronikos* (XV a.), gyvenę *kulmigeriai*, arba ulmiganai[264] (kulmigeriai turėtų įvardyti Kulmo girios gyventojus, jeigu čia *-er* nėra įterpta germaniška galūnė – *R. M.*) bei ulmirigiai, ulmirugiai[265] – gentis Ulmo rugijai (rugijus 474 m. atvedė į Romą Odoakras ir nuvertė paskutinį Romos imperatorių). Įdomu, kad ulmiganų žodžių galūnės yra *-as*, o jų kaimynų kimbrų – *-o*[266].

Krašto pavadinimas *ulmirugiai* dar gali būti dvejopos kilmės: arba tai yra iškreiptas vardas *ulmigiriai*, paverstas į *ulmirigius* ir supainiotas su krašto gyventojais rugijais, gyvenusiais Riugeno saloje ir greta jos, arba Ulme greta girių (gerulių) gyveno ir rugijai, iš kurių susiformavo du pavadinimai: Ulmo giriai ir Ulmo rugijai. Tačiau vis dėlto Filipo Austrijiečio žemėlapyje kraštas vadinamas *Kulmiger*[267], todėl ir galima juos sieti su geruliais.

M. Strijkovskio kronikoje sakoma, kad jo laikais Sambijos vyskupo bažnyčios apylinkėse dar buvo išlikę senųjų gyventojų girtonų[268], kuriuos galėtume sieti su giruliais, geruliais.

Geriausias buvusio etninio girių genties girulių (gerulių) vardo įrodymas yra Baltarusijos Pagirys (Polesė), jei gretiname jį su kaimynine Palenke, „prie lankų". Toks žodžių *giria* ir *laukas* priešinimas vietovardžiuose tęsiasi per visą rytų Europą nuo Vyslos iki Maskvos: pietvakarių Prūsijoje netoli Vyslos kryžiuočių laikais buvo Pamedė (tas pats „pagirys"). Žodžių junginio *lenkų tauta* reikšmė yra *„lankų gyventojų"* atitikmuo. Į šiaurę nuo Kijevo gyvenusių *drevlianų* reikšmė yra *girių gyventojai* (*drevo* reiškia *medį*), į pietus nuo drevlianų, jau prie stepių zonos gyvenę *polianai*, reikšmė – laukų gyventojai; *pole* verčiama kaip *laukas* ir kt. Beje, vardas *poliakai* (lenkai, lankiai) ir *polianai* kartais buvo vartojamas pramaišiui per visą atstumą, kur visuose geografijos atlasuose nuo seniausių laikų apytikriai į šiaurę nuo linijos Varšuva–Kijevas rodomas ištisinis miškas, o į pietus –stepės. Beje, stepių zonoje gyveno tokios gentys: *polovcai* (nuo žodžio *pole* – laukas), lugijai (nuo žodžio *lug* – laukas) ir kt.

Polese vadinama didelė pelkėta Pietų Baltarusijos dalis. Jeigu buvo Pagirys, tai reiškia, kad į šiaurę nuo jo turėjo būti estijų (aisčių) apgyvendinta teritorija – giria. Pagirio gyventojų vardas yra išlikęs Ptolemajo raštuose, kuris skamba nuostabiai lietuviškai: *pagyrite* (Basanavičiaus – pagiritai)[269]. Anot H. Lovmianskio, Ptolemajo Pagiritai atitinka Plinijaus pateiktą vardą *Pacyris*, kuris dar labiau pimena *pagirį*. Deja, čia tenka ir nusivilti, nes H. Lovmianskis Plinijaus žodį *Pacyris* kildina iš Herodoto minimo Dniepro (Boristeno) intako *Hypakyris*[270]. Pastarasis vardų *Pacyris* ir *Hypakyris* gretinimas kelia abejonių, be to, aiški ir vardo *Hypakyris* etimologija. Primename, kad XX a. pr. Šiaurės vakarų Prūsijoje tebebuvo kaimas vardu Giritai ar Geritai[271].

Kalbėdami apie langobardus, lankose įsikūrusius bardus, priešinome juos girių gyventojams geruliams. Pačioje Prūsijoje yra labai daug tokių vietovardžių kaip Lankenyčiai (Sambijos pagonių šventyklos romovės vieta), Lenkeliškiai, Lenkininkai, Lenklaukiai, Lenkupiai, kurie greičiausiai reiškė ne lenkų tautybės, kaip mes ją dabar suprantam, atstovus, o lankų, pievų žmones ar jų gyvenamas vietoves.

Baigdami apie gerulius, pabandykime paieškoti giminingos kilmės vardų etniškai labiau nutolusiose tautose. Iki šiol mažai buvo bandymų sieti gerulius su germanų vardu. S. Daukantas rašė: „pats žodis Germania yra sudėtas iš lietuviško žodžio giria ir teutoniško *Mann*, tai yra girių vyrai"[272]. Šiame aiškinime daugiausiai abejonių kelia antroji žodžio dalis, kuri greičiau buvo susijusi su asmenvardžių forma *Mant-*, labai paplitusia visoje Europoje nuo Viduržemio jūros iki tolimos šiaurės.

I a. K. Tacitas mini šiaurės Afrikoje, Libijos dykumos oazėje, gyvenusius garamantus[273]. Ar nepanašus į šį etnonimą yra germanų ir germundurų vardas? Ištikimus romėnams germanų germundurų gentys Tacito laikais gyveno Bavarijoje, nuo Dunojaus iki Elbės[274]. Dėl jų, kaip artimiausių kaimynų, romėnai galėjo visus barbarus, esančius į šiaurę, vadinti germanais.

Grįžkime prie asmenvardžių su *Mant-* ir pažiūrėkime kaip germundurai galėjo išvirsti į germanus (iš pradžių į germantus). Senuosiuose asmenvardžiuose formos *Mund-* ir *Mant-* buvo lygiareikšmės, pvz., *Sudimuntas* Vigando kronikoje vadinamas *Sudemundus*[275]. Romos nukariavimo metu Teodorikas turėjęs sūnų vardu *Torismundus*[276], IV a. pabaigoje gyvenęs vandalų kunigaikštis *Trazymund*[277] ir pan. Artimos kilmės su germundurais galėjo būti ir Skandinavijoje gyvenę hermionai[278].

Taigi prieiname prie išvados, kad germanų vardas galėjo kilti nuo Germantų asmenvardžio (plg. Germanto ežero pavadinimą prie Telšių ir lietuvišką Germanto pavardę). Kitas germanų vardo variantas – Alemanai taip pat, matyt, nereiškia „visi vyrai", bet yra susijęs su tokiomis baltų pavardėmis kaip Almantas, Almanis. Žinoma, šios sąsajos nereiškia, kad germanų vardas kilo iš lietuvių kalbos, bet įrodo asmenvardinę tautos vardo kilmę. Lietuvių kalba čia tik padeda išaiškinti germanų etnonimo susidarymą seniausiais indoeuropiečių bendro gyvenimo laikais ir dar kartą įrodo mūsų kalbos senumą.

Vitingai ir vidivarijai

Vulfstanas (IX a.) rašo, jog abiejuose Vyslos krantuose buvo Vitlandijos žemė ir venedų kraštas, Vitlandija – iš estijų (aisčių) pusės: „Witland belimped to Estum; Witland vero pertinet ad Estum"[279]. Plačiai remdamasis vokiečių istoriku J. Foigtu (Voigt), T. Narbutas Vitlandijos žemę patalpina Baltijos pajūryje tarp Sambijos ir Varmijos, vėliau jūros apsemtuose plotuose[280]. Kadangi tarp Varmijos ir Sambijos beveik nėra tarpo (Varmija prie Aistmarių siekė teritorijas, esančias netoli Priegliaus žiočių, o Sambija taip pat buvo peržengusi Prieglių į pietus), tai reiktų manyti, kad Vitlandija užėmė didesnį plotą, kaip kad sako T. Narbutas kitoje vietoje, tęsdamas Vitlandiją iki Vyslos šakos Nogatės[281]. Patį Vitlandijos vardą T. Narbutas kildina iš senosios vokiečių kalbos žodžio „balta žemė", siedamas ją su Baltijos jūros vardu. Šią hipotezę jis perėmė iš vokiečių mokslininkų (J. Adelung, *Aelteste Geschichte der Deutschen*, p. 88)[282].

Vitlandijos žemę 1228 m. dar mini šiaurės Vokietijos metraščiai, kur išvardijamos žemės: Prūsija, Kuršas, Lietuva, Vitlandija ir Sambija[283]. Taip pat tarp kryžiuočių karo „žygių" aprašymų yra tokia žinutė iš 1311 m.: „Ordino būriai susirinko prieš juos (lietuvius) – ragainiškiai, įsrutiškiai, vitingai (*Wi-*

tingorum), švento Jurgio, Marijos ir kiti broliai. Jie mušė pagonis"[284]. Nereikia abejoti, kad šie vitingai yra susiję su vyčių žeme Vitlandija. T. Narbutas juos laikė danų kilmės žmonėmis, sumišusiais su vietiniais autochtonais. XIII a. vitingai užėmė žemes apie Labutės (Labotos), Rudavos, Galtgarbių, Medenuvos ir Kvedenuvos pilis vidurio Sambijoje. Vadinami rizais, jie kovoję kartu su sambiais prieš kryžiuočius, o vėliau perėję jiems tarnauti ir dalyvavę daugelyje žygių prieš lietuvius[285]. Rusų istoriko Karamzino aprašyti vibionai ar vitbionai su centru Vitsby (Vitebsku (?)) prie Dauguvos[286], taip pat Gotlando salos centre Vitsbio miestas gali turėti ryšį su Sambijos vitingais, galbūt ir su šiaurės vidurio Latvijos žeme Vidzeme.

Grįždami atgal į VI a. prisiminsime Jordano minimus vidivarijus, kurių vardas greičiausiai susideda iš vyčių (vitingų) ir jau minėtų varijų ar varmių. Anot Jordano, vidivarijai gyveno prie Vyslos[287], taigi beveik visai ten pat, kur mes vėliau aptinkame Vitlandiją.

Iš XX a. išlikusių vietovardžių, susijusių su vitingais (vyčiais) galima paminėti Vitės priemiestį Klaipėdoje ir Šaksvitės kaimą rytų Sambijoje, prie pietinio Kuršių marių kranto.

Gepidai

M. Strijkovskis lietuvius kildina iš gepidų ir kimbrų[288]. Gepidus savo kronikos pradžioje jis mini tarp Ptolemajo užrašytų genčių, tačiau iš tikrųjų Ptolemajo žemėlapyje tokios genties nepavyko rasti. Galbūt Strijkovskis gepidais palaikė gevinus (*gevini*), Ptolemajo žemėlapyje pažymėtus į pietus nuo galindų, sūduvių ir budinų, prie Dniepro ištakų.

Pirmą kartą, be abejonės, kronikose gepidai minimi V a. viduryje, kai jie po Atilos mirties iš Vengrijos išvijo hunus[289]. Vėliau, praėjus keliems šimtmečiams, gepidai (*gepidae*) greta danų minimi anglosaksų epe *Beovulfas*[290]. Apie 1164 m. Tioderikas išvardina tokias gentis: *Gothi, Dani, Daci, Heruli, Gepidi*. J. Basanavičius prieina prie išvados, kad šie gepidai turėjo gyventi kur nors Pomeranijoje ar Meklemburgijoje[291]. R. Batūra pranciškono L. Vadingo *Italijos enciklopedijoje* (XVII a.) aptiko gepidus, minimus 1324 m., t. y. Gedimino valdymo metu[292]. Bielskis, Narbutas ir daugelis kitų istorikų, kurie dar turėjo daugiau prieinamų šaltinių lotynų kalba, spėja, kad gepidai gyveno baltų apgyventuose plotuose. Tik neaišku, kodėl jie taip drąsiai laiko gepidus lietuvių protėviais. Gepidų klausimas dar laukia tyrinėtojų.

Stavanai

II a. Ptolemajas rašė: „[...] iš mažesnių tautų Sarmatijoje gyvena: prie Vyslos upės už venetų – gitonai, taip pat finai, taip pat sulonai... Į rytus nuo minėtųjų už venetų yra galindai ir sudinai, ir stavanai ligi alanų, už jų igilionai"[293]. Čia galindus, sudinus ir stavanus geografas lyg jungia į vieną vietą. Dėl to juos galima priskirti prie estijų (baltų genčių). Panašiai ir Kadlubekas, aprašydamas IX a. pr. įvykius, Mazovijos kaimynais laiko prūsus, stavanus ir jotvingius (bent taip interpretuoja Kadlubeką T. Narbutas)[294]. Stavanų žemėmis jie laiko teritoriją tarp Žemaitijos, Biržų girios, Žemgalos, Brėslaujos šiaurėje ir Nemuno, Neries pietuose, o J. Foigtas juos įkurdina į pietus nuo galindų ir sūduvių[295]. Mes kol kas negalime jiems priskirti kokios nors taip aiškiai apibrėžtos teritorijos, nors norėtume juos sieti su dzūkais ir kiek toliau į rytus prijungti prie dabartinės Baltarusijos teritorijos.

Įdomiai T. Narbutas aiškina stavanų vardo etimologiją. Gerai nemokėdamas lietuvių kalbos, jis spėja, kad stavanai reiškia *isztawany*, t. y. panašiai kaip „iš tėvynės" – sieja su žodžiu *tėvas, tavas*[296]. Šis aiškinimas labai originalus ir gali būti iš dalies teisingas, tik, deja, stavanų etimologijos tyrimų mūsų kalbininkų darbuose iki šiol neteko aptikti. Stavanai dar gali būti susiję ir su žodžiu „stovėti".

Arimfėjai

Amianas Marcelinus, gyvenęs IV a., skelbė, kad „[...] ten, kur baigiasi Ripėjų kalnai, gyvena arimpėjai, teisingi ir ramumu pasižymį žmonės. Pro tuos kalnus tekančios Crono ir Vistulos upės. Toliau už arimpėjų gyveną masagetai (mažieji getai (?) – *R. M.*), alanai, sargėtai ir dar daug kitų genčių, kurių vardai ir papročiai nesą žinomi"[297]. Arimpėjai čia tiesiog ir reiškia žmones, gyvenančius už Ripėjų kalnų. Kas yra tie Ripėjų kalnai? Tai greičiausiai bus takoskyra tarp Vyslos ir Nemuno baseinų, o galbūt ir tarp Nemuno ir Dniepro ar Volgos baseinų (pvz., Valdajaus aukštumos). Bet Amiano Marcelino minimos gentys masagetai (gal gimininigi samogetams, t. y. žemaičiams) ir ypač sargetai verstų arimpėjus laikyti baltais. Divonio dienoraštyje Sarga vadinama Galindija[298].

Ptolemajo žemėlapyje parodyta, kad iš Ripėjų kalnų į vakarus išteka Chersino upė (Daugava (?)), o į rytus – Tanais (Donas), kurį Ptolemajas galėjo sumaišyti su Volga, nes šios čia iš viso nėra. Į vakarus nuo Ripėjų kalnų pažymėti pagiritai (*Pagyrite*) ir boruskai. Dar pridursime, kad skersai Ripėjų kalnų Ptolemajas užrašė „Sarmatijos azijinė dalis"[299].

Iš to matome, koks primityvus tais laikais dar buvo geografijos supratimas ir kaip sunku ką nors spręsti, jei norime prijungti gentis prie kokios nors konkrečios teritorijos. Be to, keista, kad pagal J. Jurginio pateiktą aprašymą, pro Ripėjų kalnus tekėjusios Krono ir Vistulos upės (t. y. Vysla ir Nemunas (?)).

Paskaičius Pomponijų Melą kyla noras arimpėjus (*arimphaeos*) nukelti gerokai toliau į rytus, nes šis juos mini buvus už tirsagetų (Tisos upės getų? – *R. M.*), turkų ir didelės dykumos (*deserta regio*). Gyvenę jie miškuose ir maitinęsi uogomis[300]. Jeigu nukelsime juos taip toli į rytus, tai ir Kaspijos masagetai atsidurtų šalia (ne samogetai – žemaičiai).

Vis dėlto arimpėjai tiek etniniu, tiek geografiniu požiūriu yra neišaiškinti ir sunkiai išaiškinami.

Neurai

Neaiški yra ir neurų gentis, gyvenusi kažkur rytinių ar pietinių baltų žemėse. V a. pr. Kr. Herodotas juos mini į šiaurę nuo skitų žemdirbių. Vienus nuo kitų skyręs didelis ežeras. M. Alseikaitė-Gimbutienė spėjo, jog šis ežeras – tai Pripetės pelkės[301]. Matyt, pagrįstai autorė, remdamasi latvių kalbininku P. Šmitu, neurus tapatina su Nestoro kronikoje minima žeme Neroma[302], o T. Narbutas juos tiesiog žymi prie Neries upės[303]. Plinijus (23–79 m.) savo *Gamtos istorijoje* du kartus paminėjo neurus, iš kurių žemės prasidedąs Boristenas (Dniepras)[304].

Tadeušas Sulimirskis tuos neurus laiko baltais ir tapatina su V–I a. pr. Kr. į vakarus nuo Pripetės žiočių išplitusia Milogrado archeologine kultūra[305], o Vlodzimiežas Šafranskis su Podolėje, Volynėje ir Polesėje žinomomis komarovskos ir vysockos kultūromis[306].

Pomponijus Mela, Julijus Solinis ir kt., rašę apie neurus pirmais amžiais po Kr., pastebi, kad jie galėję pasiversti vilkais, o jų dievas buvęs Marsas, kuriam buvo aukojami žmonės[307].

Galbūt šių neurų palikuonis 1251 m. mini rusų *Nikanorovo metraštis*, kuriame sakoma, kad kunigaikštis Aleksandras po nevrių (Nevriujevi) nelaisvės pastatė cerkves ir didelį miestą[308]. Galbūt tai Narvos miestas, dabar esąs ant Estijos ir Rusijos sienos.

Tam tikras tolesnis kilmės ryšys galimas tarp neurų ir Germanijos genties nervijų, Tacito laikais (I a.) gyvenusių į rytus nuo Belgijos, prie Šeldės ir Maso[309] bei Romos laikais žinomoje Norikos srityje, maždaug dabartinėje Austrijoje ir Vengrijoje.

M. Alseikaitė-Gimbutienė rašė, kad J. Danilavičius neurų vardą tapatina su slavų vietovardžiais Narevu ir Nuru, o L. Niderlė – su upėvardžiais *Nur*, *Nurec*, Nurzec, *Nurzyk*, kuriuos jis priskiria slavams[310]. Abejodami dėl šių vardų slaviškos kilmės, pritariam jų sąsajai su minėtais upėvardžiais. Dar galime pridurti Naručio ežerą, Neries upės pavadinimus, su kuriais neurai tikrai galėjo būti susiję. Šie visi vandenvardžiai galimai yra susiję su žodžiu *nerti* ir su užrašytais pasakojimais, kad siekiant išsiaiškinti, ar pagautas nusikaltėlis kaltas, jau ankstyvuoju krikščionybės laikotarpiu (!) nusikaltėliai būdavo nardinami į vandenį ir, įdomiausia, jeigu jie nenuskęsdavo, būdavo laikomi kaltais. Tikėtina, kad šis procesas čia paaiškintas netiksliai.

Milžiniški neurų apgyvendinti plotai lieka neaiškūs, tačiau jie greičiausiai turėtų būti priskirti baltams ir iš dalies ostrogotams, slavams.

GENTYS, ĮSILIEJUSIOS Į BALTŲ ETNOSĄ IŠ BALKANŲ IR JUODOSIOS JŪROS BASEINO

Sarmatai

Kalbėdami apie estijų (aisčių) gentis, prisiminsime, kad kai kuriuose senuosiuose tekstuose didelė jų teritorijos dalis, o kartais ir visos estijų žemės buvo priskiriamos Sarmatijai. Čia matome, kad negalėjo būti ryškios ribos tarp estijų (aisčių) ir kitų genčių. Tiesiog vienos iš jų buvo mums artimesnės, kitos tolimesnės. Iš kur kilo Sarmatijos terminas, jeigu antikos laikais apėmė tokius neaprėpiamus plotus – beveik visą Rytų Europą?

Turbūt seniausias sarmatų paminėjimas siekia V a. pr. Kr. istorijos tėvas Herodotas rašo, kad skitai (persų giminaičiai – *R. M.*) vedę amazones ir 3 dienas ėję į rytus nuo Dono, „[...] kur ir dabar gyvena [...], sarmatų kalba skitiška, bet negryna jau iš senovės, kadangi amazonės nebuvo gerai jos išmokusios"[311]. Herodotas savo raštuose sarmatams dar skiria tik neženklų plotą už Dono, o kiek vėliau jų plotas išsiplečia ir pamažu apima visą pietryčių Europą, iki ugrosuomių genčių šiaurės rytuose.

Labai vaizdžiai sarmatus aprašo A. Raulinaitis. Kiek prieš Kr. „[...] vidurinės Azijos stepėmis pajudėjo gimininga klajoklių sarmatų tauta. Sarmatai skyrėsi nuo skitų ypač tuo, kad masiškai naudojo balno kilpas ir jojo sunkesniais arkliais. Naudojamos kilpos leido jiems dėvėti šarvus ir kovoti sunkiais ginklais. Tokiu būdu geriau šarvuoti, sunkiau ginkluoti jie nugalėjo, užkariavo, dalinai išstūmė skitus ir užėmė jų kraštą (pagal R. E. Oakeshott, *The Archeology of Weapons*, 1960). [...] Sarmatų tėvynė buvo plačiose stepėse ir dykumose į rytus nuo Uralo upės ir Kaspijos jūros. Jų kraustymasis į vakarus [...] užėmęs gal apie 200 metų. [...] Skitai buvo išstumti apie II a. vidurį (G. Vernadsky, *Ancient Russia*, 1959). [...] Bendra politinė jų organizacija buvo dar palaidesnė ir už skitų. Jie migravo atskiromis kiltimis. Kultūriškai, kaip ir skitai, jie tuoj pateko graikų kolonijų Juodosios jūros pakraščiuose įtakon"[312].

Kaip tik II–IV a. archeologai pastebi pasikeitimų štrichuotos keramikos Dniepro Dauguvos kultūroje bei Adamenkos gyvenvietės ir Počepskajos kultūroje. Paplinta lygiašonė keramika, senoji keramika keičiasi. Atsiranda pietietiškas pusiau žeminių pastatų tipas, užplūsta nauja mirusiųjų deginimo banga[313]. Matyt, visus šiuos reiškinius, tiesiogiai ar netiesiogiai, reikia sieti su sarmatų slinkimu.

Pažiūrėkime, ką mums apie sarmatus sako pirmųjų šimtmečių istoriniai šaltiniai. Pomponijus Mela Sarmatiją jau įkurdina prie Baltijos jūros ir Įstro upės, greta partų (bartų, galbūt prie Įstro, Priegliaus intako – R. M.). Jie neturėję miestų, nuolatinių sodybų, buvę karingi ir šiurkštūs kaip germanai[314]. Kaip matome, Mela kalba apie teritoriją, esančią kažkur netoli Prūsijos. K. Tacitas sarmatams, gyvenantiems ant ratų ir arklio, priešina venetus ir peukinus (*paikus* (?) – R. M.), bastarnus (galbūt nuo žodžių *basi tarnai* – R. M.), kurie vaikščioja pėsčiomis[315].

Matyt, sarmatai klajokliai tais laikais buvo plačiai užplūdę Pavyslį ir galbūt prisidėjo prie bartų ar langobardų judėjimo į Romos imperiją. Vienoje iš pirmųjų lenkų kronikų, parašytoje Anonimo Galo, sakoma, kad sarmatai tada jau vadino save getais[316], vadinasi, į šias gentis įsiliejo.

M. Strijkovskis prie sarmatų priskiria gotus, *visigotus* (visus gotus – R. M.), vandalus ir alanus[317]. Gvaninis savo kronikos pradžioje bando nubrėžti tikslesnes Sarmatijos ribas: *Tanais* (Donas), *Meotijos* ežeras (Azovo jūra), Karpatų kalnai ir Vyslos, Oderio upės. Jis sarmatų vardą (senesne forma – sauromatai) kildina iš graikų žodžių *sauros* – driežas ir *oma* – akis, t. y. žmonės driežų akimis. Lietuviams sarmatų vardas primena žodį *sarmata* (plg. rusų k. *sram*) arba gal *sauromatai* – siaurai mato, t. y. siauraakiai, atėję iš rytų, be abejo, galima sakyti, sumišę su rytietiškomis gentimis. Kol kas sarmatų vardo etimologijos klausimas tebėra neaiškus. Aišku viena, kad jie negalėjo neužkabinti baltų žemių ir jų kalboje turėjo būti baltų kalbos elementų.

Hetai, hetitai, getai, gotai, jotvingiai ir giminingos gentys

Čia minimos gentys – tai milžiniškas indoeuropiečių genčių branduolys, kurio pagrindą sudaro baltai. Šios gentys yra susipynusios su Pietų Europos ir Artimųjų Rytų tautomis, ir jos mažiau įaugusios į baltų tautų apgyventą miško zoną, todėl jas visas priskyrėme prie genčių, įsiliejusių į baltų etninę grupę iš pietų, nors jas galime laikyti ir ištisiniu baltų–getų tautų masyvu.

Du aiškiausi įrodymai, kad kitataučiai įsiliejo į pirminę baltų etninę grupę iš Juodosios jūros baseino, yra šie: getų vardo pasikeitimas į jotvingių (getai tampriai susiję su Balkanais ir Artimaisiais Rytais); lietuvių tapatinimas su getais kai kuriuose XI–XIII a. raštuose.

Bet pradėkime nuo pačių getų genčių ištakų. Turėdami galvoje, kad garsai *h* ir *g* dažnai yra tapatūs, nesunkiai pastebime *getų* ir *hetų* vardų panašumą. Kas buvo tie hetai (hetitai, getyčiai)?

Maždaug 2 tūkst. m. pr. Kr. pradžioje hetitai nežinia iš kur atsikraustė į Mažąją Aziją ir labai greitai pasiekė gana aukštą išsivystymo lygį. Artimųjų Rytų kraštai iš hetitų perėmė geležį[318]. Apie 1000 m. pr. Kr. jie minimi *Biblijoje* vardu *Chittim*. Dalį šitų chitimų išvarė izraelitai, kitą dalį asimiliavo Izraelyje[319]. Biblija skelbia, kad Abraomas beveik prieš 4 tūkst. metų atėjęs į Kanaano žemę (dabartinį Izraelį), berods, už 40 šekelių sidabro pirko sklypą iš chetų (kitur – chatų), kurie ir buvo tų pačių hetitų giminaičiai ar protėviai. Be to, Biblijoje minima šiaurės ūkuose gyvenusi tauta *Getas*.

Įdomu, kad hetitų vardų galūnės dažnai yra *-as (-us), -is*. E. ir H. Klengeliai mini tokius hetitų valdovų vardus: *Suppiluliumas* (XIV a. pr. Kr.), *Pithanas*, *Anittas*, *Tabornas* (atstatęs hetitų sostinę Hatusą), *Hattusillis* (vėlesnis Taborno vardas), *Labarnas* (Hatusilio įpėdinis), *Mursilis* ir jo žentas *Zidantas*, *Hantilis* (nužudė Mursilį), *Haraspilis*, *Ammunas* (Zidanto sūnus), *Huzzijas*, *Telipinus*, *Tuthalijas*, *Tuvaitis* ir kt. Vyresniųjų taryba vadinta *pankus*. Turėjo miestą, pavadinimu Hakmis[320].

Po hetitų Mažojoje Azijoje gyvenę frygai taip pat vartojo galūnes *-as, -is*: VII a. pr. čia buvo miestas Gordias ir vietovė Ligdomis, Frygiją valdė Midas, deivė Kibelė, vadinta Agdistis[321]. Tokias galūnes turėjo taip pat graikai.

Toks šių genčių kalbos žodžių galūnių panašumas į lietuvių kalbą neatsitiktinis. Tik reikia nustatyti, kada lietuvių protėviai ir hetitai arba jų palikuonys gyveno vienoje teritorijoje. Tai galėjo vykti apie 2000 m. pr. Kr. – indoeuropiečių bendro gyvenimo laikais arba vėliau, kai daugelis Mažosios Azijos, Balkanų gyventojų pasistūmė į šiaurę ir pasiekė estijų (baltų) kraštus. Herodoto laikais (V a. pr. Kr.) prie Kaspijos jūros gyvenę masagetai galėjo būti tikrieji hetitų palikuonys. Čia norėtume iškelti mintį, kad tuoj po Kristaus minimos Kolchidos (dabar Gruzija) vardas galėjo kilti nuo *kol*-, siejamo su galais arba galia ir nuo -*chid* hetitų vardo *Chittim* varianto. Toks aiškinimas gali būti teisingas tik jeigu žodyje Kolchida -*id*- nėra priesaga.

Tačiau kas mums leidžia susieti į viena vienetą hetus ir getus? Čia gali pasitarnauti Julijaus Solinio minimi *Hettios* prie Vakarų okeano (*Oceanus Occidentalis*)[322] bei iš dalies Tacito minimi *chatai*, gyvenę už Hercinijos girios[323] (jų atšaka *batavai* vėliau įsikūrė prie Reino). Be to, kai Julijus Cezaris nukariavo Galiją, pats Cezaris skelbė, kad Galijos sukilėlių vadai buvo Vercingetoriksas (Vercingetorix) ir jo tėvas (Adrian Goldsworthy, *Pax Romana*, 2016, p. 83). Šį vardą visai nesunku perskaityti lietuviškai: „Vertingiausias (vyriausias) getų rikis". Taigi ir Galijos sukilėliams prieš Romos kariuomenę vadovavo getų rikis. Jeigu šiuos *hettios* ir *chatus* tikrai galima laikyti išeiviais iš hetitų arba jų tiesioginiais giminaičiais, tai getus juo labiau. Getai gyveno Balkanuose, prie pat senosios hetitų žemės.

Tai visai nenaujas spėjimas – jį jau puikiai įrodė J. Basanavičius, priėjęs prie išvados, kad getų tauta yra ta pati, kuri egiptiečių rašytiniuose paminkluose vadinama *Kheta*, asirų – *khattai*, žydų – *Chittim*, *Hitim*, *Het*, graikų – getai[324]. Greičiausiai iš tų getų kilo indoeuropiečių genčių branduolys ir tie patys getai, matyt, buvo virvelinės keramikos nešėjai arba mirusiųjų deginimo papročio pradininkai estijų (aisčių) kraštuose. Pasigilinus nesunku būtų ir galutinai juos priskirti prie vienos kurios archeologinės kultūros, tik, deja, kol kas per mažai šioje srityje dirbama.

Apie konkretų hetitų ir Lietuvos getų ryšį mums kalba ir Lietuvoje rastos hetitų statulėlės. V. Šafranskis Šernuose prie Klaipėdos aptiko statulėlę su, jo nuomone, hetitų dievo Tešubo atvaizdu[325].

Herodotas skelbia: „[...] getai yra narsiausia ir tauriausia trakų gentis"[326]. Anot Strabono, jie gyvenę Balkanų rytuose prie Juodosios jūros, o į vakarus nuo jų buvo dakai[327]. Bet Vergilijaus *Eneidos* priede aiškinama, kad dakais nuo Augusto laikų pasivadinę tie patys getai[328].

J. Basanavičius getų vardą kildina iš lietuvių žodžio *gytie* – *treiben, jagen*[329], t. y. turinčio reikšmę: *ginti, varyti*. Vargu ar tokio seno indoeuropiečių žodžio kilmę mums pavyks taip paprastai išaiškinti.

Mūsų laikais kartais klaidingai įsivaizduojama, kad tokios gentys kaip getai ar estijai (aisčiai) ar dar kitos gyveno aiškiai apibrėžtuose plotuose ir gana izoliuotai. Kiti, kaip Č. Gedgaudas, sudaro tariamos getų imperijos žemėlapius. Šios Varumonių rikio valdomos getų imperijos sienas 372 m. jis brėžia nuo Dunojaus iki Lietuvos, įtraukdamas visą Vytauto laikų Lietuvą[330]. Nors Č. Gedgaudas yra arčiau tiesos negu kiti, vis dėlto čia sudėtingesnė situacija. Pradėsime nuo Herodoto pasakymo, kad trakai, kurie apima ir getus, yra pati gausiausia tauta žemėje po indų. Herodoto nuomone, jeigu jie būtų valdomi vieno asmens ir galėtų tarpusavyje sutarti, būtų nenugalima, stipriausia tauta žemėje[331]. Pridursime, kad getai, vadinami įvairiausiais šio vardo variantais (tą jau minėjo M. Bielskis[332], J. Basanavičius[333] ir daugelis kitų autorių), gyveno beveik visose Europos dalyse.

Papildę J. Basanavičiaus mintis analogijomis apie getus iš kronikų bei vėlesnių šaltinių, manome, J. Basanavičiui galime pritarti. Pateikiame šias getų atšakas bei jų vardo variantus: gitonai (*Gythones, Giutones*) prie Vyslos upės, už venedų[334] (jau M. Bielskio[335] ir Gvaninio[336] tapatinti su getais ir gotais); geatai šiaurės Vokietijoje VIII a.[337] (sieti su Lietuva čekų kalbininko Šafariko[338]); *heathobardai* – kovoję su vikingais[339] (gal *Getijos bardai*); *masagetai* (jau minėti Skitijoje prie Kaspijos jūros bei už arimpėjų[340]); *sargetai* (prie alanų)[341]; *tyrsagetai* ar *tyssagetai* už gelonų (gal prie Tisos upės, tekančios iš Karpatų į Dunojų (?)); *Gedhilai* (Ghaedhill), gyvenę Hebridų salose[343] į šiaurę nuo Anglijos IX a.; *hedujai* (Haedui) Galijoje tarp Luaros ir Sonos – I a. aprašyti Julijaus Cezario veikale *Apie galų karą*; jau minėta Samogitija, Samogetija (Žemaitija – Žemoji Getija Lietuvoje); *ilergetai* – į pietus nuo Pirėnų kalnų Ispanijoje V a. pr. Kr. (pagal Hekatają iš Mileto[344], matyt, savo kilme susiję su ilirais); ir pagaliau *Getulia* Afrikoje prie Atlanto[345] (maždaug dabartinėje Mauritanijoje).

Atskirai paminėsime getų šaką gotus, kadangi iš jų kai kas kildina lietuvius. Dažnai jie klaidingai bandomi atsieti nuo getų. Jau Jordanas (Jordanes), VI a. aprašydamas gotų istoriją (kaip spėjama, pats buvęs gotas), juos kildina iš getų[346]. Beje, ši Jordano knyga pavadinta *De origine actibusque getarum* (Apie getų kilmę ir darbus), bet jis rašo apie gotus. Vėliau dėl didelių atstumų tarp Skandinavijos (iš ten, o gal iš pietinio Baltijos jūros kranto, gotai pajudėjo Romos imperijos link) ir getų žemių Balkanų pusiasalyje buvo pamiršti Jordano žodžiai, arba manyta, kad jis getus su gotais supainiojo. Tą, pavyzdžiui, tvirtina H. Daikovičius[347] ir kt. Taip mūsų laikų mokslininkai visai nepelnytai paneigė įžymaus gotų istoriko autentiškas žinias.

Jordanas buvo ne vienintelis istorikas, tapatinęs getus su gotais. Tokios teorijos laikėsi M. Miechovita[348], M. Bielskis[349] ir vėliau J. Basanavičius[350].

Trumpai peržvelkime gotų migracijos kelius. Yra žinių jau iš I a., kad gotai tada gyveno ne tik Skandinavijoje, bet ir dideliuose Europos plotuose – galbūt čia kalbama ir apie Balkanų getus. Osienglovskis cituoja Tacitą (I a.): „Gottones, Rugii et Lemovii"[351], iš to prieiname prie išvados, kad tada gotai turėjo gyventi ir pietinėje Baltijos jūros pakrantėje. J. Solinis pačią Balkanų Dakiją vadina ne Getija, bet Gotija: „[...] nunp. Europam [...] indicabo [...] Hinc ab orientem Alania est, in medio Dacia, ubi est Gothia: deinde Germania, ubi pluriman partem Suevi tenent"[352].

Orozijus rašo, kad „Dakija yra ten, kur pirmiau buvo gotai"[353]. Taip sakydamas Orozijus galėjo turėti galvoje ir tuos gotus, kurie patraukė per Balkanų Dakiją, žygiuodami nukariauti Romos imperijos, kur gotų vardas išliko Katalonijos, t. y. *Got-Alanijos* pavadinime Ispanijoje (gotai + alanai).

Remiantis S. Grunau, paleisti iš Romos gotai ėjo per Bavariją ir Vestfaliją, pakeliui įkurdami Getingeno (*Goetingeno*) miestą ir galutinai apsistojo Kimbrijos saloje (dabar Gotlandas)[354]. XII a. gyvenęs Tioderikas gotus įkurdina pietiniame Baltijos pajūryje greta danų, dakų, rugijų, gerulių ir gepidų (*Gothi, Dani, Daci, Rugi, Heruli, Gepidi*)[355].

Keisčiausia yra Miechovitos žinia apie gotus, gyvenusius už Volgos ir nukariautus totorių, kurie 30 cerkvių pavertę mečetėmis[356]. Visai neaišku, ką jis čia pavadino gotais. Vargu ar tai galėjo būti čia seniau gyvenę masagetai („mažieji getai"). Be to, dar X–XV a. pietinė Švedija vadinta Gotija: Helmoldas X a. Birkos miestą priskiria gotams[357], o Filipo Austrijiečio žemėlapyje (1584 m.) Švedijoje žymima *Gotia*[358].

Susumavę rezultatus pasakysime, kad gotai netelpa į mums žinomą įprastą schemą, kad jie tuoj po Kristaus gimimo iš Skandinavijos Pavysliu patraukė Juodosios jūros link, suskilo į vestgotus ir ostgotus, nukariavo Romos imperiją ir joje ištirpo. Iš tikrųjų jie buvo dalis milžiniškų getų genčių junginių, tuo metu patraukusių link savo protėvynės ir iš dalies sugrįžusių į šiaurę po Romos nukariavimo. Jau S. Daukantas laikė gotus (gudonus, chodanus) į Skandinaviją laikinai nusidanginusiais[359].

O koks gotų santykis su Lietuva? Pirmiausia M. Strijkovskis lietuvius kildino iš gotų ir kimbrų[360]. Be to, nepamirškime, kad estijai (aisčiai), taigi turbūt ir lietuvių protėviai, anot Jordano, buvę taikiai pajungti gotų karaliaus Germanariko IV a. (Č. Gedgaudo vartojamas Germanariko vardas *Varumonių rikis* neatitinka tikrovės, nes garsas *v* vietoj *g* šiuo atveju vargu ar gali būti keičiamas). Tai atsitikę po to, kai šis gotų valdovas („Germanų rikis" – R. *M.*) sumušęs herulius ir pavergęs venedus. J. Jurginis iš teksto sprendžia, kad aisčiai čia priskirti skitams[361], taigi tiems rytų Baltijos gyventojams (estijams), kurie buvo gotų užvaldyti, lietuvių protėviai galėjo jiems ir nepriklausyti. Kadangi herulius (girulius, gerulius) laikome lietuviais, tai čia paminėtas Germanariko karas su heruliais rodytų, kad ostrogotai negalėjo sudaryti bendros etninės grupės su lietuviais, bent jau tuo metu.

Apie lietuvių sąsajas su gotais kalba *gudų* pavadinimas. Įdomiai jį aiškina A. Račkus. Pretorijaus veikale *Orbis Gothicus* (1688) jis randa ilgus aiškinimus apie tai, kad prūsai gudais arba gotais vadina blogus krikščionis, pagonis, iš jų ir žemaičius. Toliau A. Račkus sako, kad žemaičiai gudais vadina Vilniaus krašto lietuvius, o šie – Gardino bei Minsko surusėjusius lietuvius. Jis prieina prie išvados, kad „gudai buvo ne vokiečių, bet lietuvių, prūsų padermės"[362]. Pas mus iki šiol įprasta laikyti gudais slavus, ne lietuvius. Šiaip ar taip, su jais mūsų protėviai turėjo turėti plačius kontaktus. Balkanų gotų (getų) ir estijų sąsajas galbūt rodo Įstro (senasis Dunojaus pavadinimas) vardo panašumas į Prūsijos upės Įstro (vok.: *Inster*), prie kurios žiočių įsikūręs Įsručio miestas, vardą.

Tuo dar gotų ryšiai su estijais (aisčiais) nesibaigia. Kiek į vakarus nuo estijų žemės, prie Baltijos jūros (Meklemburge) S. Daukantas įkurdina viduramžiais žinomą Redingotijos žemę[363]. Matyt, tą pačią Redingotiją, vardu *Reithgotland*, bet į rytus nuo Lenkijos, mini Zeusas (Zeuss)[364]. A. Račkus išverčia: „Rytų gotų žemė" ir įkurdina ją Prūsijoje ir Lietuvoje[365]. Vis dėlto ją greičiau reikėtų sieti su jotvingiais. Anglosaksų poemoje *Widsith* minimi tie patys Reitgotai (rytų gotai), vardu *Hreth Gotum*[366].

Ir visai priartėsime prie Lietuvos ir Danijos valdomų prūsų žemių aprašyme radę vardą Peragodia[367], kurį beveik neabejodami galime skaityti Peragotija. Ar tik šita Peragotija nebus susijusi su Perona? Į Peroną ir pajūrį, anot Hermano Vartbergės, 1266 m. žygiavo Mindaugo sūnus po tėvo nužudymo ir tą kraštą nuteriojo[368].

Kaip minėjome, gotų vardui artimas yra ir Vakarų Lietuvos (Žemaitijos) lotyniškas pavadinimas Samogitija (kituose rašytiniuose šaltiniuose – Samogetija), kurio pirma dalis gimininga Semegalijos (Žemgalos), Sambijos (Sembos), o galbūt ir Samotrakijos Graikijoje etnonimams, kur šaknis *sem-* reiškia žemą vietą – dažniausiai arčiau jūros.

Be gotų, gitonų ir kitų pavadinimų, X–XIII a. Lietuvą ir Prūsiją dažnai vadindavo tiesiog Getija. Daug apie tai rašė S. Daukantas[369], o ypač J. Basanavičius[370]. P. Pakarklis taip pat įrodė, kad Lietuvos ir Prūsijos senieji gyventojai buvo vadinami bendru getų vardu. Jis cituoja Kadlubeką: „Gete dicuntur omnes Lithuani Prutheni et alie ibidem gentes"[371]. T. Narbutas labai tailkiai pateikia citatą apie lenkų karaliaus Leško 815 m. valdytus getus, partus (bartus – *R. M.*) ir kraštą už partų: „nam et Gethis et Partihus ac Transporthanis regionibus imperavit"[372]. *Dzierzvos*[373] ir *Bogufalo*[374] metraščiuose sakoma: „getai arba prūsai" ir pan. Getų ir estijų (aisčių) tapatybę, tarkime, iš dalies pavyko įrodyti.

Lietuvoje su getais reiktų sieti šiuos vietovardžius: Geceniškiai (Širvintų r.), Gečaičiai (Plungės r.), Gečiai (Jonavos, Molėtų, Šilutės, Telšių ir Šakių r.),

Gečiai (Jonavos, Molėtų, Šilutės, Telšių ir Šakių r.), Gečialaukis (Alytaus r.), Gečionys (Anykščių, Kaišiadorių, Molėtų r.); daugelį vietovardžių su *Ged-*: Gedanonys (Prienų r.), Gedėliškė (Šilalės r.). Panašūs ir getų kilmės asmenvardžiai: Gecas, Gecevičius, Gečas, Gečauskas, Gečys, Gedžius, Gedeika bei senųjų kunigaikščių ir didikų vardai: Gediminas, Gedkantas, Gedutis (Gedetas – Skomanto s. Sūduvoje 1285 m.), Gedgaudas, Gedka (spėjamas Kęstučio žudikas), Gedmantas, Gedvilas, Gedunas (?) (Gedun – didikas Sambijoje kovų su kryžiuočiais metu), Gailgedis (ordino įkaitas 1406 m.), Milgedis (Miligede – Varmijoje 1339 m.), Skaudegedis (?) (Skaudegede – XIII–XIV a., Rygos skolų knyga), Tulegedis (?) (Tulegede – ten pat), Vainegedis (?) (Vainegede – ten pat), Visgedis (?) (Viscegede – ten pat) ir daug kitų.

Prieisime prie abejonių nekeliančios tapatybės tarp getų-gotų, mišrios tautos, ir jotvingių. Jotvingių vardas išsirutuliojo iš getų taip: getų žemė gavo Getuvos vardą, panašiai kaip letų – Letuvos (Lietuvos), kuršių (karsų) – Karšuvos ir pan. Getuva sutrumpėjo į Getva (plg. Litva). Ši forma galbūt įėjo į lietuvių kalbą žodžiu: *gatvė* ir anais laikais galėjo reikšti getvių kvartalus didžiuosiuose Lietuvos miestuose, o galbūt ir Vilniuje. Siekdami Romos imperijos pasienį ir būdami arčiau senosios civilizacijos lopšių, getai (getviai) galėjo pirmieji pradėti kurtis gatvėse, t. y. statytis namus lygia linija.

Getvius slavai pavadino *jatviahe* vardu (*g* išvirto į *j*), o iš šios formos išsirutuliojo žodis *jotvingiai*. Taigi jotvingių pavadinime išliko senasis getų vardas.Nuomonė, kad getai ir jotvingiai yra vieno ir to paties vardo, visai nenauja. Tai įrodė J. Basanavičius[375]. Minėtina 1257 m. popiežiaus bulė, kurioje sakoma: „Lectouie aut Gzetuesie" (Lietuva arba Getija, Jotvingija), kur Getija žymima tarpiniu variantu tarp „getų" ir „jotvingių"[376]. Pats kunigaikštis Vytautas rašo: „Sūdų, arba Getų, žemė, esanti tarp Lietuvos ir Prūsijos, yra tikra mūsų tėvonija, paveldėta iš mūsų senelių ir prosenelių"[377]. Kadlubekas penkis kartus mini jotvingius *Polexiani et Gethae* vardais[378]. *Pollexiani* čia reiškia Polesę, lietuviškai – pagirį. Ir XI a. šiaurės Europą krikštiję vyskupai rašė, kad mums dar liko pakrikštyti visus getus, o kaip tik tada tik baltai buvo likę nekrikštyti.

Kadangi *g* žodyje *jotvingiai* išvirto į *j*, tai galbūt ir tokius Prūsijos vietovardžius kaip Jesuva (Jesau – į pietus nuo Karaliaučiaus) ir Lietuvos Jesia (Suvalkijos upė), Jieznas (miestas), Jociai (Tauragės r.), Jočionys (Trakų ir Vilniaus r.). galima sieti su getais – jotvingiais. Prūsijos žemės Pogezanijos (kitur – Pojezanijos) vardas, be abejo, bus to pačios kilmės.

Oficialiai jotvingių išnaikinimo data laikoma 1264 m. Tai atlikęs Krokuvos ir Sandomiro kunigaikštis Boleslovas Gėdingasis – „iškapojęs visus juos iki paskutinio"[379]. Tačiau likusius gyvus, besitraukiančius su lietuviais tarp Narevo ir Nemuno, vėl mini Dlugošas 1282 m., sakydamas, kad lenkai „juos visus iškapojo, o likusieji gyvi, iš gėdos nedrįsdami sugrįžti pas savuosius, pasikorė, išsižudė arba nusiskandino"[380]. Tačiau ir tai dar nebuvo jotvingių pabaiga. N. Stolpianskio redaguotame statistikos leidinyje *Deviatj gubernij Russko-Zapadnago kraja* (1866), gyventojų pagal tautybę ir tikybą sąraše, yra *jatviazi*: Gardino gubernijoje – 30000, Bielsko apskrityje – 3741, Bresto – 1616, Kobrino – 22723, Volkovisko – 1845. Visi šie jotvingiai gyvenę pagal Narevo ir Bebro upes[381]. Galutinai išnykti jie turėjo tik XX a. pradžioje.

Taip pradingo tos buvusios didžiausios žemėje tautos po indų vardas (čia mes sąlygiškai tapatiname getus su Herodoto minėtais trakais, iš kurių getai buvo labiausiai išskirti). Bet etniniai getų palikuonys, nors ir ne visiškai gryni, yra lietuvių ir latvių tautos.

Trakai

Kadangi trakai savo kilme yra artimi getams, o dažnai net žymimi kaip ta pati tauta, tai ties jais plačiai neapsistosime. Anot H. Daikovičiaus, trakai gyvenę piečiau getų ir dakų, šiandieninėje Bulgarijoje[382]. Ir Mažosios Azijos *bitinai*, kaip sako Herodotas, buvo trakų kilmės[383].

Kas sieja trakus su baltais? Pirmiausia atkreipkime dėmesį į kronikų žinutę, paskelbtą Gunterio Ligurino (lib. IV, v. 103), kurioje sakoma, kad apie 1156 m. lenkų kariuomenėje kariavo daug pamarėnų (*Pomericos*), prūsų (*Bruscos*), bartų (?) (*Parthos*), rusų (*Ruthenos*) ir trakų (*Traces*)[384]. Šie trakai turėjo gyventi netoli Lenkijos, greičiausiai baltų žemėse. S. Daukantas pateikia daug istorinių šaltinių, kuriuose lietuviai ir latviai vadinami trakais: Kadlubeko, J. Dlugošo, M. Kromerio, M. Pretorijaus darbuose. Čia pat S. Daukantas iš *Scriptores rerum Danicarum* (Danų karalystės raštų) paskelbia citatą, kurioje semigalai (žemgaliai) vadinami trakais[385]. Jis trakų vardą bando kildinti iš lietuvių kalbos žodžių *trakė* – tarpumiškė arba *trakti* – maištauti[386]. J. Basanavičius paliko pirmąjį variantą, spėdamas, kad taip buvo pavadintos naujos trakų žemės po išsikėlimo iš Mažosios Azijos dėl jų miškingumo. Trakai – tai žmonės, įsikūrę miškų trakuose, t. y. *lydimuose*[387]. Mums priimtinesnis antrasis variantas, nes ir turime žodį *patrakęs* (plg. žodį *patrūkęs*): panašiai kaip žodis *padūkęs* gali būti susijęs su dakais (*a* ir *u* kaita čia gali būti dėsninga).

Vargu ar taip paprastai išspręsime trakų vardo etimologijos klausimą. Trakų vardas gali būti susijęs su daug senesniu, dar Homero minimu Trojos vardu (Trojos genčių sąjunga: „trojiečiai-troakai-trakai" ar pan.). Šios gentys po pralaimėjimo pasitraukusios į šiaurę. Tai dar neištirta problema.

B. A. Serebrenikovas spėja, kad baltai ir trakai mišriai gyveno apie 3 tūkst. m. pr. Kr.[388]. Remdamasi V. Ivanovu ir V. Toporovu, P. Dundulienė rašo, kad 3–2 tūkst. m. pr. Kr., t. y. apie tą patį laiką, didžiulėje teritorijoje tarp Irano ir Balkanų pietuose bei Centrinėje Europoje buvo pasklidusios indoeuropiečių gentys; apie tai kalbanti dievo Griaustinio kovos su gyvate mito paplitimo teritorija[389].

Vienoje Maskvos konferencijoje, skirtoje etnolingvistiniams baltų–slavų kontaktams tirti, daugelis autorių taip pat kalbėjo apie artimus tautų, gyvenusių tarp baltų teritorijos ir Balkanų, ryšius. J. Smirnovas nurodęs, kad yra daug tautosakos atitikmenų, žinomų tik Makedonijoje ir Lietuvoje. M. Lekomceva pateikė duomenų, rodančių, kad baltų kalbų fonologinio lygio branduolinės posistemės sudarančios tipą, būdingą arealui tarp vokiečių, graikų ir rusų, ukrainų kalbų. Šis arealas sutampąs su genetikų nustatytu tam tikru žmonių arealu, kur galėjęs būti bendras keltų, trakų ar ikiindoeuropiečių substratas[390].

Jau seniau I. Duridanovas pateikė daug tikrinių vardų, bendrų baltų ir trakų kalboms[391]. Čia priminsime ir visą sąrašą J. Basanavičiaus surinktų vardų, kuriuos jis kildina iš žodžio *trakas*, reiškiančio „miško lydimą" (tarpumiškį): Trakai, Trakėnai, Trakininkai, Trakiškiai, Trakiškiemiai, Traksėdai. Visų šių vardų su trakų gentimis jis nesieja[392]. Kol kas sunku atsakyti, ar yra Lietuvoje vietovardžių su trakų genčių vardu, nors, pvz., Traksėdų reikšmė turėtų būti „Trakų sodyba" etnine prasme. Panašiai iš žodžio *trakai* norėtųsi kildinti ir buvusią Lietuvos sostinę – Trakus. P. Tarasenka dar mini IX–XII a. Trakų piliakalnį buvus Kavarsko rajone[393].

Dakai

Dakai, trakai, getai yra arčiausiai indoeuropiečių branduolio, taigi ir mes esame jame, tačiau daug dakų persikėlė į mūsų kraštus po Trajano niokojančio karo II a., o daugelis romėnų šaltinių skelbia, kad trakai persivadino dakais keletą šimtmečių prieš Kristaus gimimą, t. y. kad dakų vardas yra jaunesnis.

J. Basanavičius, remdamasis Detlefsenu, rašo: „Dakų apgyventosios žemės šiaurės siena, nors Strabonui buvusi nežinoma, bet iš rymėnų geografo Vipsaniaus Agrippos (mirė 12 m. Kristui negimus), dalyvavusio rymėnų karuose Panonijoje ir ant Balkanų pusiasalio, taipogi dalyvavusio Oktaviano Augusto laikais Rymo imperijos išmatavime, patiriame, kad ji ėjusi kur kas toliau už Karpatų kalnų ir siekusi šiaurėje Jures mares, taigi ir šios dienos Prūsai ir Lietuva Dakijai priderėjo"[394]. Jonui Basanavičiui mes pritarsime. Ir Julijus Solinis, aprašydamas Europą, rytuose žymi Alaniją, viduryje Dakiją arba Gotiją, o vakaruose Germaniją[395]. Taigi būdama tarp Alanijos ir Germanijos, Dakija, be abejonės, turėjo siekti arba prieiti visai arti prie Baltijos jūros.

Orozijus skelbia, kad į rytus nuo Moravų yra Vyslėnų šalis, o į rytus nuo šių – Dakija, kur pirmiau buvo gotai[396]. Kaip tai suprasti? Gotai ėjo iš Skandinavijos link Juodosios jūros ir iš ten patraukė į Romą. Vadinasi, jiems pasitraukus, kraštas į rytus nuo Vyslėnų (t. y. dabartinėje Lenkijos teritorijoje) buvo pavadintas Dakija? Arba grįžo senasis vardas, buvęs prieš gotus?

Abiem atvejais ši Dakija turėjo užimti didelius plotus į šiaurę nuo Balkanų ir greičiausiai siekė Baltijos jūrą.

Yra dar viena mįslė. J. Foigtas (Voigt) savo Prūsijos istorijoje (I, p. 314) paskelbė iš Bogufalo rankraščio, tuo metu saugoto Karaliaučiuje, ištraukas, kad 1041 m. Lenkijoje vidinių kovų metu tarp Mozūrijos Maslavo ir Kazimiero dalyvavo dakai (*Dacosque*, kitam leidime *Ducesque*), getai (*Gethas*), prūsai (*Pruttenos*) ir rusai (*Ruthenos*); panaši užuomina skelbiama ir iš Kadlubeko[397]. T. Narbutas šiuos dakus laiko danais. Taip ir neaišku, ar danų vardas seniausiais laikais buvo susijęs su dakais, ar čia minimi dakai estijų (aisčių) prasme, o gal nei viena, nei kita. J. Basanavičius, remdamasis Perco (Pertz) surinktais germanų istorijos šaltiniais (*Monumenta German. histor. Scriptores*, IV, 95–97, 101...), dakus mini ne tik Danijoje, bet ir Norvegijoje, tačiau toliau Percas spėja, kad jie gyvenę pietiniame Baltijos pajūryje, remdamasis tuo, kad dakai ir danai paminėti viename genčių sąraše su gotais, rugiais, heruliais ir gepidais[398]. Danus vadino dakais kryžiuočių kronikininkas Henrikas Latvis ir daugelis kitų.

Helmoldas, rašydamas apie krikščionybės išplitimą Šiaurės Europoje XI a., džiaugiasi, kad ji įsitvirtino pagaliau Dakijoje, Švedijoje ir Norvegijoje. Pamini Dakiją net tris kartus: 1058 m., 1106 m. ir 1149 m.[399] Šios kronikos komentaruose, aprašant Liubeko miesto įsikūrimą, minimos čia gyvenusios kimbrų, venedų ir dakų (*Daciae*) gentys[400].

Ir dar viena staigmena. *Olivos vienuolyno kronika* skelbia, kad 1346 m. Livonijos magistras puolė dakus (*daccones*), estus (*Eystones*) ir osoliečius (*Osolienses*)[401]. Reikia spėti, kad šie dakai – tai Dago (dabar Hyjumo) salos, o osoliečiai – Ezelio (dabar Saremo salų) gyventojai. Šiame sakinyje vardu *Eystones* bene pirmą kartą ryškiau atskirti estai nuo bendrinio estijų (aisčių) vardo, o Dago sala vardą bus gavusi nuo dakų pavadinimo.

Kokius pėdsakus tie dakai galėjo palikti Lietuvoje ir kitose estijų (aisčių) žemėse? Pirmiausia dėl dzūkų vardo. Daug kas spėja, kad jie taip vadinami vien siekiant pabrėžti dzūkams būdingą garsą *dz*. O galbūt čia ir išliko dakų vardas? Prisiminkime Bogufalo skelbtą terminą *dukai* vietoje *dakai*. Vargu ar tai paprastas sutapimas. Kol kas, deja, tai tik spėliojimai. Bet pastebimai tamsesni dzūkų plaukai bei kiti požymiai leidžia spėti, kad jie turi daug daugiau pietiečių kraujo, negu, sakysim, žemaičiai. Tai patvirtina ir mirusiųjų deginimo papročio sklidimas iš pietų bei bendros archeologinės kultūros, siejančios Rytų Lietuvą su Baltarusijos, Ukrainos teritorija. Tą patį kalba ir antropologijos mokslas. Anot G. Česnio, pietryčių Lietuvos gyventojų gracilumas daro užuominą į pietinę kilmę[402].

Tad iš pastarųjų trijų skyrelių galime pasakyti, kad getai, trakai ir dakai yra vienas junginys, iš kurio daugiausiai ir kilo lietuvių ir latvių tautos.

Mezai

Prie jau minėtų genčių, turėjusių sąsajas su Lietuva ir Balkanais bei Juodosios jūros baseinu, pridėsime dar vieną vardą – mezus. Antikos mitologija su Mizijos Olimpu sieja Artemidę. Romos laikais Mezijos provincija buvo vadinama teritorija šiaurės Balkanuose. Kaip getai sietini su hetitais, taip greičiausiai ir mezai šaknimis susiję su medais, gyvenusiais Persijoje. Tokią sąsają mums leidžia daryti iki šiol Gruzijoje išlikusi musulmonų *meschų* gentis. *Moschus* greta georgų mini Pomponijus Mela I a.[403]. Antikos mitologijoje jie tapatinami su brigais. Moschai, arba muškai, 2 tūkst. m. pr. Kr. viduryje užėmė vakarinę Trakiją, vėliau vadintą Makedonija; apie 1200 m. pr. Kr. jie perėjo Helespontą ir sutriuškino hetitus Mažojoje Azijoje[404].

Herodoto minėti masagetai prie Kaspijos jūros[405] (jeigu šis pavadinimas nereiškia – „mažieji getai") greičiausiai buvo getų ir tų moschų (masių) junginys. Iš moschų vardo, pridėjus baltišką priesagą *-ava* (Moskava), turbūt kilo Maskvos pavadinimas.

O Balkanų mezai (*Moesiae*) minimi apie V a. prie Dakijos[406]. Dėl Balkanų Mezijos daug kovojo ostrogotų karalius Teodorikas[407]. Tarp pietų Europos genčių mezai (*maesi*) vėliau minimi greta raskų (rusų protėvių?): „cirkassi (čerkesai – R. M.) etiam Quinquemontani ad Pontum habitantes, Rasciani, Maesii, Serviani (serbai – R. M.), Bulgari, Bosnenses in Illyrica, Dalmatiae, Istri, Carniolani ac denique Carinthii utuntur"[408].

Pereidami prie Lietuvos pastebėsime, kad žemaičiai lotynų kalba vadinami ne tik *Samogitia*, bet ir *masagetais*. XV a. Enėjus Silvijus, keliavęs po Lietuvą ir vėliau tapęs popiežiumi Pijumi II, rašė: „Redeunti ex Livonia in Germaniam per littus Balthei maris post Masagetas Prutheni sese obiiciunt, qui ripas utrasque Wiscele amnis accolunt" (*Script. Rer. Pruss.* IV. 2311)[409], t. y. masagetai gyvenę tarp Prūsijos ir Livonijos (nebent E. Silvijus būtų juos sumaišęs su samogetais). Kai kuriuose tekstuose, kur minimi masagetai, sunku nustatyti jų gyvenamąją vietą, nes juos lengva supainioti su masagetais, gyvenusiais tarp Europos ir Azijos – prie Kaspijos jūros.

S. Daukantas labai taikliai pastebėjo, kad žemaičių miestelio Mosėdžio vardas kilo iš masių[410] genties. Jis turbūt vadinosi Masių arba Mosių sėda (sodyba). Mozūrijos (plg. Baltarusijos miesto Mozyrj (Mozyrius) vardą) ir Mazovijos pavadinimai gali būti tos pačios kilmės, arba jie galėjo kilti nuo žodžio *mažas*. Taip pat ir prūsų žemės Pomezanijos vardas gali reikšti „prie Mezijos". K. Būga spėjo, kad tas pavadinimas reiškia *pamedė*[411]. Iš masių kilusį vietovardį turime ir netoli Vilniaus – tai Maišiagala („Masių tvirtovė"), kryžiuočių karo kelių aprašymuose vadinta *Maysegal, Meysegallen, Maysegayl*, Meisegal, kitur *Meisegaln, Meischengallen* ir pan.

Pagal legendinį *Divonio dienoraštį* ulmigerai turėję valdovą *Masos*[412], kurio vardas gali būti sietinas su masiais arba reikšti „mažas", nors vargu ar valdovą galėjo vadinti „mažu". J. Basanavičius surašė kelias dešimtis spėjamų mezų kilmės asmenvardžių: Mase, Masio, Missino, Masionis, Masiulis, Masilionis, Mysiūnas, Mysiulis... ir asmenvardinių vietovardžių: *Missendorf, Misshof,* Masiukai, Mysiškiai, Mysviečiai ir kt.

Kodėl tautos iš Balkanų, Pajuodjūrio nuolat bangomis plūdo į šiaurę arba maišėsi tarpusavyje? Tai paaiškinti visai nesunku. Juk antikos laikais Šiaurės Europoje civilizacija buvo labai atsilikusi ir užtekdavo nelabai didelėms grupėms žmonių patekti tarp barbarų, kad šie perimtų atėjūnų papročius, o kartais ir kalbą bei vardą. Tą patį mes matome ir dabar, kaip į eskimų, indėnų ar Sibiro tautų plotus veržiasi baltųjų civilizacija. Aišku, nereikia manyti, kad antikos laikais tarp estijų (aisčių) ir Pajuodjūrio gyventojų buvo toks didelis civilizacijos ir kalbos skirtumas kaip mūsų laikais tarp indėnų ir baltųjų, bet jis vis dėlto buvo nemažas. Užtenka čia paminėti slavų išplitimą į visą Rytų Europą iš Karpatų – Ukrainos teritorijos. Toks plitimas į šiaurės Europą iš antikos kraštų yra užfiksuotas daugelio tautų mitologijoje: lenkai kildinami iš Ilirijos ir Dalmatijos (*Gvaninio kronika*)[413], airiai – iš Kretos mileziečių[414] ir pan.

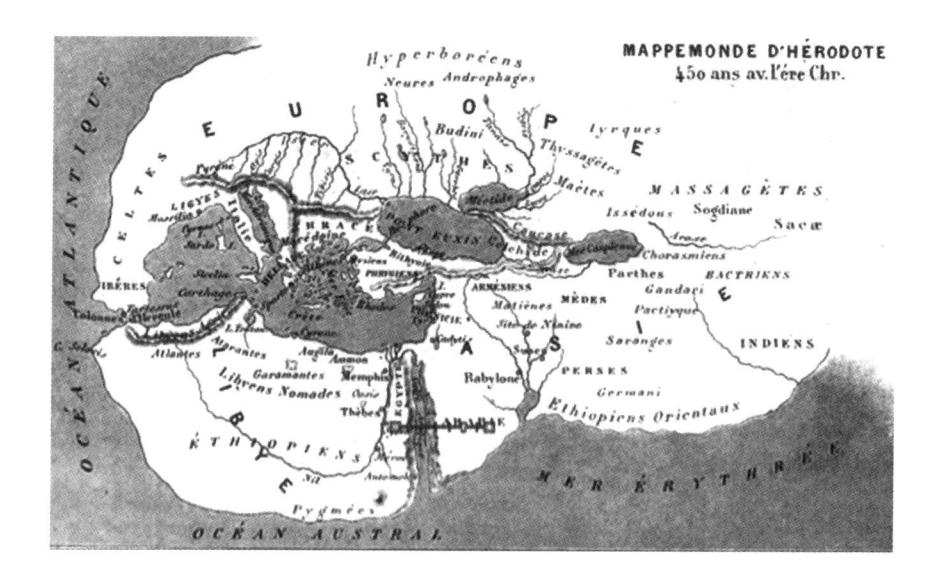

Herodoto Europos žemėlapis 500 m. pr. Kr.

KAIMYNINĖS TAUTOS, TURĖJUSIOS ĮTAKOS BALTAMS FORMUOTIS

Krivičiai

J. Basanavičius krivičius kildina iš getų tautos dalies, kurią iš graikų kalbos reikėtų transkribuoti *Krobišoi, Kribišoi*. Krivičiai gyvenę su getais ir dakais Varnos apylinkėse, dabartinėje Bulgarijoje, ir kartu su jais persikėlę šiaurės link[415]. Tai vienas iš nedaugelio etnonimų, kurį pavyko aptikti tik J. Basanavičiaus darbuose, bet dėl to neturi mums kilti abejonių.

Apie krivičius dabartinės Baltarusijos teritorijoje, t. y. buvusioje estijų (aisčių) žemėje, žinių pasisemiame, anot J. Basanavičiaus, iš Konstantino Porfirogeneto (Porphyrogenneto). Čia tik pasakyta, kad krivičiai kartu su slovėnais buvę rusų duokliadaviais (*tributarii*)[416]. Nestoras (1056–1116) rašęs, kad krivičiai gyvenę apie Baltarusiją ir Smolensko sritį[417].

Metraščiuose, skelbiančiuose apie Riuriko pakvietimą į Novgorodą, išvardinama: „[...] slovene i krivici i meria; slovene svoju volostj imeli, a krivici svoju, a meria svoju"[418]. Iš šios citatos išeitų, kad krivičiai nebuvo slavai.

Panašiai rašoma ir *Nikanorovo metraštyje* (859–862): „Rinko variagai iš užjūrio duoklę nuo čiudų, slovėnų, merios ir visų krivičių"[419]. Prie krivičių pridėtas žodis „visų", matyt, mums sako apie didelę teritoriją, greičiausiai apgyventą baltų ir getų. Tiesiogiai prie slavų krivičių, aišku, negalima priskirti, nes bendrinis slavų pavadinimas kaip ir germanų, baltų ir kt. yra dirbtinis. Tuo metu kiekviena gentis skyrėsi tiek religija, tiek papročiais, tiek ir kalba. Jeigu krivičius priskirsime prie estijų (aisčių), tai iš dalies būsime arčiau tiesos.

Krivičius nukariavo 1127 m. Mstislavas Vladimirovičius, pasiųsdamas keturis brolius iš skirtingų pusių: Viačeslavą iš Turovo, Andriejų iš Vladimiro, Vsevolodą iš Gorodnios (?) ir Viačeslavą iš Klečesko (Klecko (?)) bei sūnus iš Kursko ir Smolensko. 1130 m. Polocko kunigaikščiai buvo „paimti į nelaisvę į Cargradą"[420].

Pažymėtina, kad šio prijungimo laikais krivičių miestai vadinti jau slaviškais vardais: *Strežev, Logožsk, Drejutesk*[421]. Išimtį sudaro tik paskutinis vietovardis, matyt, reiškiantis Drejutiškį (galbūt dabartinę Drują prie Dauguvos). Taigi slavų kolonizacija, plečiantis Kijevo Rusiai, šioje teritorijoje turėjo būti įvykusi pirma, negu buvo nukariauti krivičiai 1127 m.

Krivičių vardą Kocebiu (Kotzebue, *Preussen aeltere Geschichte*, I, p. 302–308) kildino nuo žodžio, reiškiančio pagonių dvasininką *krėvę* (krivio)[422]. Jam pritarė ir J. Basanavičius, pasiūlydamas antrą lygiavertį šio žodžio kilmės variantą nuo žodžio *kreivas* ir kartu primindamas, kad latvių kalba vartojamas rusų pavadinimas *krews* yra kilęs iš tų pačių krivičių[423]. Čia būtų galimybė ir susieti krivičių vardą su Vilniaus Kreivosios pilies pavadinimu, nes yra didelė tikimybė, kad ji buvo ne *kreiva*, bet *krivių* pilis. Tai netiesiogiai liudytų ir daugelyje rusų metraščių reiškiamas nepalankus požiūris į krivičius bei gerokai vėliau įvykęs jų suslavėjimas.

Slavai

Visi mes daug žinome apie slavų kolonizaciją baltų žemėse, prasidėjusią dar 1-ame tūkstantmetyje. Taip pat žinome, kad po tos kolonizacijos liko tik dvi nedidelės baltų salelės: Lietuva ir Latvija. Kas buvo tie slavai ir iš kur jie pajudėjo?

Nekelia abejonės daugelio rusų mokslininkų priimtas aiškinimas, kad slavų vardas rašytiniuose šaltiniuose pirmą kartą aptinkamas VI a. Jordano gotų istorijoje: „Nuo Vyslos upės ištakos neišmatuojamuose plotuose įsikūrusi gausi venedų giminė. Nors jų vardai dabar keičiasi atsižvelgiant į įvairias gentis ir vietoves, bet daugiausiai jie vadinami sklavinais ir antais. Sklavinai gyvena nuo Novietuno miesto ir ežero, kuris vadinamas Mursijum, iki Danastro (Dniestro – *R. M.*), o šiaurėje iki Vyslos. Miestų vietą prie jų užima balos ir miškai. O antai (čia greičiausiai žodžio pradžioje nukrito *v*, o „vantų" vardas giminingas „venedams" – *R. M.*), drąsiausi iš jų, gyvendami prie Ponto (Juodosios jūros – *R. M.*) išlinkimo, nusidriekia nuo Danastro iki Danapro (Dniepro – *R. M.*)"[424]. Taigi Jordano raštai yra neįkainojamas šaltinis istorijos mokslui. Jis pasakoja taip tiksliai ir aiškiai lyg rašytų mūsų laikų istorikas.

„728 m., – kaip sako Einhardas, – pas Karolį Didįjį atvyko serbų sklavų (*Sorabi Sclavi*) pasiuntiniai, kurių stovyklos yra tarp Elbės (Albim) ir Salės (Salam), Tiuringijoje ir Saksonijoje"[425]. Tas pats Einhardas mini, kad sklavinai yra Germanijoje prie jūros kranto, jie vadinami teisingai velatabais (veletais – *R. M.*), frankais (*Francica*) arba vilčiais (*Wiltzi*)[426]. Taip pat čia minimas Dragavitų (plg. Dregovičiai) miestas (p. 33), ir sakoma: „In terram Sclavorum Beheim" (p. 51) – („Slavų žemėje Bohemijoje", t. y. Čekijoje).

Joachimas Pastorijus *Lenkijos istorijoje* cituoja Sabeliką (Sabelikus Enead.), kuris rašo, kad slavai iš Kimerų, Bosforo, Sarmatijos pajudėjo į šiaurę – į Bohemiją ir Lenkiją, užimdami išėjusių į Romą venedų teritoriją[427]. Čia pat cituojamas Tuanas (Thuanus), pastarasis patikslina, jog „[...] sklavairoksalanai hunų valdovo Atilos laikais užėmė vandalų vietas: Bohemiją, Sileziją ir Moraviją. Šie slavai išplitę toli į šiaurę ir rytus. Jiems priskiriami vindai prie Baltijos jūros, pomeranai, lužitėnai, roksalanai, moskai – pastarieji išplitę ne tik Europoje, bet ir Azijoje, – raskai, mezai, servianai (serbai – *R. M.*), bulgarai, bosniečiai Ilirijoje, dalmatai, aistrai, karniolanai, arba karintai"[428].

Viena pagrindinių sklavinų teritorijų buvo Dunojaus pakrantės, kaip rašo Einhardas: „Sclavorum circa Danubium habitantium"[429]. Jis sumini keletą grynai slaviškų vardų: „Sclaomir Abodritorum rex"[430] (Sklavomiras, obodritų karalius); Ladaslavus (Vladislavas (?)), Dalmatijos valdovas[431]. Iš teksto atrodo, kad ši Dalmatija yra ne Jugoslavijoje, bet gerokai toliau į šiaurę. Ir Vidukindas aprašo slavų ir vengrų išpuolius iš Dalmatijos į Saksoniją. Čia jau *k* raidė iškritusi ir rašoma *slavai*: „Praedictus igitur exercitus Ungariorum a Slavis conductus, multa strage in Saxonia facta, et infinita capta praeda, Dalamantiam reversi"[432].

Iš Vidukindo bei Helmoldo darbų galime spręsti, kad iki X a., t. y. iki krikšto, slavai buvo labai plačiai išplitę Vokietijoje. Jie siekė Magdeburgą[433], Brandenburgą[434].

Tolesnė slavų istorija visiems yra gerai žinoma, todėl ties ja neapsistosime. Tik paminėsime, kad, be abejonės, iš slavų vardo yra kilę šių tautų pavadinimai: slovėnai ir slovakai bei Slavanija Kroatijoje.

Lenkai

Prūsų ir lietuvių kovos su lenkais prasidėjo gerokai anksčiau negu kryžiuočių laikais, apie kuriuos mes daugiau sužinome iš rašytinių šaltinių. Štai Magdeburgo analuose, skelbtuose rinkinyje *Scriptores Rerum Prussicarum*, *randame* pranešimą, kad Magdeburgo arkivyskupas Frydrichas 1147 m. su 180000 karių iš Lenkijos, Rusijos ir Vokietijos iš visų pusių užpuolė pagonių kraštą. Tris mėnesius klajodami, viską nuteriojo, miestus ir tvirtoves sudegino.

Tai, žinoma, irgi nėra mūsų santykių su lenkais pradžia. Turime išsiaiškinti, kas buvo tie lenkai ir iš kur kilo jų pavadinimas.

Jau minėta, kad gerulių vardas reiškia girių gyventojus, o lenkų vardas – priešingai – lankų žmones. Bet kaip išversti vardą „poliaki"? Aišku, kad slavų kalbose žodis *pole* reiškia *laukas*. Tada pažiūrėkime, kur nuo seniausių laikų ėjo ištisinio miško šiaurėje ir stepių pietuose riba. Jau taip pat minėta, kad ši riba tęsiasi nuo Varšuvos iki Kijevo. Ties Kijevu ši riba yra gana tiksli, o į vakarus stepės po truputį nyksta, bet iš esmės ištisinio miško riba išlieka. Taigi pačiame prūsų žemės pakraštyje, prie Vyslos, kryžiuočių laikais buvo žemė Pomezanija, kurios vardą kai kurie kalbininkai kildina nuo žodžio *pamedė*, arba *pagirys*. Lenkijos šiaurės rytuose ir Baltarusijoje buvo žemės Palenkė ir Poliesė, iš kurių vienos pavadinimas reiškia „teritoriją prie laukų", o kitos – *pagirį*.

Toliau einant miško–stepės riba, Kijevo apylinkėse X a. į pietus nuo Kijevo istoriniuose šaltiniuose minima polianų gentis, o į šiaurę nuo Kijevo – drevlianų gentis. Vėlgi nesunku atsekti, kad polianų vardas yra kilęs nuo žodžio *pole*, kurio reikšmė – *laukas*, o drevlianų – nuo žodžio *drevo, derevo*, kurio reikšmė *medis, miškas*. Įdomu, kad *poliakų* ir *polianų* gyvenamos teritorijos neturėjo griežtų ribų, kartais susiliedavo. Todėl laukų gyventojų lenkų (lankių) ir *polianų* vardus galime laikyti įrodytais.

Panašiai, bet kiek kitaip, vardo *poliaki* kilmę aiškino T. Narbutas, siedamas jį su žodžiu miškas – *les*. Anot T. Narbuto, žodžiai *las, les* senovėje buvo tariami *lach, lech*[435]. Tada *poliaki* vardo vertimas bus *pagirys*, kuris gali būti tapatus su jau minėtais pagiritais. Senieji pagiritai, pagirėnai prieš didžiąją slavų kolonizaciją dar galėjo būti giminingesni aisčiams (estijams) negu slavams arba užimti tarpinę padėtį, nors šį kraštą siekė ir venedai, kurie, kaip minėjome, yra labai artimi slavams. Poleksėnų (*pollexiani*), susijusių su jotvingiais, pavadinime nesunku įžvelgti tarpinę formą tarp *poliaki* ir *Polesia*. Poleksėnais Kadlubekas vadina jotvingius[436].

Vadinasi, *poliaki, pollexiani, Polesė* ir *pagiritai* pagal šią versiją visi turi tą pačią reikšmę: žmones, gyvenančius į pietus nuo didžiojo miško masyvo; tai vieta, apgyventa estijų (baltų) tautų, tą teritoriją vėliau apgyveno slaviška lenkų tauta.

Rusai

Dabartinė Rusijos teritorija pirmaisiais amžiais po Kristaus gimimo buvo vadinama Alanija. Čia turimi galvoje rytų Europos plotai maždaug tarp Karpatų ir Maskvos, į šiaurę nuo pietų Ukrainoje gyvenusių skitų ir sarmatų. Tos didžiosios Alanijos dalį sudarė roksalanai, kurių pavadinimą galėtume padalinti į *rosus* ir *alanus*. Iš šių rosų ir kilo vėlesnis vardas *Rusj, Rossija*.

Gali pasirodyti keista: kas čia bendro tarp šaknies *ros*- ir *roks*-. Bet nusikėlę į senesnius laikus pamatysime, kad šaknis *roks*- kilo iš Tuano minėtos slaviškos raskų[437] genties vardo, susikeitus garsams *sk* į *ks*, o garso *a* virtimą į *o* galime laikyti dėsningu. Be to, apie roksalanų tapatumą su rusais rašė Mykolas Lietuvis[438].

Ieškodami archeologinėje medžiagoje šios mūsų teorijos patvirtinimo, galime apsistoti ties zarubiniecų kultūra. Atrodo, kad apie II–IV a. roksalanai išplito didelėje Ukrainos dalyje, pamažu nustumdami į antrą planą alanus. Vėliau nuo šio roksalanų pavadinimo galutinai atkrito antroji dalis alanai ir susiformavo etninio vieneto pavadinimas – *Rusj*. Taigi roksalanai greičiausiai buvo didžiosios slavų kolonizacijos į šiaurę pradininkai, susiję su zarubiniecų kultūra. Šioje vietoje neaišku, kiek didžiąją slavų kolonizaciją galime sieti su ostrogotais, kaip apie tai rašė Č. Gedgaudas.

Tačiau dėl rusų vardo yra ir sunkesnių problemų. Įdomumo dėlei pateiksime originalias, bet sunkiai pagrindžiamas T. Narbuto mintis apie slavų genties *rosų* tapatinimą su Rusne, esančia Nemuno deltoje. Čia sunkiai pavyktų priderinti gerai pagrįstą teoriją, kad Rusnės vardas kilo iš Nemuno deltoje buvusioje šventykloje „rusenusios" amžinosios ugnies. Šios Narbuto žinios paimtos iš mažai žinomos *Annales Bertiniani* (Bertinijaus kronikos), kurioje sakoma, kad skandinavų kilmės valdovas Hakonas (Narbutas jį vadina „Rusnės karaliuku" ir sakosi paėmęs šią žinią iš islandų *Fingbogo Stipriojo* ir *Floamano sagų*) 839 m. siuntė pasiuntinius į Konstantinopolį pas valdovą Teofilį, norėdamas užmegzti su juo gerus santykius.

Pateiksime Narbuto citatą lotynų kalba: „Qui se, id est gentem suam Rhos vocari dicebant, quos rex illorum, Chacanus vocabulo, ad se amicitiae, sicut asserebant, causa direxerat [...] Imperator Ludovicus diligentius investigans, comperit eos gentem esse Sueonum, exploratores potius regni illius (Constantinopolitani) nostrique (Francici)". Toliau kronikoje sakoma, kad imperatorius Teofilis, siųsdamas pasiuntinius į Ingelheimą pas imperatorių Liudviką Pamaldųjį, kartu pasiuntė ir kažkokios genties žmones, vadinančius save rossais[439].

Jeigu ta Hakono valdoma gentis *ross* tikrai gyveno ten, kur dabar yra Rusnė, tai Narbuto žinios vertos dėmesio. Tik sunku sumegzti ryšį tarp šių rosų ir rosų, gyvenusių Alanijoje. Nors yra ir keistų sutapimų. Rusnė buvo kaip tik toje zonoje, kurią ilgą laiką valdė venedai – gentis labai artima slavams (Skalvijos žemės, kurioje vienas pagrindinių centrų buvo Rusnė, panašumas į slavišką sklavinų vardą greičiausiai yra atsitiktinumas). Be to, šie Rusnės rosai gali būti tie patys risai – vitingai (žr. skyrelį *Vitingai*) – arba rusai su Rusijos nukariautojais variagais, persikėlę prie Kuršių marių. Be to, variagai ir patys galėjo šį vardą perkelti iš Rusijos į kitą savo valdą.

Kokius mes galime rasti Rusnės vardo atitikmenis Lietuvoje ir gretimuose kraštuose? Atrodo, kad šis pavadinimas neatsiejamas nuo tokių Lietuvos vietovardžių kaip Ruseiniai, Rusiai, Raseiniai, o gal ir Rasiai, Rasos, Rasytė bei Prūsijos *Resil* (*Olivos kronika*, 1239), *Resin* (ten pat); Baltarusijos *Rosica*, *Rosny*, *Rosinėliai*, *Rossony*, *Rossonka*; Latvijos *Rušony* ir pan. Vargu ar juos visus įmanoma sutapatinti su rusų etnonimu (ypač su šaknimi *ras-*, kur jie gali reikšti rasą, *rus- – rūsius*, *ros- – rosti* (slaviškai „augti")), nors Česlovas Gedgaudas patį Rusijos vardą kildina iš šių rasų, o V. Žučkevičius čia minėtus Baltarusijos ir Latvijos vietovardžius kildina nuo žodžio Rosija[440].

Su rusais J. Ochmanskis sieja visus Rusokų, Rusynės ir panašius vietovardžius Vakarų Baltarusijoje, pagal kuriuos jis išveda ribą tarp lietuvių ir slavų VII–VIII a. Tokia riba pagal J. Ochmanskį ėjusi kiek į vakarus nuo Minsko, t. y. toli nuo dabartinės Lietuvos teritorijos[441].

Nors daugelis minėtų vietovardžių Lietuvoje nėra etnonimai, bet dalis tiesos apie gyvenusius Lietuvoje rosus (rusus) iki X a., matyt, yra. Tai galėjo būti negausios rusų kolonijos, pasiekusios Lietuvą su variagais besiformuojant būsimai Kijevo Rusiai, arba, kaip rašo Č. Gedgaudas, iš čia per didžiąją slavų kolonizaciją kilo pats Rusijos valstybės pavadinimas.

Vandalai ir venedai

Venedai ir vandalai greta getų-trakų buvo vienas iš gausiausių gentinių junginių Europoje. Daugelis antikos autorių juos kildina iš Paflagonijos Mažojoje Azijoje. *M. Bielskio kronikoje* sakoma, kad jau Homeras aprašęs venedus, kurie Trojos karų metu (t. y. daugiau kaip prieš 3 tūkst. metų) gyvenę Paflagonijoje, o po Trojos sunaikinimo patraukę link Italijos ir įsikūrę Ilirijoje. Atilos valdymo metu Italijoje jie įsteigę Venecijos miestą[442]. Polibijus skelbęs, kad jo laikais ir Adrija vadinta Venedų jūra[443].

Strabonas aprašęs ir antrą venedų bangą į Europą. Pastarąjį persikėlimą per Juodąją jūrą sukėlę kimerai[444]. Ilirijos venetai plačiai išsidauginę ir pamažu apgyvendinę Padunoję, Dalmatiją, Meziją ir Dakiją, pasivadindami ilirais, istrais, dalmatais[445]. Ilirijos venetus V a. pr. Kr. jau mini istorijos tėvas Herodotas[446]. Apie jų nepaprastą išplitimą kalba Čekijos kronikose paskelbtas tariamas Aleksandro Makedoniečio laiškas, kuriuo jis venedams dovanojęs Europą nuo Ledinuotojo vandenyno iki Italijos jūros. Visos čia gyvenančios tautos turėsiančios tarnauti venedams per amžius[447].

I a. Julijus Cezaris aprašo venetų ir venelų sukilimą šiaurės vakarų Galijoje, Armorike (t. y. Bretanėje), ir Normandijoje[448]. Turbūt neatsitiktinai dar XVIII a. šis kraštas vadintas Vandėja.

K. Tacitas sako, kad venetai pasisavino daug papročių iš peukinų, „nes plėšikaudami jie išnaršė visus miškus ir kalnus, dunksančius tarp peukinų ir fenų (finų – R. M.). Vis dėlto juos reikėtų priskirti prie germanų, kadangi ir namus statosi, ir skydus nešioja, ir vaikščioja pėsčiomis. Visa tai priešinga sarmatams"[449]. Iš šios ištraukos matome, kad venetai I a. turėjo apimti ir didelę aisčių (baltų) teritorijos dalį, nes estų, suomių, karelų protėviai finai yra nuo baltų į šiaurę.

Venedų gentys buvo labai pripratusios prie jūros (kas žino, gal ir pats jų pavadinimas susijęs su vandeniu?). Julijus Cezaris giria venedų burinius laivus, kuriais jie naudojosi plėsdami prekybą tarp Britanijos ir kontinento[450].

Tarp įvairių venedų ir vandalų atšakų reikia paminėti Plinijaus užfiksuotus venetulanus, gyvenusius Latiume[451], t. y. Centrinėje Italijoje; ir germanų gentį – vandilijus, minimus Tacito[452].

Daugelis antikos autorių venedus vadina henetais. Dėl to M. Bielskis savo kronikoje šiam variantui suteikia pirmenybę.

Vandalų venedų žygiai į Romą plačiai aprašyti. Vandalai kartu su baltais buvo vienos iš pagrindinių tautų, sugriovusių Romos imperiją. Iš to kilo žodis vandalizmas. Vėliau jų didelė dalis pasiekė Ispaniją ir net įsikūrė Šiaurės Afrikoje. Pietinės Ispanijos srities Andalūzijos vardas yra išvirtęs iš *Vandaluzija*. T. Narbutas ir S. Daukantas pateikia medalių, kuriuose minimas romėnų valdovas Valuzianas, nugalėjęs vandalus, venedus, finus ir galindus[453].

Venedai ir vandalai taip plačiai aprašomi įvairiuose šaltiniuose, kad čia įmanoma suminėti tik mažą jų dalelę. Mums įdomus jų ryšys su estijais (aisčiais). Archeologiniu požiūriu venetus reikėtų sieti su lužitėnų kultūra, kuri tam tikru laiku buvo ženkliai prasismelkusi ir į Vakarų Lietuvą, pvz., Kurmaičiuose rasta dubenų, labai panašių į tokius pačius indus, randamus lužitėnų archeologinės kultūros teritorijoje[454]. Taip pat ir Lietuvos pajūryje Egliškių pilkapius su urnomis[455], matyt, supylė venedai. Tai patvirtina jų panašumas į sambiškuosius Prūsijos teritorijoje. Vis dėlto atrodo, kad venedai Lietuvos pajūrį buvo užvaldę laikinai, pirmaisiais amžiais po Kristaus.

Ptolemajas (II a.) venedus dar žymi palei visą pajūrį nuo Chrono (čia jis maždaug atitinka ne Nemuną, bet Prieglių) ir Chersino (Dauguvos (?)) upių[456]. O tariamam Divonio iš Bitinijos dienoraštyje, gautame iš vyskupo Kristijono, buvusio prūsų nelaisvėje, venedai tapatinami su sarmatais[457]. Čia nėra nieko nuostabaus, nes sarmatais dažnai buvo laikomos visos Rytų Europos tautos, ir tai dėl to, kad sarmatai, kitaip nei germanai, važiuodavo su ratais ir jų, kaip kai kuriais laikais čigonų, visur buvo pilna.

Gausiausiai venedai buvo įsikūrę netoli estijų (aisčių) žemių Lenkijoje. M. Miechovita Lenkiją tiesiog ir vadina Vandalija[458], o daugelis autorių (Miechovita[459], Bielskis[460], Gvaninis[461]) Vyslą vadina *Vandal, Vandalus*.

J. Ochmanskis netgi spėja, kad 3-2 tūkst. m. pr. Kr. , t. y. virvelinės keramikos paplitimo metu, baltų žemėse gyveno venedai, o patys dabartinių baltų protėviai atėjo į Baltijos kraštą tik su mirusiųjų deginimo papročiu XIII-XII a. pr. Kr. Nustota deginti mirusiuosius II-V a., pasak Ochmanskio, dėl naujo laikino venedų įsigalėjimo[462].

Mes siejome venedus su lužitėnų kultūra, tačiau tokie Ochmanskio aiškinimai kelia abejonių, nes nepastebėta, kad ši kultūra kada nors būtų apėmusi visą Lietuvą. Vis dėlto yra ir lietuvių autorių, palaikančių J. Ochmanskio nuomonę ir siejančių baltus būtent su venedais. Pvz., jam pritaria P. Račiūnas[463]. Daugelis kalbininkų spėja, kad slavai nuo baltų atsiskyrė tik pirmais amžiais po Kr., nors naujajame atlase *The New Penguin ATLAS of Ancient History*, 2002, skelbiama, kad slavai atsiskyrė nuo baltų 2 tūkst. m. pr. Kr. antroje pusėje. Apie vandalų etninę giminystę su baltais Vorutos tinklalapyje daug duomenų yra paskelbęs Vaidutis Riškus.

Kodėl iš tikrųjų galime susieti venedus su slavais? Pirmiausia todėl, kad iki šiol kai kurios germanų ir finų tautos slavus vadina venedais[464]. Mūsų kaimynai estai rusus ir dabar vadina *vene.* J. Basanavičius, remdamasis Šafariku, rašo, kad iki mūsų laikų slavus serbus (sorbus (?)) vokiečiai tebevadina venedais[465]. Kromeris iš venedų kildina slovakus, Bielskis juos laiko slavais[466]. Jei kam teko skaityti vandalų žodžius ar frazes, išlikusias vėlyvosios Bizantijos dokumentuose, tai jie daugiau primena slavų kalbas negu baltų.

Vienas iš svarbiausių autoritetų, laikiusių venedus slavais, yra XII a. gyvenęs Helmoldas, kuris pateikia šiuos vandalų vardo variantus: *Vandali, Vandalij, Vandeli, Vandili, Vanduli, Vindili, Vinili, Vinuli*; ir į jų vietas atėjusių venedų: *Venedi, Venedae, Vinidi, Vinidae*[467]. Jis ginčijasi su Liubeko leidėjais, pateikusiais daugybę argumentų, kad visos šios gentys buvo germanai[468]. Ir Strijkovskis kritikuoja vokiečių, danų ir švedų autorius, laikančius vandalus germanais[469]. M. Bielskis vandalus laiko beveik tiesioginiais lenkų protėviais. Jo laikais dar buvusi žinoma šv. Vaitiekaus sukurta giesmė apie vandalų, lenkų protėvių, krikštą[470].

Miechovita įdomiai atskiria vandalus nuo venedų. Remdamasis Plinijumi, Sventonijumi Tarkvilu ir jau minėtu Kornelijumi Tacitu, jis vandalus laiko germanais[471], o venedus (Miechovita juos vadina *vinidais, vindelikais*) – slavais[472]. Dėl Tacito ir kitų antikos autorių čia turime pabrėžti, kad jie vandalus laikė germanais vien priešindami juos ant ratų važiuojantiems sarmatams. Apie etninę priklausomybę tai visai nieko nesako. Be to, ir išspręsti šį klausimą beveik neįmanoma, nes vienoje teritorijoje įvairiais laikais gyvendavo daugybė mažai tarpusavyje giminingų genčių.

Dar pažiūrėkime, kokių turime žinių apie paskutines vandalų ir venedų dienas ir apie jų išnykimą. Anot J. Foigto (Voigt), Baltijos pamarys prie Vyslos žiočių IX a. vadintas *Windlandia*, arba *Ventland* (*Alnpekės kronika*)[473]. Ten pat, tarp Danijos ir Vyslos žiočių, venedų žemę (*Weonodland*) mini IX a. anglosaksų keliautojas Vulfstanas[474]. Po to jau įsigali dirbtiniai vardai: Pomerania (Pamarys), Meklenburgija (pagal miesto vardą) ir kt. Bet štai 1541 m. Brandenburgo markgrafas Albrechtas save vėl tituluoja prūsų, Stetyno, Pomeranijos, Kašubų ir venedų hercogu, Neuerbergo burggrafu ir Riugeno kunigaikščiu[475]. Naujausias Vandalijos paminėjimas, kurį pavyko aptikti, yra iš 1584 m. Viename Pilypo Austrijiečio žemėlapyje Riugeno sala ir dar kelios salos prieš Vyslos žiotis vadinamos Vandalijos salomis, o kitame – pakrantė į vakarus nuo Vyslos žiočių vadinama Vandalija. Vienoje iš salų parodytas miestas Vineta[476].

Kokie žinomi tiesioginiai estijų (aisčių) ryšiai su venedais ir vandalais? A. Raulinaitis pateikia žinias iš S. Grunau ir L. Davido XVI a. kronikų, kad sūduviai VI–VII a. (?) kariavę su venedais (*weneden*) votais (?), gyvenusiais Livonijoje (?) (*Lotthphania*), ir juos nugalėję[477]. *Lotthphania* čia gali reikšti Lietuvą (Litvania), Latviją (Lotvanija) arba abu kraštus kartu. J. Jurginis šią Vaidevučio legendos dalį kiek plačiau aprašo: Vaidevučio „trečias sūnus Sudas, gavęs žemės tarp Chrono (Nemuno – *R. M.*), Skaros (Priegliaus – *R. M.*) ir Curtorko, vėliau tai buvusi Rusnė arba Kuršių uostas, turgus [...] Sudas užėmęs ir nugalėjęs venedų kraštą"[478]. Čia minimi nugalėti venedai galėjo gyventi prie rytinio Kuršių marių kranto (plg. vietovardį Ventės ragas – iškyšulys į Kuršių marias, Ventos upė, tekanti iš Lietuvos į Latviją su Ventspilio miestu žiotyse) ir dabartinės Vandžiogalos apylinkėse (senoji forma Vandejogala reiškė venedų ar vandalų tvirtovę).

XII a. *Helmoldo kronikoje* rašoma, kad lenkų karalius Boleslovas (apie X a. pab.) užvaldė visus slavus (vinulius, kitaip vinitus) ir jų valdžiai taip pat pajungė rusus ir prūsus[479] (minėjome, kalbėdami apie lenkus, kad prūsų kovos su jais prasidėjo gerokai anksčiau, negu tai aprašo kryžiuočių kronikos).

Apie Vandžiogalą mus pasiekė keista žinia iš Vytauto laikų. 1384 m., Vytauto kovų dėl tėviškės metu, Ragainės vicekomtūras Markvardas Solcbachas (Marquardt Soltzbach) išžygiavo į Lietuvą padėti Vytautui prieš Skirgailą. Vandžiogaloje kryžiuočiai rado susirinkusią didelę žmonių minią kažkokioms pagoniškoms apeigoms. Po ilgo ir kruvino mūšio nugalėjo vokiečiai. Vicekomtūras ir kunigaikštis Vytautas išsivarė į nelaisvę šimtus likusių gyvų vandžiogaliečių[480]. Truputį keista, kad savo teritorijoje Vytautas ėmė belaisvius. O gal dar tuo metu čia gyveno venedai ir buvo laikomi svetimtaučiais? Dar neaišku, ar nėra dabartiniam Vandžiogalos apylinkų sulenkėjime venediškų šaknų.

Daugelis autorių rašė apie venedus, gyvenusius Lietuvoje ir Latvijoje. Anot J. Foigto (Voigt, *Gesch. Preuss*, I, 66), venedai, išvyti iš Kurzemės (apie čia gyvenusius venedus galime spręsti iš Ventos upės, Ventspilio miesto ir kt. vardų – R. M.), įsikūrę senajame kalne (*Monte Antiquo*) prie Rygos, o iš čia išvyti apsigyveno Latgalijoje[481] (Vendene, dabar vadinamam Cesiu – R. M.). J. Ochmanskis[482] ir V. Vilinbachovas[483] Žemaitijoje, Latvijoje ir vakarinėje Estijoje surinko dešimtis vietovardžių, kuriuos jie kildina iš venedų vardo. Taigi turime prieiti prie išvados, kad paskutiniai iš didžiausių Europos tautų – venedų – palikuonys ištirpo ne kur kitur, o Lietuvos ir Latvijos teritorijoje (Lenkijos pamaryje tuo metu vandalų bebuvo išlikęs tik pavadinimas). Dabartinius slavus venedų palikuonimis galime laikyti tik iš dalies. Be to, turime pabrėžti, kad baltai Lietuvos ir Latvijos teritorijoje buvo vietiniai gyventojai, o venedai – tik laikini atvykėliai.

Veletai

Iš mūsų minėtų tautų, kurias daugelis priskiria slavams, paskutiniai bus veletai. IX a. rašęs Einhardas *Velatabi* vardu juos mini pirmuosius greta sorabų (serbų), obodritų (*Abodriti*) ir bohemų (*Boemanni*); pažymi jų karingumą[484]. Jau Ptolemajo žemėlapyje (II a.) veletai, arba veltai, yra parodyti Baltijos pajūryje tarp venedų (*Venedes*) ir kuršių (*Carbones* ir *Careotas*), greta estijų (aisčių (?)) (*hossii*)[485]. Jiems giminingi gali būti velegezitai, gyvenę Balkanuose VII–VIII a.[486], vilinai – tarp Oderio ir Elbės IX–XII a.[487] (jeigu čia jie nėra painiojami su vinilais, priskiriamais venedams); volynėnai, kurie minimi *Povestj Vremennych Let*: „Dulebi živiachu po Bugu, gdie nyne Velynianie", ir jau minėta šalis *Glesissvelir* (Sambija (?)), kur antroji dalis „vel" ir gali reikšti veletus, o pirmoji dalis: glesus, – gintaras. Forma *velynianie* tekste *Povestj Vremennych Let* ir įrodo volyniečių ir veletų bendrą kilmę.

Vidukindas, Ibrahimas Ibn Jakubas ir kt. rašė, kad vienas pirmųjų Lenkijos valdovų Mieška I (Meška) daug kariavo su veletais dėl priėjimo prie Baltijos jūros[488]. Išeina, kad veletai X a. gyveno Lenkijos pamaryje. Vėluvos apylinkių Prūsijoje pavadinimas *Wilovense* 1348 m.[489] taip pat gali sietis su veletais, jeigu jis nesusijęs su lietuvių kalbos žodžiu „vėlė". Ir pietinės Estijos miesto Viljandi bei jo apylinkių gyventojų vardas „veljadcy"[490] (1240 m.) gali būti panašios kilmės.

J. Basanavičius rašo, kad Šafarikas veltus laiko slavais, o Miulenhofas (Mullenhoff) ir Zeusas (Zeuss) – lietuviais[491]. Tačiau pastarųjų autorių spėjimas, kad veltai yra iškreiptas lietuvių vardas, atrodo nepagrįstas vien dėl to, kad jis lygiai tokia forma užrašytas jau II a. Ptolemajo ir kitų autorių.

Kol kas visai neaišku, ar veletai buvo artimesni slavams ar estijams (aisčiams). Mįslė lieka, kiek su veletais galima sieti tokius vietovardžius kaip *Velena* (Latvija, Gulbenės r.), *Velenj* (Baltarusija, Puchovičių r.), *Velec* (Baltarusija, Glubokoje r.), *Velje* (ežeras Polocko r.), *Velenia* (upė Smolensko gub.), o galbūt net ir *Vilnia, Vilnius, Vilija* (?); *Volin* (XI–XII a. Oderio žiotyse), *Volyn* (Bugo aukštupys tos pačios Volynės žemėje XI a.), *Volga* (upė), *Veliuona* (prie Nemuno, Olivos kronikoje vadinta *Willun*), *Wilunj* (dabar *Wellen* prie Notecės upės) – *Anonimo Galo kronika*, *Veluta* (Baltarusija, Lunineco r.) ir daugelį kitų. Vėlgi, beveik visi šie pavadinimai gali būti susieti su lietuvių kalbos žodžiu *vėlė*, kai į vandenį būdavo pilami sudeginti mirusiųjų palaikai. Beje, kai kurie iš šių vietovardžių gali sietis su žodžiais *velnias, velionis*.

Jau minėta, kad Volynės pavadinimas giminingas veletų etnonimui. Šią nuomonę patvirtina ir tai, kad X a. buvo daug vietovių, vadinamų *Volyn*, šiaurės Lenkijoje, kur ir gyveno veletai (ne volynėnai). O vietovardis *Veluta* tikrai primena veletų vardą. V. Toporovas, O. Trubačiovas ir B. Žučkevičius šį vietovardį kildina iš pietų Baltarusijos – šiaurės ukrainiečių žodžio *velet* (*veleta, veletenj*), reiškiančio – stipruolis, milžinas[492]. Gal čia ir glūdi veletų mįslė? Tačiau tokia milžinų veletų sąvoka galėjo išsirutulioti ir atvirkščiai, iš veletų genties vardo, panašiai kaip tai atsitiko su kimbrais. Be to, veletai – „milžinai" gali sietis su pagonišku chtoniniu protėvių dievu Velniu.

Alanai

Alanai tuoj po Kristaus gimimo, kaip minėjome, buvo apgyvendinę didelius Rytų Europos plotus. Tačiau per 1 tūkst. m. po Kr. šis vardas išnyko

– jį išstūmė raskai, roksalanai, ir liko vietoj Alanijos *Rossija*. Alanai mus čia daugiau domina todėl, kad pasak legendos, XV a. paskelbtos Erazmo Stelos, Prūsijos įkūrėjo Vaidevučio žmona buvo alanė. Dėl to jos sūnų ir rėmę alanai, o borusai nekentę. Po ilgų mūšių jis turėjęs nusileisti ir su visais alanais išsikelti į protėvų žemę[493].

T. Narbutas rašo, kad alanai nuo Uralo į Europą atslinko paskui sarmatus (De Guines, *Histoire des Huns*, I)[494]. Buvusi tai skitų kalniečių gentis, kurios vardas kilęs nuo žodžio alin: *kalnas*. Čia tiktų ir kitas lietuvių kalbos žodis, reiškiantis kalną: *uola*. 557 m. pr. Kr. alanai įsikūrę Pajuodjūryje tarp Dniepro ir Dono (Stritter, *Memoriae populorum*, I, p. 644). Vėliau jie slinkę pagal Doną į gelonų, budinų, antropofagų, agatiršų, melanchlenų („juodasermėgių") ir neurų žemes[495], t. y. čia jie turėjo įsiskverbti ir į rytinių bei pietinių baltų teritoriją.

Julijus Solinis Europą taip pavaizdavo: rytuose yra Alanija, viduryje – Dakija ir Gotija, toliau – Germanija, kurios didelę dalį sudaro svebai"[496]. Pomponijus Mela I a. alanus ir alanorsus žymi tarp Hiperborėjų kalnų, esančių tarp Šiaurės Rytų Europos ir Azijos[497]. Prisiminkime ir Ptolemają: „[...] iš mažesnių tautų Sarmatijoje gyvena: prie Vislos upės už venetų – gitonai, taip pat finai, taip pat sulonai. [...] Į rytus nuo paminėtųjų, už venetų, yra galindai ir sudinai, ir stavanai ligi alanų; už jų igilionai"[498].

Viena alanų šaka kartu su vandalais dalyvavo Romos nukariavime. V a. jie užėmė Luzitanijos ir Kartaginos provincijas, o vandalai – Ispanijos Galisiją[499]. Katalonijos provincijos vardas, kaip sakėme, bus kilęs iš Gotalanijos („gotų – alanų žemės").

Kita alanų šaka, manomai, pasiekė ir prūsus. Anot Amiano Marcelino (Ammianus Marcellinus), rašiusio IV a., jie gyvenę už arimpėjų, greta masagetų ir sargetų[500], taigi estijų ir getų žemėse. Remdamasis tuo pačiu autorium, T. Narbutas šiuos alanus įkurdino tarp Vyslos ir Nemuno[501].

Estijų žemes galėjo siekti ir pagrindinė alanų tautos dalis, vėliau pasitraukusi į Romą. Tada Vaidevutį reikėtų iš V a. nukelti į IV a., tai labai abejotina.

S. Daukantas atkreipia dėmesį į žinutę iš 1223 m., kurioje totoriai perspėja polovcus, kad jie, būdami totorių giminaičiai, nesibroliautų su svetimtaučiais alanais[502]. Ir daugelis kitų autorių alanus laiko skitų giminaičiais, iranėnais. S. Daukanto žinutė patvirtina, kad alanai nebuvo mongoloidų kilmės. Bet jie buvo taip pat gana svetimi ir estijams bei slavams (t. y. jokiu būdu nepriklausė getų ir venedų giminaičiams).

Skitai

Skitai buvo labai susipynę su sarmatais, šie skitus pamažu ir asimiliavo. Nors abiejų šių tautų ryšiai su estijais yra panašūs, sarmatus mes priskyrėme prieš tai buvusiam skyriui, aptardami gentis, įsiliejusias į baltų etninę grupę. Taip pasielgėme todėl, kad estijai daugelio autorių tiesiog priskiriami Sarmatijai ir, matyt, sarmatų mūsų protėvių žemėse buvo daugiau negu skitų.

Mus nustebins Adomo Brėmeniečio[503] (XI a.) ir kai kurių autorių terminologija: jie Baltiją vadina Skitų jūra (čia skitai, matyt, yra platesnė bendrinė sąvoka, apimanti ir Sarmatiją), Kas buvo tie skitai?

Skitus mini jau Herodotas V a. pr. Kr. Jis sako, kad ši šalis prasideda nuo Įstro upės (Dunojaus) ir tęsiasi pagal Juodąją jūrą iki Tanaido (Dono) ir Meotijos ežero (Azovo jūros). Toliau yra Sarmatija. Tarp skitų tebėra dar neseniai iš čia išvytų kimerų (kimbrų – R. M.)[504]. Įdomu, kad Herodotas skitus laikė šviesiaplaukiais, baltaodžiais[505], taigi jie turėjo būti išeiviai iš šiaurės. Galbūt tas skirtumas nebuvo labai didelis, bet jo užteko Herodoto dėmesiui.

Skitų pavadinimas buvo neapibrėžtas, tą įrodo XVI a. *Gvaninio kronika*, kurioje prie Europinės Skitijos priskiriama Lietuva, Rusija, Valachija, totoriai, o prie Azijinės Skitijos – tauroskitai, agatiršai, Azijos masagetai ir kt.[506] Toks Skitijos ribų išplėtimas galėjo būti ir vėlesnis, neatitinkantis antikos laikų tikros padėties.

Pažiūrėkime, iki kur skitai įsibrovė vidurio Europoje ir ar pasiekė mūsų protėvius estijus. Apie tai daug medžiagos surinko A. Raulinaitis. „Skitų invazijos kelias į vidurinę Europą per Sileziją, Moraviją ir Bohemiją dar ir dabar aiškiai atsekamas. Jis pažymėtas sunaikintais lužičėnų kultūros paminklais, jų sugriautom pilim ir daugeliu skitiškų kapų (F. Dvornik, *The Slavs*,

1956). Net Rytų Lenkijoje randama skitų radinių iš VII a. pr. Kr. (M. Ebert, *Reallexicon der Vorgeschichte*, 1928). 550–400 m. pr. Kr. skitai buvo pasiekę net Vyslos žemupį, taigi galėjo susidurti ir su aisčiais"[507].
Su skitais yra ir tokių keistenybių. Diodoras Sicilietis prieš pat Kristaus gimimo laikus rašė: „Priešais Skitiją, prie Galijos, yra sala, vadinama Bazilija. Joje randama gintaro"[508]. Jau įrodinėjome, kad Bazilija greičiausiai yra Sambija, bet kaip čia atsirado kartu Skitija ir Galija? Kaip sakėme, Skitija galėjo siekti Prūsiją, o Galija čia galėjo būti sutapatinta su Galindija arba norėta pabrėžti, kad pro Galiją įmanoma priplaukti iki Sambijos.

Tam tikrą skitų ryšį su estijais (aisčiais) galime įžvelgti ir pranciškonų analuose, kur ties 1324 m. tariamai minėti skitai, atėję į Lietuvą iš kažkokio chano valdų. R. Batūra, tikrindamas pranciškonų šaltinius, tokios žinios nerado[509]. Čia skitai galėjo būti suminėti ir netiesiogine prasme, vietoj totorių. Panašių minčių kelia Mikalojus Husovianas, XV a. rašęs: stumbras „[...] buvo paleistas, kad skitų strėlėmis raitieji smaigstytų", – ir kitoje vietoje: „Ir kaip skitų pulkus jie kardu iškloti papratę [...], tai tarp medžiotojų jie su žirgu eikliu įsimaišo"[510].

Kad ir kaip seniai skitai gyveno estijų žemėse, Prūsijoje yra išlikęs kaimo pavadinimas Skitlaukiai, 25 km į pietryčius nuo Christburgo (1912 m.).

Kimbrai ir kimerai

„Skitai atėjo iš Azijos ir išstūmė iš Europos kimerus" (Herodotas)[511]. Iš čia kimerai bėgę į Mažąją Aziją – Joniją, tada išvyti per tą pačią Skitiją pasitraukė į Mediją (Persijoje – *R. M.*), dalis atsidūrė prie Tiro[512] (dabar Libanas).

Europoje kimbrai buvo viena iš ryškiausių klajoklių tautų. Gana sunku atsekti visus jų klajonių „maršrutus": Galija, Belgija, Italija[513], Skandinavija. Pastarojoje jie buvo apsistoję ilgesniam laikui[514]. Pomponijus Mela kimbrus žymi Baltijos jūros salose[515]. K. Tacitas (I a.) apie kimbrus rašo: „Tame pačiame Germanijos iškyšulyje, prie pat okeano (sekantys už chaukų – vert. past.) gyvena kimbrai. Šiuo metu tai maža bendruomenė, tik labai pagarsėjusi. Dideli jų buvusios šlovės pėdsakai gyvi iki šiolei – abiejuose krantuose didžiulė stovykla [...] ir kokios patikimos buvo kalbos apie didįjį jų persikėlimą"[516] (113 m. pr. Kr. – vert. past.). O persikėlė jie į Britaniją ir įsikūrė žemėje Lydau[517] (plg. Lyduva, Lyda ir Lietuva (?)). Ar nebus šį vardą kimbrai atsinešę iš Lietuvos (galbūt su kokia nors estijų – lietuvių – šaka), panašiai kaip ir Ariogalos vardą Airijoje: *Airgialla*, bei *Argyl* Škotijoje[518]. Galbūt dėl užsilikusių kimbrų Lietuvoje ir K. Tacitas rašė, kad estijų (aisčių) papročiai ir išvaizda panašūs į svebų, o kalba į britonų[519] (t. y. prieš anglus gyvenusių britų – R. M.).

Nuo kimbrų gavo vardą Britanijos provincija *Cumberland*, seniau *Kumraland*, *Kumbraland*[520]. Be to, 1584 m. su Filipu Austrijiečiu susijusiame žemėlapyje Velsas (Valija) – Britanijos iškyšulys priešais Airiją – vadinamas Kambrija: *Cambris sive Wallia*[521]. Yra žinių, kad iš Liubeko miestą Vokietijoje įkūrė kimbrai[522].

Dabar pažiūrėkime, kodėl M. Strijkovskis kimbrus ir gepidus laiko lietuvių protėviais[523]. Pasak Vaidevučio legendos, Gotlando sala VI a. vadinta Kimbrija. Joje gyvenę iš Skandinavijos išvyti kimbrai, kuriuos savo ruožtu, grįždami iš Romos, išvarė gotai. Tie kimbrai, pasak Vaidevučio legendos, po persikėlimo į Prūsiją tapę Prutenio-Vaidevučio tautos pradininkais[524].

Romantizuodamas lietuvių praeitį, M. Strijkovskis aprašo kimbrų protėvių didvyriškumą. Pralaimėjus mūšį prieš romėnus ir žuvus vyrams, kimbrės moterys iššudžiusios savo vaikus ir pačios išsižudžiusios, nenorėdamos pasiduoti priešui[525].

Įdomiai kimerų vardas išliko rusų, osetinų ir gruzinų kalbose. Anot A. Vanago, kimerų kilmės yra tokie žodžiai: rusų *koumir* – kumiras, stabas, dievaitis; gruzinų *gmiri* – didvyris, galiūnas, dievaitis; osetinų *gymiri*, *gumeri* – galiūnas, dievaitis[526]. Lietuvoje iš kimbrų likusi pavardė – Kimbrys.

Kimbrų, kaip senųjų indoeuropiečių kalba, galėjo būti artima lietuvių kalbai ir galėjo prisidėti prie baltų etninės grupės susidarymo.

Vokiečiai

Kalbėdami apie estijus (aisčius) minėjome, kad šis vardas reiškia „rytiečius", o vokiečiai (latvių k. – *vaci, vacieši*), atvirkščiai, žymi žmones, gyvenančius į vakarus nuo estijų. Vokiečių istorija mums gana gerai žinoma, todėl tik iškelsime vieną hipotezę.

Tarp Vilniaus ir Trakų yra Vokės upelis, taip pat Baltosios Vokės, Trakų Vokės bei kiti Vokės kaimai. Šie vietovardžiai, matyt, reiškia teritoriją, esančią į vakarus nuo Vilniaus ir reiškia tą patį, ką ir vokiečių tautos vardas.

Germanai

Kornelijaus Tacito mintis I a., kad estijų papročiai ir išvaizda yra panašūs į svebų, mus priartina prie germanų. Jau pateikėme hipotezę, kad germanų vardas sietinas su germundurų (germuntų (?)) genčių, gyvenusių prie šiaurinių Romos imperijos sienų, pavadinimu ir su tokiais asmenvardžiais kaip Germantas ir Gerimantas (Lietuvos kunigaikštis XIII a.). Balsių kaitaliojimasis šaknyje *mant-* ir *munt-* yra dėsningas. Daugumos barbarų genčių vardai Romos laikais buvo tariami *munt-*, ten kur mūsų kalboje yra *mant-*. Herkų Mantą kryžiuočiai vadino Monte.

Gausiausias germanų genčių junginys estijų kaimynystėje buvo svebai. Anot J. Solinio, svebų genčių skaičius siekęs 54[527]. Jiems priskirsime šiuos giminingus pavadinimus: svevai, švabai (Filipo Austrijiečio žemėlapyje sakoma: „Sveviae vulgo schwabische kreis"), svejai[528]; sveonai, svionai[529]; švedai.

Skandinavijoje 1 tūkst. m. pabaigoje susiformavo mums gerai žinomi variagai – normanai, dar vadinami vikingais. Jie skverbėsi į estijų (aisčių) žemes tuo metu, kai iš pietų ir rytų slinko slavai (apie variagų pavadinimą žr. skyrelį *Varmiai*).

T. Narbutas rašo, kad Daniją valdant Lothekontui (Lothe – Kanut) IX a. vienas iš trijų žmonių burtų keliu būdavo išsiunčiamas į Ostrogardiją bei kitus rytų kraštus. Tik taip Narbutas galįs paaiškinti, kaip variagai nukariavo tokius milžiniškus plotus, kaip rašo Nestoras: *Czud, Wes, Mera, Murom, Czeremissa, Jam, Mordwa, Peczora, Litwa, Semigola, Kors, Neroma, Liw*[530]. Kaip matome, tai tikrai milžiniška teritorija, apėmusi visą Šiaurės Rytų Europą beveik iki Uralo. Pridursime dar vėliau normanų pajungtas teritorijas Anglijoje, Prancūzijoje, Islandijoje, Grenlandijoje, Šiaurės Amerikoje. Ši karinga jūrininkų tauta apiplėšdavo net Konstantinopolį.

Šią teoriją ginčija Č. Gedgaudas, sakydamas, kad retai apgyvendintoje Skandinavijoje tokiems nukariavimams negalėjo užtekti žmonių. Č. Gedgaudo nuomone, šiuose nukariavimų žygiuose turėjo dalyvauti daug estijų (baltų) tautų vyrų. Mes tik nepaneigsime, kad estijų (aisčių) žemėse, o ypač Prūsijoje, Žemaitijoje (Žemojoje Gitijoje, arba Getijoje) ir Kurše vikingai buvo dažni „svečiai".

Apie pirmuosius germanų ryšius su estijais kalba mitologija. Skandinavų dievo Odino šventovė, kaip rašoma skandinavų sagoje *Grimnismal*, vadinta *Valhala*[531]. Įdomu, kad kaip tik panašių vietovardžių yra Rytų Baltijos pakrantėje: miestas Valjala Saremo saloje Estijoje, Valgalės piliakalnis Kurše ir kt. Daugelio mokslininkų nuomone, šis Odino, arba Vodano, kultas su Valgalos šventove siekia pirmuosius amžius po Kristaus.

Kronikose variagų skverbimasis į estijų žemes aprašomas nuo VIII a. (žr. *Sambija*). Jie estijų Baltijos pakrantėje turėjo didelius prekybinius miestus-kolonijas: Truso Vyslos žiotyse, Viskiautus tarp Neringos ir Sambijos (čia rastos didžiausios Europoje vikingų kapinės[532]) ir koloniją Kurše.

Dažnai vakarines estijų žemes užvaldydavo danų karaliai. Labai plačiai yra aprašytas švedų ir danų žygis į kuršių pilį Apuolę (Apulia) 853 m. Brėmeno arkivyskupas Rimbertas pranešė, kad prie šios pilies kautynės daugiausiai vyko dėl aukso ir sidabro bei dėl kuršių, atsisakiusių skandinavų valdžios, susigrąžinimo. Po ilgų mūšių, gavę 30 įkaitų ir po pusę svaro sidabro už kiekvieną žmogų, skandinavai pasišalino[533].

Panašūs bandymai pajungti estijų (aisčių) tautas ir jų išsivaduojamieji karai vyko nuolat iki pat kryžiuočių laikų. Net ir kryžiuočiai ilgą laiką Estiją (Estoniją) valdė kartu su danais.

Be galo žiaurūs ir kruvini buvo mūsų santykiai su teutonų ordinu – kryžiuočiais. Prūsai krikšto dingstimi buvo galutinai išnaikinti ir asimiliuoti, bet apie tai plačiai rašyta lietuvių, latvių ir kt. istorikų darbuose.

Finai suomiai

Ugrosuomių finų gentis galime laikyti seniausiais mūsų kaimynais, su kuriais susidūrėme dabartinėje šiaurės Europos teritorijoje. Estijų (aisčių) žemėse gyvenę žmonės, prieš ateinant į jas trakų-getų bei venedų bangoms iš Juodosios jūros baseino, jau turėjo susidurti su ugrosuomių gentimis. Anot A. Briusovo, jos 10–13 tūkst. m. pr. Kr. pasiekė šiaurės Baltijos kraštus nuo Uralo ir įsikūrė visoje šiaurinėje Rytų Europos dalyje[534]. Šie žmonės – medžiotojai ir žvejai – turėjo būdingų kaulo dirbinių, ypač žeberklų. Iki šiol kai kurių mokslininkų buvo manoma, kad ugrosuomiai suformavo vadinamas Kundos bei Narvos-Nemuno kultūras. Šiaurės Baltijos krašte Narvos-Nemuno kultūra išsilaikė iki pat 2 tūkst. m. pr. Kr. Pastaruoju metu ugrosuomiška-mongoloidine šios kultūros kilme suabejota ir net įrodyta jos europoidinė kilmė[535]. Vis dėlto ugrosuomiai turėjo būti mūsų protėvių estijų (aisčių) kaimynai ilgu ruožu nuo Baltijos iki Maskvos.

Vėliau alanai, skitai, sarmatai ir kitos tautos pradėjo skverbtis į rytinių baltų žemes ir kontaktai su ugrosuomiais turėjo sumažėti. Rytuose jie visiškai nutrūko tada, kai rytinius baltus iki pat Ledinuotojo vandenyno perkirto slavų kolonizacijos banga, tačiau šiauriniai mūsų kaimynai prie Baltijos jūros, 3 tūkst. m. pr. Kr. atsinešę šukinės keramikos kultūrą, išliko tie patys. Baltiški skoliniai estų ir suomių kalbose rodo nuolatinę baltų kultūros įtaką buvusiems žvejams ir medžiotojams suomiams (finams).

Nuo pat pirmųjų paminėjimų istoriniuose šaltiniuose iki šių dienų ugrosuomiams, mūsų nuomone, priskirtinos šios gentys: *čudj* – čiudai (maždaug atitinka estus), *vesj* – vepsai (Jordanas V a. vadina *vas*) – apie Beloozerą, *mera* (mariai), *murom* (plg. Murmanskas – miestas Kolos pusiasalyje; ir rusų mitinis didvyris Ilja Muromecas), *čeremisai* (giminingi mariams), *jamj, jemj* (1123 m. užvaldyti novgorodiečių[536]), *mordva* (mordviai), *pečiorai* (plg.

upę Pečiorą), *Neroma* (neurų žemė? – galbūt tik ugrosuomiška priesaga -*ma* neugrosuomiškos tautos pavadinime), *liv* – lyviai (Kurše), *sumj*[537] (suomiai), *vodj* [538], *karelai*.

Atskirai paminėsime *finus* ir *setus*. Setai ir tebegyvena Pskovo srityje ties pietinė Estija. Juos norėtume tapatinti su Divonio dienoraštyje iš 1 tūkst. m. pirmosios pusės aprašytais sitonais, kurie kartu su makabėjais užplūdę ulmiganus ir išmokę šiuos statyti namus, vilkėti megztus ir austus drabužius, veisti gyvulius ir gerti pieną[539]. Iš šios užuominos galime spėti, kad minimos ne estijų (aisčių) žemės, bet šiaurėsnė suomių genčių teritorija. Sitonai pagal savo geografinę padėtį, kaip ir lybiai ir galbūt antikos laikais minėti fenai (finai), buvo arčiausiai estijų (aisčių), todėl iš jų turėjo perimti daug naujovių.

Pirmaisiais amžiais po Kr. sitonai dar, matyt, gyveno matriarchate, nes Tacitas apie juos rašo: „Prie svijonų (švedų – R. M.) šliejasi sitonų gentys, jie visu kuo panašūs į svijonus, skiriasi tik tuo, kad juos valdo moterys: štai kuo virto sitonai, ką jau sakyti apie laisvės netekimą ir vergijos pančius. Čia Svebijos galas"[540].

Apie finus Ptolemajas rašė, kad jie gyvena už venetų, prie gitonų ir sulonų[541]. Šie finai greičiausiai yra susiję su lybiais, kurie, remiantis minimu tekstu, atrodo, turėjo gyventi daug toliau į pietus negu kryžiuočių laikais (šiauriniame Kurše), kai iš pirmųjų Baltijos kraštuose sutiktų lybių – lyvių – vardo kalavijuočiai susikūrė Livonijos pavadinimą.

Finus vaizdžiai I a. aprašo Tacitas:

„Fenai stebėtinai žiaurūs ir baisūs skurdžiai: neturi nei ginklų, nei namų židinio; jų maistas – žolė, drabužis – kailis, guolis – žemė. Visos jų viltys – strėlės, kurias, stokodami geležies, užaštrina kaulu. Ta pati medžioklė maitina tiek vyrus, tiek moteris; jos juk visur lydi vyrus, reikalaudamos grobio dalies. Maži vaikai neturi jokios priebėgos nuo žvėrių ir lietaus, išskyrus šiap taip iš šakų supintas palapines, kur jie ir slepiasi. Čia sugrįžta jaunuoliai, čia senių prieglauda. Bet jie mano, kad tai kur kas didesnė laimė, negu stenėti sunkiai dirbant žemę, statantis namus ir vis galvoti su viltimi ir baime apie savo bei svetimų turtą: ramūs jie prieš žmones, ramūs prieš dievus, pasiekę sunkiausio dalyko, kad jiems nereikia net ir ko trokšti"[542].

S. Daukantas[543] ir T. Narbutas[544] rašo, kad finai kartu su venedais ir galindais 253 m. kariavo prieš romėnų valdovą Galą.
Nėra abejonių, kad ugrosuomių gentys buvo pasiekusios ir Lietuvą. Tai rodo šukinės keramikos radiniai. Apie jų buvimą Lietuvoje mums liudija Meros upelio Švenčionių rajone vardas ir kiti vietovardžiai.
Pagal palaidojimus VII–VI a. pr. Kr. didelė šiaurės Latvijos dalis priskiriama ugrosuomiams[545]. Tačiau šios gentys buvo negausios, plotai retai apgyvendinti, vargu ar jie galėjo turėti didelės įtakos lietuvių ir latvių tautų kūrimuisi (Latvijos šiaurėje ir Kurše jų substratas ženklus ir dabar).

Hunai

Priskas Panietis hunų valdžioje apie 375 m. mini skirius, herulius ir sudargus. Beje, Odoakro vedamos 476 m. baltų gentys geruliai, skiriai ir rugijai nuvertė paskutinį Romos imperatorių ir po to Romos imperija nustojo egzistuoti. Taip pat Priskas Panietis sako, kad prie Baltijos jūros neliko nė vienos tautos, kuri nebuvo pavergta hunų[546]. Įdomi yra ir Prisko užuomina, kad vykstantį į Atilos stovyklą vietiniai žmonės jį vaišino gėrimu, vadinamu *medos*[547]. Šio gėrimo pavadinimas skamba visai lietuviškai: *medus* ar *midus*.
Netenka abejoti, kad hunų valdžioje buvo daugelis estijų (aisčių) tautų (žr. skyrelį *Lietuviai ir latviai*), bet dėl trumpo valdymo laiko jie negalėjo padaryti didelės įtakos besiformuojantiems baltams. Hunai staiga atklydo į Europą iš Sibiro, kur iki mūsų laikų tebebuvo teritorija, vadinama giminingu hunams vardu: Džungarija. Europoje hunai paliko savo pėdsakų – iš jų kilo *Hungarijos* (Vengrijos) vardas.

Kitos tautos, gyvenusios Lietuvoje

Negalime nepaminėti tokių tautų kaip čigonai, totoriai, žydai, karaimai, kurie ilgai gyveno Lietuvoje (ir dabar tebegyvena). Visais laikais būdavo mišrių šeimų ir kitataučiai įsiliedavo į mūsų etninę grupę. Buvo daug čigonų bangų, pasiekusių Lietuvą įvairiais laikais. Totoriai ir karaimai Lietuvoje atsirado didžiosios Vytauto Lietuvos valstybės egzistavimo metu (totorių, užplūdusių Lietuvą, buvo ir kiek seniau, nuo Mindaugo laikų – XIII a.). Apie tą patį laiką Lietuvoje pasirodė ir pirmosios žydų kolonijos.

Pabaiga

Daugelis iš šiame darbe iškeltų hipotezių autoriui kilo savarankiškai renkant istorinę medžiagą ir tik vėliau didelę dalį visiškai panašių minčių teko aptikti T. Narbuto, S. Daukanto, J. Basanavičiaus ir kitų raštuose. Ypač tai pasakytina apie J. Basanavičių. Jo raštų studijos tiesiog sukėlė nuostabą daugeliu tapačių hipotezių. Tai netiesiogiai liudija jų tikrumą. J. Basanavičiaus teorijos apie lietuvių kilmę iš trakų bei kitų tautų, gyvenusių Mažojoje Azijoje, Balkanuose pasitvirtino beveik visu 100 %, tik greičiau ne mes iš ten atsikėlėm, bet buvom tos Herodoto minimos didžiulės trakų-getų tautos dalis. Pavyko iškelti ir naujų hipotezių, kurių nėra kitų autorių darbuose.

Išvados

Akmens amžiuje, kai iš iš Pabaltijo nuslinko ledynas, būsimose estijų (aisčių) žemėse apsigyveno gentys, priskiriamos šioms archeologinėms kultūroms: svidrinei (vietinei) ir madleno (iš tolesnių kraštų). 3–4 tūkst. m. pr. Kr. susiformuoja mikrolitinė-makrolitinė kultūra, iš kurios ilgainiui išsivysto Nemuno aukštupio neolitinė kultūra.

2 tūkst. m. pr. Kr. į Vidurio ir Šiaurės Rytų Europą atvyksta dvi didelės tautų grupės: trakai-getai, daugiau vietinės kilmės, ir venedai-vandalai – iš toliau. Pirmiesiems sumišus su vietinės Nemuno aukštupio neolitinės kultūros gyventojais, susiformuoja baltai (estijai), o iš venedų-vandalų sąlygiškai galime kildinti slavus, bet jie, kaip ir germanai, yra vėliau išsikristalizavusios etninės grupės. V a. pr. Kr. baltų protėviais galime laikyti hiperborėjus, o I a. Kornelijaus Tacito minimi estijai (ne aisčiai) yra rytiniame Baltijos jūros pakraštyje gyvenančios tautos (taip pat ir dabartiniai estai). Tad estijai reiškia – rytiečiai, rytų gyventojai, o jų vakariniai kaimynai vokiečiai – vakariečiai.

Estijų (ne aisčių) terminas yra tikslesnis už dirbtinį baltų pavadinimą, bet estijai daugiau apima nelabai toli nuo jūros esančią teritoriją, o etnine prasme tenka vartoti dirbtinį baltų terminą, nes jis apima ne tik pajūrio gentis, bet ir toli į Rytų Europos gilumą nusidriekusias baltų gentis. Vis dėlto prieš 4 tūkst. metų ir baltams, ir dirbtinai pavadintiems indoeuropiečiams didesne dalimi tinka bendras getų terminas. Iš čia ir mūsų kalbos senumas. Lietuvių ir latvių vardai yra kilę iš vieno etnonimo *letai*, kuris gali būti giminingas *lidams* (tautai, gyvenusiai Mažojoje Azijoje) arba deivės Letos (galbūt Tacito pavadintos „Dievų motina") garbintojams. Reikia atsisakyti pasenusios teorijos, kad Lietuvos vardas pirmą kartą paminėtas 1009 m. (tenka pripažinti, kad 1009 m. jis jau skambėjo beveik šiuolaikiškai). Ir daugelio kitų etnonimų pradžią reikia nukelti tūkstantį ar kelis tūkstančius metų atgal.

Getų vardą ilgiausiai išlaikė jotvingiai (getviai) ir žemaičiai (Samogitija – „Žemoji Getija"), bet išliko tik lietuviai ir latviai. Antros didžiosios bangos į šiaurę (venedų-vandalų) palikuonys ištirpo Vyslos deltoje ir lietuvių–latvių žemėse, nors iš dalies prisidėjo prie slavų susidarymo. Netiesiogiai venedų-vandalų palikuonys – slavų gentys – gavo vardą iš sklavinų, gyvenusių prie Dunojaus, o jų didžiausios tautos – rusų – vardas kilo iš priekarpatės zonoje gyvenusių raskų ir roksalanų.

Taip pat reikia atsisakyti teorijos, skelbiančios buvus kažkokią etniškai gryną estijų (aisčių) tautą. Į estijų kamieną įsiliejo daugybė tautų: sarmatai, dakai, mezai, alanai, skitai, kimbrai ir kiti, tačiau baltų branduolį sudarė getai (beveik sutampantys su tariamais indoeuropiečiais) ir jiems artimiausios tautos.

II

RIMANTO MATULIO STRAIPSNIAI
APIE LIETUVIŲ TAUTOS KILMĘ

PTOLEMAJO GEOGRAFIJA IR BALTŲ TAUTOS

Eugenijaus Jovaišos knygos *Aisčiai – kilmė*[1]* ir *Aisčiai – raida*[2] paskatino parašyti šį straipsnį, kuriame bandysiu ieškoti jungiančių grandžių tarp E. Jovaišos pateiktų archeologijos mokslo duomenų, Algirdo Patacko knygoje *Litua*[3] skelbiamos teorijos, jog baltai vos ne nuo ledynmečio yra mūsų girių vietiniai gyventojai, ir Česlovo Gedgaudo[4] bei Jūratės Statkutės-Rosales[5] teorijų, kuriose senovės baltai yra artimai tapatinami su getais-gotais ir apima didesnę Europos ir net Artimųjų Rytų dalį. Šiuose tyrinėjimuose labai didelį poslinkį suteikė E. Jovaišos ir kitų artimai dirbusių pagalbininkų naujausi bandymai nustatyti Ptolemajo geografijoje minimų tautų gyventas vietas. Taigi kaip galima bandyti suderinti šias iš pažiūros visiškai prieštaraujančias viena kitai teorijas?

Iš pradžių noriu pasakyti, kad kuo giliau einame į praeitį, tuo daugiau nežinomųjų. O kai pasiekiame laikus, kurių nesiekia *Biblija* ir kiti seniausi raštai, tai pasineriame į tokią jūrą, kurios nei šaukštu, nei samčiu, nei galiausiai kibiru neišsemsim. Dažnai akademiniuose sluoksniuose susiformuoja „jau išspręstos ir visa apimančios sistemos", tačiau vėliau, kaip čia minimu E. Jovaišos atveju, vėl daug ką reikia dėstyti iš naujo.

Turbūt apie labiausiai dabar paplitusį ginčą, ar gotai buvo germanai, ar baltai, atsakysiu trumpai: savo kilme gotai yra artimesni baltams negu germanams. Dabartinių tautų ar jų junginių neįmanoma mechaniškai perkelti 2 ar 3 tūkstančius metų į praeitį. Romėnų pavadinta *Barbarų* Europa yra neapsakomai sudėtingas tautų katilas, vis dėlto rasti siūlą, rišantį įvairias tautas, įmanoma ir netgi būtina. Kaip žinome, didžiosios tautos ir jų junginiai (germanai, slavai ir kt.) ne tik nukariauja silpnesnius kaimynus, bet ir savaime kuria istoriją „iš savo varpinės", sau prirašo ir buvusias istorines tautas. Jeigu ne M. Gimbutienė, V. Toporovas ir kai kurie kiti žymiausi mokslo autoritetai, iki šiol būtume šaipęsi iš tokių nuomonių (o iš daug ko tebesišaipoma), kad baltų gentis galindai kažkada atsidūrė Ispanijoje ir prisidėjo prie

---

* Šaltiniai žr. p. 269.

ispanų kalbos susiformavimo, arba kad baltai yra gyvenę iki Maskvos. Detalesnį nagrinėjimą pradėsiu nuo Herodoto iš Halikarnaso (Halikarno), gyvenusio apie 484–430 m. pr. Kr., išsakytos žinios, kad trakų tauta yra pati didžiausia, neskaičiuojant indų, ir kad jeigu trakai būtų vieningi, jie būtų nenugalimi[6]. Turbūt niekas iš mūsų neabejoja, kad trakų kalba priklauso indoeuropiečių kalbų grupei. Taigi kuri iš dabartinių indoeuropiečių kalbų ar kalbų grupių yra artimiausia šios Herodoto minimos didžiosios trakų tautos kalbai ir kuri tauta šiuo metu ar giminingų tautų grupė yra artimiausia trakų tautai?

Bandysiu pagrįsti mintį, kad artimiausi šiai didžiausiai Herodoto minimai tautai, be indų, turėtų būti baltai, nes „Herodotas tvirtina, kad getai yra „narsiausia ir tauriausia trakų gentis"[7]. Netiesiogiai iš šio pasakymo galime daryti išvadą, kad getai etniniu požiūriu sudarė trakų genčių branduolį, t. y. didžiulė trakų genčių teritorija apytikriai gali būti kildinama iš getų, o jau II–I a. pr. Kr., kaip rašoma romėnų istoriniuose šaltiniuose, trakai persivadino dakais. Tai vėlgi nėra visiškai tikslu, nes Kristaus laikais Balkanų pusiasalyje dar buvo visi trys atskiri valstybiniai junginiai: Getija, Trakija ir Dakija. Tačiau tuo metu, kai Romos imperatorius Trajanas nukariavo Dakiją, kuri apėmė dabartinės Rumunijos teritoriją (II a. pr.), dakai trakų genčių tarpe jau užėmė svarbiausią vietą. Tačiau kaip tik po šio Dakijos nukariavimo minėtų genčių junginyje vėl įsivyravo getų pavadinimas, Europoje paplitęs išvestiniais gotų, gudų, gitonų, masagetų, samogitų (samogetų), tirsagetų, geatų, heathobardų, jotvingių, jutų (jutai – getai, iš Jutlandijos atsikėlę į Britų salas, iš jų V a. išsikrausčius romėnams – *R. M.*), iš ankstesnių laikų chetų, hetų – hetitų – ir kitais vardais. Apie tai labai taikliai daug knygų yra parašiusi Jūratė Statkutė de Rosales[8], taip pat Česlovas Gedgaudas[9]. Tačiau daug kur be getų išlieka ir trakų bei dakų pavadinimai. Lietuvoje yra daug vietovardžių su šaknimi *trak-*: Trakai (miestas), Trakai (kaimas: Ignalinos r., Jonavos r., Jurbarko r., Kėdainių r., Marijampolės sav., Molėtų r., Radviliškio r., Širvintų r., Švenčionių r.), Trakų piliakalnis (buv. Kavarsko r.), Trakėnai (dab. Jasnaja Poliana Karaliaučiaus sr.), Trakininkai (kaimas Pagėgių sav., Panevėžio r.), Trakiškė k. (Seinų aps. Lenkijoje), Trakiškiai (kaimas: Kalvarijos sav. ir Marijampolės sav.), Trakiškis (kaimas: Panevėžio r.). Šilalės r. yra kaimas Traksėdis, kuris etniškai galėtų reikšti „Trakų sodybą". Taip pat ir kaimas Traksėdžiai Šilutės r. ir kt. Yra ir begalė pavardžių su šaknimi *trak-*: Trakimas, Trakas, Trakelis, Traknys, Trakomaitis ir kt. Daugelis iš čia paminėtų žodžių gali būti kilę ir iš žodžio *trakas* – kirtavietė miške ar pan., tačiau daugelio iš jų kilmę iš minėtos trakų tautos vargu ar galėtume paneigti.

Įdomu, kad trakus ir dakus daugelis istorikų mini dar XI a. Apie tai daug rašė Teodoras Narbutas (T. Narbutt, *Dzieje st. n. Lit.*, III, Wilno, 1838, p. 203-205). Jis cituoja Voigtą, kad Mozūrijos kunigaikštis Maslavas sujungė gentis *Dacosque, Gethas*[10] kovai prieš Lenkijos karalių Kazimierą. Bogufalo leidinyje vietoj *Dacosque, Gethas* rašoma – *Ducesque, Gethos*. O tai leistų daryti prielaidą, kad dakai Lietuvoje galėjo išvirsti į dukus, o šie vėliau į mūsų dzūkus, panašiai kaip prūsų ir trakų *ape* lietuviškai tariama – *upė*. Daugelį dzūkų kilus iš pietų rodo jų tamsesni plaukai ir tamsesnės akys, tą patvirtina genetiniai tyrimai. Kaip čia neprisiminsi J. Basanavičiaus teorijos apie trakų ir frygų giminystę su lietuviais.

Labai daug senųjų autorių Daniją, arba didesnę teritoriją greta Danijos prie Baltijos jūros, XI–XII a. vadina Dakija. Citata iš Helmoldo: „[...]in omnibus Borealibus regnis, Daciae scilicet, Suediae, Norwegiae, functus est authoritate Archiepiscopali, & legationis Apostolicae ministerio"[11]. Karolio Lundijaus veikale danai vadinami Vakarų Dakais: „[...]old boundaries of West Gothia with Sueonia and Dania". (Senosios Vakarų Gotijos (vestgotų) sienos su Švedija ir Danija – R. M.) Toliau rašo: „Danes (West Dacians)"[12].

Panašių tekstų, kur danai vadinami dakais, teko skaityti nemažai. J. Basanavičius pateikia tekstą, rašytą XII a., kuriame danai ir dakai minimi atskirai maždaug dabartinėje šiaurinėje Vokietijoje ir Danijoje: „Sunt etiam plurima...aliarum nationum regna, quae sicut sedes vel regni limites habuere videlicet Gothi, Dani, Daci, Rugi, Heruli, Gepidi etp."[13] Apie 1346 m. Livonijos magistras puolė *Daccones, Eystones ir Osolienses*[14]. Čia gali būti minimi Dago ir Ezelio salų gyventojai Estijoje ir aisčiai (šiuo atveju – estai).

Dakijos ribų neapibrėžtumą senovėje rodo tai, kad Agrippos žemėlapyje 12 m. pr. Kr. Vyslos upe eina siena tarp Germanijos ir Dakijos[15]. Vadovaudamasis tuo pačiu Agrippos žemėlapiu J. Basanavičius rašo, kad šiaurėje Dakija siekė Baltijos jūrą, taigi apėmė ir Lietuvą. (J. Basanavičius, *Apie Trakų Prygų tautystę*..., V. 1921, p.13. Detlefsen, Ursprung, Einrichtung und Bedeutung der Erdkarte Agrippas, Berlin, 1906, p. 34).

Kadangi apie trakų, dakų ir getų giminystę esu parašęs daug straipsnių, toliau bandysiu įrodyti, kad Herodoto minimos antros didžiausios tautos trakų branduolys getai buvo baltai, arba kad baltų kilmė negali būti atsieta nuo getų. Turbūt niekas iš mūsų neabejoja, kad jotvingiai yra baltų gentis, o jie lotyniškuose tekstuose vadinami *Getwesia*[16], *Getuesia*, *Getvezitae* ir pan.[17] Tik vėliau pirmasis garsas *g* išvirto į *j*. Beje, šis garso pokytis įvyko dar seniau, negu susiformavo slavai. Jau V a. Danija buvo vadinama Jutlandija, iš kurios jutai kartu su anglais ir saksais, V a. iš Britų salų pasitraukus romėnams, įsiveržė į šias salas ir ten įsikūrė. Žinome, kad anglų vardas išliko Anglijos pavadinime, saksai – *Wessex* (Vakarų saksų), *Essex* (Rytų saksų) ir *Sussex* (Pietų saksų) grafysčių pavadinimuose, o jutai, kituose šaltiniuose taip pat vadinami getais, įsikūrė pietvakarių Anglijoje. Kaip matome, jau V a. getų vardo pirmasis garsas kai kur buvo pakitęs į *j*. Tokius pakitimus galime aiškiai matyti slavų kalbose, kur žodžio gintaras tarimas yra pakitęs į *jantar'*, Gediminas rusų šaltiniuose dažnai vadinamas *Jedimin* ir pan. Beje, šių eilučių autoriui anglų kalboje dažnai pasitaiko žodžių, kuriuos galima būtų kildinti ne iš bendrosios indoeuropiečių prokalbės, bet iš baltų ar kitų jiems labai artimų kalbų. Tačiau kol kas šios nuomonės nesilaikau, nes tam turėtų būti atlikti kruopštesni kalbiniai tyrimai.

Toliau bandysiu įrodyti, kad jotvingių pavadinimas yra tik vienas iš getų tautos vardo variantų.

1. Kaip Lietuvos vardas kilo iš letų (*letones* lietuvius ir latvius vadina kryžiuočiai): Lietuva, Litva ir karaliaus Mindaugo bei P. Dusburgo vartotas pavadinimas *Letovia*, *Lethowia*[18], taip iš getų: *Getuva*, *Getva*, *Getvezia*. Čia ir matome lotynišką formą *Getwesia*.
2. Getvių pavadinimas išvirto į *jetviahie*, o šie į lenkų k. *jacwingowie*, (lietuvių k. – jotvingiai).

3. Jotvingius getais vadino prūsai.
4. Vytautas Didysis 1420 m. laiške Ordinui getais vadina sūduvius: „Sūdų arba Getų žemė, esanti tarp Lietuvos ir Prūsijos, yra tikra mūsų tėvonija, paveldėta iš mūsų senelių bei prosenelių". Sūduviai, kaip žinoma, sudarė jotvingių genties dalį.
5. Jotvingius getais vadino Motiejus Pretorijus ir kiti to laikotarpio autoriai.
6. XI a. krikštiję šiaurės Europą vyskupai rašė, kad jiems dar liko apkrikštyti visą Getiją. Tą patį skaitome ir popiežiaus bulėje apie 1171 m.: „Aleksandras [...] karaliams bei valdovams ir kitiems Kristų tikintiesiems, esantiems Danijos, Norvegijos, Švedijos ir Getijos karalystėse..."[20]. Kaip žinome, XII a. jotvingiai su kitomis baltų gentimis kaip tik ir buvo likusi nepakrikštyta sala šiaurės Europoje.
7. Sūduva ir Nemuno aukštupys bei jotvingiai nuo jūros buvo aukščiau pakilę, o žemiau buvusi Žemaitija buvo vadinama *Samogitija* arba *Samogetija*, kuri reiškia – Žemutinė Getija; pradinį garsą *s* vietoj lietuvių *ž* vartoja mūsų kaimyninės tautos. Beje, Samogetijos terminas senovės raštuose yra neką mažiau paplitęs kaip Samogitijos, pvz., Ptolemaeus-Ruscelli 1561 m. Venecijoj išleistame žemėlapyje vietoje Samogitijos rašoma Samogetija[21].

Tokių įrodymų galima pateikti ir daugiau, tačiau turėtų užtekti ir šitų. Įdomiausia, kad prieš kelis šimtus metų getų, gotų, gudų ir kitų čia minėtų vardų giminystė niekam nebuvo paslaptis ir nereikėjo nei Č. Gedgaudo, nei J. Statkutės-Rosales įrodymų. Kaip matome, kartais mokslas užplaukia ant seklumų. Užtenka paminėti V a. Jordano veikalą *De origine actibusque getarum*, kuriame turėtų būti rašoma apie getus, o Jordanas rašo apie gotus. Matyt, jis, kaip spėjama, pats buvęs gotas, šių pavadinimų nesupainiojo.

Dabar pereisiu prie naujausių duomenų, kurie iškyla skaitančiam E. Jovaišos knygas *Aisčiai*. Reikia pritarti E. Jovaišos pateiktam baltų paplitimo žemėlapiui, kuriame baltų riba vakaruose beveik siekia Oderio upės žiotis[22]. Taip pat galime laikyti beveik įrodytu *Wielbarko* ir veidinių urnų kultūrų priskyrimą baltams, nes daug baltiškų toponimų randama ir į vakarus nuo

Oderio[23]. Čia neįmanoma apeiti ir *Rugium* genties, kurią Ptolemajas, remiantis E. Jovaišos tyrinėjimais, žymi prie Baltijos jūros, gerokai į vakarus nuo Vyslos[24]. Šis rugijų genties paminėjimas baltų teritorijoje mums įdomus tuo, kad rugijus kartu su skiriais ir geruliais Odoakras atvedė į Romą 476 m. ir nuvertė paskutinį Romos imperatorių nepilnametį Romulą Augustą. Nuo to laiko Romos imperija nustojo egzistuoti. Taigi mums jau seniai laikas pripažinti, kad rugijai, skiriai ir geruliai buvo baltai, ir nustoti juos laikyti germanais (skiriai gyveno Prūsijos teritorijoje, o geruliai yra girių gyventojai baltai). Be to, Riugeno saloje, kurios pavadinimas greičiausiai taip pat susijęs su rugijais, yra daug baltiškų vietovardžių. Dėl gerulių baltiškos kilmės nebeapsistosiu, nes jų vietovardžių ir asmenvardžių yra pilna Lietuvos ir gretimų baltų genčių teritorijoje.

Su skirių genties vardu greičiausiai yra susiję daugelis vietovardžių, vandenvardžių ir asmenvardžių Lietuvoje bei dabartinėje Karaliaučiaus srityje. Pirmiausia tai – Skirava (vok. – *Gross Schirrau*) buv. Vėluvos aps., dabar Dalneje prie upelio Skirius (vok. *Skirus* 1938 m., dabar – *Priamaja*). Vokiečių kalbos garsas *sch* čia atsirado dėsningai, painiojant *sch* su *sk*, kaip ir Nemuno deltoje buvusios Skalvijos genties pavadinimas vokiškiuose šaltiniuose vadinamas *Šalavonija*. Upė Prieglius seniau vadinta Skara, o prieš tai – Skera. Skėriai (vok. – *Skören*) – kaimas, buvęs Pakalnės apskr. (dabar Slavsko r.), dabar Gorodkovo; Skėriai – kaimas (Kaišiadorių r., Mažeikių r., Pakruojo r., k. Pasvalio r.), Skerpieviai – kaimas (Vilkaviškio r.), Skirlėnai – kaimas (Vilniaus r.), Skironys – kaimas (Bauskės r. Latvijoje). Galbūt prie šios grupės vietovardžių galima priskirti ir Skirsnemunę Jurbarko r., Skiručius Kelmės r., Skirvytę – kaimą ir upę Nemuno deltoje. Panašios kilmės gali būti asmenvardžiai Skirmantas, Skirgaila ir kt. Be abejo, dalis šių vietovardžių gali būti susiję ir su žodžiais *skėrys* (vabzdys), *skirti* ir kt. Bet pereikim prie istorinių šaltinių. Gentis *Sciri* Romos laikais parodyta Prūsijoje į rytus nuo Vyslos žemupio[25]. Gentis Skiriai (*Skiren*) 476 m. parodyta apytikriai prie Priegliaus upės Prūsijoje[26]. Yra daugiau istorinių šaltinių, kurie rodo skirių gentį, gyvenusią vėliau mums žinomos Prūsijos teritorijoje.

Šiauriausia gentis Ptolemajo vadinamoje Europos Sarmatijoje, pagal E.

LIETUVIŲ TAUTOS KILMĖ

Jovaišos spėjamą suskirstymą, pažymėta *Sali* vardu. Kadangi, šių eilučių autoriaus įsitikinimu, nustatant vietovės ar genties vardo kilmę kuo mažiau dėmesio reikia kreipti į balses, šios šiauriausiai pažymėtos genties vardą galima būtų sieti su sėlių pavadinimu, o šiuos – su šiliais, šilionimis (šilas latviškai tariamas *sils*). Kaip žinome, šiauriausi baltų teritorijos miškai yra daugiausiai pušynai, t. y. šilai. Taip pat *sali* gentį galima būtų sieti su žodžiu *sala*, tačiau minėtoje teritorijoje kokių nors didelių salų ar salynų vargu ar rasime. Taigi tam, kad nustatytume sali genties vardo kilmę, turėtume rasti daugiau duomenų.

Pagiritus (*Pagyritae*) Ptolemajas žymi į šiaurę nuo Ripėjų kalnų ir į vakarus nuo Dono ištakų, už kurių jau pažymėta Azijos Sarmatija: *Sarmatia Asiatica*. Čia matome, kaip sudėtingai Ptolemajas dėsto gentis; gali pasitaikyti daug ir Ptolemajo, ir jo aiškintojų klaidų. Tačiau nereikėtų abejoti, kad pagiritai buvo *pagirio* gyventojai, kaip tai atsispindi dabartiniame Polesės pavadinime pietų Baltarusijoje. Tik turime atkreipti dėmesį, kad ta ištisinio miško ir stepių riba tęsėsi nuo Vyslos žemupio per Kijevą ir visą Europą ir dar toliau: Pamedės žemė buvo Prūsijoje prie Vyslos (*medis* = miškas), į šiaurę nuo Kijevo gyveno girių gyventojai drevlianai (*drevo* = medis), o į pietus nuo Kijevo – polianai (*pole* = laukas). Genčių, kurios atitiko *pagirio* ar *didžiosios girios* pavadinimą, vargu ar suskaičiuosime ant visų rankų pirštų. Gaila, kad girulių (gerulių) savo darbuose beveik nemini J. Statkutė de Rosales, E. Jovaiša, nors šių eilučių autoriui nekelia abejonių, kad girių gyventojai giruliai (geruliai) gyveno pačioje tikriausioje baltų teritorijoje. E. Jovaiša pagiritus priskiria rytų baltams (Dniepro–Dauguvos kultūrai[27]).

Mokslininkams nekelia abejonių, kad Ptolemajo minimi galindai (*Galindae*) ir sūduviai (*Sudini*) buvo Prūsijos ir jos kaimynystės baltų gentys. Tačiau kaip skirtingai rašomas aisčių pavadinimas! Baltijos pakrantėje tarp *Rudonis* ir *Turunti* upių (pagal E. Jovaišą tarp Ventos ir Dauguvos) Ptolemajas žymi gentį *Hossii*, kuri, mano nuomone, reiškia aisčius. Plg. Teodoriko Didžiojo Laišką aisčiams, kuriuos Teodorikas vadina Hestis[28]. Prieš pirmą balsį įvairiose kalbose dažnai pridedamas garsas *g* arba *h*. Lietuvių k. vietovardis Alšėnai baltarusių kalba yra *Holšany*, Germanarikas dažnai vadinamas Hermanariku arba Ermanariku; geruliai vadinami eruliais, heruliais ir kt. Taigi prie aisčių (estijų) pridėtas garsas *h* gali būti įprastinis. E. Jovaiša hosijus priskiria Baltijos finams – Akmeninių krūsnių-tarandų kultūrai[29]. Čia gali prieštaravimo ir nebūti, nes aisčiai (estijai) reiškia „rytiečius" – rytinio Baltijos kranto gyventojus, o ne tam tikrą baltų etnosą. Taigi hosijai gali reikšti estų giminaičių lybių protėvius dabartiniame Kurše. Negalime taip pat neatkreipti dėmesio į tai, kad Teodorikas Didysis aisčius vadina ne *Aestiorum gentes* pagal Tacitą, bet *Hestis*. Tai yra dar vienas įrodymas, kad šie *hestis*, kaip ir mūsų šiauriniai kaimynai estai, reiškia rytinio Baltijos jūros kranto gyventojus.

Tenka atkreipti dėmesį į dar vieną keistą paminėjimą: *Chuni* – kairiajame (rytiniame) Dniepro (Borysteno) krante[30]. Neturėtume abejoti, kad hunai ir chuni yra tas pats genties pavadinimas. Išeitų, kad didelę Europos dalį nukariavę hunai ne IV a. atsikėlė iš Azijos į Europą, bet jau čia gyveno I a. Ptolemajo laikais. Tai dar viena mįslė.

Baigdamas noriu dar kartą atkreipti dėmesį į E. Jovaišos knygų *Aisčiai* ypatingą reikšmę tyrinėjant seniausią Lietuvos praeitį. O kaip suderinti mūsų baltų žemėse nuo ledynmečio giriose gyvenusių žmonių tapatybę su getų-gotų, trakų-dakų ir kitų indoeuropiečių tautų apgyvendinta teritorija didesnėje Europos dalyje, taip pat ir mūsų girių teritorijoje? Mano nuomone, mes turime pripažinti mūsų archeologų paskutinių tyrinėjimų duomenis, kad įvairiausios archeologinės kultūros Lietuvos teritorijoje palaipsniui pereidavo viena į kitą be labai didelių pertrūkių, kad gentys ar tautos nebuvo ištisai išnaikinamos ar išvaromos. Tiesiog kultūrinė tradicija buvo perimama palaipsniui. Tačiau čia minėtos mums, lietuviams, giminingos kalbos, taip pat ir lietuvių kalba baltų teritorijoje išplito su indoeuropiečių atėjimu maždaug prieš 4 tūkst. metų. Antras ryškus dalinis kalbos pasikeitimas Lietuvoje turėjo įvykti Didžiojo tautų kraustymosi laikotarpiu, apie V a., arba dar anksčiau, kai į Lietuvą II a. įsiliejo didelė dakų-trakų dalis. Šie didieji kalbos pakitimai Lietuvoje turėtų atsispindėti lietuvių kalbos tarmėse. Tačiau, deja, tai kol kas nėra plačiau ištirta.

Mokslo Lietuva, 2016 sausio 8, nr. 1, p.11 ir sausio 27 d. nr. 2, p. 9

APIE ALGIRDO PATACKO KNYGĄ *LITUA*

Skaitydamas labai susižavėjau šia knyga ir galėčiau apie kiekvieną joje skelbiamą straipsnį surašyti galybę „ditirambų", nes tai tikrai labai gausiais faktais (ir ne tik) paremta knyga. Tai naujas ir labai reikalingas žvilgsnis į seniausius mūsų tautos laikus. Tiesiog nesinori vardinti ir girti kiekvieną straipsnį atskirai. Tačiau kadangi aš, kaip ir A. Patackas, beveik visą gyvenimą domiuosi ir bandau spręsti panašias problemas, negaliu susilaikyti nepaskelbęs kai kurių savo minčių, kurios nesutampa su knygos autoriaus nuomone. Pradėsiu nuo skyriaus „Paslaptingoji Skandija" (p. 173–184), kuriame A. Patackas pritaria D. Baronui ir A. Butkui, kai jie „vieningai atmeta gotų sutapatinimą su baltais" (p. 174). Panašiai apie gotus kalbama daugelyje knygos *Litua* vietų. Tokiai nuomonei iš dalies reiktų pritarti, tačiau teisingesnis būtų A. Patacko teiginys p. 182: „Gotus reikėtų laikyti tarpiniu etnosu tarp baltų ir germanų (tai baltės motinos sūnūs)". Ir šioje vietoje reikėtų netiesiogiai pritarti Jūratei Statkutei de Rosales, kad gotai buvo daugiau baltai negu germanai, nes germanai, palyginti su baltais, yra gana naujas etnosas.

Daugelį metų tyrinėdamas įvairius baltams giminingus etnosus, priėjau prie tvirtos nuomonės, kad vadinamosios *Barbarų* Europos tautos (jeigu taip jas galima pavadinti) Kristaus laikais buvo daug labiau neapibrėžtos už dabartines tautas. Nelaukdamos didžiojo tautų kraustymosi apie V a., tautos dažnai pavergdavo viena kitą, iš visų arba dalies savo žemių buvo išvaromos, nutautindavo viena kitą, keisdavo savo pavadinimus, palengva keisdavo teritoriją ir kt. Europoje padėtis buvo panaši į padėtį Amerikoje, kur Kolumbo laikais (ir vėliau) indėnai nesuprato, kad žemė gali kam nors priklausyti. Kur radai neužimtą vietą, susipylei piliakalnį, įsikūrei, ten ir gyveni.

Grįžtant prie gotų ir baltų giminystės, neišvengiamai reikia pakalbėti apie gotų vardo kilmę, jų giminystę su getais, gudais, gitonais, gudonais ir kt. Esu surinkęs ne dešimtis, bet šimtus giminingų tautų vardų, kuriuos lyginant geriausias rezultatas pasiekiamas mažiausiai kreipiant dėmesio į balses. Kaip čia nepastebėjus labai taiklios A. Patacko įžvalgos aptariamoje knygoje, kad visą būties įvairovę nusako priebalsiai, o balsiai „yra grynas garsas,

garsas *per se*" (p. 240). Beveik visos kaimyninės tautos, norėdamos pabrėžti savo išskirtinumą, balsius taria savaip: ukrainiečių Lvivas rusams –Lvovas, lietuvių Jonas latviams ir lenkams – Janis, Janas, mūsų upė prūsams ir trakams – apė, net nedidelėje kupiškėnų tarmėje daugelis balsių tariami savaip.

Prieš du su puse tūkstančių metų istorijos tėvas Herodotas iš Halikarnaso rašė, kad getai buvo trakų gentis (t. y. priklausė trakams), apie II a. pr. Kr. jau romėnai rašė, kad apie tą laiką trakai persivadino dakais, o getų pavadinimas įvairiausiomis formomis yra paplitęs beveik visoje Europoje. Jau anglosaksų epe *Beovulfe* apie VIII a. minimas geatų didvyris (Beowulf, R. K., Gordon, *Anglo-Saxon poetry*, London 1934, p. 8–11; tą pastebėjo J. Basanavičius, *Etnologiškos smulkmenos*, Tilžė 1893, p. 13); „997 metais užrašytas GYDDANYZC, vėliau rašomas Gedanis, dabar Gdansk", J. Vaina, „O gal ir aš jotvingis", *Aušra*, 1981, Nr.3, p. 15 (čia *t* ir *d* pasikeitimas yra dėsningas, o Gdansko ir Gdynės vardai yra kilę iš getų (gotų) – R. *M.*); 512 m. pr. Kr. Strabonas rašė, kad tarp Istro (Dunojaus) ir Tiro (Dniestro) yra „Getų dykuma" (Strabon. *Geografija*, kn. VII. M., 1964, s. 279, par. 14. B. A. Rybakov, Gerodotova „Skifija", *Nauka*, 1979); „Gitony, a ci jedno byli z Getany albo z Gotami" (*Kronika M. Bielskiego*, I, Sanok, 1856, p. 7); „Imie Guttonow [...], ktore Gottowie popelniali, bylo nazwiskiem obelgi. Prusacy nawroceni nazywali Nadrawcow i Szalawonow Guddami [...]" (Bohush Xawier, *O początkach narodu litewskiego*, 1808, p. 2). Česlovas Gedgaudas Varumonių rikio „Getų" imperijos sienas 372 m. veda rytuose ir pietuose panašiai į Vytauto laikų Lietuvos sienas, vakaruose Vysla, apima didesnę dalį Lenkijos; „The Britons originate from the Saxons, Angles and Getae" (vadinasi, jutai, taip įprastai vadinami anglai, saksai ir jutai, yra getai – plg. jotvingius – lot. *Getvesia* ir Jutlandija, iš kur į Angliją atsikėlė jutai – R. *M.*) (Carolus Lundius, *Zamolxis – First legislator of the Getae*, Upsala 1687). A.Tarvydo filme apie V. Toporovą minima ketų tautelė prie Jenisiejaus (gali būti gimininga su getais: *k* ir *g* kaita yra dėsninga, be to, plg. Sibiro upę Obę ir šiaurės prūsų *opę*, lietuviškai *upę* – R. *M.*). S. Karaliūnas pateikia daugybę faktų, kur getai ir gotai antikos laikais painiojami (Simas Karaliūnas, *Baltų praeitis istoriniuose šaltiniuose*, II, V., 2005, p. 82-83). (Pridursiu, kad Jordanas VI a. apie gotus rašo knygoje: *De origine actibusque getarum*, o atsiranda net tokių nevykusių nuomonių, kad Jordanas per klaidą supainiojo gotus su getais – R. M.). 1171 m. popiežius rašo bulę „Tikintiesiems, esantiems Danijos, Norvegijos, Švedijos ir Getijos karalystėse"(*Popiežių bulės dėl kryžiaus žygių prieš prūsus ir lietuvius XIII a*., V., 1987, p. 23); masagetus J. Lelevelis (cituoja Amianą Marceliną) IV a. randa prie Vyslos (J. Lelewel, *Rzut oka na dawnosc Litewskich narodów i związki ich z Herulami*, 1808, VU biblioteka, T23338, p. 56). Be to, masagetų randama dar daugelyje Europos vietų, į šiaurę nuo Balkanų minimi Tirsagetai ir kt. Išvardinti visiems getams, gotams, gitonams, gudams ir kitiems. čia reikėtų dar keturis kartus tiek citatų pateikti. Galime tikrai teigti, kad tai mūsų protėviai. Iš čia aiškėja ir mūsų kalbos senumas. Kartu per getyčius (hetitus, chetus, chatus) esame artimai susiję su Biblija. Ne be reikalo M. Pretorijus ir prūsai jotvingius vadina getais. Bet čia vėlgi negaliu nepastebėti, kad visos šios baltų ir mums giminingos tautos neįtelpa į siaurus rėmus, kaip mes įpratę galvoti.

O dar, jeigu norėsime nustebinti skaitytojus, Afrikoje paminėsime žemę *Getulia* apie Kristaus laikus maždaug dabartinėje Mauritanijoje (Pomponii Melae, *Philosophi...*, Basileae, 1564, p. 6) ir *Gaetulia* tarp dabartinio Alžyro ir Tuniso („die den Alten bekannte ERDE", „Circuitus orbis terrarum veteribus cogniti", Lipsiae (Leipcigas – R. M.) in libraria J. P. Hinrichsia prostat, MA biblioteka K.1-103 atlasas *Orbis terrarum antiquus*). J. Statkutė de Rosales ispaniškuose šaltiniuose aptiko duomenų, kad gotai prieš Kristų kariavo Egipte. Tik neaišku, kaip getai (gotai) pakliuvo į Mauritaniją ir Alžyrą: ar per tautų kraustymąsi persikėlė su vandalais per Gibraltarą (vandalai Ispanijoje paliko Andalūzijos srities pavadinimą – nukrito garsas *v*, o gotai Kataloniją – Gotalaniją („gotai+alanai")), ar po kovų Egipte, ar dar kokiu kitu būdu.

Kiek nutolstant nuo A. Patacko knygos, norėtume išsiaiškinti, iš ko kilo mūsų seniausių protėvių getų tautos vardas, nes kiti seniausi mūsų tautos pavadinimai yra geografiniai. Artyn link mūsų laikų, po getų mes maždaug prieš 3-2,5 tūkstančio metų buvome vadinami hiperborėjais (graikiškai – „gyvenančiais už šiaurės vėjų"), Kristaus laikais – aisčiais (estijais) (germanų kalbose „rytiečiais", priešinant mūsų kalba vokiečiams – „vakariečiams"),

VI a. taip gražiai A. Patacko aprašytos girios gyventojais giruliais, geruliais (čia *i* ir *e*, matyt, susikeitė dar baltų žemėse), Romos imperijoje pervadintais į herulius, erulius, kai Odoakro 476 m. atvestos į Romą baltų gentys geruliai (juos iš dalies galime vadinti lietuvių protėviais), skiriai (prūsų protėviai) ir rugijai (išliko Riugeno salos pavadinime) nuvertė paskutinį Romos imperatorių nepilnametį Romulą Augustą.

O „getų" pavadinimas greičiausiai yra ne geografinis: senovės Persijos (iš kurios prieš tris su puse tūkstančio metų mūsų protėviai kartu su medais atėjo į Indiją) *Avestoje gaethya* reiškė „gyvybė" (Dainius Razauskas, str. „Gyva mintis" kn. *Vladimiras Toporovas ir Lietuva*, V., 2008, p. 152). Ir man nuolat kirbėjo, ką indų epe *Bhagavadgitoje* reiškia žodžio dalis *-git-*. Galbūt *Bhagavadgitą* į lietuvių kalbą galima išversti: „Dievui vadovaujant gyventi", kur *-bhag-* galima palyginti su miestu Bagdadas (dievo duotas). Čia *-bag-* galima sieti su sąvoka „Dievas", *vad-* su vadu, vadovauti(s), o *-gitą Bhagavadgitoje* A. Patackas sieja su žodžiu „gyventi" (*Litua*, p. 268).

Tačiau, kalbėdamas apie J. Statkutės de Rosales taip plačiai aprašomus gotus, A. Patackas padaro klaidą. Nepripažįsta, kad Samogitija yra „Žemoji Getija" (p. 181), o tai netiesiogiai susiję ir su gotais. Jeigu jotvingiai (lot. *Getwesia*) kilę iš *getų*, kaip Lietuva, Litva, Latvija iš *letų*, lietų, leičių, tai pagal Nemuno tėkmę jie yra „Aukštoji Getija", o Samogitija pagal Nemuną – „Žemoji Getija". A. Patackas čia daro įprastinę klaidą jotvingius siedamas ne su getais, bet su *joti* (jo knygoje net skyrius vadinamas „Jotva", p. 337-349). Tie patys pavadinimai, reiškiantys žemą pajūrio vietą, yra aplink visą Baltijos pajūrį: Žemgala (Žiemgala yra mūsų kalbininkų išradimas – šią klaidą daro ir A. Patackas, dar ir Žemaitiją susiedamas su žodžiu „žiemiai" – „šiaurė", p. 330) iš tikrųjų reiškia „žemasis galas"; pagal Dauguvą „gentes Semigalorum" priešinamos *Aukštzemei* Latgalijoje. Toliau pagal Baltiją Suomija yra „žema žemė", kaip ir samiai prie Ledinuotojo vandenyno (mūsų *ž* finų kalbose virsta *s* – R. M.). Vokietija prie jūros vadinama *Nieder* (Žemoji – R. M.) *Deutsch*, o toliau nuo jūros – *Hoch Deutsch*. Apie Nyderlandus nebereikia daug aiškinti. O baltų žemėse Semba, Sambija (*Semland*) žymi „Žemą žemę"; ir Nemuno delta vokiškai buvo vadinama *Niederung*, o lietuviškai – *Lankos sritis*. Taigi viskas pagal upių tėkmę, neatsižvelgiant į tai, kad Žemaitijoje yra aukštuma. Ir Vytautas Didysis laiške ordinui rašė, kad žemaičiai gyvena žemiau, bet mes esame viena tauta. Dabar apie paslaptingąją *Skandiją*, *Skandzą*, taip pat ir *Skandinaviją*. A. Patackas labai teisingai pritaria Jūratei Statkutei de Rosales, kad Skandza buvo ir rytinėje Baltijos jūros pusėje (174 p.). Labai taikliai A. Patackas šioje vietoje pateikia lietuviškus žodžius *skandenė*, *skandinė*, *skendena*, *skendė* (pridėsime žodį *skandinti* – R. M.) ir sieja šiuos žodžius su pajūrio klampynėmis, pelkėmis (p. 178). Man atrodo, kad šią mintį galima truputį pakreipti ir patikslinti remiantis lietuvių ir kitų tautų tautosaka: *Skandija* ar *Skandinavija* yra žemė, kurioje leidžiasi (skęsta) saulė. Taigi Skandija, Skandinavija gali būti ir rytinė, ir vakarinė Baltijos jūros pakrantė, kur leidžiasi saulė.

Toliau pereikime prie A. Patacko plačiai išrutuliotos galindų temos (p. 185–200). Jis rašo, kad „galindai yra galinė pakraštinė aistijų gentis" ir kartu neženkliai pastebi, kad Rasa Ambraziejienė yra siejusi galindus su žodžiu *galingas*. Man artimesnis R. Ambraziejienės variantas. A. Patackas cituoja Petro Dusburgiečio kroniką, kad galindai buvo labai stipri gentis, prisidauginę dėl didelio vaikų skaičiaus. Be abejo, kaimynams tai nepatiko, o čia dar tūkstantmetis slavų skverbimasis: galindai kelis šimtmečius kovoję su jau suslavėjusiais Mozūrais, susijusiais su vėlesne Mazovija. Žinomas panašiu vardu į lietuvišką žodį „mažas" prūsų karžygys Tautų kraustymosi laikotarpiu. Iš šio vardo galėjo kilti Mozūrijos ir Mazovijos pavadinimai (bet to netvirtinu, nes trūksta duomenų). Kryžiuočių duomenimis, atvykę į Prūsiją Galindijos vietoje jie radę dykrą. Taigi viena iš galindų išsikraustymo priežasčių galėjo būti pralaimėtos kovos su kaimyninėmis gentimis ir galindų savo galybės ir valdžios demonstravimas. Mano nuomone, daugybė lietuviškų vietovardžių su -*gala* reiškia *galią*. Kauno Aleksote buvusi Svirbigala – skvarbi galia; Ramygala – ramovės galia; Dievogala prie Zapyškio – Dievo galia; Ariogala – erulių, herulių galia, kryžiuočių vadinta Eriogala, Heragala (grįžusių po Romos nukariavimo herulių, erulių tvirtovė – R. M.). Bet šių vietovardžių su -*gala* nereikia painioti su vietovardžiais -*galis*, -*galiai*, kurie su galia, tvirtumu nesusiję, – tai Kopgalis, Laukagaliai ir pan.

Ir kaip čia kalbant apie galindus negrįžti prie V. Toporovo? Juk tai jis vienas iš pirmųjų iškėlė baltų genties galindų (apie tai rašo A. Patackas) klausimus, atkreipė dėmesį į galindų klajones po Europą. Visa laimė, kad šioje vietoje V. Toporovas „neįklimpo" tarp tų mokslininkų, kurie netelpančių į tam tikrus rėmus mokslininkų mokslininkais nelaiko. Panašiomis mintimis apie „neįklimpusį" mokslą persunkta A. Patacko knyga *Litua*.

Tačiau vienoje vietoje, deja, ir pats A. Patackas pakliuvo tarp tų ribojančių save mokslininkų. Jūs atspėjote! Tai jo požiūris į Česlovą Gedgaudą: „Česlovo Gedgaudo skelbiamos teorijos apie baltų proistorę yra anapus istorijos mokslo ribų. Vienintelis teigiamas jų bruožas – žadinamas susidomėjimas tautos ikirašytine istorija" (p. 204). Šioje vietoje, deja, A. Patackas apie Č. Gedgaudą rašo lygiai taip pat, kaip kai kurie autoriai kalba apie jį patį.

Be to, man, beveik 10 metų išdirbusiam Valdovų Rūmų paramos fonde, labai nepatiko netikėta A. Patacko ekskursija į šoną nepaprastai gerame straipsnyje apie mūsų kalbą: „[...] negalios simboliu gali būti Valdovų rūmai, kultūrinio bergždumo monstras", p. 226. Man bergždžiau atrodytų atkasti pamatai po didžiuliu stiklo gaubtu pačioje Vilniaus senamiesčio širdyje ties Gedimino pilies kalnu.

Be šių pastabų, reikia atkreipti dėmesį į nepaprastai jautrią knygos *Litua* kalbą ir daugybę atskleistų naujų mažai žinomų istorinių realijų. Labai teigiamai nuteikia šiltas, malonus knygos stilius, beveik nėra korektūros klaidų, kurių nuosekliai perskaitęs knygą pastebėjau tik keletą. Svarbiausia, kad A. Patackas, nors ir truputį idealizuodamas, žadina tautą baisios dabartinės civilizacijos žlugimo metu ir nuleidžia mums ne gelbėjimosi šiaudą skęstančiajam, kaip sako lietuvių patarlė, bet – visą plaustą. Ačiū!!!

Mokslo Lietuva, 2014 vasario 20, Nr. 4 (514) p. 8

GIRIŲ GYVENTOJAI GERULIAI IR LIETUVIŲ KILMĖS IŠ ROMĖNŲ TEORIJA*

Apie autorių. Gimiau 1941 02 19 Kaune. Mokslo laipsnio ir vardo neturiu, nes sovietmečiu išlaikius kandidato egzaminus disertacijai iš istorijos ginti dėl politinių motyvų ginti nebuvo leista. Pusantrų metų mokiausi VVU Istorijos fakultete, dėl politinių motyvų turėjau mokslus palikti ir trejus metus išbuvau Sovietinėje armijoje, tada įstojau į VVU anglų kalbos specialybę ir baigiau 1970 m. Daugelį metų dirbau anglų kalbos dėstytoju, o pastaruosius septynerius metus – Valdovų Rūmų Paramos fonde. Mokslinių interesų sritis visą laiką buvo istorija. Esu paskelbęs (daugiausiai abiejuose *Lietuvos aiduose*) daugiau kaip 50 straipsnių lietuvių kilmės klausimais bei apie lietuvių šventvietes – istorinius akmenis. 1990 m. Vilniuje išleidau dvi knygas: *Lietuvių tautos kilmė* ir *Istoriniai akmenys*. Mokslinių interesų sritys – baltų ir jiems giminingų tautų praeitis senovės Graikijos ir Romos laikais. Adresas: Kalinausko g. 8 – 3, LT-03107 Vilnius; el. paštas: *r_matulis@yahoo.com*.

Anotacija. Nuo 1960 m. rinkdamas duomenis iš istorinių šaltinių, autorių darbų, istorinių žemėlapių, vietovardžių bei etnonimų paminėjimų, autorius sukaupė nemažą archyvą lietuvių kilmės klausimais. Straipsnyje aprašomi baltų ir jiems giminingų tautų karai ir klajonės vėlyvaisiais antikos laikais ir ankstyviausio baltų susidūrimo su krikščionybe metu.

Prasminiai žodžiai. Geruliai (giruliai, heruliai, eruliai), giria, medis, pagiritai, pamedė, lanka, laukas, lietuvių kilmės iš romėnų teorija, skiriai, rugijai, galindai.

Įvadas

Plačiau žinomos šios lietuvių kilmės teorijos: iš gerulių, romėnų, getų, gotų, trakų, dakų, kimbrų, gepidų, venedų, skitų, sarmatų ir alanų. Nors, autoriaus nuomone, nė vienos iš jų nereikia atmesti, nes visos turi racionalų grūdą

---

* Straipsnyje panaudota informacija iš kitų R. Matulio straipsnių ir papildyta naujai surinktais duomenimis.

(tenka atsisakyti Lietuvos moksle įsigalėjusios nuomonės, kad šias teorijas kažkas dirbtinai kūrė lietuvių dvasiai pakelti), šiame straipsnyje pabandykime panagrinėti dvi pirmąsias. Šių eilučių autoriui galbūt pavyko nustatyti abiejų minėtų teorijų bendrą kilmę, kurioje fantazijos beveik ir nėra. Reikia tik pasistengti suprasti, kokia yra abiejų teorijų giluminė prasmė.

Pirmiausia pabandysime įrodyti šių eilučių autoriaus ne kartą keltas mintis, kad greta XIX a. sugalvoto *baltų* termino turėtume vartoti terminą *geruliai*, kuriuo Romos imperijos žlugimo laikais sąlygiškai ir buvo vadinami baltai (*gerulių* terminas yra geografinis, ir tik iš dalies etninis). Čia nėra nieko naujo. Lygiai prieš du šimtus metų apie tai rašė Bohušas[1]* (taip pat ir daugelis kitų autorių), kurie, net kartais menkai mokėdami lietuvių kalbą, teisingai nustatė, kad iš pradžių geruliai buvo vadinami giruliais, nuo žodžio *girulis* – girios gyventojas. Deja, to meto autoriai šiai nuomonei pagrįsti nepanaudojo platesnių geografinių žinių ir daugelio giminingų tautų ir genčių pavadinimų, kurie apibrėžia, kur buvo šios didžiosios girių teritorijos pakraštys, beveik tiksliai sutampantis su M. Gimbutienės ir kitų baltų istorijos tyrinėtojų nustatytomis baltų teritorijos ribomis.

Baltai (geruliai) – girių gyventojai – vėlyvaisiais Romos imperijos laikais

Ne paslaptis, kad visą Europą į šiaurę nuo Artimųjų Rytų ir Viduržemio jūros baseino palengva apgyvendino iš pietų atsikėlusios gentys. Nuo seniausių laikų slinkdamos į šiaurę ir perėjusios Ukrainos stepes, jos susidurdavo su ištisiniu mišku, kurio pradžia ir šiuo metu yra pavaizduota geografijos vadovėliuose. Šią stepės ir ištisinio miško ribą labai grubiai ir sąlygiškai galime tapatinti su linija Varšuva–Kijevas. Savo nuomonei pagrįsti išvardinkime nuo antikos laikų iki kryžiuočių ties šia riba gyvenusias tautas ir gentis, kurių pavadinimai kaip tik ir reiškia miško ribą.

* Šaltiniai žr. p. 270.

Pirmiausia dar kryžiuočiai dešiniajame Vyslos krante, buvusiame Lenkijos ir Prūsijos paribyje, žymi prūsų žemę *Pamedę* (Pomezanija), netoli jos Erazmas Stela mini *Ulmigeriją*[2], pavadinimas reiškia – Ulmo giria. Filipas Austriakas toje pačioje Vyslos kilpoje žymi žemę *Kulmiger*[3]. Senaisiais laikais ir iki dabar Dzūkijoje sąvokos *medis* ir *miškas* buvo tapatinamos. Jau vien Žemaitijos Medsėdžiai, Medininkai ir aplink Vilnių – Medininkai, Medziūnai, Madziūnai žymi gyvenvietes girioje. Taigi ši Pamedė, kaip ir Pietų Baltarusijos Polesė, žymi teritoriją ties prasidedančia giria, kurios gyventojus Egipto graikas Ptolemajas II a. paraidžiui vadina *pagiritais* su lietuviška galūne *-ai*[4]. Jeigu mes – baltai – buvome vadinami giruliais, tai kaip buvo vadinamos tautos, gyvenusios į pietus nuo mūsų nusidriekusiose stepėse ir pievose?

Į tai atsako lenkų tautos pavadinimas, kuriame seniau vietoje *e* turėjo būti *a* ir skambėti *lankiai* – lankų gyventojai (lenkškai *polaki* nuo žodžio *pole*). Net mūsų žodis *medžioti* reiškia: žvėris medžioti miške (lenkškai *medžioti* sakoma *polowac*, t. y. medžioti laukuose). Tokį pavadinimą turėjo ir stepių gyventojai *polovcai* (nuo žodžio *pole* – laukas) bei *lugijai* (nuo žodžio *lug* – laukas). Geriausiai mūsų teoriją patvirtina į pietus nuo Kijevo, tai yra nuo miško ribos, prieš tūkstantį metų gyvenę *polianai* (taip pat nuo žodžio *pole* – laukas), o nuo Kijevo į šiaurę esančioje didžiojoje girioje – *drevlianai* (nuo žodžio *drevo* – medis, t. y. miškas).

Taigi baltų pavadinimą *giruliai* (geruliai) turėtume laikyti įrodytu. Jį patvirtina iki šiol prie Palangos išlikusi Girulių gyvenvietė, Girulių kaimas ir miškas į vakarus nuo Vilniaus, tarp Karveliškių ir Neries, Girulių kaimas Vilniaus r., Paberžės aps. bei Gerulių kaimas netoli Eigirdžių, Žemaitijoje; Gerulių kaimas Alytaus r., Butrimonių aps., Gerulių k. Prienų r., Balbieriškio aps. bei Gerulių kaimas Šakių r., Barzdų aps., Geruliškių kaimas Marijampolės r., Bagotosios aps. ir Geruliškių kaimas Telšių r., Luokės aps.[5] Geruliškio kaimą K. Vaškelis žymi *Turisto atlase* Lenkijoje, į pietus nuo Goldapės (V. 1994, p. 156).

Girulių miesto pavadinimą A. Vanagas kildina iš Girulio pavardės daugiskaitos. Anot jo, vokiečiai šią vietovę vadino *Försterei*: vok. *Förster* "girininkas", *Försterei* – girininkija[6]. Antikos laikais mūsų girulius Plinijus vadino giriais ir hiriais (kaip žinome, garsų *g* ir *h* tarpusavio kaita yra tiek paplitusi, kad vien pavyzdžiai čia užimtų daugiau vietos negu visas šis straipsnis): „habitari ad Vistulam a Sarmatis, Venedis, Sciris, Hirris"[7]. Be to, šiauriniame baltų girios pakraštyje, į pietus nuo Dauguvos, gyveno didelė sėlių gentis, kurios pavadinimas taip pat reiškia šilų gyventojus. Sėliai kitaip dar buvo lotyniškai vadinami *Silones*, o tai reiškia *šilionis* (lietuvių k. garsas *š* latvių ir daugelyje kitų baltų kalbų tariamas *s*: latvių k. *šilas* tariama *sils*). O kaip tik šiauriniame baltų pakraštyje daugiausiai ir vyravo pušynai, t. y. šilai. Šiluose, pušynuose įsikūrę kaimai visoje Lietuvoje ir dabar vadinami Šilėnais, Šilininkais, Šilionimis, Šilainiais, Šiluva ir pan. Buvusiame rytinių baltų šiauriniame pakraštyje esantis didelis Seligero ežeras turėtų reikšti *Šilo girios* ežerą.

Geruliai, skiriai ir rugijai – baltai?

Bet kaip galime susieti lietuvių kilmę iš gerulių su mūsų kildinimu iš romėnų? Čia, pasirodo, taip pat nėra didelės fantazijos. Jau S. Daukantas nustatė, kad geruliai Balkanų pusiasalyje dakų pusėje kariavo prieš romėnus (taigi pačios Romos imperijos viduje), 259 m. nuteriojo Graikiją iki Atėnų[8]. O 476 m. geruliai, vedami Torkilingų karaliaus Odoakro, kartu su skiriais ir rugijais užėmė Romos miestą ir nuvertė paskutinį Romos impertorių Romulą Augustą; nuo to laiko Romos imperija nustojo egzistuoti. Beje, skiriai ir rugijai greičiausiai taip pat buvo baltai. Skiriai savo pavadinimą, matyt, gavo nuo Skaros upės (dabar Prieglius). Apie tai skelbė Motiejus Pretorijus, šią upę dar vadinęs Skera. Todėl skirius netiesiogiai galime laikyti dabartinių prūsų protėviais (dėl didelio laiko tarpo galėjo būti ir įvairių baltų genčių persislinkimų). Senuosiuose žemėlapiuose gentis *Sciri* žymima Prūsijoje į rytus nuo Vyslos žemupio[9]. Apytikriai prie Priegliaus upės gentis *Skiren* parodyta senoviniame atlase[10]. Paskutiniame *Mažosios Lietuvos enciklopedijos* tome (2010 m.) aprašoma upė Skirius (vok. *Skirus*, 1938 *Gnaden* ir *Graben*, rus. – *Priamaja*) Priegliaus baseine, Auros kairysis intakas [...] Prasideda 4 km į vakarus nuo Sprakšių [...] Įteka į Aurą 14 km nuo jos žiočių ties Skirava. Šaknį *skir-* turi ir upė Skirvytė Nemuno deltoje. Artimu pavadinimu yra taip pat Skėrių kaimas (dabar Gorodkovas) kairiajame Nemuno krante, žemiau Tilžės. Mūsų pavardės Skirius, vardai Skirmantas, Skirgaila, matyt, yra kilę nuo šios skirių genties vardo, arba genties vardas ir *Skir-* mūsų varduose yra tos pačios kilmės: lietuviškai *skirti* – teikti, nustatyti, lemti (K. Kuzavinis, B. Savukynas)[11].

O toje pačioje Prūsijoje netoli skirių buvo įsikūrę galindai, kurių dalis, kaip teigia V. Toporovas ir A. Norkūnas savo naujojoje knygoje *Galindai*, su gotais nusikraustė į Ispaniją (apie tai kalba daugybė pavardžių Galindo Ispanijoje ir Lotynų Amerikoje). Tik neaišku, ar tie galindai link Romos pajudėjo Odoakro valdžioje kartu su skiriais ir geruliais, ar buvo įtraukti į vakarų gotų (vestgotų, visigotų) genčių sąjungą, nukariavusią Ispaniją. Apie dalies baltų genčių gyventojų išvykimą iš savo teritorijos kalba daug V a. apleistų baltų piliakalnių.

Rugijai ilgiausiai išsilaikė dabartinėje Šiaurės Vokietijos teritorijoje, kurioje yra senosios religijos tvirtovė – Riugeno sala. Joje iki šiol išliko labai daug baltiškų vietovardžių. Pats Riugeno pavadinimas greičiausiai yra susijęs su rugijais, kurie, matyt, pasižymėjo rugių auginimu. Tačiau tenka pripažinti, kad iš visų trijų genčių, kurias Odoakras atvedė į Romą, rugijai buvo labiausiai sugermanėję, galbūt iš dalies ir dėl slavų įtakos.

Dunojus ir lietuvių dainos

488 m. į buvusios Romos imperijos teritoriją iš dabartinės Ukrainos teritorijos įsiveržęs ostrogotų karalius Teodorikas įkūrė sostinę Ravenoje ir, nuvertęs nuo sosto Italijos karaliumi pasiskelbusį Odoakrą bei jį nužudęs, išvijo gerulius iš Italijos. Dar kurį laiką geruliai laikėsi prie Dunojaus, kur šių eilučių autoriui teko matyti netoli Bratislavos beveik prieš du dešimtmečius vykusius Romos laikų Gerulatos (*Gerulata* skamba prūsiškai, lietuviš-

kai būtų *Gerulaitė*) gerulių gyvenvietės kasinėjimus (kairiajame Dunojaus krante, Slovakijoje, žemiau Bratislavos). Taip pat 2005 m. šių eilučių autoriui Vengrijoje, netoli Dunojaus, teko aplankyti didžiulį kalną, kuris šiuo metu vengriškai vadinamas *Piliš* ir aplink jį daugelio vietovių pavadinimuose yra prijungtas žodis „piliš" (šio žodžio vengrai paaiškinti negali). Tad aišku, kodėl senovinėse lietuvių dainose taip dažnai minimas Dunojus. Be to, ir Mažojoje Lietuvoje į Prieglių įtekanti upė ties Įsručiu vadinama Įsra (Įstras yra antrasis Dunojaus pavadinimas).

Taip pat vėlyvosios Romos imperijos laikais prie Dunojaus, ties šiaurine Romos imperijos siena, gyveno trys gentys, kurios, autoriaus nuomone, turėjo žeminamą tarnų, arba vergų, pavadinimą. Mažiau už kitas slavų gentis klajojusių serbų prie Dunojaus pavadinimą galėtume kildinti nuo lotynų kalbos žodžio *servio* – būti vergu. Pats bendrinis slavų vardas, matyt, išliko anglų kalboje: *slave* – vergas, o slavų kalbose, slavams išsivadavus iš hunų vergijos, šis žodis įgavo priešingą prasmę: *slava* – šlovė. Beje, M. Vasmeris tarp daugelio slavų vardo etimologijų nurodo naujosios graikų kalbos žodį *sklabos, sklavos* – vergas, iš *sklavenos* (cituojamas Krečmeris)[12] . Trečioji gentis buvo vadinama beveik lietuviškai: *bastarnai* – basi tarnai. Tai patvirtina baltų gyvenimą prie Dunojaus vėlyvaisiais antikos amžiais.

Geruliai už poliarinio rato

V–VI a. sankirtoje dalis gerulių prie Dunojaus pasikrikštijo, tačiau čia juos vėl lydėjo nesėkmės. Gerulių karalius Rodvulfas (Raudonasis ar rudasis vilkas) labai nenorėjo kariauti su langobardais (lankų bartais), tačiau nuo seno pripratę prie gentinių karų geruliai privertė Rodvulfą (Radvilką, Radvilą) pulti langobardus (apie asmenvardžio Radvila antrosios dalies kilmę iš lietuvių kalbos žodžio *vilkas* kalba Radvilų giminės metraščiai). Mūšis buvo žiauriai pralaimėtas, žuvo pats Radvila, o gotų ir langobardų persekiojamus gerulius jų likę vadai nuvedė net į šiaurės Norvegiją, už poliarinio rato, kur 40 dienų nepakyla ir nenusileidžia saulė[13] . 50 km į rytus nuo Hamerfesto iki dabar išlikę baltiškus primenantys vietovardžiai, kurių norvegų kalba neįmanoma paaiškinti, gali būti čia gyvenusių gerulių palikimas: *Baentarassa* ir *Vilgerassa*, kuriuose *rassa* gali reikšti – rasa, o vilge – vilgyti; *Jelgavaras* ir *Virušgielas* su galūne *-as*, kur *jelg-* gali reikšti ilgas, *-varas* – varyti, *viruš-* – virš, *-gielas* – gėlas. Šiuos vietovardžius galime pamatyti bet kuriame smulkesniame Norvegijos žemėlapyje (net 1:100000 mastelio).

Gerokai toliau nuo šia vietovardžių grupe pažymėtos vietos, prie pat Ledinuotojo vandenyno, yra vietovės *Litle Kamöya* ir *Store Kamöya*, kur *Litle* kaip ir anglų kalba reiškia mažas, o *Store*, panašiai kaip lietuvių k. *storas*, reiškia didelį. Taigi Didžioji ir Mažoji Kamoya.

Kaip rašo Prokopijus iš Cezarėjos, atvykę į Skandinaviją geruliai apsigyveno pas gautus – didžiausią iš trylikos Skandinavijos genčių. Galbūt gautai jiems buvo artimiausi, nes geruliai buvo kilę iš getų, apie tai labai teisingai rašė J. Basanavičius. O germanų žemėse įsikūrusių getų vardas išvirto į gotus, kurių viena gentis galėjo įgauti ir gautų vardą (sutapatintą su taip skandinavų vadinamomis ožkomis). Tačiau sąsajos su gautais yra tik šių eilučių autoriaus spėlionės, kurias reikėtų patikrinti. O tikra yra tai, kad iš tolimosios šiaurės gerulių vadai pasiuntė jaunimo delegaciją prie Dunojaus derėtis su Bizantijos imperatorium Justinianu, nes už poliarinio rato jiems, matyt, buvo ne pyragai. Beje, Justiniano karvedžio Belizarijaus, stūmusio gotus iš Italijos, patarėjas Prokopijus iš Cezarėjos prašė gerulių nors kartą gyvenime jį nugabenti į pasaulio kraštą, kad pamatytų 40 dienų nepakylančią ir nenusileidžiančią saulę, tačiau to įgyvendinti jam, matyt, nepavyko. Imperatorius Justinianas iš tolimos šiaurės atvykusiems geruliams prie Dunojaus pasiuntė apsikrikštijusį gerulį Svatuazą (*Svatuą*), kurio vardas *Svatuas* gali būti susijęs su žodžiu *šventas*, latvių kalba *svets* arba slavų kalba *sviatoj*; tai gali būti ir tarpinis kokios nors genties tarmės variantas. Justinianas bandė Svatuazą paskelbti gerulių karaliumi, tačiau gerulių jaunimas naktį, panašiai kaip XIV a. iš vengrų stovyklos nepriėmęs krikšto Kęstutis, pabėgo palikdamas Svatuazą vieną be pavaldinių.

Geruliai sugrįžta į Žemaitiją

Dalis gerulių per savo klajones greičiausiai atplaukė ir į savo protėvynę, arčiausiai prie jūros buvusią Žemaitiją. A. Račkus būtent gerulius laikė žemaičiais. Tai iš dalies gali būti teisinga. A. Račkus pateikia daug su žodžiu *giria* susijusių vietovardžių Žemaitijoje; Girkalnis ir kt., pavardes Girskis (vėliau Girėnas) ir kt. Nepamirškime, kad viena, o gal ir dvi gerulių kartos pragyveno Romos imperijoje ir prie jos sienų keletą dešimtmečių. Taigi jie turėjo neblogai perimti lotynų kalbą. Todėl mūsų „legendos" (tai ne tiesa, ne „legendos", bet istorinės žinios) apie lietuvių kilmę iš romėnų greičiausiai žodiniais perpasakojimais (galėjo kažkada būti ir dokumentų lotynų ar kita kalba) iš kartos į kartą perdavė patį gerulių grįžimo po Romos nukariavimo faktą kaip lietuvių kilmę iš romėnų – perėmę lotynų kalbą geruliai ir dabar gali būti laikomi pusiau romėnais. O kita dalis gerulių, apsigyvenę dabartinės Vokietijos teritorijoje, tapo „germanais herulais". Iš čia dabartinėje mūsų *Visuotinėje lietuvių enciklopedijoje* vietoje gerulių atsirado „germanų gentis herulai". Lengviausia savo istoriją nusirašyti iš mūsų vakarinių kaimynų! Tačiau Lietuvoje mes turime tik pavardes Gerulis, Gerulaitis, Gerulių piliakalnius Prienų ir Alytaus rajonuose bei jau minėtus Girulių, Gerulių ir Geruliškių kaimus įvairiausiose Lietuvos vietose. Lietuvoje pavardžių Herulis ir Herulaitis neteko girdėti, taigi lietuviškoje enciklopedijoje ir reikėjo rašyti apie gerulius, o ne apie herulus. Dalis prie Dunojaus atvykusių gerulių, besimaišydami su germanų gentimis, buvo iš dalies perėmę ir germanų kalbą, todėl gerulių karaliaus vardas romėnų ir buvo užrašytas germaniškai: Rodvulfas („Raudonasis vilkas" arba „Rudasis vilkas", nes raudonos ir rudos spalvos pavadinimai yra artimos kilmės). Galima spėti, kad iš jo kilo ne tik „Radvila", bet ir vokiečių vardas Rudolfas, nors vokiečių kalbininkai Rudolfo vardo kilmei išaiškinti siūlo kitus variantus, iš jų: Rudolfą jie kildina iš senovės germanų *Hrodulf* – senovės vokiečių aukštaičių *hrod* – garbė ir *wulf* – vilkas. Dėl antrosios žodžio šaknies aiškinimo – vilkas – tenka sutikti, bet dėl pirmosios – ne, nes romėnų rašytiniuose šaltiniuose nėra pirmojo garso *h*, taigi romėnai rašė ne *Hrodvulfas*, bet *Rodvulfas*.

Tenka pripažinti, kad atklydusios į vakarus, į germanų genčių teritoriją, kitos indoeuropiečių gentys dažnai visiškai ar iš dalies sugermanėdavo: getai išvirto į gotus, arba gudus; venedai – į vandalus, o geruliai – į herulus. Gerulių sugrįžimą į Žemaitiją (Samogitiją, Samogetiją ar Žemąją Getiją) įrodo lietuvių kilmės iš romėnų „legendos" dalis, pasakojanti apie atplaukusių romėnų įkurtas (ar atnaujintas) Ariogalos ir Betygalos gyvenvietes Samogitijoje prie Dubysos. Iki šiol šių eilučių autorius buvo įsitikinęs, kad Ariogalos pavadinimo kildinimas iš gerulių tautos vardo yra jo atradimas, tačiau paaiškėjo, kad apie tai Amerikoje jau rašė A. Račkus. Nesunku pastebėti, kad metraščiuose Ariogala dar vadinama *Erogeln, Eragel, Heragala, Ergalle*, o iš šių pavadinimų galima išvesti: *Heragalą* ir *Eriogalą* – kaip tik taip per Romos nukariavimą ir buvo vadinami geruliai: heruliai ir eruliai. Tokia garsų *g* ir *h* žodžio pradžioje kaita yra visuotinai paplitusi: *Galšia, Holšany, Alšėnai; herojus, gerojus, Enriko; govoriu, hovoriu, utariuoju* ir pan. Taigi negali būti atsitiktinis sutapimas, kad viename Ariogalos vietovardyje susiduria įvairiuose šaltiniuose minimi abu vėlyvieji gerulių pavadinimai, reiškiantys „Gerulių tvirtovę", kur antroji žodžio dalis yra kilusi nuo žodžio galia (plg. Dievogala – Dievo galia, Ramygala – ramovės galia, Tauragala – tauro galia, Vandžiogala, senasis pav. *Vandėjogala* – vandalų, vandėjų tvirtovė ar vandens galia (?), Maišiogala, senasis pav. *Mysegal* – mezų tvirtovė, Džochargala – Džocharo tvirtovė (čečėnų kalba), Machačkala Dagestane – Machačiaus tvirtovė, Čufutkalė Kryme – Čufuto tvirtovė, ir net Bordo uostas Prancūzijoje Romos laikais buvo vadinamas Burdigala). Taigi -*gala* dažniausiai reiškia lietuvių kalba – galia, o -*galis*, -galys lietuvių kalba – galas (Kopgalis, Laukagalys ir kt.).

Romanizuoti geruliai ar „romėnai"?

O jeigu Ariogalą įkūrė geruliai, tai jie ir buvo tie romanizuoti „romėnai". Plačiai baltų kraštuose paplitusios Romos monetos ir papuošalai (daugiausiai Prūsijoje ir Žemaitijoje), matyt, ir buvo gerulių iš Romos atgabentas

„importas". Ir garsusis V a. romėniškas kardas, archeologų iškastas didžiajame pilkapyje prie Taurapilio piliakalnio netoli Tauragnų, greičiausiai priklausė vienam iš karių ar karvedžių, grįžusių po Romos nukariavimo. Archeologai A. Bliujienė ir V. Steponaitis aprašo turtingų karių su žirgais palaidojimus atokiuose Ignalinos ir Utenos rajonuose, kurių radiniai yra tipiški Dunojaus apylinkėms ir visam šiauriniam Romos imperijos pasieniui[14]. Be to, apie V a. karių su žirgais palaidojimai Lietuvoje ir Latvijoje (ypač pajūryje) ženkliai pakito, iš žymesnių įkapių liko tik žirgų žąslai. A. Bliujienė ir D. Butkus atsargiai spėja, kad šie kariai galėjo dalyvauti barbarų žygiuose sugriaunant Romos imperiją[15].

Kita problema – iš Romos imperijos atvykęs Palemonas, įsikūręs Kauno priemiestyje Palemone. G. Beresnevičius skelbė, kad šis Palemonas galėjo būti Bosforo, į šiaurę nuo Juodosios jūros Ukrainoje buvusios kunigaikštystės, valdovas. Tokio kunigaikščio Palemono valdų galėjo būti ir mūsų Palemone prie Kauno, nes romėnų šaltiniai rašė, kad Balkanų Trakijos žemių valdos šiaurėje siekė *Oceanus Septentrionalis*, išvertus – Ledinuotąjį vandenyną, t. y., mažiausiai Baltijos jūrą.

Sąsajas su Roma primena senovinės baltų sodybos Lenkijos *skansene* pavadinimas *Amalang* ir prie pat Palemono (netoli Kauno) esanti Amalių vietovė, nes garsioji Amalo ar Amalių giminė ne kartą minima tarp Romą nukariavusių ostgotų (ostrogotų) giminių. Amalių giminei priklausė ir ostrogotų karalius Teodorikas. Amalo giminė savo vardą galėjo gauti nuo Lietuvos medžiuose augančio ir lietuviškai amalu vadinamo, ir žiemą, ir vasarą žaliuojančio augalo – amalo. Toks amžinai žaliuojančio augalo pavadinimas Amalo giminei turėjo suteikti ypatingą ištvermę ir jėgą. Augalo ir genties vardas *amalas* neturėtų būti paprastas sutapimas, tačiau ateityje Palemono problemą reikėtų nuosekliau ištyrinėti. Taigi galima spėti, kad po Romos nukariavimo į mūsų kraštus grįžo ne tik ostrogotų iš Italijos išvytų gerulių, bet ir vėliau Bizantijos imperatoriaus Justiniano iš Italijos išvytų tų pačių ostrogotų dalis.

Tačiau kalbėdami apie romėniškus vietovardžius Lietuvoje, neturėtume pamiršti Apuolės. Toks vietovardis lietuvių, žemaičių ar kuršių kalboms nebūdingas. Svarbu, kad ši vietovė yra netoli jūros, kur dažnai lankydavosi romėnai, plaukiojo iš Romos sugrįžę geruliai. Išlikę duomenys iš devintojo amžiaus vikingų žygių rodo, kad tada Apuolę jie vadino *Apulia*, o kaip tik Apulija ir dabar vadinama provincija Pietų Italijoje. Vargu ar tai gali būti atsitiktinis sutapimas. Lygiai taip pat Apuolės vardą galime sugretinti ir su Dakijos sostine Apula[15], kurios vardas sietinas su lietuvišku žodžiu *upulė*, *upelė*, nes trakų ir dakų kalbose upė yra *apė*. O ostrogotai, kaip apie tai rašo Jūratė Statkutė de Rosales[16], etniškai mums turėjo būti labai artimi, nors ir kariavo su jiems artimos kilmės geruliais. Beje, miškų gyventojai geruliai galėjo dar būti išsaugoję ir tam tikrą prieš indoeuropiečių atsikraustymą Pabaltijyje prieš 4 tūkstančius metų gyvenusių medžiotojų-žvejų substratą. Apie gausų šių senųjų gyventojų išlikimą kalba archeologas A. Girininkas.

Kitas nebūdingas lietuvių ir baltų kalboms vietovardis Žemaitijoje, netoli jūros, yra Ablinga. Šis pavadinimas greičiausiai yra pakeista forma Albengos kurorto pavadinimo Ligurijoje, Šiaurės Italijoje (prie Viduržemio jūros). Beje, išeivių iš Albengos dabartinėje Saksonijoje yra aptikęs Karolis Modzelevskis ir paskelbęs knygoje *Barbarų Europa*: Nordalbingų gentis, t. y. šiaurės albingai. Tai galėjo būti po Romos nukariavimo į šiaurę pasitraukusių gerulių arba gotų šaka. O kodėl jie negalėjo pasiekti ir mūsų kraštų?

Visus čia pateiktus duomenis reikėtų nuosekliai ištirti ir „sudėlioti taškus ant „i". Tačiau iš esmės galime drąsiai teigti, kad lietuvių kilmės iš gerulių ir romėnų teorijos kalba apie tą pačią vieną teoriją – ir geruliai, ir „romėnai", iš Romos atvykę į Lietuvą, buvo tie patys čia jau tūkstantmečius gyvenę baltai – vietiniai mūsų girių gyventojai.

Lietuvos universitetų Mokslo darbai, 2010 m. sausio 19 d., Nr. 2, p. 58–62

NETIKĖTA, ĮSPŪDINGA KNYGA APIE MŪSŲ PROTĖVIUS

Kas galėjo patikėti, kad šiais metais Minske bus išleista amžiaus knyga apie mūsų tautos ištakas. Kadangi jau nuo studijų laikų esu parašęs kelias dešimtis straipsnių lietuvių tautos kilmės klausimais, taip pat 1990 m. esu išleidęs knygą *Lietuvių tautos kilmė*, turėjau galimybę susidaryti gana išsamią nuomonę apie mūsų tautos priešaušrį. Todėl dar labiau stebiuosi, kad lemiamas žodis šia tema buvo ištartas ne Lietuvoje ir ne lietuvių kalba. Tai tik parodo mūsų „oficialiojo" istorijos ir kalbotyros mokslo bejėgiškumą. Deja, pas mus priimta nekreipti dėmesio į tuos tyrinėtojus, kurie bando atrasti kažką naujo apie mūsų protėvius antikos ar dar senesniais laikais ir nemėgdžioja vien rusų, lenkų ar vokiečių darbų. Taigi šį kartą iniciatyvą perėmė Baltarusijos valstybinis pedagogikos universitetas. Knygos autorius – Jonas Laurinavičius, knyga pavadinta: *Senovės Lietuva: Valstybė ir civilizacija* (apimtis – 327 p.) (*Drevniaja Litva: Civilizacija i gosudarstvo*).

Kodėl šią knygą galime pavadinti „amžiaus knyga"? Todėl, kad ji į daugelį klausimų apie mūsų tautos kilmę atsako taip išsamiai, kaip dar niekas iki šiol nėra atsakęs. Autorius daugiausiai remiasi Česlovu Gedgaudu ir neapsirinka. Atmesdamas Lietuvoje būdingus nevykusius pasijuokimus, autorius pasiremia ir šių laikų menkai pripažintais tyrinėtojais: L. Palmaičiu, V. Almonaičiu, T. Baranausku, J. Basanavičiumi, G. Beresnevičiumi, A. Pataku, P. Dunduliene, N. Vėliumi, J. Statkute de Rosales, V. Terlecku, A. Norkūnu, V. Mikailioniu ir daugeliu kitų retai cituojamų autorių. O ką reiškia vien neginčijamas Č. Gedgaudo reabilitavimas? (Atkreipkime dėmesį į tai, kad Č. Gedgaudas nepakliuvo į dabar nepriklausomoje Lietuvoje leidžiamą *Visuotinę lietuvių enciklopediją*!)

Vieną iš savo knygos skyrių J. Laurinavičius taikliai pavadino: „Baltai – pirmapradė indoeuropiečių tauta Europos šiaurėje". Čia autorius daugiausiai remiasi M. Gimbutiene, A. Girininku ir kitais žinomais archeologais. Mini Zarubincų, Počepo, Kijevo, Moščino (sieja su rytų galindais), Koločino (sieja su radimičiais), Tušemlios, Bancerovo (sieja su dregovičiais) archeologines kultūras, kurias visas priskiria baltams. Šiame skyriuje J. Laurinavičius nelieka nuošaly ir nuo naujausių genetikų atliktų tyrinėjimų. Didelis atskiras skyrius yra pašvęstas baltų toponimikai.

Labai sėkmingai autorius sprendžia hiperborėjų („gyvenančių už šiaurės vėjų") klausimą. Be abejonės, ir hiperborėjų graikus pasiekusio dievo Apolono motinos vardą Letona – Leta – sieja su metraščiuose minimais Lietuvos vardais – Letovia, Lettonia. Panašias mintis jau teko išsakyti ir šių eilučių autoriui.

Palaikydamas J. Statkutę de Rosales, atskirame skyriuje J. Laurinavičius plačiai pagrindžia getų, gotų, gudų baltiškumą ir paneigia pangermanistų kategoriškus teiginius apie šių genčių germaniškas šaknis, atskiria ypač mišrios kilmės mažuosius gotus, kurių kalba parašyta *Vulfilos biblija*, nuo pagrindinio gotų masyvo, kurio didžiąją dalį priskiria baltams. Dabartinė Gudija (Baltarusija) laikoma gudų tėvyne ir gotų protėvyne. Visai teisingai šiai getų (gotų) civilizacijai priskiriami didžiuliai Europos plotai, kuriuose ir susidarė mūsų etnosas.

Remdamasis baltų kalbomis, autorius sėkmingai aiškina begales Europos tautų vardų, vietovardžių ir vandenvardžių, kurių šiame straipsnyje suminėti neįmanoma. Turbūt knygoje liko labai mažai nepaminėtų ir apie Rytų Europą rašiusių antikos autorių.

Kaip ir V. Ivanovas, V. Toporovas bei garsusis lietuvių kalbininkas J. Kazlauskas, J. Laurinavičius įrodo, kad slavai susiformavo iš periferinių baltų dialektų. Plačiai atskleisti baltų–skitų, prabaltų–trakų–indoiraniečių ryšiai seniausiais laikais, Herodoto laikų Rytų Europos tautos persų karaliaus Darijaus ekspansijos metu, kai Darijus naudojo tarpgentinius baltų tautų karus savo tikslams pasiekti. Tai yra naujas mūsų seniausios istorijos puslapis.

Įdomiai ir pagrįstai baltų protėviai siejami su IV a. Germanariko imperija, kurios sienos nedaug skyrėsi nuo Vytauto Didžiojo sukurtos Lietuvos valstybės sienų.

Nors ši knyga yra išleista Minske, kur daugelis Baltarusijos mokslininkų ir mėgėjų senovės Lietuvą tapatina su Baltarusija, o „lietuvisams" palieka tik žemaičius, šioje knygoje tokiems Lietuvos tapatinimams su Baltarusija autorius primena logikos stoką. Lietuvos pagrindą, autoriaus nuomone, sudarė

Lietuvos etninis elitas, kalbėjęs senovine lietuvių kalba; didelę knygos dalį autorius skiria didžiajai pusantro tūkstančio metų trukusiai slavų kolonizacijai.

Žinoma, kas neieško, tas neklysta. Reikėtų dar iki galo išspręsti kai kurių giminingų vietovardžių, vandenvardžių ir tautų vardų šaknų reikšmes. Pavyzdžiui, fonemą *gal-*, *gel-* autorius kartais sieja su vandeniu, pelkėmis (remiasi V. Gudeliu), kitur su žodžiu *galia*, kitur su žodžiu *galas*, reiškiančiu ko nors pabaigą. Cituojama labai daug autorių, todėl kartais nebeaišku, kuriuo čia mes turime pasiremti. Svarbu stengtis ieškoti: kas ieško, tas anksčiau ar vėliau ir randa. Autorius jau dabar yra surinkęs daug papildomos medžiagos, patikslinimų, kuriuos sudėjus į krūvą, galėtų dar labiau patobulinti savo kūrinį. Pravartu būtų šią papildytą knygą išleisti lietuvių kalba. Ir tai ne dėl to, kad mes iškeltume savo tautos didybę praeityje, bet kad liautumės mūsų tautos seniausius laikus suvokti tik stebėdami iš didžiųjų mūsų kaimyninių tautų varpinių. Todėl reikia pagaliau patiems tvirtai atsistoti ant žemės. Ir tokios knygos apie mūsų praeitį kaip ši pirmiausia turi būti leidžiamos Lietuvoje ir lietuvių kalba, o ne kaimyniniuose kraštuose svetimomis kalbomis.

Voruta: www.voruta.lt, 2009 06 19

PROKOPIJUS IŠ CEZARĖJOS

Gimė tarp 490 m. ir 507 m., mirė po 562 m., buvo Bizantijos imperatoriaus Justiniano karvedžio Belizarijaus patarėjas. Dalyvavo karo žygiuose prieš persus, vandalus ir ostgotus. Be labai drąsių pasisakymų prieš imperatorių Justinianą ir jo žmoną Teodorą, Prokopijus (Procopius) plačiai aprašė į šiaurę nuo Dunojaus apsigyvenusią giminingą baltams tautą *erulius* (kitaip – girulius, gerulius, herulius). Šiame krašte eruliai prisijungę jau apkrikštytus langobardus ir kitas gentis. Vėliau, anot Prokopijaus, erulių karalius Rodulfas (Jordano vadinamas Rodvulfu) puolęs langobardus (apie 594 m.) ir, pralaimėjęs mūšį, žuvęs kartu su dideliu skaičiumi erulių. Dalis šį karą išgyvenusių erulių ilgai klajoję po visą kraštą už Įstro (Dunojaus) upės ir net Fulos saloje (Skandinavijoje), nuklydę į „patį gyvenamosios žemės pakraštį", kur 40 dienų nepakyla ir nenusileidžia saulė (spėjama, kad tai šiaurės Norvegija). Iš šiaurės atvykę erulių pasiuntiniai dar bandę ieškoti prieglobsčio pas imperatorių Justinianą, tačiau atsisakę pripažinti Justiniano jiems karaliumi paskirtą apkrikštytą erulį Svatuazą, buvę priversti vėl išvykti į šiaurę. Prokopijus – vienas iš pagrindinių autorių, rašiusių VI a. Bizantijos istoriją.

Straipsnis *Visuotinei lietuvių enciklopedijai*, 2008 m. (nespausdintas)

KAS TRUKDO SPRĘSTI LIETUVIŲ KILMĖS PROBLEMAS?
Apie Zigmo Zinkevičiaus knygą *Lituanistikos mokslas ir pseudomokslas*

Lietuvių kalbos instituto leidykla 2006 m. išeido Zigmo Zinkevičiaus knygutę *Lituanistikos mokslas ir pseudomokslas*, kurioje kritikuojami „pseudomokslininkai" Rimantas Matulis, Nijolė Vyšniauskienė, Gintaras Valiukevičius, Juozas Jokubauskas, Jurijus Lipovka, Jūratė Statkutė de Rosales, Vytautas Rimša, Pranciška Regina Liubertaitė ir kiti straipsnių autoriai, bandantys spręsti lietuvių tautos kilmės problemas. Pabandysiu padiskutuoti su lietuvių kalbos žinovu Zigmu Zinkevičiumi, nes manau, kad daugelis jo šioje knygelėje paskelbtų minčių kalba apie pačias svarbiausias mūsų tautos kilmės problemas, kurias būtina nedelsiant išsiaiškinti, bent jau pabandyti tai atlikti. Tik ginčuose gimsta tiesa!

Pirmiausia turiu pripažinti, kad jei visi čia išvardinti „pseudomokslininkai" būtų gerai išstudijavę lyginamąją ir bendrąją kalbotyrą, tai būtų išvengta daugelio klaidų, o prie kai kurių išvadų galima būtų prieiti trumpesniu keliu. Tačiau lyginamoji kalbotyra prie mūsų klausimo sprendimo gali prisidėti tik iš dalies. Ką lyginamoji kalbotyra galėtų pasakyti, kodėl getai 1 tūkst. m. pr. Kristų pirmoje pusėje, kaip rašo Herodotas, persivadino trakais ir kodėl tie trakai II a. pr. Kr., kaip rašo romėnai, persivadino dakais? Neužtenka vien surasti antikos laikais šių visų trijų etnosų įkurtas valstybes Balkanuose ir nubraukti jų tūkstantmetę istoriją – karus, klajones – ir nesidomėti pradine jų kilme. Pats Z. Zinkevčius rašo, kad daugelis antikos laikais minimų tautų beveik nepaliko rašto paminklų, taigi apie jų kilmę, maišymąsi, vardų keitimą galime spręsti iš seniausių rašytinių šaltinių mums žinomomis kalbomis. Todėl labai svarbu, kad greta lyginamosios kalbotyros kalbininkai dar mokėtų kuo daugiau kalbų ir dar daug ko. Tobulumui ribų nėra!

Dėstomąją straipsnio dalį pradėsiu nuo Z. Zinkevičiaus paskelbto mano ir kitų autorių kai kurių (kaip aš manau) atradimų paneigimo. Beje, visoje knygutėje tėra beveik vien tik paneigimai, todėl mažai peno diskusijai. Teks bandyti paneigti paneigimus. Būtų įdomiau, jeigu Z. Zinkevičius būtų bandęs pateikti įvairių sunkiai sprendžiamų klausimų sprendimų variantus.

Viena iš svarbiausių savo teorijų laikau atgaivintą dar XVIII–XIX a. paplitusią lietuvių kilmės iš gerulių teoriją (Ksaveras Bogušas, 1746–1820, J. Danilowicz, *Skarbiec dipłomatów*, Vilnius 1860, p. 24). Z. Zinkevičius piktinasi, kad aš „germanų" gentį herulius sulietuvinau į gerulius. Betgi mes turime tiek pavardžių Gerulis ir Gerulaitis, Gerulių piliakalnius Alytaus ir Prienų rajonuose, Girulių gyvenvietę prie Palangos, o jokių Herulių ar Herulaičių Lietuvoje aptikti neteko. Taip pat autorius kritikuoja, kad aš gotus paverčiau baltais. Tačiau gotų (gudų) baltišką kilmę puikiai įrodo Jūratė Statkutė de Rosales ką tik pasirodžiusioje knygoje *Didžiosios apgavystės* (Vilnius, 2007). Žinoma, turiu pripažinti, kad gotai ir geruliai, ties Vysla susidūrę su germanais, jautė jų didelę įtaką. Ypač tą galime pamatyti iš jų skurdžių rašto paminklų. Kai kuriose baltų genčių germanų kalbos turėjo būti prasismelkusios ir aukštuomenės vartojamos, panašiai, kaip bendros respublikos laikais lenkų kalba imta plačiai vartoti lietuvių aukštuomenės arba kaip rytiniai baltai persiėmė rytų slavų kalba. Taigi gerulių ir gotų germaniškumas yra labai problemiškas. Teisingai rašo Jūratė de Rosales, kad iki šiol Ispanijoje paliktų germaniškų pėdsakų niekas ir su žiburiu negali surasti, o baltiškų ji aptinka labai daug. Be abejonės, gotai (gudai), kaip skelbia romėnų šaltiniai, yra kilę iš getų (pasikeitė balsis, o priebalsiai *d* ir *t* kaitaliojami įprastai, kaip lietuvių dainose: vienur *dymas*, kitur *tymas* balnelis). O gerulių, herulių, erulių tautos pavadinimo pirmųjų garsų kaita reiškiasi Rytų ir Pietų Europos skirtingų kalbų tos pačios šaknies žodžiuose: *Galšėnai*, *Holšany*, *Alšėnai*; *Genrikas*, *Henrikas*, *Enriko*; *golos*, *holos*, *alasas*; graikų deivė Hera lietuviškai turi būti tariama „gera", žodis *herojus* kitose kalbose tariamas kaip *gerojus*; Kretos sostinė *Heraklionas* dažniausiai sutrumpinamas į *Iraklioną* – keičiamas pirmasis balsis ir pan. Pradžioje būna *g*, *h*, arba visai be priebalsio.

Šių eilučių autoriui jau nusibodo rašyti apie tai, kad aisčiai reiškia „rytiečius", gyvenančius rytinėje Baltijos jūros pakrantėje. Iki pat XX a. tai nebuvo paslaptis. Tik kuriantis Lietuvos valstybei prieš šimtą metų kai kam kilo noras šį geografinį pavadinimą išvesti iš baltų kalbų. Taip aiškus terminas tapo neaiškiu. Ar žodžio „aisčiai" pradžią tarsime *aist*-, kaip tarė romėnai, ar *east* (ist), kaip taria anglai, ar *ost* (vokiškai Baltijos jūra vadinama *Ost See*), ar *est-* (taip iki šiol tebevadinama Estija), vis tiek šis žodis reikš rytus. Reikia turėti šiek tiek humoro jausmo. O galutinai pagrįsti šiai minčiai prisiminkime, kad rytų saksų pavadinimas buvo užrašomas lygiai taip, kaip aisčių pavadinimas: *Aest Saxones* (plg. Tacito *Aestiorum gentes*) (žr. 2006-02-06 *Lietuvos aide*: Rimantas Matulis: „Dar apie aisčius"). Beje, niekada nesiūliau, kaip klaidingai rašo Z. Zinkevičius, *aisčių* termino vartoti vietoje įsigalėjusio baltų pavadinimo, nes taip pat kaip ir Z. Zinkevičius aisčiais laikau tik vakarinius baltus, prie jų priskirdamas ir mums negiminingus Baltijos rytinėje pakrantėje gyvenusius estus. Kaip matome, ir girių gyventojų girulių (gerulių), ir Baltijos rytų pakrantėje gyvenusių aisčių pavadinimai žymi geografinį šių grupių išplitimą ir greičiausiai apėmė ne vieną etnosą. Juo labiau, kad tais senais laikais įvairūs etnosai įsiterpdavo į gretimas teritorijas, kurių apgyvendinimas gana greitai keisdavosi. Ypač prie to prisidėdavo žiaurūs tarpgentiniai karai.

Dabar apie Jog*ai*lą, Jog*a*lą, Jog*ė*lą ir Jog*i*lą. Teko aptikti tokių Jogailos vardo variantų. Tačiau, Z. Zinkevičiaus nuomone, tokia balsių kaita neįmanoma. Turiu pridurti, kad aptikau analogiškas pavardes Daug*ai*lą, Daugėlą ir Daug*a*lą, kurios visos trys tikrai reiškia tą pačią pavardę.

Knygos autoriui perėjus prie atskirų baltų genčių vardų etimologijos ir savo paneigimams iš konteksto išimant labiausiai diskutuotinas ir geografiškai labiausiai nutolusias teritorijas, negaliu sutikti su daugeliu Z. Zinkevičiaus paneigimų. Pirmiausia dėl pajūryje gyvenusių genčių. Iki šiol visame pietiniame ir rytiniame Baltijos jūros pakraštyje gyvenantys žmonės pagal upių tėkmę vadinami žemumų žmonėmis. Šį faktą geriausiai patvirtina Lietuvos gyventojų pagal Nemuno tėkmę suskirstymas į aukštaičius ir žemaičius. Svarbu pastebėti, kad žemaičiai nebuvo taip pavadinti pagal Nevėžio ar kitos upės gilesnes įdubas, bet būtent pagal Nemuno, tekančio į jūrą, tėkmę. Ir prieš šimtmetį Nemuno delta buvo vadinama Lankos sritimi (vok. k. *Niederung* – žemumos sritis).

Jau Povilas Pakarklis prieš pusę šimtmečio rašė, kad Sembos (Sambijos) srities prie Karaliaučiaus pavadinimas yra susijęs su žodžiu *žemė* (prūsų tarmėse vietoj ž visur tariama s). Žodžiai *žemė* ir *žemas*, aišku, yra tos pačios šaknies. Taigi P. Pakarklio *žemė* – Semba – mažai skiriasi nuo mano – žema, prie jūros esanti žemė. Toliau, norėčiau tvirtinti, kad Dauguvos ir Lielupės žemupiuose buvusi žemė *Semigalia* lietuviškai turi būti tariama *Žemgala*, t. y. žemai esanti žemė, bet ne „Žiemgala" (į šiaurę, į žiemius nuo Lietuvos esanti žemė), kaip nutarė mūsų kalbininkai prieš šimtą metų. Pavadinimo *Žemgala* (ne Žiemgala) teisingumą patvirtina rytinėje Latvijoje prie Dauguvos esanti žemė, vadinama *Aukštzemė*. Todėl Latvijos *Aukštzemę* ir *Žemgalą* mes visiškai galime prilyginti mūsų Aukštaitijai ir Žemaitijai. Suomiai aiškina, kad jų kalboje kai kurie žemi augalai vadinami panašiai kaip mūsų samanos (prie pačios žemės augančios). Todėl visai gali būti, kad ir Suomijos pavadinimas reiškia „žemai esančią žemę". Tą patį galime pasakyti ir apie Suomijos šiaurėje prie Ledinuotojo vandenyno gyvenančius samius. Kaip jau teko ne kartą rašyti, balsių ir net dvibalsių kaita dažnai esti visiškai nenuspėjama arba nepakankamai ištyrinėta.

Dabar apie Samogitiją. Z. Zinkevičius nesiginčija, kad žodžio pradžia *sam-* reiškia „žemas". Belieka išsiaiškinti, ar čia dėl germanų kalbų poveikio į žodį *Samaitija* yra įsiterpęsi „parazitinis" priebalsis g, ar gal žodis *Samogitija* tiesiog reiškia: *žemoji Gitija, Getija*. Mano įsitikinimu, teisinga yra antroji reikšmė. Čia dar noriu priminti, kad Philippo Austriaco žemėlapyje, 1584 m. , (VU bibliotekos Retų spaudinių skyriuje M1507) ant Sembos pusiasalio užrašyta *Suda Samaidę*, t. y. – Žemaičių Sūduva (daug sūduvių į Sembą perkėlė kryžiuočiai). Jau įžvalgusis Simonas Daukantas savo *Būde...* (Raštai, V., 1976, 420 p.) rašė: „[...] vadino lietuvius [...] getais, masagetais ir samagetais, pagal tą medėse ar jūros pašaliuose gyveno". Štai ir viskas pasakyta. Nėra ko pridurti! Ir Ptolemajas II a. savo žemėlapyje į šiaurę nuo Vyslos pažymėjo atskirą gentį *gitones*, kurios žemiau prie jūros gyvenusi dalis greičiausiai ir buvo vadinama samogitais. Galbūt čia tiktų ir Vytauto Didžiojo antspaude Aleksandro Račkaus perskaityti žodžiai: *Dominicus Hicensis*, t. y. – Gitų valdovas? Tiek apie Z. Zinkevičiaus nepripažįstamas žemai prie jūros gyvenusių sembų, samogitų (žemųjų gitų, getų), žemgalių ir kitų genčių pavadinimų etimologiją.

Knygos *Lituanistikos mokslas ir pseudomokslas* autorius piktinasi, kad aš jotvingius vadinu getais. Tačiau kodėl jų dalį (sūduvius) Vytautas Didysis vadino getais, nepaaiškina. Šį Vytauto dokumento tekstą savo knygoje *Didžiosios apgavystės* iš to paties Kaziniero Būgos pateikia Jūratė de Rosales: „Pretera licet terra Sudorum sive Gettarum que mediat inter terram Lythuaniam et Prussiam" (Taip pat užleidžia žemę sūduvių, kitaip getų, kuri yra tarp Lietuvos ir Prūsijos) (*Prochaska: Codex Epistolaris Vitoldi*, 468 p.; K. Būga: *Raštai*, III, p. 155). Turbūt Vytautas Didysis nežinojo, kaip jo žemės vadinasi?! Štai kokia ekvilibristika. Būtų buvę daug geriau, jeigu Būga, užuot šaipęsis iš Basanavičiaus, būtų įsiskaitęs į jo raštus ir nepametęs getų Lietuvos pašonėje, tiksliau – pačioje Lietuvoje!

Neatsisakau ir minties, kad lietuvių ir latvių vardai yra tos pačios kilmės. Anot Z. Zinkevičiaus, mūsų abi tautos negalėjo būti kilusios iš pirminio varianto *letai*. Čia pat jis rašo, kad šaknis *let-* yra paliudyta tik Latvijos pavadinime ir pamiršta, kad Mindaugas Lietuvą vadino *Lethovia curia nostra*. O kalbant apie Lietuvos vardo kilmę tikrai dar reikės daug rašalo sugadinti. Patikimiausia laikau savo teoriją, kad Lietuvos vardas yra tos pačios kilmės, kaip ir graikų dievo Apolono motinos deivės Letos vardas. Mat senovės graikai ne kartą rašė, kad šių dievų kultą į Graikiją atnešė hiperborėjai, t. y. gyvenusieji „už šiaurės vėjų" – kaip dabar aiškėja, tai didesne dalimi turėjo būti baltų arba jiems giminingų tautų apgyvendinta teritorija.

Lygiai taip neatsisakau ir geografinių vardų kilmės teorijų: lenkų pavadinimas yra kilęs iš „lankų gyventojų", priešinant juos girių gyventojams giruliams. Tai įrodo net ir dabartinė riba tarp stepių ir miško. Ukrainoje vyrauja stepės (į pietus nuo Kijevo), o į šiaurę nuo šios ribos driekiasi miškų sritis, kurios gyventojai mes jau esame ne mažiau kaip tris tūkstančius metų (čia galima būtų skelbti keturių tūkstančių metų terminą, bet negalime garantuoti, kad atvykę indoeuropiečiai – gyvulių augintojai, piliakalnių tvirtintojai, laivinių kovos kirvių ir virvelinės keramikos nešėjai – per tūkstantį metų asimiliavo prieš juos gyvenusius medžiotojus ir žvejus). Pagal visą miško–stepės ribą pietų pusėje gyveno gentys, turėjusios *prie miško gyvenusių* pavadinimus: Prūsijos–Lenkijos pasienyje – pamedėnai; Baltarusijoje – Poliesės gyventojai, Ptolemajo tiesiog lietuviškai vadinti *pagiritais*; apie Kijevą – *polianai*, kurių vardas, kaip ir *lankių* (poliakų), reiškė laukų gyventojus. Prie jų pridėsime dar *lugijus* (nuo slavų žodžio *lug* – laukas). Jeigu čia buvo pagiritai ir pamedėnai, vadinasi, į šiaurę nuo jų gyveno girių gyventojai – giruliai. Ir vokiečių vardas (latviškai – *vacieši*) reiškia vakariečius, kaip ir aisčių – rytiečius.

Nesiplėsdamas į smulkesnes galimų variantų paieškas, kurių labiausiai nemėgsta Z. Zinkevičius, galiu pasakyti, kad ieškoti būtina, nes dabartinis oficialusis mokslas apie mūsų tautos kilmę yra įstrigęs visiškoje stagnacijoje. Taigi visos paieškos yra sveikintinos. Nesąmonė, kad bandymo išaiškinti savo tautos kilmę siekis yra savo tautos išaukštinimas. Šis teigimas yra toks primityvus, kad net nenoriu dėl to burnos aušinti.

Tik noriu trumpai paminėti kitus Z. Zinkevičiaus įvardintus „pseudomokslininkus". Tenka stebėtis Nijolės Vyšniauskienės įžvalgomis, kurios toli pralenkia jos darbų kritiką. Galime spėti, kad galai, kaip ir galindai bei galatai, turėjo reikšti toliausiai gyvenusius (tik lieka išsiaiškinti, ar jie negalėjo būti susiję su žodžiu *galia*, kurio daugybę variantų galima aptikti vietovardžiuose ir etnonimuose). N. Vyšniauskienės spėjamos Lotaringijos vardo sąsajos su lietuvių vardu tikrai gali būti realios. Tą patį galima pasakyti net ir apie karaliaus Liudviko vardą. Visų jos įžvalgų čia neišvardinsime, bet kad jos duoda peno tyrinėtojams, tikra tiesa. Tiesa išaiškės tik tyrinėjant, o ne vien paneigiant.

Gintaras Valiukevčius taip pat turi gilių įžvalgų, bet ir daug nepriimtinų teorijų. Man rodos, jis mūsų kalboje per daug randa bendrumų su sums negiminingais vengrais, tad kai kur šiuo klausimu su Zigmo Zinkevičiaus pareikšta kritika galima sutikti.

Apie Juozą Jokubauską sunku kalbėti, nes jo išvados tikrai globalinės: siekia ne šimtus, bet šimtus tūkstančių (!) metų. Yra daugelis etimologijų, kurios remiasi tik garsų panašumu. Čia taip pat su Z. Zinkevičiaus pareikšta kritika galima sutikti. Tačiau vis dėlto daugelis jo pateiktų Eurazijos vietovardžių ir vandenvardžių, kuriems jis randa atitikmenų lietuvių kalboje, verti dėmesio, o kai kurie ir priimtini. Tik metų skaičius kartais nerealus.

Iš Jurijaus Lipovkos skelbiamų temų man labiausiai nepriimtini jo milžiniškų piešinių, susidarančių iš geografinio kraštovaizdžio ar vandens telkinių bei upių linijų pasaulio žemėlapyje; taip pat ištisų istorijų išskaitymai „Mindaugo monetose" (atvirkščias miniatiūrinis pasaulėvaizdis).

Man taip pat, kaip ir Z. Zinkevičiui, teko pažinoti Vytautą Rimšą, kuriam, dirbdamas Kultūros fonde, bandžiau padėti išspausdinti vieną iš paskutinių jo knygų. Deja, prie Kultūros fondo buvusi leidykla per klaidą kartu su seifu pardavė ir jo knygos rankraštį, o pirkėjas, matyt, pamanęs, kad tai šiukšlės, išmetė. Nors tiesiogiai ir nesu kaltas, nes ši leidykla nebuvo Kultūros fondo padalinys, man išliko nuoskauda. Tačiau man visada kėlė įtarimą mūsų oficialiojo mokslo nepritarimas V. Rimšos trakologijos ir kitoms studijoms. Ar toks paieškų varžymas negalėjo prisidėti prie V. Rimšos būsenos pablogėjimo? Jis visą laiką labai išgyveno dėl to, kad buvo varžomas laisvai tirti trakų ir baltų tautų giminystės klausimus. Kaip ir J. Basanavičius, V. Rimša rinkdavo baltų ir trakų kalbines bendrybes bei stengdavosi savo atradimus paskelbti mokslinėje spaudoje ir atsimušdavo kaip į sieną. Dėl V. Rimšos nepraktiškumo jo nemokėtos skolos už butą kartais siekdavo keturženklį skaičių. Jis mirė neaiškiomis aplinkybėmis.

Baigdamas dar noriu pastebėti, kad laikui bėgant mano nuomonė daugeliu kalbotyros ir istorijos klausimų keitėsi ir aš pritariu kai kurioms Z. Zinkevičiaus pareikštoms pastaboms. Kadaise rašiau, kad Betygala galėjo reikšti „bet tik galią" (menką galią). Šiuo metu esu daugiau linkęs manyti, kad šis vietovardis gali būti susijęs su Butygala, kur balsis *u* pakito į *e*, o šaknis *but-* mūsų asmenvardžiams ir vietovardžiams yra būdinga. Tačiau, kita tarus, Z. Zinkevičius man yra pripaišęs ir tokių teorijų, kurių aš niekada nesu skelbęs. Matyt, jis per klaidą jas paėmė iš kitų „pseudomokslininkų". Antai niekada nesu skelbęs, kad Pandėlys kilęs iš Pano ir graikų atvykėlio Delo. Ne visas tokias pripaišytas klaidas iš karto galiu atsekti, tačiau tokių netikslumų Z. Zinkevičiaus knygoje yra daug.

Taigi nebijokime drąsių hipotezių. Ieškokim, o mokslas turės arba tas hipotezes patvirtinti, arba atmesti.

Voruta, 2008 m. sausio 12 d.

HIPERBORĖJŲ APOLONAS, ŠVENTOS UPĖS IR LIETUVOS VARDO KILMĖ

Mūsų praeities tyrinėtojas Česlovas Gedgaudas daug kur prašovė pro šalį, bet sugretindamas graikų dievą Apoloną su lietuvių upių dievu Upelioniu, jis padarė nepaprastą atradimą. Kaip jau minėta, prūsų kalboje ir kitose seniausiose indoeuropiečių kalbose, žodis *upė* buvo tariamas *apė*. Taigi graikų dievo Apolono vardas greičiausiai kilo iš Apelionio, t. y. – mūsų Upelionio.

Apie baltišką šio dievo vardo kilmę kalba visam antikos pasauliui nekėlęs abejonių faktas, kad karo dievo Apolono ir jo motinos – deivės Letos – kultas į senovės Graikiją atėjo iš hiperborėjų, t. y. „gyvenančių už šiaurės vėjų". O šiaurės Europoje kaip tik ir gyveno mūsų protėviai. Tai turėjo būti piečiau ugrosuomių genčių gyvenantys šiauriniai indoeuropiečiai (baltų protėviai). Tik beliktų išsiaiškinti, kaip gamtos, vandenų, upių dievas pavirto į karo dievą. Panašių metamorfozių senųjų tautų mitologijoje galima rasti apsčiai.

Jau bandėme Apolono motinos, deivės Letos, vardą susieti su Lietuvos vardu (minėtini Mindaugo Lietuvos vardas – *Letovia curia nostra* ir Latvijos vardo pirminis variantas – *Letland*: šie žodžiai kalba apie vieną letų tautą).

Dabar belieka įrodyti, kad senovės Lietuvoje buvo garbinamas upių, vandens, gamtos dievas. Užtenka prisiminti mūsų šventas upes, šventus ežerus ir šventus šaltinius, kurių Lietuvoje ir kituose artimiausiuose baltų kraštuose yra nesuskaičiuojama daugybė.

Šių eilučių autoriui berenkant medžiagą apie senovės Lietuvos šventyklas, teko pastebėti keistą reiškinį: dauguma šių šventyklų yra didžiųjų upių santakose. Kai paaiškėjo, kad palengva tokios apeigų vietos pasklido beveik visų didžiųjų Lietuvos upių žiotyse, abejonių kaip ir neliko: upėms senovėje buvo suteikta viršgamtinė (arba tiksliau – kaip tik gamtos, gamtinė) galia.

Čia bandysime visas tas šventas vietas išvardinti.

Pirmiausia didžiausios mūsų upės – Nemuno – žiotyse yra garsioji Rusnė, kurios pats pavadinimas sako, kad čia kažkada ruseno amžinoji ugnis. Pažiūrėkime, ką apie Rusnės šventyklą rašo pirmosios Lietuvos istorijos lietuvių kalba autorius Simonas Daukantas: „Kryžokai karėse su prūsais ir žemaičiais, užėmę jiems Rusnę salą, apie kurią sriaučia Nemunas į Baltijos jūrą, rado tenai, griaudami mūro bažnyčią, pagonų altoriuje įdėtą kūlį (akmenį – *R. M.*), didžiai užlaikomą nuo pagonų, su parašu lotynišku, kuriame [...] buvo užrašyta, jog Nemunas, laivų vyresnysis, iš Kartaginos atėjęs į Lietuvą jūra, pagal 115 metuose pirm. gimimo Kristaus (Narbutt.- *Tygod. Wileń.*, 1817, Nr. 71, III). Tą tada kūlį (kaip sako, iš marmuro buvusį) kryžokai nusiuntė metuose 1250 gimus Kristui dovanomis popiežiui Inocentui IV į Rymą [...] Tas kūlis mums rodo, jog lietuviai žinojo jau Afriką ir su ja bendravos dar pirm gimimo Kristaus" (S. Daukantas, *Darbai senųjų lietuvių ir žemaičių*, Raštai, I, Vilnius 1976, p. 46).

Anot Česlovo Kudabos, prieš 1200 metų Nemuno žiotys buvusios šiapus (aukščiau) Rusnės. Viename Klaudijaus Ptolemajo žemėlapyje II a. po Kristaus Nemuno žemupys vadinamas *Rusnia*. 1584 m. Henenbergerio žemėlapyje deltos pakraštys pažymėtas tose vietose, kur yra Rusnė. Tuo pačiu pavadinimu ji minėta jau 1419 m. Č. Kudaba nuosekliai įrodo, kad tada tai dar buvusi sala. Jis pateikia padavimą, kad ši sala vadinusis Perkūnkalve. Joje stovėjusi šventykla ir degusi amžinoji ugnis (Č. Kudaba, „Žemės legendos", *Kultūros barai*, 1969, 12, p. 48).

Kun. Pranciškus Račiūnas savo neskelbtame rankraštyje *Medžiaga Lietuvos* [...] *istorijai* (I, p. 169, 170) plačiau aprašė, kad šioje Perkūnkalvės saloje buvusi prūsų žinija, arba romuva. Po visuomet žaliuojančiais ąžuolais žyniai dievų garbei kūrendavę ąžuolinių malkų ugnį. Kai šią salą paskandinusios marių bangos, žyniai persikėlė į Ventę ir apsigyvenę ant Ventės rago, vėliau – Žynių kaime, kuris iki šiol Žynių vardu tebevadinamas. Ant Perkūnkalvės po Klaipėdos pilies įsteigimo Rygos vyskupas dar kitą pilį pastatydinęs, tačiau XIII a. gale, kilus ginčams tarp vyskupo ir kryžiuočių ordino, pastarieji pilį sugriovę. 1328 m. su Klaipėda ir Perkūnkalvės sala atitekusi ordinui.

Kita svarbiausia upių santaka Lietuvoje yra Neries žiotys ties Kaunu, kurio senamiestyje, ne per toliausiai nuo Neries žiočių, yra *Perkūno namas*. Prieš šimtą ir daugiau metų apie šį namą ir buvusią tariamą šventyklą jo vietoje buvo daug rašyta: „Swiątynia Perkuna w Kownie" – *Tygodnik ilustrowany*, 1866 08 27, „Zdanije, nazyvajemoje chramom Perkuna v Kovne"

– *Niva*, 1874 15 27, „Kownos Perkunas tempel" – *Kownoe zeitung*, 1916 10 20 ir kitur.

Žymus istorikas Mykolas Balinskis (*Starožytna Polska*, III, Varšuva, 1846, p. 405) spėja, kad Perkūno namas statytas dar Vytauto laikais. Istorikė T. Dambrauskaitė pateikė dokumentą – Baltarusijos apygardos valdininko Gruberio tarnybinį atsakymą į gubernatoriaus raštą apie perdavimą Kauno m. valdybai seno pastato, vadinamo Perkūno koplyčia (*Architektūros paminklai*, II, Vilnius, 1972, p. 108).

Šio laikotarpio tyrinėtojas A. Raulinaitis rankraštyje *Perkūno namo kilmės bei datavimo istorinės tezės* teigia, kad Perkūno vardas sietinas tik su statulėle, rasta Perkūno namo sienoje, o pats pastatas buvęs Hanzos pirklių kontora. A. Raulinaitis spėja, kad namas turėjęs būti statytas 1445–1454 m., t. y. iki Trylikos metų karo, po kurio Hanzos kontora susilpnėjusi (*Architektūros paminklai*, II, Vilnius, 1972, p. 107). Apie *Perkūno namą* yra labai daug rašyta, tačiau pabaigai čia dar pridursime, kad pagal natūros tyrimus *Perkūno namo* sklypo mūrinis aptvaras koplyčios laikais priminęs šventoriaus sieną: kiemą nuo gatvės skyrusi 85 cm storio, 310 cm aukščio ant lauko akmenų pamatų statyta mūro siena (Dalija Zareckienė, „Perkūno namas Kaune", *Architektūros paminklai*, II, 1972, p. 122).

Remdamasis Pretorijum (Praetorius, *Preussische Schaub.*, kn. IV), Perkūno šventyklą buvus Kaune mini S. Daukantas (*Darbai senųjų lietuvių ir žemaičių, Raštai*, I, Vilnius, 1976, p. 82–83).

Perkūno šventykla Kaune dar kelia abejonių, tačiau abejonių nekelia, kad kitame Nemuno krante, priešais Neries žiotis, Aleksoto kalne (dažnai upių deltose šventyklos būdavo ant aukščiausio kalno ties upių žiotimis), buvo deivės Mildos ar kitos deivės šventykla. Apie tai sako ir senasis Aleksoto pavadinimas – *Svirbigala* (Svarbi, skvarbi galia). Vietovardžio pabaigoje – -*gala* reiškia galią, tvirtovę, šventyklą. Palyginkite „Dievo galios" šventyklą prie Dievogalos upelio žiočių ties senąja Vytauto statyta Zapyškio bažnyčia.

Teodoras Narbutas rašė: „Kalbama, kad Kauno priemiestyje Alexota ant vieno kalno buvo šventykla, ar altorius, pašvęstas meilės deivei (T. Narbutt, *Dzieje narodu litewskiego*, I, Vilnius, 1835, p. 92). Anot P. Kežinaičio (*Kauno apylinkės*, 1937 m., p. 75) ir emigracijoj išleisto veikalo *Mūsų Lietuva* (II, p. 290), aplink šventovę augusios šimtametės liepos. Aleksotos statula buvusi iškalta iš akmens ar išdrožta iš medžio. Moterys jos garbei degindavusios viščiuką, žąsiuką, o tekančios už vyro – savo kaspinus. Jei neturėdavusios kam savo kaspinų bei kitų papuošalų atiduoti, užkabindavusios tiesiog deivei. Pagal kitus padavimus, Milda (Aleksota) buvusi kunigaikščio Erdvilo duktė, tapusi vaidilute ir kursčiusi amžinąją ugnį. Ją pamilęs jaunas dainius Dangerutis, kuris patikęs ir Mildai. Tačiau pikta Mildos pamotė taip pat mylėjusi dainių. Patyrusi apie jo meilę Mildai, jį įskundusi. Dangerutis buvęs nuteistas mirti ir įkalintas kalno viršūnėje. Milda jį nakties metu išlaisvinusi ir paslėpusi pas senąjį Auskarą, vyriausiąjį vaidilą. Tačiau, nelaimei, užgesusi jos nebekurstoma amžinoji ugnis. Milda su Dangeručiu turėję būti sudeginti, bet dievų tarnas Auskaras po laužu įruošęs slaptą urvą, į kurį įkritę jaunieji ir likę gyvi, nesudegę.

Apie Nevėžio žiotyse ant aukšto kalno Romainiuose buvusią amžinosios ugnies šventyklą galima būtų parašyti atskirą straipsnį. P. Kežinaitis (*Kauno apylinkės*, 1958, p. 108) rašė, kad tarp senutėlių ąžuolų yra griovio apjuostas kalnelis su įdubimu viršuje. Jame prieš kurį laiką buvęs rastas senovinis akmens aukuras. Čia buvusi romuva, kūrenta amžinoji ugnis.

Netoliese, Veršvų piliakalnio papėdėje, buvo aptiktas didžiulis III–XII a. kapinynas – daugiau kaip 500 kapų ir daugiau kaip 400 žirgų griaučiai (mirusieji deginti, o žirgai nedeginti). Kiek toliau miškas ant Nevėžio šlaito vadinamas Lėda, o kaimas – Užledžių. Tai, be abejo, susiję su Lietuvos vardu.

Iš visų istorinių šaltinių žinoma, kad Jogaila užgesino amžinąją ugnį ant aukščiausio kalno prie Nevėžio. Tai greičiausiai ir kalbama apie tuos pačius Romainius prie senojo kelio į Žemaitiją. Šventykla, vadinama Romainis (su *-is* galūne), yra buvusi Semboje, kurią užėmus kryžiuočiams, krivis, matyt, persikėlė į šiuos Romainius prie Nevėžio.

Yra išlikęs 1398 m. sienos nustatymo dokumentas (Lietuvos istorijos šaltiniai, I, Vilnius, 1955, p. 82), pagal kurį siena pradedama nuo tam tikros Salyno (*Sallin*) salos, esančios Nemuno upėje. Salynui priklauso ir kita sala, vadinama *Romewerder* (romovė – R. M.). Taigi visa Salyno sala pasiliks ordinui amžiniems laikams. Toliau prie Nevėžio – šventas miškas (*Heiligenwalt*). P. Dusburgietis, M. Strijkovskis, Šiucas (Schutz) ir kiti aprašo, kaip Ragainės komtūras Libencelė, 1295 m. atvykęs į šį kaimą, vardu Romene (P. Dusburgietis jį vadina *villa sacra* – šv. kaimas), rado vien bajorus, susitelkusius į atskirą sektą, kuriuos lietuviai laikę šventais ir dievo tarnais, nes jie daug turėję reikalo su žyniavimu ir galėję žmones apakinti. Kaimą Libencelė sudeginęs ir visus vyrus išžudęs (M. Praetorius, *Deliciae Prussicae*, IV kn., III sk., VI par.).

Pastaraisiais metais Romainiuose, šlaito viršuje, kampe aptikome suskaldytą akmenį ir kitose vietose suskaldytų akmenų. Toliau link Kauno, ant kalno, yra labai senų ąžuolų guotas. Senų žmonių pasakojimu, didelis akmuo buvęs apačioje, prie senojo tilto per Nevėžį. Gal daugiau ką nors galėtų surasti archeologai?

Yra žinių buvus šventyklą Dubysos žiotyse. O ką jau bekalbėti apie Šventaragio slėnį Vilniuje, katedros vietoje buvusią Perkūno šventyklą ir prie jos XIII a. pabaigoje įkurtą didžiųjų Lietuvos kunigaikščių (karalių) pomirtinio deginimo vietą. Visa tai buvo prie senosios Vilnios upės žiočių.

Grįžtant prie dievo Apolono (Upelionio) motinos deivės Letos, galime priminti, kad kronikininkas J. Dlugošas minėjo ir karo deivę Ladą (J. Lelewel, *Czesc balwochwalcza Sławian I Polski*, Poznanė, 1857, p. 21). T. Narbutas aprašo lietuvių dainas: *Lado, Lado, Lado, didie musu dewe* (T. Narbutt, *Dzieje narodu litewskiego*. I, Vilnius, 1835, p. 40). Deivę Ledą mini M. Strijkovskis ir kiti.; P. Dundulienė rašė, kad „mūsų proseniai ketvirtą Velykų dieną šventė „Ledų dieną", o Danieliaus Kleino giesmyne tarp lietuvių dievų 1666 m. minimas *Lituans* (Lietuvanis – lietaus dievas (?)). Taigi, matyt, ir Apolono (Upelionio) motina deivė Leta, ir iš vandens susidarantys lietūs bei ledas yra tiesiogiai susiję su Lietuvos vardo kilme.

Lietuvos aidas (spalvotas), 2007 02 22

AR MOKSLAS NORS KIEK PRIPAŽINS GEDGAUDĄ?

Praėjus 20 metų nuo plačiai išgarsėjusio Česlovo Gedgaudo mirties (per visus 2006 m. neteko išgirsti apie jo mirties metinių paminėjimą), atmintis verčia vėl sugrįžti prie šio labai drąsių ir plačių polėkių mąstytojo atliktų darbų: atradimų ir galbūt šūvių pro šalį. Kas neieško, tas neklysta! Savo globalinėmis lietuvių tautos šaknų paieškomis jis gali prilygti nebent Juozui Jokubauskui, kurio knygos *Lietuvių tautos priešistorinių amžių istorija* tomai pasirodė pastaraisiais metais.

Šiame straipsnyje bandysiu pateikti savo pastabas apie Č. Gedgaudo knygoje *Mūsų praeities beieškant*, išleistos 1972 m. Meksikos sostinėje Meksike, pateiktas mintis lietuvių tautos kilmės klausimais, nes ir pats esu išleidęs knygelę *Lietuvių tautos kilmė*. Kartu išreiškiu apgailestavimą, kad Č. Gedgaudas „netilpo" į naujai leidžiamą *Visuotinę lietuvių enciklopediją*. Galima daugeliui jo minčių nepritarti, kai kurios iš jų yra per drąsios ir nepagrįstos, tačiau tokio plataus polėkio darbų žmogaus visuotinai ignoruoti negalima.

Pradėsiu nuo baltų genčių, tarmių, etninių bendruomenių ar giminingų tautų pavadinimų, kurių apstu Č. Gedgaudo knygoje ir kurių daugelį teko bandyti atkurti ir šių eilučių autoriui. Tenka pritarti Č. Gedgaudo minčiai, kad bandymas Lietuvos vardą kildinti iš Lietaukos upelio Jonavos r. pavadinimo – tai bandymas ieškoti dramblio per mikroskopą: prie Lietaukos upelio net nežinomas joks bent kiek ypatingesnis piliakalnis, iš kurio galėtų išsirutulioti viso krašto pavadinimas.

Kalbėdamas apie Lietuvos vardo kilmę, Č. Gedgaudas parodė nepaprastą įžvalgą: jis pateikė daugybę Lietuvos ir lietuvių tautos vardo variantų beveik visoje Europoje nuo II amžiaus po Kristaus, kurių dalis su Lietuvos vardu galėjo sutapti ir atsitiktinai (tačiau to dar niekas neįrodė), o didesnė šių pavadinimų dalis tikrai susijusi su Lietuvos vardo kilme. Kai kuriuos iš tų paminėjimų čia išvardinsime: Litano miškas šiaurės Italijoje 195 m.; Letų sukilimas Belgijoje 336 m.; įstaiga „Prefectus Laetorum" kairiajame Reino krante, būsimoje frankų teritorijoje 357 m., įstaigos pavaldiniai buvę vadinami *laeti, letes, lites, letovici*; letų pulkai Katalonijos laukuose kovoję prieš hunų vadą Atilą 451 m. ir kt. Matyt, neturėtume atmesti ir Č. Gedgaudo vietoje letų vartojamo „liaudų" pavadinimo, kurį jis taip pat sieja su žodžiu Lietuva.

Verti dėmesio Č. Gedgaudo aptikti šaltiniai iš Karolio Didžiojo laikų (apie 800 m.), kuriuose *leudes* buvo vadinami bajorai raiteliai, prisiekę ištikimai iki mirties ginti karalių, kuris už tai jiems skyrė žemes ir dvarus ligi gyvos galvos. Ir kai kurie dabartiniai kalbininkai mūsų protėvius lietuvius kildina iš žodžio, reiškiančio „kariauną". Priminsime, kad karo dievo Apolono ir jo motinos deivės Letos kultas į Graikiją atėjo iš „už šiaurės vėjų gyvenančių" hiperborėjų, o Lietuva Mindaugo laikais vadinta – *Letovia curia nostra*.

Lietuvos vardą su Apolono motina deive Leta jau atsargiai buvau susiejęs savo pirmesniuose straipsniuose ir kaip nustebau aptikęs Č. Gedgaudo tokį patį aiškinimą. Ko gero, tuo nebevertėtų abejoti. Labai įdomus yra vietoje Apolono Č. Gedgaudo vartojamas vardas Upelionis, kuris iš pradžių skamba fantastiškai, bet jei žinai tai, kad prūsų kalboje ir seniausiose indoeuropiečių kalbose žodis *upė* tariamas: *apė*, gali galvoti, kad iš hiperborėjų Apelionio galėjo atsirasti Apolonas. Č. Gedgaudas Lietuvos vardą per deivės Letos sūnų Upelionį sieja ir su lietumi. Taip pat galima išaiškinti ir lietuvišką žodį *ledas*. Taigi lietaus pagalba iš ledo atgimstančią gamtą simbolizuojantis upių dievas Apolonas tampa Lietuvos vardo kūrėju. Ar ne simboliška? Tai vis kiek patobulintos Č. Gedgaudo mintys!

Kartu su Č. Gedgaudu pripažinę, kad Lietuvos vardas kilo iš karo dievo motinos Letos ir lietaus, pereikime prie kitų jo pateiktų tautų ar genčių vardų. Įdomus, bet sunkiai patvirtinamas Č. Gedgaudo bandymas saksus vadinti sėsniais. Čia nebent galime paminėti spėjamus prūsų kalbos žodžius *sasnis* – kiškis arba *sasis* – žąsis ir pan. Šioje vietoje nesiryžčiau ką nors tvirtinti.

Ne visai be pagrindo mūsų mirtinus priešus teutonus Č. Gedgaudas vadina tautonimis: gilias indoeuropietiškas šaknis turintis žodis *tauta* siejamas net su tokiais tautų vardais, kaip *Deutsch* (vokiečiai) ir *Dutch* (olandai) ir, be abejo, su teutonais.

Neaišku, kiek jis teisus Tiuringijos gyventojus vadindamas *tauringiais*, vandalus – *vanduoliais*, variagus – *varingiais* ir rusus – *rasais*.

Dėl dviejų tautų ar etnosų vardų galiu tikrai patvirtinti, kad Č. Gedgaudas klydo: tai aisčiai, kuriuos jis vadina *eisčiais* ir kildina iš lietuviško žodžio *eiti* bei sieja su gintaro keliu Rytų Europoje; ir geruliai, kuriuos jis visur yra pervadinęs į *varulius*.

Teko daug kartų rašyti, kad aisčiai (estijai) reiškia „rytų gyventojus" rytinėje Baltijos jūros pakrantėje. Tai patvirtina daugybė istorinių šaltinių. Ir dabar Baltijos jūrą germanai vadina *Ost-See*. Vikingai Rytų Pabaltijį taip pat vadino *Austurland, Austurweg, Austarreich* (*austar* skandinaviškai reiškia *rytai*), ir kitu žodžiu: *Ostrogardija*, kur *ostro-* reiškia *rytai* (plg. *Ostrobrama* – rytų vartai, ostrogotai – rytų gotai). Tokių liudijimų yra tiek daug, kad čia jų galima būtų prirašyti visą laikraštį.

Kalbant apie gerulius, reikia apgailestauti, kad Č. Gedgaudui, matyt, nepakliuvo į rankas (arba jis į tai neatkreipė dėmesio) prieš keletą šimtmečių istorikų plačiai aprašyta teorija, kuri gerulius kildino iš girių gyventojų girulių (baltų), kuriuos turėtume priešinti lankų ir stepių gyventojams lenkams (lankiams, poliakams), polianams, polovcams, lugijams.

Apibendrindami galime neabejoti Č. Gedgaudo įžvalgumu tyrinėti tautų vardų kilmę. Juk jis žengė per neišartus dirvonus, beviltiškai kovodamas su visuotinai įsigalėjusiais istoriniais štampais, neleidžiančiais nors šiek tiek atskleisti gilesnes mūsų tautos kilmės problemas. Garbė tenka jo nesuvaržytam mąstymui!

Lietuvos aidas (spalvotas), 2007 01 05

GYVENANTYS UŽ ŠIAURĖS VĖJŲ: HIPERBORĖJAI IR ARIMFĖJAI

Iš visų antikos laikais gyvenusių tautų turbūt sunkiausiai identifikuojami yra hiperborėjai ir arimfėjai, nes hiperborėjai tiesiog reiškia „gyvenantys už šiaurės vėjų", o arimfėjai – „gyvenantys už Ripėjų kalnų". Aišku, nustatyti, kur baigiasi ir kur prasideda vėjas, – nelengva. Deja, ne ką lengviau nustatyti, kur buvo Ripėjų kalnai: vieni jais laiko Karpatų kalnus, kiti – Uralą, o treti – paprasčiausią upių baseinų takoskyrą tarp Volgos, Dniepro ir Dauguvos (pagal savo geografinę padėtį romėnai ir graikai įsivaizdavo, kad visos didelės upės turi ištekėti iš aukštų kalnų). Vis dėlto arčiausiai tiesos yra tie, kurie Ripėjais laiko Karpatus arba Valdajaus aukštumas.

Kadangi dažnai antikos autorių minimi hiperborėjai ir arimfėjai gyveno toli šiaurėje, jie galėjo būti susiję su mūsų protėviais. Pabandykime patyrinėti, ką istoriniai šaltiniai apie juos rašė ir kokia mokslininkų nuomonė apie šių tautų gyventas vietas ir buitį.

Visuotinė lietuvių enciklopedija (*VLE*) hiperborėjų pavadinimui „vėjo" sąvokos nepriskiria, aiškina taip: *hyper* graikų kalba reiškia „anapus", o *boreas* – „šiaurė", t. y. „tolimos šiaurės gyventojai".

Teodoras Narbutas, remdamasis antikos laikų autorių Plinijaus, Hekatajo, Pomponijaus Melos ir Solinio žiniomis, rašė, kad hiperborėjų žemė buvusi nepaprastai derlinga. Gyvenę jie laimingesnį ir ilgesnį gyvenimą negu kiti žmonės. Nežinoję nei ligų, nei pykčio, nei karų. Leisdavę laiką puikiuose miškuose, giriose, ąžuolynuose. O kai persisotindavę palaimingu gyvenimu ir pasendavę, sukeldavę puotą giminėms ir draugams, pasipuošdavę galvas gėlėmis ir šokdavę į bedugnę jūrą (T. Narbutt, *Dzieje narodu litewskiego*, Vilnius, 1837, p. 18-19). Pridursime, kad Sambijos (Sembos) vakariniame pakraštyje yra aukštas skardis į jūrą, nuo kurio hiperborėjai galbūt ir šokdavo į jūrą. Pomponijus Mela, remdamasis Julijum Soliniu, dar rašė, kad hiperborėjai puošdavęsi vanago plunksnomis kaip Egipto žyniai pteroforai (Pomponius Mela, *De situ orbis*, Lugduni Batavorum, 1646, p. 283).

Graikų rašytojas Diodoras, remdamasis Hekataju iš Abderos, gyvenusiu 200 m. pr. Kr., rašė: „Rytuose priešais keltų žemę, vandenyne po Grįžulo

Ratų žvaigždynu, yra sala, nė kiek ne mažesnė už Siciliją, kurioje įsikūrę hiperborėjai [...] Jos gyventojai Apoloną garbina labiau už kitas dievybes. Jam yra paskyrę šventąjį aptvarą ir puikią apskritą šventovę [...] Kas devyniolikti metai, tuo metu, kai mėnulis ir saulė vienas kito atžvilgiu atsistoja ton pačion vieton, į salą ateina Apolonas". Berlynietis archeologas Karlas Šuchartas spėjo, kad Diodoras čia mini Angliją, o apvalioji šventykla turėtų būti Stounhendžas (Bernardas Jakobis, *Sugrąžinti iš praeities*, Vilnius, 1978, p. 5).

Šių eilučių autoriaus nuomone, čia minima hiperborėjų sala galėjo būti ir Skandinavija (antikos laikais Skandinavija klaidingai buvo laikoma sala) ir dar kažkokia teritorija prie Baltijos jūros – greičiausiai Sambija. Romėnams buvo žinomos neseniai apleistos didžiulės keltų kolonijos Danijoje, keltai – kimbrai iš Gotlando – aktyviai dalyvavo kuriant Vaidevučio valstybę Semboje ir pan. Taigi keltai nebūtinai turėjo būti Prancūzijos gyventojai priešais Angliją. Be to, ir Diodoras rašė, kad hiperborėjų sala buvo rytuose, ko nelabai galima pasakyti apie Angliją.

Yra išlikęs graikų mitas apie dievą Midą, Dionisą ir hiperborėjus: „Vieną dieną pasigėręs buvęs Dioniso mokytojas satyras Silenas išsiveržė iš maištaujančios Dioniso kariuomenės, kai ši žygiavo iš Trakijos į Beotiją, ir buvo rastas girtas rožių sode. Sodininkai surišę jį gėlių girliandomis ir nuvedę pas Midą, kuriam Silenas papasakojęs apie didžiulį kontinentą, kurį okeanas skiria ir nuo Europos, ir nuo Azijos, ir nuo Afrikos. Tame žemyne yra daugybė puikių miestų su didelio ūgio laimingais ir ilgaamžiais gyventojais. Kartą buvusi surengta didžiulė ekspedicija aplankyti šių hiperborėjų, bet kai ekspedicijos dalyviai įsitikinę, kad jų pačių žemė yra geriausia pasaulyje, visi nusiminę sugrįžę į savo kraštus (Robert Graves, *The Greek myths*, I, Eilsberis, 1975, p. 281).

Tarp visokių Graikijoje pasakotų įdomybių apie hiperborėjus skelbiama, kad ten saulė patekėdavusi tik kartą per metus, o hiperborėjai esą turėję kažkokius skraidančius aparatus, kurie galėdavę juos pakelti į orą. Apie tai sakoma ir kai kuriuose keltų bei indų padavimuose. Žinias apie skraidančius aparatus į Indiją atnešė arijai.

Netoli Dniepropetrovsko rastus bronzinius dirbinius su pavaizduota vyro figūra ir dviem gyvuliais N. A. Onaiko priskiria hiperborėjų Apolonui (N. A. Onaiko, „Apollon giperborejskij", *Istorija i kultūra antičnogo mira*, Maskva, 1977, p.153-159). Įdomių apibendrintų žinių apie hiperborėjus pateikia *VLE*. Pasak VLE, Apolono žynius ir numylėtinius hiperborėjai laikė artimais dievams. Hiperborėjai leisdavo laiką šnekučiuodamiesi, giedodami himnus, puotaudami, linksmindamiesi ir rinkdami Apolonui aukas, kurias siųsdavo į Delo salą Graikijoje. Hiperborėjams priskiriami Apolono fetišiniai simboliai: strėlė, varnas ir stebuklingą galią turintis lauras. Atvykę į Graikiją hiperborėjų žyniai Abaris ir Aristajas išmokė žmones muzikos, kurti himnus bei poemas ir statyti. Abaris ir Aristajas su hiperborėjais pastatę ir garsiąją Delfų šventyklą Graikijoje. Kaip čia neatkreipti dėmesio į tai, kad pavardė Abarius (Abaris) Lietuvoje yra išlikusi ir dabar.

Įdomiausios yra žinios, kad hiperborėjai per deivės Letos atlaidus kasmet lankydavosi pas Delfų orakulą Graikijoje. Įsiklausykime: karo dievas Apolonas ir jo motina deivė Leta. Ar mums tai nieko neprimena? Šių eilučių autoriaus nuomone, Apolonas atitinka mūsų karo dievą Perkūną, o iš jo motinos deivės Letos vardo kilo Lietuvos (Mindaugo *Letovia curia nostra*) ir Latvijos (*Letland, Letigalia*) pavadinimai. Štai ir visa paslaptis! Graikai patys skelbė, kad deivės Letos kultas į Graikiją atėjo iš hiperborėjų! O tai, kad Lietuvos ir Latvijos pavadinimų yra ta pati šaknis, neturėtų kelti abejonių.

Ką randame šaltiniuose apie arimfėjus? Amianas Marcelinas, IV a., rašė: „Ten, kur baigiasi Ripėjų kalnai, gyvena arimpėjai, teisingi ir ramumu pasižymį žmonės. Pro tuos kalnus tekančios Crono (Nemuno – *R. M.*) ir Vistulos (Vyslos – *R. M.*) upės. Toliau už arimpėjų gyveną masagetai, alanai, sargetai ir dar daug kitų genčių, kurių vardai ir papročiai nesą žinomi". (J. Jurginis, *Legendos apie lietuvių kilmę*, Vilnius, 1971, p. 69). Amiano Marcelino minimos gentys masagetai (kai kur taip vadinami samogitai – žemaičiai) ir ypač sargetai verstų arimpėjus laikyti baltais, nes Divonio iš Bitinijos dienoraštyje Galindija vadinama Sarga (Gvaninio kronika: *Guagninus...* 1768, p. 351).

Ptolemajo žemėlapyje parodyta, kad iš Ripėjų kalnų į vakarus išteka Chersino upė (Dauguva (?)), o į rytus – Tanais (Donas), kurį Ptolemajas galėjo sumaišyti su Volga, nes šios čia iš viso nėra. Į vakarus nuo Ripėjų kalnų pažymėti pagiritai (Pagyritę) ir boruskai (pagiritai atitinka Polesę, o boruskai – prūsus – *R. M.*). Dar pridursime, kad skersai Ripėjų kalnų Ptolemajas užrašė: „Sarmatijos azijinė dalis" (Ptolemaeus, *Cosmographia*, Roma, 1490). Iš to matome, koks primityvus tais laikais dar buvo geografijos suvokimas ir kaip sunku pririšti gentis prie kokios nors konkrečios teritorijos. Be to, keista, kad pagal J. Jurginio aprašymą pro Ripėjų kalnus tekėjusios jau minėtos Krono (Nemuno) ir Vistulos (Vyslos) upės.

Remiantis romėno Pomponijaus Melos raštais, kyla noras arimfėjus (*arimphaeos*) nukelti gerokai toliau į rytus (gal jie ir patys migravo ta kryptimi), nes šis juos žymi už tirsagetų, turkų ir didelės dykumos (*deserta regio*). Gyvenę arimfėjai miškuose ir maitinęsi uogomis (Mela P., *De situ orbis*, Lugduni Batavorum, 1646, p. 55).

Kad ir kaip ten būtų, jeigu arimfėjai nepriklausė baltų gentims, tai bent jau turėjo būti jiems labai artimi. Hiperborėjų ir arimfėjų etninei priklausomybei nustatyti reikia nuoseklesnių tyrinėjimų.

Lietuvos aidas, 2006 09 30

KAIP J. STATKUTĖ DE ROSALES BANDO GRIAUTI ISTORINIUS ŠTAMPUS APIE MŪSŲ PRAEITĮ? PASLAPTINGIEJI GOTAI

Kaip ir gamtoje, taip ir žmonėse valdo stiprieji. Deja, jie ne tik valdo, bet ir istoriją perrašo savo naudai. Slenkant amžiams, lietuvių tautos didžioji dalis buvo žiauriai išžudyta, kaimynų asimiliuota, vėlai įsivedė raštą. Todėl mūsų tautos istoriją rašė, iš dalies net ir kūrė, svetimi, dažnai nepasižymintys ypatinga meile lietuvių tautai.

Nelaimei, mumyse įsigalėjo nelemtas pataikavimas didiesiems kaimynams. Apie Lietuvos seniausią istoriją, dažnai to net nenujausdami, mąstome kaimynų sukurtais štampais, iš kurių išsiveržti labai sunku.

Pabandysiu čia trumpai paminėti lietuvių mokslininkę iš Venesuelos, apdovanotą Didžiojo Lietuvos kunigaikščio Gedimino ordino Riterio kryžiumi, kuri jau seniai bando išsiveržti iš šių nelemtų istorinių štampų ir jai labai gerai sekasi Vakaruose, tačiau to negalima pasakyti apie Lietuvą. Iki šiol daugeliu kalbų išleistos jos knygos *Gotai ir baltai* Lietuvoje net nesirengiama leisti, nors vis daugiau labai žymių pasaulio mokslininkų Jūratės Statkutės de Rosales žygį į istorinės tiesos reabilitavimo paieškas visokeriopai remia.

Mūsų dienomis J. Rosales parašė nedidelę naują studiją ispaniškai *Keturi melai apie gotus*, kurioje bando sugriauti, kaip ji pati sako, begėdiškus pangermanizmo melus. Ji tiesiogiai kaltina germanų palikuonis, kad šie yra pavogę iš mūsų baltų tautų praeitį. Savo užbaigtą rankraštį autorė pasiuntė profesoriui Guillermo Moronui, vienam iš žinomiausių karaliaus Alfonso X rašto žinovų. O karalius Alfonsas X kaip tik buvo nepaprastai gilus, galbūt net paskutinis iš Ispanijos karalių, seniausios gotų istorijos žinovas. Jo paskelbtos gotų praeities žinios tikrai stebina: jos siekia keletą tūkstančių metų ir atveda mus per visą Europą iki to laiko, kai gotai dar gyveno mūsų kraštuose, iš kurių jie patraukė į garsiąsias klajones.

Guillermas Moronas penkerius metus dėstė Berlyno ir Hamburgo universitetuose Ispanų kultūros katedroje, gerai moka vokiečių kalbą ir yra susipažinęs su Prūsijos istorija. Tai toks svarbus mokslininkas, kad jo vardu Salamankos universitetas pavadino net ištisą leidžiamų knygų seriją, jo raštus leidžia „Encyclopædia Britannica" leidykla. Venesueloje daugelį metų jis buvo Istorijos akademijos pirmininku.

Apie naujai leidžiamą J. Rosales knygą G. Moronas savo iniciatyva parašė atsiliepimą, kurį paprašė išspausdinti kartu su autorės studija. Pasidžiaugęs geru J. Rosales ispanų kalbos mokėjimu, G. Moronas pabrėžė jos tyrinėjimų svarbą. Negaliu susilaikyti nepacitavęs tolesnio jo apžvalgos teksto: „Jūs sugriaunate ilgą Europos istorijos tradiciją, kurios paskutinis aukšto lygio atstovas yra donas Ramonas Menendezas Pidalas, išdėstęs jau parengtą projektą savo monumentalioje *Historia de Espana*. Kaip tai atsitiko, kad toks gilus Alfonso X Išmintingojo specialistas savo istorijoje nepastebėjo esminio momento? Juk Mommsenas ir Gotzas yra vokiečiai, ir jie rėmėsi „rasės" samprata. Donas Miguelis de Unamuno sakydavo: „Nuo Despenaperros į viršų, visa kita yra Vokietija (Despenaperros yra tarpukalnis, skiriantis Kastiliją nuo Andalūzijos). Kitaip tariant, Europos istorija yra germaniška, indoeuropietiška. Jūs išmintingai pasipriešinate iš anksto sudarytai galvosenai ar neišmanymui, o gal pastangoms pamėgdžioti graikus pagal Herodoto sudarytą sąvoką, kad yra graikai ir barbarai, germanai ir barbarai, romėnai ir barbarai gotai. Jūsų studija yra gerai pagrįsta šaltiniais ir turi išsamų istorinį išaiškinimą".

Negaliu čia nepaminėti savo nuomonės, kad gotai yra kilę iš getų ir ne mažiau kaip keletą šimtmečių (galbūt ir pusę tūkstantmečio ar daugiau) prieš Kristų persikėlę į Skandinaviją, nors daugelis iš jų buvo apgyvendinę Šiaurės Vokietiją, pietinę Baltijos jūros pakrantę. Taigi mūsų kilmė su gotais tikrai yra bendra, bet gyvendami Skandinavijoje ir prie Baltijos jie negalėjo išvengti germanų įtakos, kuri galėjo pasireikšti raštu germanų kalba, o gotų liaudies didesnė dalis tikrai galėjo išsaugoti mūsų kalbą ar jos tarmę. Be to, atsikėlę iš Skandinavijos gotai iki IV a. buvo pajungę savo valdžiai daugelį baltų (gerulių) genčių, kurias patraukė paskui save į karą su Romos imperija. Nėra abejonės, kad iš Ravenos šiaurės Italijoje, valdydamas baltus, gotų valdovas Teodorikas Didysis pasikvietė prūsus ir lietuvių protėvius valdžiusį Torkilingų karalių Odoakrą, kuris nuvertė paskutinį Romos imperatorių. Taigi su gotais į Ispaniją turėjo patraukti daugelis senąja lietuvių ir prūsų kalba kalbančių žmonių. Ypač tai pasakytina apie galindus, kurių pavardžių yra labai daug Ispanijoje ir Lotynų Amerikoje. Iš čia, matyt, ispanų kalboje bei vietovardžiuose ir liko lietuvių kalbos pėdsakų. Tai kol kas yra mažai ištirta problema.

Šiuo laiku apie baltizmus germanizuotuose gotų raštuose prie Dunojaus rašė Pranciška Regina Liubertaitė ir kt. Reikia platesnių tyrinėjimų.

Kitas žymus mokslininkas, palaikęs J. Statkutės de Rosales knygos *Gotai ir baltai* leidimą, buvo Santa Monikos koledžo Kalifornijoje profesorius Ed Tarvyd. Jis primygtinai vertė J. Statkutę de Rosales išversti šią knygą iš ispanų kalbos į anglų kalbą ir išleisti ją Amerikoje, pavadindamas *Gotus ir baltus* „nepaprastos svarbos darbu visai žmonijai". Leidinys Amerikoje dienos šviesą išvydo prieš metus. Tikėkimės, kad tuo seks Lietuva.

Lietuvos aidas, 2006 09 23

DAKAI

Dakai – viena svarbiausių tautų, turėjusių įtaką lietuvių tautos susidarymui. Tai buvo trečioji grandis trijulėje getai–trakai–dakai. Visos šios trys tautos sudarė europinės indoeuropiečių dalies branduolį. Pagal savo kalbos senumą lietuvių tauta yra arčiausiai šio branduolio, per sūduvius ir jotvingius (getus) tiesiogiai susijusi su pirminiais indoeuropiečiais Europoje – getais. Kadangi šių eilučių autoriaus pastaruose šeštadieniniuose *Lietuvos aido* numeriuose jau išdėstyta getų ir trakų įtaka mūsų tautos susidarymui, pabandykime pasekti labiausiai karuose su Romos imperija išgarsėjusios dakų tautos ryšius su Lietuva.

Pirmiausia nenorėčiau laikytis mūsų mokslininkams įprasto žymiausių Lietuvos žmonių ignoravimo. Todėl pradėsiu būtent nuo mūsų šalies atgimimo patriarcho Jono Basanavičiaus, kuris, remdamasis Detlefsenu, rašė: „Dakų apgyventosios žemės šiaurės siena, nors Strabonui buvusi nežinoma, bet romėnų geografo Vipsaniaus Agrippos (mirė 12 m. Kristui negimus), dalyvavusio romėnų karuose Panonijoje ir ant Balkanų pusiasalio, taipogi dalyvavusio Oktaviano Augusto laikais Rymo imperijos išmatavime, patvirtiname, kad ji ėjusi kur kas toliau už Karpatų kalnų ir siekusi šiaurėje jūres marias, taigi ir šios dienos Prūsai ir Lietuva Dakijai priderėjo" (J. Basanavičius, *Apie trakų prygų tautystę ir jų atsikėlimą Lietuvon*, Vilnius, 1921, p. 13).

Iš šios žinutės matyti, kad prieš 100 metų seniausios Lietuvos istorijos mokovams buvo aiškiau negu dabar. Praplėsdamas J. Basanavičiaus paskelbtą žinutę aiškumo dėlei pridėsiu jau mano ankstesniuose straipsniuose minėtą romėno Julijaus Solinio žinutę apie Europą: „Rytuose yra Alanija, viduryje Dakija, arba Gotija, toliau Germanija, kurios didelę dalį sudaro svebai (švabai ir švedų protėviai – R. M.)" (J. Solini, Pomponius Mela, *De situ orbis. Polyhistor,* Lugd. Batavorum, 1646, p. 503 ir 508). Taigi, būdama tarp Alanijos ir Germanijos, Getijos dalis Dakija turėjo siekti arba prieiti visai arti prie Baltijos jūros, t. y. apimti didesnę Prūsijos ir Lietuvos dalį.

Orozijus skelbė, kad į rytus nuo moravų yra Vyslėnų šalis, o į rytus nuo šių – Dakija, kur pirmiau buvo gotai (Hensel W., *U zrodel Polski srednio-*

wiecznej, Varšuva, 1974, p. 292). Kaip tai suprasti? Gotai ėjo iš Skandinavijos Juodosios jūros link ir iš ten patraukė į Romą. Vadinasi, jiems pasitraukus, kraštas į rytus nuo Vyslėnų (t. y. dabartinėje Lenkijos teritorijoje, o galbūt ir dalyje Ukrainos) buvo pavadintas Dakija arba grįžo senasis vardas, buvęs prieš gotus. Abiem atvejais ši Dakija turėjo užimti didelius plotus į šiaurę nuo Balkanų.

Ir dar viena mįslė. J. Foigtas (Voigt) savo *Prūsijos istorijoje* (I, p. 314) paskelbė ištraukas iš tuo metu Karaliaučiuje saugoto Bogufalo rankraščio, kuriame skelbiama, kad 1041 m. Lenkijos vidinių kovų metu tarp Mozūrijos Maslavo ir Kazimiero dalyvavo dakai (*Dacosque*, kitam leidime – *Ducesque*), getai (*Gethas*), prūsai (*Pruthenos*) ir rusai (*Ruthenos*); panaši užuomina skelbiama iš Kadlubeko (Narbutt T., *Dzieje starożytne narodu litewskiego*, III, Vilnius, 1838, p. 203–205). T. Narbutas šiuos dakus laiko danais. Taip ir neaišku, ar danų vardas seniausiais laikais buvo susijęs su dakais, ar čia minimi dakai estijų (aisčių) prasme.

J. Basanavičius, remdamasis Perco (Pertz) surinktais germanų istorijos šaltiniais (*Monumenta German. Histor. Scriptores*, IV, p. 95-97, 101), dakus mini ne tik Danijoje, bet ir Norvegijoje (tai galėjo būti geruliai, pasitraukę už poliarinio rato po Romos nukariavimo – *R. M.*), tačiau toliau Percas spėja, kad jie gyvenę pietiniame Baltijos jūros pajūryje. Čia jis remiasi dakų ir danų paminėjimu viename genčių sąraše su gotais, rugiais, heruliais ir gepidais (J. Basanavičius, *Etnologiškos smulkmenos*, Tilžė, 1893, p. 27-28). Danus vadino dakais kryžiuočių kronikininkas Henrikas Latvis ir daugelis kitų.

Helmoldas, aprašydamas krikščionybės išplitimą XI a. šiaurės Europoje, džiaugiasi, kad ji pagaliau įsitvirtino Dakijoje, Švedijoje ir Norvegijoje. Dakiją pamini net tris kartus: 1058 m., 1106 m. ir 1149 m. (*Helmoldi Chronica Slavorum*, Lubecae, 1659, p. 63). Šios kronikos komentaruose aprašant Liubeko miesto kūrimąsi minimos čia gyvenusios kimbrų, venedų ir dakų (*Daciae*) gentys.

Įdomu, kad Olivos vienuolyno kronikoje minimi dakai, aptikti Estijos salose: 1346 m. Livonijos magistras puolęs dakus (*daccones*), estus (*eystones*) ir osoliečius (*Osolienses*) (Olivos kronikos vertimas MA Istorijos in-te,

67R, p. 47). Reikia spėti, kad šie dakai – tai Dago (dabar Hiuma) salos, o osoliečiai – Ezelio (dabar Saremo salų) gyventojai. Čia vardu *eystones* bene pirmą kartą estai atskirti nuo senesnio bendro estijų (aisčių) vardo. Antikos laikais dakai labiausiai išgarsėjo karuose su Romos imperija. Strabono, Cezario ir Plinijaus vyresniojo teigimu, dakai gyveno į šiaurę nuo Dunojaus didesnėje dabartinės Transilvanijos dalyje. I a. pr. Kr. viduryje dakai, vadovaujami Burebistos, buvo trumpai susivieniję su getais ir prisijungę net kai kuriuos graikų miestus vakariniame Juodosios jūros pakraštyje. Didžiausios galybės dakų genčių sąjunga pasiekė I ir II a. sandūroje, valdant Decebalui. Nors romėnai pradėjo puldinėti dakus dar prieš Kristų, tačiau valdant Romą imperatoriui Trajanui (98–117), per du karus (101–102 ir 105–106) buvo nukariauta pagrindinė Dakijos teritorija ir paversta Romos provincija. Netenka abejoti, kad kariai iš dabartinės Lietuvos ir Prūsijos teritorijos kariavo dakų pusėje prieš romėnus. Lietuvių liaudies dainose dainuojama apie užsiverbavimą į karą 7 metams (7 – magiškas baltų skaičius) ir dažnai minimas Dunojus (tai to paties didžiojo Dunojaus, o ne kokio nors paprasto vandens telkinio Lietuvoje apdainavimo tradicija).

Nukariaudamas Dakiją ir paversdamas ją Romos imperijos provincija, Trajanas turbūt net nesapnavo, kad šiuo nukariavimu jis iškasė duobę pačiai Romos imperijai. Kelis šimtmečius po nukariavimo dakai tęsė žiaurią kovą dėl išsivadavimo, o išvijusios iš Dakijos romėnus „barbarų" tautos nesustojo ir toliau puolė Romos imperiją iki jos visiško sugriovimo. Į išsivadavimo kovą dakams pavyko įtraukti daug genčių, tarp jų ir šiaurės miškuose, Dakijos pakraštyje, gyvenusius mūsų protėvius gerulius (baltus), kurie pačių aršiausių kovų metu nusiaubė tuo metu buvusią Romos provinciją Graikiją, tuo būdu atitraukdami dalį romėnų kariuomenės iš Dakijos (mūsų VLE giruliams priskirtas tik plėšikautojų vaidmuo).

Kokius pėdsakus dakai galėjo palikti Lietuvoje ir kitose estijų (aisčių) žemėse? Pirmiausia dėl dzūkų vardo. Daug kas mano, kad jie taip vadinami vien siekiant pabrėžti dzūkų tarmės garsą *dz*. O galbūt čia išliko dakų vardas? Prisiminkime Bogufalo skelbtą *dukų* terminą vietoje dakų. Vargu ar tai bus tik paprastas sutapimas. Kaip jau teko ne kartą rašyti, šaknies balsės nuolat kaitaliojamos (plg. lietuvių pavardes Ambrazas, Umbrasas, Imbrasas, tarmėse net Ombrasas ir Embrasas – visos iš šv. Ambraziejaus). Pastebimi tamsesni dzūkų plaukai, akys; jų temperamentas bei kiti požymiai leidžia spėti, kad jie turi kur kas daugiau pietiečių kraujo negu, sakysim, žemaičiai. Tai patvirtina ir mirusiųjų deginimo papročio sklidimas iš pietų bei bendros archeologinės kultūros, siejančios pietryčių Lietuvą su Baltarusijos ir Ukrainos teritorija. Tą patį kalba ir antropologijos mokslas. Anot G. Česnio, pietryčių Lietuvos gyventojų gracilumas duoda užuominų į pietinę kilmę (G. Česnys, „Lietuvos gyventojai XIV–XVII a.", *Mokslas ir gyvenimas*, 1979, 5, p. 23).

Negaliu čia nepaminėti ir savo pastebėjimų iš senosios lietuvių religijos. Turbūt neatsitiktinai į pietus nuo linijos Kaunas–Vilnius beveik nėra akmeninių aukurų (išimtis – Vištyčio didysis aukuras) su iškaltais ar išsuktais aukojimo dubenimis. Šioje Lietuvos dalyje greičiausiai senovėje buvo aukojama į ąžuolinius kelmo formos aukurus su dubenimis, apie kuriuos yra užuominų istoriniuose šaltiniuose. Be to, Vytautas Didysis vadina getais sūduvius, o prūsai – visus jotvingius. Kadangi mes žinome, kad bėgant šimtmečiams getai iš pradžių persivadino trakais, vėliau – dakais, tai ir mįslę nesunku įminti.

Baigdami turime paminėti, kad visos trys tautos – getai, trakai ir dakai – suvaidino svarbų vaidmenį susidarant seniausioms išlikusioms indoeuropiečių tautoms – lietuviams ir latviams.

Lietuvos aidas, 2006 09 16

TRAKAI

Nekelia abejonių, kad Lietuva ar jos dalis antikos laikais Trakijai tikrai priklausė arba bent jau buvo jai tam tikra prasme pavaldi. Kita vertus, trakai ir getai yra beveik ta pati tauta, tiksliau – atskiros tos tautos tarmės, o iš getų, šių eilučių autoriaus nuomone, kilo beveik visos Europos indoeuropiečių tautos. Todėl jei siekiame nustatyti lietuvių tautos kilmę, trakai yra vienas svarbiausių etnosų. Pabandykime išsiaiškinti, iš ko susidarė trakų tauta ir kaip ji susijusi su dabartiniais Lietuvos gyventojais.

Apie getus (senovės indoeuropiečius) jau rašiau *Lietuvos aide* (2006 08 26) straipsnyje „Neįminta mįslė – getai ar arijai". Getų ir trakų bendrą kilmę geriausiai nusako istorijos tėvo Herodoto iš Halikarnaso (miestas Mažojoje Azijoje prie Egėjo jūros) V a. pr. Kr. paskelbta žinia: „Getai yra narsiausia ir tauriausia trakų gentis".

Čia galime priminti, kad getų tautos vardas prieš 4–3,5 tūkstančio metų išplito beveik visoje Europoje, o trakų pavadinimas getų apgyvendintos teritorijos dalyje Ukrainoje įsivyravo 0,5 tūkstančio metų vėliau – keletą šimtmečių prieš Herodotą. Taigi pirminiai gyventojai šioje teritorijoje buvo getai. Matyt, todėl Herodotas ir rašė, kad getai yra narsiausia ir tauriausia trakų gentis, tuo norėdamas pabrėžti jų išskirtinę kilmę. Herodotas skelbė, kad ir Mažosios Azijos bitinai prie Dardanelų sąsiaurio buvo kilę iš trakų (Herodotas, kn. 7, sk. 75).

Šių eilučių autoriui jau ne kartą teko skelbti nuomonę, kad greičiausiai dalis getų persivadino trakais, kai šią teritoriją po pralaimėto karo su graikais užplūdo trojiečiai. Iš pradžių jie galėjo vadintis *troakais*, o vėliau šis pavadinimas, matyt, sutrumpėjo iki *trakų*. Jau keletą šimtmečių prieš Kristų šių pačių trakų getų dalis, anot romėnų, pasivadino dakais. Taigi getų, trakų ir dakų trijulę galime palyginti su vėlesniais laikais susidariusiomis rytų slavų tautomis: ukrainiečiais, rusais ir baltarusiais, kurie visi kilo iš Kijevo Rusios, o mūsų aprašomieji trakai ir dakai – iš getų.

Herodotas paskelbė ir kitą labai svarbią žinią, kad trakai yra pati gausiausia tauta žemėje po indų (čia Herodotas prie trakų jau priskiria visus getus

– *R. M.*), ir jeigu jie būtų buvę valdomi vieno asmens ir galėtų tarpusavyje susitarti, anot Herodoto, būtų nenugalima, stipriausia tauta žemėje.

Romos laikais pamažu vietoje Trakijos pavadinimo įsigali Dakija, ir Romos imperatorius Trajanas nukariavo jau ne Trakiją ir ne Getiją, bet Dakiją, nors pats Trajanas vardą bus gavęs pergalės prieš trakus garbei.

Kas sieja trakus su baltais? Pirmiausia atkreipkime dėmesį į kronikų žinutę, paskelbtą Gunterio Ligurino (lib. 4, v. 103), kurioje sakoma, kad apie 1156 m. lenkų kariuomenėje kariavo daug pamarėnų (*Pomericos*), prūsų (*Bruscos*), bartų (?) (*Parthos*), rusų (*Ruthenos*) ir trakų (*Traces*) (T. Narbutt, *Dzieje starożytne narodu litewskiego*, II, Vilnius, 1838, p. 282). Šie trakai turėjo gyventi netoli Lenkijos, greičiausiai baltų žemėse.

S. Daukantas pateikia daug istorinių šaltinių, kuriuose lietuviai ir latviai vadinami trakais: iš Kadlubeko, J. Dlugošo, M. Kromerio, M. Pretorijaus veikalų. Čia pat iš *Scriptores rerum Danicarum* (Danų karalystės raštai) S. Daukantas paskelbė citatą, kurioje semigalai (žemgaliai) vadinami trakais (S. Daukantas, *Raštai*, I, Vilnius, 1975, p. 420). Jis trakų vardą bandė kildinti iš lietuvių kalbos žodžio *trakė* – tarpumiškė arba *trakti* – maištauti (S. Daukantas, *Raštai*, II, p. 770 – Daukanto laiškas T. Narbutui).

J. Basanavičius palaikė pirmąją mintį, spėdamas, kad taip buvo pavadintos naujos trakų žemės po išsikėlimo iš Mažosios Azijos dėl naujų žemių miškingumo. Trakai – tai žmonės, įsikūrę miškų trakuose, t. y. lydimuose (Basanavičius J., *Apie trakų prygų tautystę ir jų atsikėlimą Lietuv*on, Vilnius, 1921, p.100–101). Tačiau šių eilučių autorius nenorėtų atsisakyti savo teorijos ir trakų pavadinimą kildina iš Trojos išeivių pavadinimo.

B. A. Serebrenikovas spėja, kad baltai ir trakai mišriai gyveno apie 3 tūkst. m. pr. Kr. Remdamasi V. Ivanovu ir V. Toporovu, P. Dundulienė rašo, kad 3–2 tūkst. m. pr. Kr., t. y. apie tą patį laiką, didžiulėje teritorijoje tarp Irano ir Balkanų pietuose bei centrinėje Europoje buvo pasklidusios indoeuropiečių gentys: apie tai kalbanti dievo Griaustinio kovos su gyvate mito paplitimo teritorija (P. Dundulienė, *Žaltys ir jo simboliai lietuvių liaudies mene ir žodinėje kūryboje*, VU, 1979, p. 88-89).

Maskvos konferencijoje, skirtoje etnolingvistiniams baltų ir slavų kontaktams tirti, daugelis autorių taip pat kalbėjo apie artimus tautų, gyvenusių tarp baltų teritorijos ir Balkanų, ryšius. J. Smirnovas nurodė, kad yra daug tautosakos atitikmenų, žinomų tik Makedonijoje ir Lietuvoje. M. Lekomceva pateikė duomenų, rodančių, kad baltų kalbų fonologinio lygio branduolinės posistemės sudarančios tipą, būdingą arealui tarp vokiečių, graikų ir rusų bei ukrainiečių kalbų. Šis arealas sutampąs su genetikų nustatytu tam tikru žmonių arealu, kur galėjęs būti bendras keltų, trakų ar ikiindoeuropiečių substratas (V. Rimša, „Etnolingvistiniai baltų ir slavų ryšiai", *Mokslas ir gyvenimas*, 1979, 5, p. 18).

Čia pat turiu pastebėti, kad V. Rimša daugelį metų rinko lietuvių ir trakų kalbų bendrybes, ypač žodžių sudėtines dalis. Daugiau kaip prieš trejus metus jam mirus po panašaus konflikto su policija, kaip tai atsitiko su G. Beresnevičiumi mūsų dienomis, šių eilučių autorius ir grįžo prie seniausios Lietuvos proistorijos studijų. Norėjau prisidėti ir patvirtinti daugelį V. Rimšos skelbtų hipotezių. Nelaimei, jo svarbiausias darbas apie trakų ir baltų giminystę neišvydo dienos šviesos, nes prie Lietuvos kultūros fondo tada veikusi įmonė pardavė seifą kartu su rengiama V. Rimšos knyga; pirkėjas, manydamas, kad seife buvo likę vien niekam nereikalingi popieriai, visą seifo turinį sunaikino. Toks likimas ištiko ne vieną spaudai rengiamą labai vertingą knygą.

Daugelio mokslininkų nuomone, prieš 2,5 tūkst. metų baltų ir slavų kalbos dar buvo tik vienos kalbos dialektai, o mūsų kalbininkas J. Kazlauskas slavų kalbas netgi laikė baltų kalbų dialektu. Nors ir nesilaikydami tokių griežtų teorijų, turime pripažinti, kad trakai buvo artimesni slavams negu getai. Galbūt todėl prieš atsikraustant kryžiuočiams Lietuvoje iš getų (tai yra tikrasis jotvingių pavadinimas – R. M.) plito senasis mūsų bendras vardas – getai. Todėl buvo prigijęs ne naujasis atsineštinis trakų pavadinimas, bet tikrasis – getų. Galbūt dėl to ir Vytautas Didysis kryžiuočiams priminė senąjį jotvingių dalies – sūduvių – vardą *getai*, nors, kaip matėme, trakus nuo getų atskirti labai sunku. O slavai su trakais giminingi tik iš dalies, nes slavų protėviai venedai iš Mažosios Azijos į Europą prieš 3 tūkstančius metų atėjo per Balkanus, taigi su trakais jie galėjo turėti šalutinius ryšius: trakai daugiau įsikūrė Rytų Europoje tarp Ukrainos ir baltų žemių, o slavai Centrinėje Europoje (Rytų Europą slavai užplūdo tik gerokai po Kristaus).

Be V. Rimšos jau seniau daug tikrinių bendrų baltų ir trakų kalbų vardų pateikė I. Duridanovas. Prisiminsime ir visą J. Basanavičiaus surinktą vardų sąrašą; dalį šių vardų J. Basanavičius kildina iš trakų tautos pavadinimo: Trakai, Trakėnai, Trakininkai, Trakiškiai, Trakiškiemiai, Traksėdai. (J. Basanavičius, *Etnologiškos smulkmenos*, Tilžė, 1893, p. 25-26). P. Tarasenka dar mini IX–XII a. Trakų piliakalnį, buvusį Kavarsko r. (P. Tarasenka, *Lietuvos piliakalniai*, Vilnius, 1956, p. 56, 61). Palyginkime, Prienų r. yra piliakalnių, vadinamų baltų tautos *gerulių* vardu. Vėliau, deja, teko sužinoti ir kitokią nuomonę, kad šiems Geruliams Prienų rajone vardas galėjo būti suteiktas jau XX a. siekiant priminti istorinę gerulių tautą. Vis dėlto kai kuriuose iš šių piliakalnių, matyt, gyveno geruliai, kituose – trakai.

Pabaigoje apibendrinkime tris didžiausias giminingas tautas, tiesiogiai prisidėjusias prie baltų, taigi ir lietuvių tautos, susidarymo. Chronologine tvarka Lietuvos teritorija bent iš dalies priklausė ir getams, ir trakams, ir dakams. Kadangi jotvingiai buvo getai, o Žemaitija – Žemoji Getija (Samogitija, Samogetija), tai mūsų tikriausias pavadinimas ir yra getai.

Iš trakų liko buvusi Lietuvos sostinė – Trakų miestas (panašiai kaip Trakai iš Mažosios Azijos: iš lidų tautos greičiausiai kilo Lido miesto pavadinimas). Tai nebūdingi vietovardžiai, nes trakų miestas dėsningai galėjo būti pavadintas „Trakogala", panašiai kaip mezų, masių tvirtovė – Maišiagala; vandalų, venedų tvirtovė – Vandžiogala; gerulių tvirtovė – Ariogala (senasis pavadinimas – Heragala, Eriogala nuo herulių, erulių vardų) ir kt.

Iš Dakijos galėjo likti dzūkų vardas (tai nepatvirtinta galima šių eilučių autoriaus teorija).

Trakai – antra pagal svarbą senovės tauta, prisidėjusi prie lietuvių tautos susiformavimo.

Lietuvos aidas, 2006 09 09

BALTŲ GENTYS ISTORIJOS ŠVIESOJE

Galindai

Visą tūkstantį metų nuo Romos imperijos laikų iki kryžiuočių galindai, kaip ir sūduviai, gyveno toje pačioje baltų žemių teritorijoje: galindai – pietinėje Prūsijoje, o sūduviai – prie rytinio Prūsijos pakraščio. Tai gana ryškiai įrodo didelės baltų genčių dalies prisirišimą prie gimtosios žemės, nors per didįjį tautų kraustymąsi IV–VI amžiuje daugelis gerulių (baltų) genčių, taip pat ir dalis galindų iš savo girių buvo patraukę į Europos pietus, iš kurių sugrįžo tik dalis.

Dar kartą prisiminkime Romos laikų graiką Ptolemają, gyvenusį II a.: „Iš mažesnių tautų Sarmatijoje gyvena: prie Vyslos upės už venetų – gitonai, taip pat finai, taip pat sulonai [...] į rytus nuo paminėtųjų – už venetų yra galindai ir sudinai, ir stavanai ligi alanų, už jų igilionai... („Lietuvos TSR istorijos šaltiniai", I, Vilnius, 1955, p. 19).

Vieną kartą šią citatą reikia išnagrinėti nuosekliau. Netrukus po Kristaus beveik visa Rytų Europa buvo pradėta vadinti iranėnų (persų) kilmės sarmatų genties vardu. Tuo norėta sarmatus, kelionėse naudojusius žirgus ir arklių traukiamus vežimus, supriešinti pėstiesiems germanams, bastarnams ir peukinams. O prie Vyslos upės gyvenusius venetus, kaip ir nuo jų atskilusius vandalus, iš dalies galime laikyti slavų (daugiau vakarų slavų) protėviais. Toliau iš Ptolemajo teksto galima suprasti, kad atskirai minimos trys gentys: gitonai, finai ir sulonai – visos gyveno į šiaurę nuo Vyslos, plačiu ruožu pagal Baltijos jūrą: tai vakarų baltai gitonai – apytikriai lietuvių protėviai, finai – lybių, estų ir suomių protėviai – bei sulonai (sėliai), o toliau nuo Vyslos žemupio į rytus, kaip tik savo protėvynėje, ir minimi galindai ir sudinai (sūduviai). Su kuo turėtume tapatinti stavanus, šių eilučių autoriui nežinoma. Igilionai greičiausiai turėtų būti siejami su helenų (graikų) kilmės gelonais, kurie, remiantis romėnų pasakojimais, buvo į šiaurę išsikėlę ir gerokai nutautėję graikai.

Tačiau daug kas nutyli P. Klimo knygoje *Lietuvių senobės bruožai* (Vilnius, 1919, p. 18, 131) paskelbtą faktą, kad galindai 253 m. kartu su venedais, vandalais ir finais kariavo su Romos imperija. Šias barbarų gentis nugalėjęs Romos imperatorius Voluzianas pasivadinęs *Imperatori Cesari Vandalico, Finnico, Galendico, Vendenico Volusiano Augusto* (Voigt, I p. I, 104 – T. Narbutas, *Dzieje starożytne narodu litewskiego*, II, p. 410). P. Klimas rašo, kad taip buvę užrašyta ant Romos pinigų, o T. Narbutas – ant medalių (Vaillant, *Numismat. Imper. Roman.*, II, p. 337). Čia minimi vandalai, finai, galindai ir venedai prie šiaurinių Romos imperijos sienų galėjo pasirodyti bėgdami nuo gotų invazijos. Mes žinome, kad ostgotų karalius Germanarikas IV a. savo valdžiai buvo pajungęs aisčių gentis, taigi šios kovos turėjo vykti ir seniau.

Nelaimei, iki šiol neteko aptikti nei mūsų dabartinių mokslininkų šio fakto paneigimo, nei patvirtinimo. Lengviausia pasakyti, kad iki mūsų laikų mokslininkai rašė fantazijas. Tada nereikia vargti ir raustis bibliotekose!

Be šių galindų, Jordano (V–VI a.) minimus *goltescytha* daugelis mokslininkų sieja su galindais (A. Vanagas, „Galindai", *Mokslas ir gyvenimas*, 1965, 5, p. 28).

Garsusis baltų kalbų tyrinėtojas V. Toporovas ne kartą atkreipė dėmesį į pavardžių, prasidedančių *galind-* ir siejamų su mūsų galindais, paplitimą Pirėnų pusiasalyje ir Lotynų Amerikoje, kurias galindai po Romos nukariavimo galėjo nusinešti į ispaniškai ir portugališkai kalbančias šalis. Tą patį rašė Č. Šeduikis laiške *Mokslui ir gyvenimui* (1965, 5, p. 28). Prie šių galindų reikėtų priskirti ir IX a. tarp vestgotų įpėdinių Ispanijoje pasirodžiusį vardą Galindo (J. Žilinskas, *Lietuvių protėviai*, Kaunas, 1937, p. 77).

Apie baltų genčių (be abejo, ir galindų) išvykimą į pietus liudija daugybė apie IV a. apleistų baltų piliakalnių (P. Kulikauskas, „Paveisininkų piliakalnis", *Istorija*, 11, Vilnius, 1970, p. 245). IX a. bavarų geografo minimi Golensizi taip pat kalba apie piečiau nuo prūsų teritorijos gyvenusius galindus (A. Vanagas, „Galindai", *Mokslas ir gyvenimas*, 1965, 5, p. 29).

Toliausiai į rytus nuo Lietuvos aptiktos galindų gentys greičiausiai gyveno prie Maskvos. Vardu *goliadj* jos minimos prie Protvos upės. Plačiau čia apie tai nerašysime, nes apie šiuos galindus prie Maskvos užsimenama daugelyje rusų metraščių, juos mini vėlesni autoriai. Su galindais reikšme „galiniais" gali būti siejami ir Julijaus Cezario laikais dabartinės Prancūzijos teritorijoje gyvenę galai, keltų gentys helvetai Šveicarijoje ir net iš galų kilę galatai Mažojoje Azijoje, kuriems laiškus rašė pirmieji krikščionybės skleidėjai Mažojoje Azijoje. Vis dėlto pastaruoju metu galima spėti, kad galindų vardas turi būti siejamas su žodžiu *galia*, bet ne *kraštas, pakraštys*. Taigi galindų genčių paplitimas ir jų vardo kilmė iki galo nėra aiškūs, tačiau tyrinėjimams medžiagos netrūksta.

O ką apie galindus rašo mūsų oficialusis istorijos mokslas, kurio glaustą santrauką geriausiai galėtų atspindėti enciklopedija? Įdomumo dėlei pradėkime nuo *Lietuviškosios tarybinės enciklopedijos*. Čia galindai skirstomi į vakarų (Prūsijos) ir rytų (Pamaskvio – Gagarino ir Možaisko apylinkių) galindus. Paminėta, kad vakarų galindai dėl kovų su Mozūrais buvo priversti išsikelti į jotvingių ir sembų žemes, o jų žemė buvo virtusi dykra. Pažymėta ir šiame straipsnyje aprašyta II a. Ptolemajo citata. Kiek plačiau, bet panašiai galindus aprašo ir naujausia VLE.

Tai, kad galindai paminėti Lietuvos enciklopedijose greta sūduvių net II a., yra laiminga išimtis, tačiau, gink Dieve, nebandoma eiti į tolesnes teritorijas ir aiškintis apie galindų dalyvavimą Romos imperijos nukariavime bei jų klajones. Liūdna palyginti, tačiau rašydami apie baltų gentis ir seniausią mūsų šalies istoriją, Lietuvos mokslininkai dažniausiai siekia tik pirmuosius Lietuvos kunigaikščius ir apsiriboja baltų arba dar blogiau – dabartine Lietuvos teritorija, tad Romos imperijos arba dar senesniais laikais milžiniškoje „barbarų" genčių Europoje dabartinė Lietuvos teritorija galėtų būti palyginta su vienu kaimu ir jo apylinkėmis. Tai tas pats, jei Lietuvos istoriją bandytume parašyti remdamiesi žiniomis, surinktomis viename iš Lietuvos kaimų.

Deja, šių trūkumų daugiau galima įžvelgti Lietuvos mokslininkų darbuose. Kas kita – platesnis užsienio tyrinėtojų požiūris į mūsų istoriją. Norėtume čia paminėti tokius vardus kaip Česlovas Gedgaudas, Jūratė Statkutė de Rosales, Aleksandras Račkus ir daugelį kitų. Prie jų reikėtų priskirti ir mūsų atgimimo patriarchą Joną Basanavičių, kuris, daugelį metų gyvenęs Balkanuose ir įsigilinęs į seniausią šio krašto istoriją, labai praplėtė žinias apie mūsų protėvius seniausiais laikais ir laiko, ir teritorijos atžvilgiu. Jo dėka kur kas aiškesni pasidarė ir lietuvių kalbos bei sanskrito ryšiai su senąja indoeuropiečių prokalbe, nes mūsų dabartinis mokslas net nebando išsiaiškinti, kokiais geografiniais keliais lietuvių kalba iš gyvųjų kalbų tapo artimiausia indoeuropiečių prokalbei. Galima pagalvoti, kad tas kalbų panašumas atsirado „iš dangaus", nors visi žino, kad Europos tautos įvairiausiomis kalbomis yra aprašytos jau ne mažiau kaip 3 tūkstančius metų. Reikia tik išskirti, kurios gentys yra mūsų protėviai arba kaip jos su mumis susijusios. Kartais susidaro įspūdis, kad tuos ryšius vengiama išsiaiškinti tiesiog piktavališkai, stengiamasi tą dariusių autorių mintis apšaukti mitais, neturinčiais nieko bendro su tikrove.

Reikia tikėtis, kad tokia padėtis mūsų moksle ilgai nesitęs: bus išversti ir paskelbti tokie svarbus moksliniai darbai kaip J. Statkutės de Rosales naujausia knyga *Gotai ir baltai*, kurios, beje, jau išėjo keli leidimai anglų ir ispanų kalba, o šiuo metu verčiama į kitas kalbas. Galbūt J. Rosales knygą pasiskaitęs vienas ispanas, atėjęs į Lietuvos valdovų rūmų paviljoną, pasakojo, kad jis Ispanijoje kuriąs lietuvių muziejų, nes ispanai esą didele dalimi yra kilę iš lietuvių (J. Rosales rašo, kad ispanų kalbai susiformuoti iš lotynų kalbos didelę įtaką turėjo gotų po Romos imperijos nukariavimo atnešta į Pirėnų pusiasalį lietuvių kalba). Deja, „Vagos" leidykla, pažadėjusi siūlyti knygą *Gotai ir baltai* išleisti pagal Lietuvos vardo tūkstantmečio programą, vėliau šio sumanymo atsisakė. Tikėkimės, kad klaida bus ištaisyta.

Lietuvos aidas, 2006 09 02

Neįminta mįslė: getai ar arijai?

Kadangi Vytautas Didysis ir prūsai jotvingius vadino getais (šių eilučių autoriaus nuomone, jotvingių pavadinimas klaidingai į lietuvių kalbą perimtas iš getų vardo varianto *jatviahie*), ir visi moksliniukai jotvingius laiko baltų gentimi, tai šį straipsnį visai pagrįstai galiu įtraukti į savo straipsnių ciklą *Baltų gentys istorijos šviesoje*. O jeigu pripažinsime, kad iš getų – arijų (indoeuropiečių) kilusių žmonių skaičius žemėje šiuo metu gerokai peršoka 1,5 milijardo ribą, tai mūsų jotvingių gentis tampa šios indoeuropiečių protėvynės dalimi, šiaurės vakariniu jos pakraščiu, o mes – lietuviai, – ypač sūduviai, taip pat kai kuriuo metu buvome laikomi Getijos dalimi: Žemaitija buvo vadinama Samogitija, kartais Samogetija, t. y. Žemąja Getija.

XX a. viduryje indoeuropiečius buvo priimta kildinti iš arijų. Dabar mums tenka nustatyti, kiek prieš 3–4 tūkstančius metų indoeuropiečių protėvių buvo vadinti getais ir kiek arijais. Ar vienu metu buvo paplitęs vienas, o kitu metu kitas pavadinimas, ar abu pavadinimai buvo vartojami vienu metu?

Kaip jau teko ne kartą rašyti, ypač remiantis J. Basanavičiumi, savo šaknimis getai siekia Mažosios Azijos hetitus, *Biblijoje* minimus chetus Izraelyje ir net khetus (khatus), kovojusius senovės Egipte ir Asirijoje Babilone (R. Matulis, „Kas buvo mūsų protėviai: baltai, aisčiai, getai ar geruliai?", *Lietuvos aidas*, 2003 05 30; „Dvasios milžinas Prokopijus iš Cezarėjos apie gotus ir gerulius", LA, 2003 11 04; „Lietuvių tautos kilmės teorijų sąvadas", LA, 2003 12 03; *Lietuvių tautos kilmė*, Vilnius, 1990).

Kas mums leidžia susieti į vieną vienetą hetus (hetitus) ir getus? Čia mums gali pasitarnauti romėno Julijaus Solinio minimi *Hettios* prie Vakarų okeano (*Oceanus occidentalis*) (J. Solini, Polyhistor., Pomponius Mela, *De situ orbis*, Lugd. Bataworum, 1646, p. 476-477) bei kito romėno K. Tacito minimi *chatai* už Hercinijos girios. Kadangi šios teritorijos priskiriamos getų paplitimo zonai, tai čia minimi *hettios* ir *chatai* greičiausiai yra vienos kilmės su getais toje pačioje Mažojoje Azijoje ir šiauriniame Pajuodjūryje. Apie konkretų hetitų ir Lietuvos getų ryšį mums kalba ir Lietuvoje rastos hetitų statulėlės. V. Šafranskis Šernuose prie Klaipėdos aptiktą statulėlę laiko hetitų dievo Tešubo atvaizdu (W. Szafranski, *Religija Baltow. Zarys dziejow religini*, Varšuva, 1968, p. 653).

Ne visai be pagrindo Č. Gedgaudas savo knygoje *Praeities beieškant* (p. 29-31) sudarė Getų imperijos žemėlapius. Tokios Varumonių rikio valdomos getų imperijos sienas 372 m. jis brėžia nuo Dunojaus iki Lietuvos, įtraukdamas visą Vytauto laikų Lietuvą.

Neišvengiamai tenka grįžti prie istorijos tėvo Herodoto iš Halikarnaso V a. pr. Kr. paskelbtos žinios, kad trakai (kurie apėmė ir getus) yra pati gausiausia tauta žemėje po indų. Herodoto nuomone, jeigu jie būtų valdomi vieno asmens ir galėtų tarpusavyje susitarti, būtų nenugalima, stipriausia tauta žemėje. Turime papildyti Herodotą, kad šiuo metu ir indai priskiriami tiems patiems indoeuropiečiams kaip ir getai-trakai. Galbūt čia galima padaryti takoskyrą: indai yra arijai, o getai – indoeuropiečių šaka Europoje.

Papildydami J. Basanavičių ir daugybę kitų autorių, pasistenkime išvardyti pagrindines getų tautos šakas beveik visoje Europoje nuo seniausių laikų: *gitonai, gotai, gudai, geatai, heathobardai, masagetai, sargetai, tyrsagetai, gedhilai, hedujai, ilergetai, getulai, getviai, jotvingiai* ir kt. Be abejo, toks vieningas getų paplitimas Europoje seniausiais laikais gali būti siejamas tik su šiuo metu priimtu indoeuropiečių (Vokietijoje – *indogermanų*) terminu. Tačiau toks dirbtinis etnoso pavadinimas negali likti amžinai. Mūsų uždavinys yra išsiaiškinti, kaip ši didžiausia tauta žemėje iš tikrųjų vadinosi prieš 3 ar 4 tūkstančius metų, tada bus lengviau suprasti mūsų 250 metų trukusį karą su kryžiuočiais (tai vienas ilgiausių karų pasaulio istorijoje), kurio tikslas galėjo būti išsaugoti paskutinę getų civilizacijos salą Europoje.

Kadangi apie getų ir indoeuropiečių tapatybę jau esu daug kartų ir plačiai rašęs, šiame straipsnyje didesnį dėmesį skirsiu arijams.

Dažnai mūsų minimas romėnas Pomponijus Mela lotynų kalba įdomiai apie I a. rašė apie arijus ir arabus Vakarų Azijoje: „Spectant et septentrionem Scythae, ac littus Scythicum (nisi unde frigoribus arcentur) usque ad Caspium sinum possident. Inde proxima est Ariane, deinde Aria, et Gedrosis, et Persis ad sinum Persicum. Hunc populi Persarum ambiunt, illum alterum Arabes" (Pomponius Mela, *De situ orbis*, Lugd. Batavorum, 1646, p. 8 – VU Lelevelio fondas). Arianą ir arijus čia galime sieti su Persija, Mažąja Azija ir jau netoli nuo jų aptinkame gyvenančius arabus. Herodotas savo VII knygos 62 skyriuje rašo, kad senovėje midus visi vadino arijais ir tik tada, kai pas arijus atvyko kolchidietė Medėja, jie pakeitę savo pavadinimą. Apie tai, anot

Herodoto, pasakoję patys midai (viena iš Persijos tautų – *R. M.*). Kitur Herodotas rašo, kad arijų lankai buvo midiečių, o visas kitas apsiginklavimas kaip Baktrijoje (šalis Vidurinėje Azijoje). Tarp Herodoto minimų Persijos valdovų galime aptikti Darijaus sūnaus Ariabigneso bei perso Arioramneso vardus.

Be abejo, su arijais labai glaudžiai susijusi indoeuropiečių armėnų tauta, kurios net dvi pirmosios vardo raidės apie tai pasako, o šventojo armėnų kalno Ararato pavadinime dvigarsis *ar* pakartotas net du kartus. Ką kalbėti apie Armėnijos upę Araksą, kuri kaip ir Araratas po turkų įvykdytų didžiųjų armėnų skerdynių atsirado Turkijos teritorijoje ir Armėnijos pasienyje.

Žodžio galas -*arii* būdavo pridedamas ir prie kai kurių baltų genčių pavadinimų: prie aisčių – *aestuarii*, taip pat *vidivarii*, o 700 m. anglosaksų autorius Beda prūsus vadina *boructuarii*: „Fresones, Rugini, Danai, Hunni, Antiqui Saxones, Boructuarii (prūsai, borusai (?) – *R. M.*) (J. Osięglowski, *Wyspa słowiańskich bogów*, Varšuva, 1971, p. 45). Neaišku, ar čia ta dalis -*arii* yra priesaga, ar susijusi su arijais, kaip dažnai esti dvigubo etnoso pavadinimuose. Dar prie arijų kilmės pavadinimų, matyt, reikėtų priskirti Irano, Irako, o galbūt net ir Airijos vardus.

Tačiau nesiplėsdami pabandykime nustatyti arijų vardo kilmę. Daugelis autorių juos kildina iš persų kalbos žodžio *ariya*, sanskrito *arya*, reiškiančių: kilmingas, garbingas. Kiti sieja su lotynų kalbos žodžiu *aries* – avinas. Kaip žinome, raguočiai buvo laikomi šventais aukojamaisiais gyvūnais. Vis dėlto pirmoji reikšmė labiau tikėtina, nes lotynų kalba šiuo kontekstu per vėlyva.

Viską susumavę, prieiname prie tokios išvados: arijai ir getai buvo tos pačios senosios indoeuropiečių tautos dvi dalys, kurias galime laikyti tiesiog tarmėmis. Arijai buvo išplitę nuo Armėnijos per Iraną, Vidurinę Aziją iki Indijos, o getai, prieš 4–3 tūkstančius metų apgyvendinę teritoriją aplink Juodąją jūrą (išskyrus Kaukazą) – didesnę Mažosios Azijos, Balkanų ir Pietų Ukrainos dalį, pamažu išplito beveik visoje Europoje. Getų-indoeuropiečių neapgyvendintos liko tik teritorijos Europos žemyno pakraščiuose, kur įsikūrė baskai Pirėnų pusiasalyje, ugrosuomiai šiaurės ir rytų Europoje bei Vengrijoje, tiurkų gentys Rytų Europoje ir Kaukaze, gruzinai.

Žinoma, ši schema yra sąlygiška. Seniausiais laikais tautos negyveno tokiose griežtai apibrėžtose teritorijose kaip dabartinėse mūsų valstybėse. Tai labiau tinka ne getams, bet arijams: arijų teritorija labiau neapibrėžta negu getų. Vien praėjusiame šių eilučių autoriaus straipsnyje „Skitų, sarmatų ir alanų indėlis į Lietuvos istoriją" (*Lietuvos aidas*, 2006 08 19) visos trys čia minimos gentys buvo kilusios iš Persijos (Irano), taigi turėjo būti artimesnės arijams negu getams, nors buvo giliai įsiterpusios į europinę Getiją.

Šio straipsnio tikslas buvo įrodyti, kad getais, kaip ir arijais, buvo vadinami indoeuropiečiai, o mūsų jotvingiai-getai yra indoeuropiečių protėvynės dalis.

Lietuvos aidas, 2006 08 26

Skitų, sarmatų ir alanų indėlis į Lietuvos istoriją

Mokslininkai nesiginčija, kad skitai, sarmatai ir alanai yra iranėnai, kilę iš senovės Persijos tautų ar tarmių. Artimiausi jų palikuonys Europoje yra osetinai. Savo šaknimis, šių eilučių autoriaus nuomone, su jais gali būti susiję ir prūsų gentis bartai, kurių pavadinimas dėsningai kilo iš *partų*, vienos iš Persijos tautų (*Lietuvos aidas*, 2006 07 15). Europoje gentys chronologiškai pasiskirsčiusios pagal šio straipsnio pavadinimą: skitai – I tūkstantmetyje prieš Kristų, sarmatai ir alanai – V a. pr. Kr.–1 tūkstantmetyje po Kr.

Suteikime žodį istorijos tėvui Herodotui iš Halikarnaso (V a. pr Kr.): „Skitai atėjo iš Azijos ir išstūmė iš Europos kimerus". Čia turime pridurti, kad kimerai kitaip dar yra vadinami kimbrais, kimrais, ir iš jų Vakarų Europoje susiformavo keltų gentys. Šis skitų atėjimas į Europą turėjo įvykti maždaug prieš 3 tūkstančius metų. Dar Herodotas rašo, kad jo laikais skitai gyveno nuo Istro upės (Dunojaus) pagal Juodąją jūrą iki Tanaiso (Dono) ir Meotijos ežero (Azovo jūros). Toliau Herodoto laikais jau gyveno skitų giminės sarmatai.

Kai kurie istoriniai šaltiniai apie skitų paplitimą tikrai stebina. Adomas Brėmenietis (XI a.) Baltiją vadina Skitų jūra, o Gvaninio kronikoje prie Europinės Skitijos priskiriama Lietuva, Rusija, Valachija (Rumunija), totoriai; prie Azijinės Skitijos – tauroskitai, agatiršai, Azijos masagetai ir kt. (*Guagninus...* 1768, p. 581-582). Matysime, kad Skitijos ir Sarmatijos teritorijos apibrėžimas kronikose yra labai neaiškus ir tikrai perdėtas.

Apie skitų įsiveržimą į Europą iki pat mūsų protėvių teritorijos daug faktų surinko A. Raulinaitis: „Skitų invazijos kelias į vidurinę Europą per Sileziją, Moraviją ir Bohemiją dar ir dabar aiškiai susekamas. Jis pažymėtas sunaikintais lužitėnų kultūros paminklais, jų sugriautomis pilimis ir daugeliu skitiškų kapų (pagal F. Dvornik, *The Slavs*, 1956). Net ir rytinėje Lenkijoje randama seniausių skitų radinių iš VII a. pr. Kr. (M. Ebert, *Reallexicon der Vorgeschichte*, 1928). 550-400 m. pr. Kr. skitai buvo net pasiekę Vyslos žemupį, taigi galėjo susidurti ir su aisčiais" (A. Raulinaitis, „Aisčiai karinės istorijos šviesoje", *Karys*, 1962, p. 50).

Keista, kad nors ir kaip seniai skitai galėjo gyventi estijų (aisčių) žemėse, Prūsijoje 25 km į pietryčius nuo Christburgo yra išlikęs kaimo pavadinimas Skitlaukiai (1912). Tačiau iš visų čia minėtų iranėnų genčių labiausiai išplitę buvo sarmatai: ilgą laiką visa Rytų Europa buvo vadinama Sarmatija ir Sarmatijai dažnai buvo priskiriamos visos baltų žemės. Tačiau tai nereiškia, kad mūsų protėviai dabartinėse baltų žemėse kalbėjo sarmatų, t. y. iranėnų kalba. Tai tiesiog buvo mados dalykas.

Jau mūsų dažnai minimas Herodotas V a. pr. Kr. rašė, kad skitai (prieš tapdami sarmatais) susituokę su amazonėmis ir tris dienas ėję į rytus nuo Dono, „kur ir dabar gyvena [...] Sarmatų kalba skitiška, bet negryna jau iš senovės, kadangi amazonės nebuvo gerai jos išmokusios (Herodotas, *Žmonės ir žygiai*, Vilnius, 1974, p. 108). Herodoto raštuose sarmatai dar užima tik nežymų plotą už Dono, o kiek vėliau jų plotas išsiplečia iki ugrosuomių genčių šiaurėje. A. Raulinaitis cituoja Oukšotą: „Sarmatai skyrėsi nuo skitų ypač tuo, kad masiškai naudojo balno kilpas ir jojo sunkesniais arkliais. Naudojamos kilpos leido jiems dėvėti šarvus ir kovoti sunkiais ginklais. Tokiu būdu [...] jie nugalėjo, užkariavo, dalinai išstūmė skitus ir užėmė jų kraštą" (R. E. Oakeshott, *The Archeology of Weapons*, 1960). Toliau A. Raulinaitis rašo: „Bendra politinė sarmatų organizacija buvo dar palaidesnė už skitų. Jie migravo atskiromis kiltimis. Kultūriškai, kaip ir skitai, jie tuoj pateko graikų kolonijų Juodosios jūros pakraščiuose įtakon" (A. Raulinaitis, „Aisčiai karinės istorijos šviesoje", *Karys*, 1962, p. 56-60).

Kaip tik II–IV a. archeologai pastebi pasikeitimų štrichuotos keramikos Dniepro-Dauguvos kultūroje (t. y. rytinių baltų žemėse) bei Adamenkos gyvenvietės ir Počepskajos kultūroje. Paplinta lygiašonė keramika, senoji keramika keičiasi. Atsiranda pietietiškas pusiau žeminių pastatų tipas, užplūsta nauja mirusiųjų deginimo banga (A.G. Mitrofanov, „Archeol. pamiatniki sev.-zap. Belorussii I tysiačel. n. e.", *Problemy etnič. istorii. baltov*, Ryga, 1977, p. 36–37). Matyt, visus šiuos reiškinius tiesiogiai ar netiesiogiai reikia sieti su sarmatų slinkimu.

Netrukus po Kristaus romėnas Pomponijus Mela Sarmatiją jau žymi prie Baltijos jūros ir Istro upės (tai gali būti ne tik Dunojus, bet ir Prūsijos upė Įstras) greta partų (bartų (?) – *R. M.*). Sarmatai neturėję miestų, nuolatinių sodybų, buvę karingi ir šiurkštūs kaip germanai (P. Mela, *De situ orbis*, Lugduni Batavorum, 1646, p. 118). Kaip matome, Mela kalba apie teritoriją, esančią netoli Prūsijos.

Kitas romėnas Kornelijus Tacitas sarmatams, gyvenantiems ant ratų ir arklio, priešina *venetus* ir *peukinus-bastarnus*, kurie vaikščioja pėsčiomis (Tacitas K., „Germanija", *Raštai*, Vilnius, 1972, p. 31). Beje, šių eilučių autoriaus nuomone, bastarnus lietuviškai galima būtų perskaityti „basi tarnai", o peukinai bene bus kilę nuo žodžio „paikas".

Matyt, sarmatai klajokliai Kristaus laikais jau buvo plačiai užplūdę Pavyslį ir galbūt turėjo įtakos tam, kad bartai ar langobardai pajudėtų link Romos imperijos. Vienoje pirmųjų lenkų kronikų, parašytoje Anonimo Galo, sakoma, kad sarmatai tada jau vadino save getais (A. Galla. *Kronika Polska*, Varšuva, 1968, p. 10), vadinasi, į juos įsiliejo arba prisiminė savo getiškąindoeuropietišką kilmę.

Motiejus Strijkovskis prie sarmatų priskiria gotus, visigotus, vandalus ir alanus (pastarieji tikrai buvo sarmatų giminaičiai – *R. M.*). Gvaninis savo kronikos pradžioje bando išvesti tikslesnes Sarmatijos ribas: Tanais (Donas), Meotijos ežeras (Azovo jūra), Karpatų kalnai ir Vyslos bei Oderio upės. Jis sarmatus (senesnė forma – *sauromatai*) kildina iš graikų žodžių *sauros* – driežas ir *oma* – akis, t. y. „žmonės driežų akimis". Lietuviams įtartinas sarmatų vardo panašumas į lietuvių kalbos žodį *sarmata* arba *siaurai mato*, t. y. siauraakiai, atėję iš rytų.

Kol kas sarmatų vardo etimologijos klausimas tebėra neaiškus. Tiktai aišku, kad jie negalėjo neužkabinti baltų žemių.

Tačiau iš visų iranėnų genčių su Lietuva labiausiai susiję turėjo būti alanai. Pirmiausia dėl to, kad, anot Erazmo Stelos, Prūsijos įkūrėjo Vaidevučio žmonos alanės sūnus valdęs Lietuvą. Vaidevučio sūnų rėmę alanai, o borusai (prūsai) jo nekentę. Po ilgų mūšių alanės sūnus turėjęs nusileisti ir su visais alanais išsikelti į protėvių žemę (J. Jurginis, *Legendos apie lietuvių kilmę*, Vilnius, 1971, p. 69, 71).

Lietuvos valstybės, kaip ją dabar suprantame, VI a. dar nebuvo, todėl neaiškios jos ribos. Matyt, Prūsijos vyskupas Kristijonas, metus išbuvęs prūsų nelaisvėje, turėjo laiko susipažinti su mums nežinomais istoriniais dokumentais ir nustatė sąlygiškas Vaidevučio ir jo sūnų valdytų žemių ribas. O išsikėlę alanai patraukė į pietus, kur dabar išliko osetinų vardu. Kai kurie autoriai žodį *alanai* kildina iš lietuvių kalbos žodžio *uoliniai*, t. y. kalnų gyventojai, o dalis senųjų kronikininkų alanus klaidingai laiko lietuvių protėviais.

T. Narbutas, remdamasis De Guines veikalu *Histoire des Huns*, I, rašo, kad alanai į Europą atslinko paskui sarmatus. Tai skitų kalniečių gentis, jos vardas kilęs nuo žodžio *alin* – kalnas. 557 m. pr. Kr. alanai įsikūrę Pajuodjūryje, tarp Dniepro ir Dono (Stritter, *Memoriae populorum*, I, p. 644). Vėliau jie slinkę palei Doną į gelonų, budinų, antropofagų, agatiršų, melanchlenų („juodasermėgių") ir neurų žemes (T. Narbutt, *Dzieje narodu litewskiego*, II, 1837, p. 57), čia jie turėjo įsiskverbti į rytinių bei pietinių baltų teritoriją.

Romėnas Julijus Solinis Europą labai taikliai apibrėžė: „Rytuose yra Alanija, viduryje Dakija ir Gotija, toliau Germanija, kurios didelę dalį sudaro svebai (J. Solini, Pomponius Mela, *De situ orbis, Polyhistor.*, Lugd. Batavorm, 1646, p. 508). Pomponijus Mela I a. alanus ir alanorsus žymi tarp hiperborėjų. Prisiminkime ir graiko Ptolemajo citatą: „Iš mažesnių tautų Sarmatijoje gyvena: prie Vyslos upės už venetų – gitonai (tai apytikriai atitinka lietuvius

– R. M.), taip pat finai, taip pat sulonai [...] Į rytus nuo paminėtųjų, už venetų, yra galindai ir sudinai, ir stavanai ligi alanų; už jų igilionai".
Viena alanų šaka kartu su vandalais dalyvavo Romos nukariavime. V a. jie užėmė Luzitanijos ir Kartaginos provincijas, o vandalai – Ispanijos Galisiją. Katalonijos vardas kilo iš Gotalanijos (gotai + alanai).
Kita alanų šaka pasiekusi ir prūsus. Anot Amiano Marcelino (IV a.), jie gyvenę už arimpėjų, greta masagetų ir sargetų (J. Jurginis, *Legendos apie lietuvių kilmę*, Vilnius, 1971, p. 69), taigi tiksliai mūsų aisčių (estijų) getų žemėse. Remdamasis tuo pačiu Amianu Marcelinu, T. Narbutas šiuos alanus įkurdino tarp Vyslos ir Nemuno. Tokios yra svarbiausios žinios apie persų kilmės genčių susidūrimą su Lietuva.

Lietuvos aidas, 2006 08 19

Mezija prie Dunojaus ir Lietuva

Nesiryžau šio straipsnio įtraukti į savo ciklą „Baltų gentys istorijos šviesoje", nes tik dalis mezų tautos įsiliejo į baltų gentis ir pagal kilmę jie greičiausiai tėra tik gana arti baltų genčių ištakų. Viena aišku, kad III–IV a. dakams ir trakams stumiant romėnus iš Balkanų, šiame kare dalyvavo ir mūsų protėviai, o visiškai iš šios teritorijos išstūmus romėnus, Romos imperatorius į šiaurę nuo Dunojaus įkūrė naują Mezijos (*Maesia*) provinciją, kuri ir bus gana artimai susijusi su dabartinėje Lietuvos teritorijoje gyvenusiomis gentimis (prisiminkime Dunojų lietuvių liaudies dainose).

Antikos mitologija su Mizijos olimpu sieja Artemidę. Matyt, mezų giminių iki šiol yra išlikusių dabartinėje Gruzijoje. Tai musulmonai meschai, kuriuos Stalinas buvo ištrėmęs į Aziją, dalis iš jų per didelius vargus sugrįžo į tėvynę bei pasklido Rusijos platybėse. Moschus greta georgų (gruzinų (?)) I a. jau mini romėnas Pomponijus Mela (P. Mela, *De situ orbis*, Lugduni Batavorum, 1646, p. 89). Antikos mitologija juos tapatina su tauta kitu pavadinimu – brigais. Moschai, kitaip dar muškai, 2 tūkstantmetyje prieš Kristų užėmė vakarinę Trakiją, vėliau vadintą Makedonija; apie 1200 m. pr. Kr. jie perėjo Helespontą (Marmuro jūrą) ir sutriuškino hetitus Mažojoje Azijoje (R. Graves, *The Greek myths*, I, Eilsberis, 1975, p. 281, 283). Iš moschų vardo, pridėjus baltišką priesaga -*ava*, greičiausiai kilo Maskvos pavadinimas. Balkanų mezai (*Moesiae*) apie V a. minimi prie Dakijos (*Marcelini Comitis Chronicon*, „Lutetiae parisiorum", MDCXIX, p. 41). Dėl Balkanų Mezijos daug kovojo gotų karalius Teodorikas (ten pat, p. 43). Tas pats Teodorikas, kuris nužudė mūsų (gerulių) ir skirių (prūsų (?)) karalių Odoakrą ir iš aisčių gavo daug gintaro dovanų.

Tarp pietų Europos genčių mezai (*maesi*) vėliau minimi greta raskų (rusų protėvių (?)): „circassi (čerkesai – R. M.) etiam Quinquemontani ad Pontum habitantes, Rasciani, Maesii, Serviani (serbai – R. M.), Bulgari, Bosnenses in Illyrica, Dalmatiae, Istri, Carniolani ac denique Carinthii utuntur" (Ioachimi Pastorii, Florus Polonicus, *Lugd. Batavorum*, 1641, įžanga).

Įdomu, kad žemaičiai greta pavadinimo *Samogitia* dar vadinami ir masagetais. XV a. Enėjus Silvijus, keliavęs po Lietuvą ir vėliau tapęs popiežiumi Pijumi II, rašė: „Redeunti ex Livonia in Germaniam per littus Balthei maris post Masagetas Prutheni sese obliciunt, qui ripas utrasque Wiscele amnis accolunt" (*Scriptores Rerum Prussicarum*, IV, 2311), t. y. masagetai gyvenę tarp Prūsijos ir Livonijos (kiti masagetai seniausiuose žemėlapiuose žymimi net prie Kaspijos jūros).

Istorijos lietuvių kalba pradininkas Simonas Daukantas labai taikliai pastebėjo, kad žemaičių miestelio Mosėdžio vardas kilo iš masių genties (Daukantas S., *Raštai*, I, Vilnius, 1976, p. 420-421). Jis turbūt buvo vadinamas *Masių* arba *Mosių sėda*, t. y. sodyba.

Mozūrijos (plg. Baltarusijos miesto *Mozyrj* vardą) ir Mazovijos genčių pavadinimai yra tos pačios kilmės. Taip pat ir prūsų žemės Pomezanijos vardas gali reikšti ne tik Pamedė (pagirys), bet ir „prie Mezijos". Iš masių kilusį vietovardį turime ir netoli Vilniaus – tai Maišiagala („Masių tvirtovė") su garsiuoju piliakalniu, kryžiuočių karo kelių aprašymuose vadinta *Maysegal*, *Meysegallen*, *Maysegayl*, *Meisegal*, kitur *Meisegaln*, *Meischengallen* ir pan.

J. Basanavičius surašė kelias dešimtis spėjamų mezų kilmės asmenvardžių: *Mase, Masio, Missino, Masionis, Masiulis, Masilionis, Mysiūnas, Mysiu-*

lis (pridėkime: *Misius, Mackus, Mockus, Mickevičius, Mackevičius – R. M.*) ir vietovardžių: *Missendorf, Misshof, Masiukai, Mysiškiai, Mysviečiai* ir kt. Grįžtant prie Dunojaus Mezijos, tenka pripažinti daugybę faktų, kurie liudija apie artimus mūsų tautų ryšius: pirmiausia žinia apie ostgotų karaliaus Germanariko IV a. pabaigoje taikiai pajungtas valdyti aisčių gentis; gerulių karai Balkanuose III–IV a.; gerulių pasitraukimas į šiaurę V a. pabaigoje po pralaimėto mūšio su langobardais ir susipykus su ostgotų valdžia Italijoje ir Bizantijos imperatorium Justinianu. Be abejo, judėjimas vyko į abi puses: kartais baltai (geruliai) patraukdavo Romos link, o kartais ieškodavo prieglobsčio vėl šiaurėje. Ne išimtis čia buvo ir garsioji mezų tauta.

Lietuvos aidas, 2006 08 12

Sūduviai ir getai

Apžvelgę daugelį baltų (getų) genčių, turime pripažinti, kad jų šaknys dažnai siekia Juodosios jūros baseiną su Dunojumi, Mažąją Aziją, Persiją ir beveik visus Artimuosius Rytus. Tačiau savo dabartinėse baltų etninėse žemėse jų vardai dažniausiai nuo šios dienos tesiekia tūkstantį, daugiausiai pusantro tūkstančio metų. Vienintelė nuo Romos laikų iki šios dienos išlikusi savo etninėse žemėse lietuvių bendruomenė yra sūduviai (kartu su jais paminėtų galindų pavardės išliko tik ispaniškai ir portugališkai kalbančiose teritorijose Iberų pusiasalyje ir Lotynų Amerikoje, kur jų palikuonis nubloškė senovės Romos karai ir gotų persikėlimas į Ispaniją).

I a. po Kristaus sūduvius greta galindų mini garsusis romėnas Kornelijus Tacitas (*Lietuvos istorijos šaltiniai*, I, Vilnius, 1955, p. 19), o tame pačiame *Istorijos šaltinių* puslapyje cituojamas graikas Ptolemajas II a. rašė: „Iš mažesnių tautų Sarmatijoje gyvena: prie Vislos upės už venetų – gitonai, taip pat finai, taip pat sulonai. [...] Į rytus nuo paminėtųjų už venetų yra galindai ir sudinai, ir stavanai ligi alanų; už jų – igilionai". Šioje citatoje venetai yra artimiausi lenkų giminaičiai – slavai; gitonai – lietuviai (Samogitija reiškia „žemieji gitonai, gitai", plg. Vytauto Didžiojo titulą jo antspaudo įraše – *gitų valdovas*), finai – ugrosuomių lybių, estų ir suomių gentys; sulonai – sėliai; galindai – prūsų gentis; išnaikinta kryžiuočių ir anksčiau vykusių tarpgentinių karų bei jų dalis, išvykusi į karą su Romos imperija; sudinai – sūduviai, stavanai (?); alanai – persų kilmės skitų, sarmatų palikuonys, išlikę dabartinėje Osetijoje, o galbūt ir bartų (partų) genties pavadinime Prūsijoje; igilionai – kilę iš gelonų, t. y. helenų išeivių.

Netrukus po Kristaus Pomponijus Mela sūduvius, vardu Sudeni, žymi į šiaurę nuo Dunojaus, maždaug dabartinėje Transilvanijoje, į vakarus nuo Karpatų kalnų, prie kvadų genties. Į šiaurę nuo jų, t. y. į vakarus nuo Vyslos ištakų, pažymėta gentis *Kuriones*, kurią turėtume sieti su kuršiais (Pomponii Melae, *Philosophi...*, Basileae, 1564, p. 75). Iš tokių citatų iš karto kyla mintis, kad čia kažkam „nesuėjo" geografijos žinios. Tačiau turime nepamiršti, kad romėnų žinios apie to laiko barbarų kraštus buvo labai miglotos. Dažniausiai jas sudarė įvairių pirklių ir keliautojų trumpi pasakojimai. Taigi kiek tiesos šioje „geografijoje", sunku nustatyti, tačiau nuo čia paminėtų sūduvių ar jų giminaičių galėjo kilti Sudetų kalnų vardas Čekijoje bei Elbės dešiniojo intako *Sude* pavadinimas (iki Elbės vakaruose geruliai siekė didžiausio išplitimo laikais).

Trūksta žinių apie sūduvius „tautų kraustymosi" laikotarpiu, teks peršokti į kryžiuočių siautėjimo laikus. Jau kalbininkas A. Vanagas straipsnyje „Jotvingiai" (*Mokslas ir gyvenimas*, 1974, 2, p. 19) pastebėjo, kad Vakarų kronikininkai jotvingius vadino sūduviais. Vienas svarbiausių užrašymų, anot jo, yra Voldemaro II valdymo laikų knyga *Liber sensuum Daniae* (1202–1241), kurioje Sūduva vadinama *Zudua*. Turime tam pritarti.

Senovės sūduviai dažnai priskiriami ir prūsams. 1255 m. *Olivos kronikoje* prie žemutinių prūsų priskiriami: *Schalbini* (skalviai – R. M.), *Nadrowini* (nadruviai – „ant Drojos upės" – R. M.) ir *Sudowini* [...] (sūduviai) (*Olivos kronikos* vertimas MA Istorijos institute, 67R, p. 22).

Kronikininkas J. Dlugošas, kurio tėvas dalyvavo Žalgirio mūšyje, rašė, kad 1278 m. prūsai ir barbarai sūduviai, vadovaujami Skomanto, apgulė lenkams priklausiusias Liubavos ir Chelmno pasienio pilis (J. Dlugosz, *Kronikos*, IV, Warszawa, 1974, p. 260–261).

Žiaurių karų su kryžiuočiais laikais daugelis sūduvių, gelbėdami savo gyvybes, turėjo palikti tėvynę: „Sūduvis Luprechtas, sūnus Gedeto (Gedučio (?)), [...] tūkstantį sūduvių nuvedė gyventi į Žemiją (Sembą) (P. Pakarklis, *Kryžiuočių valstybės santvarkos bruožai*, Kaunas, 1948, p. 119). Sembos pusiasalio šiaurės vakarų dalyje, į vakarus nuo Kuršių nerijos ir į šiaurės vakarus nuo Karaliaučiaus, ilgai buvo minimas *Sūduvių kampas*. 1584 m. Filipo Austrijiečio (*Philippo Austriaco*) žemėlapyje (VU Retų spaudinių skyrius, M1507) ant Sembos pusiasalio užrašyta Suda Samaidę – sūduviai-žemaičiai.

Sūduvoje, Sudarge prie Nemuno, yra vienas ženkliausių piliakalnių kompleksų Lietuvoje (net 4 piliakalniai). Nesunku pastebėti, kad Sudargo ir sūduvių pavadinimai yra panašūs, ir pats Sudargas yra ne vienintelis: 1914 m. Pirmojo pasaulinio karo topografiniame žemėlapyje pusiaukelėje tarp Stalupėnų ir Širvintos miestelio Prūsijoje pažymėtas Sudargų kaimas.

Dar įdomesnių duomenų apie sudargus pateikia istorinių veikalų lietuvių kalba pradininkas Simonas Daukantas: „Metuose 377 [...] hunams talkinėjo scirai, sudargai ir heruliai, Dacijoje gyvenantys, kuriuos tos gadynės rašytojai vadina litiani, perkreiptu vardu lietuviai iš lotyniško lituani. Tie visi, pakėlę saviškių valdymierų Edukoną, talkinėjo Balemberui, hunų karaliui, kariaujančiam prieš rymionis, bet ties miestu Florencija būtinai paliko nuo rymionių paveikti" (S. Daukantas, „Pasakojimas apie veikalus...", *Raštai*, II, Vilnius, 1976, p. 26). Ši citata gal tiks pamąstymui kai kuriems istorikams bei besidomintiems Sudargo praeitimi.

Laikas pereiti prie svarbiausios šio straipsnio dalies. Vytautas Didysis 1420 m. rašė: „[...] Sūdų, arba Getų žemė, esanti tarp Lietuvos ir Prūsijos, yra tikra mūsų tėvonija, paveldėta iš mūsų senelių bei prosenelių (*Lietuvos istorijos šaltiniai*, I, Vilnius, 1955, p. 92). Vytautas turbūt mūsų romantikų „fantazijų" apie getus dar nebuvo skaitęs? Beje, jotvingius getais vadino ir prūsai. Taigi jotvingiai (pakitęs *getų-getvių* pavadinimas) ir sūduviai buvo didžiosios getų tautos, iš kurios kilo beveik visi indoeuropiečiai, t. y. ketvirtadalis žemės gyventojų, šiaurės vakarinis pakraštys. Todėl ir mūsų kalba yra artimiausia indoeuropiečių prokalbei.

Negalime čia nepaminėti, kad karo su kryžiuočiais laikais visa Sūduva buvo virtusi dykra ir apaugo mišku. Taigi vėliau iš Lietuvos į šią teritoriją atsikėlę gyventojai jau greičiausiai nebekalbėjo jotvingių arba jiems artima kalba. Lieka tikėtis, kad dalis senųjų gyventojų išliko.

O kas išnaikino garsiąją jotvingių tautą, kurios vyrai sutikdavo mirti vien dėl to, kad juos palikuonys apdainuotų savo dainose? Ši „garbė" tenka lenkams ir kryžiuočiams, kurie 1278–1283 m. jotvingius beveik visus išžudė arba išvarė iš savo žemės, nors dar 1857 m., Rusijos centrinio statistikos komiteto duomenimis, 30927 Gardino srities gyventojai save laikė jotvingiais (pakitusiu getų vardu – *jatviahie*). Naujasis sūduvių pavadinimas *suvalkiečiai* yra kilęs iš caro Rusijos gubernijos Suvalkų miesto ir yra gana vėlyvas.

Pirmiausia šį straipsnį skiriu Zanavykų draugijai, kurios pirmininkas Albinas Vaičiūnas ne kartą manęs prašė parašyti apie sūduvius.

Lietuvos aidas, 2006 07

Neurai, galėję pasiversti vilkais

Pirmaisiais amžiais po Kristaus garsūs romėnai Pomponijus Mela, Julijus Solinis ir kt. apie tolimojoje šiaurėje gyvenusią neurų gentį rašė neįtikėtinus dalykus: jie galėję pasiversti vilkais. Matyt, čia galime įžiūrėti romėnų keliautojų arba pačių neurų pasakojimus apie toteminius šios genties šokius su vilkų kaukėmis, kuriuos romėnų autoriai pavertė realybe. Neurų dievas buvęs Marsas (Perkūno romėniškas atitikmuo (?)), kuriam buvę aukojami žmonės (P. Mela, *De situ orbis*, Lugduni Batavorum, 1646, p. 61).

V. a. pr. Kr. istorijos tėvas Herodotas iš Halikarnaso (miestas Mažojoje Azijoje prie Egėjo jūros) rašė, kad neurai gyveno į šiaurę nuo skitų žemdirbių. Vienus nuo kitų skyręs didelis ežeras. Kaip tik šis ežeras mokslininkams yra didelė mįslė. M. Alseikaitė (būsimoji Gimbutienė) laikė, kad tai galėjo būti Pripetės pelkės (M. Alseikaitė, „Baltai priešistoriniais laikais", *Kūryba*, 1944 m. sausis, p. 38). Geografine prasme tai labai įtikėtina, nes skitai žemdirbiai kaip tik turėjo gyventi šiaurinėje Ukrainoje. Tačiau iškyla klausimas, ar prieš 2000 metų didžiosios Pripetės pelkės galėjo būti palaikytos ežeru?

Galbūt per šį laikotarpį taip pasikeitė kraštovaizdis, kad ežeras virto pelkėmis? Palikime šį klausimą spręsti gamtininkams. Matyt, pagrįstai autorė M. Alseikaitė, remdamasi latvių kalbininku P. Šmitu, šiame straipsnyje neurus tapatina su Nestoro kronikoje greta lietuvių, kuršių ir lybių minima žeme Neroma, o T. Narbutas juos tiesiog žymi prie Neries upės (T. Narbutt, *Dzieje starożytne narodu litewskiego*, III, 1738, p. 122).

Romėnas Plinijus, gyvenęs 23–79 m., savo *Gamtos istorijoje* du kartus paminėjo neurus, iš kurių žemės prasidedąs Boristenas (Dniepras). Remdamiesi šia žinute, tikrai neturėtume abejoti, kad neurai buvo baltai. Su kai kuriomis išlygomis tokios nuomonės pastaruoju metu laikosi ir mūsų laikų kalbininkai: akademikas Z. Zinkevičius ir kt.

Lenkų mokslininkas Tadeušas Sulimirskis neurus taip pat laiko baltais ir tapatina juos su V–I a. pr. Kr. į vakarus nuo Pripetės žiočių išplitusia Milogrado archeologine kultūra (T. Sulimirski, „Ancient southern neighbours of the Baltic tribes", *Acta Baltico-Slavica*, 5, 1967, p. 1-17), o Vlodzimiežas Šafranskis – su Podolėje, Volynėje ir Polesėje žinomomis komarovska ir vysocka kultūromis (W. Szafranski, „Zarys dziejow religii", *Religia słowian*, Warszawa, 1968, p. 161).

Galbūt šių neurų palikuonis 1251 m. mini rusų *Nikanorovo metraštis*, kuriame sakoma, kad kunigaikštis Aleksandras po nevrių (*Nevriujevi*) nelaisvės pastatė cerkves ir didelį miestą („Nikanorovskaja letopisj", *Polnoje sobranije russkich letopisej*, 27, p. 47). Čia gali būti minimas Narvos miestas greta Rusijos ir Estijos sienos, tikriausiai etimologiškai susijęs su neurų vardu. Prie giminingų šiam pavadinimui, be Neries upės, dar priskirsime neriją, Neringą, upę Narevą vakarų Baltarusijoje, Naručio ežerą.

Kalbėdami apie tolesnes gentis, galime rasti ryšį tarp neurų ir Germanijos genties *nervijų*, Tacito laikais (I a.) gyvenusių į rytus nuo Belgijos, prie Šeldės ir Maso (K. Tacitas, *Raštai*, Vilnius, 1972, p. 20), bei Romos laikais žinomos Norikos srities maždaug dabartinėje Austrijoje, Vengrijoje.

Šių eilučių autoriui pastaruoju metu pavyko rasti daugelio genčių vardų atitikmenis tarp senųjų pagoniškų asmenvardžių, tai ir šį kartą, atrodo, šiuo dėsniu galėsime pasinaudoti. Pirmiausia gerai žinomas senovinis lietuvių vardas Nerijus greičiausiai bus susijęs su šios dienos tema. Galbūt čia tinka ir šaknys *Nar-, Nor-*: Narbutas, Narvilas, Narimantas, Daunoras ir kt. Šių vardų kildinimas iš lietuviškų žodžių *narsus* arba *norėti* kelia abejonių. Kadangi šiame straipsnyje daugiausiai rėmėmės vandenvardžiais, tai nekelia abejonių jų kildinimas iš lietuviško žodžio *nerti*.

Dar įdomesnės žinios apie senąją religiją mus pasiekia iš Skandinavijos, kurios legendiniuose kūriniuose – sagose – deivė *Nertus* tiesiogiai susijusi su vandeniu. Pažiūrėkime, ką apie šią deivę rašo naujausia „Pagoniškosios Europos istorija" (*A history of pagan Europe*), išleista 1995 m. Londone ir Niujorke (autoriai: Jones Prudence ir Pennick Nigel): „Deivės *Frey* ir *Freya* buvo vaikai jūros dievo Njordo, kurio namai buvo „valties kiemas" [...] Frėja turėjusi stebuklingą laivą [...] Komentatoriai greitai pastebėjo, kad Njord yra vėlesnė forma, išvesta iš *Nerhtus*, arba tai yra jos brolis. *Nertus*, anot K. Tacito, buvo danų genčių deivė. Šios deivės namai stovėję saloje, o ją išvydę vergai būdavę nuskandinami".

Kiekvienam lietuviui aišku, kad deivės Nertus vardą galime perskaityti tik lietuviškai, ir jis kilo iš žodžio *nerti* arba *nardinti*. Taigi su šia sąvoka greičiausiai bus susiję ir mūsų minėti vandenvardžiai bei neurų genties vardas, kur balsis *u* galėjo įsiterpti vien dėl tarimo (jei tariama *neriai*, žodis atrodo nepilnas).

Lietuvos aidas, 2006 07 22

Bartai

Atvykę į Prūsiją kryžiuočiai šios žemės viduryje tarp Priegliaus, Alnos ir Ungurupės (Angerapės) upių susidūrė su bartų gentimi. Mokslininkai seniai suka galvą, kas tai per gentis ir iš ko kilo jų vardas. Iki šiol didžiausią Lietuvos istoriją parašęs Teodoras Narbutas spėjo, kad žodis *bartai* kilo nuo ginkluotų šaulių, vadintų *bortikais*. Ir vėlesniais laikais artileristai Lietuvoje buvę vadinami šiuo vardu (T. Narbutt, *Dzieje narodu Litewskiego*, III, Wilno, 1837, p. 363). Galbūt ir kortų *bartukas* yra tos pačios kilmės? Kadangi dzūkai bitininkus vadina bartininkais, kai kas iš šių bartininkų-bitininkų kildina ir bartų gentį. Daugiau įsigilinę pamatysime, kad šis klausimas yra daug sudėtingesnis.

Kokie garsūs bartai buvo senovėje, geriausiai pasako langobardų genties istorija. Langobardai po Romos žlugimo nukariavo šiaurinę Italiją ir jų vardas, šių eilučių autoriaus nuomone, reiškia „lankų bartai", priešinant juos girių bartams, gyvenusiems Prūsijos teritorijoje. Iš kur kilo tokia nuomonė, visiškai griaunanti iki šiol visuotinai paplitusį langobardų kildinimą iš *longobardų*, t. y. „ilgabarzdžių"?

Hipotezei apie bartų ir langobardų vieną kilmę patvirtinti pasitelkime garsiuosius anglosaksų epus *Beowulfą* ir *Widsith*, kuriuose minima *heathobardų* gentis. Be abejo, pirmoji šio tautovardžio dalis siejasi su tame pačiame *Beowulfe* minimais *geatais* arba su Kornelijaus Tacito minimais *chatais*, gyvenusiais kalvotoje Hercinijos girioje (K. Tacitas, „Germanija", *Raštai*, Vilnius, 1972, p. 21). Tiek chatai, tiek geatai, matyt, yra giminingos kilmės su getais (chetais), kilusiais iš garsiųjų hetitų. Be to, Prūsijoje yra išlikęs vietovardis *Reichbarten*, kuris reiškia „valstybinius bartus". Ir Getijos bartuose ir valstybiniuose bartuose, kaip ir langobarduose, antroji žodžio dalis tikrai nereiškia „barzdos", kaip mano Vakarų autoriai. Priminsime, kad dabartinės šiaurinės Italijos pavadinimas Lombardija kilo iš bartų giminaičių langobardų, nukritus vienam skiemeniui. Dėl langobardų bei kitų Romos imperiją nukariavusių genčių įtakos ir šiuo metu Šiaurinė Italija rasiniu požiūriu gerokai skiriasi nuo pietinės šalies dalies.

Nors praeityje langobardų ryšių su Prūsijos bartais nebuvo ieškota, tačiau jau nuo antikos laikų langobardų kilme iš šiaurės Europos nebuvo abejota. Romos laikų istorikas Kornelijus Tacitas juos apgyvendina prie Elbės, o kronikininkas M. Bielskis mano, kad į Romos imperiją jie atsikraustė iš Skandinavijos. Matome, kad tiksli vieta, iš kurios kilo langobardai, nebuvo žinoma. Pagal pavadinimą juos galime kildinti iš šiaurinės arba centrinės Lenkijos, kurios, kaip ir langobardų, lietuviškas pavadinimas kilo nuo žodžio *lanka* – lankiai, lenkai; lenkiškai *pole* – poliakai.

Rišamoji grandis, siejanti langobardus su aisčiais – baltais, – bus Riugeno sala, kurios religija prieš krikštą turėjo daug bendrų bruožų su senąja mūsų religija. VU Lelevelio fonde yra Gasparo knyga apie Germaniją, kurioje sakoma: „historici et opidi Archyvum referunt, quando a Langobardis Rugiensem insultam occupantibus, loco negociationi peroportuno, ad Balticum mare aedificatum Barthiensi seu Wolgastiensi Duci parwit", t. y. langobardai užėmė Riugeno salą. 1159 m. Riugeno saloje dar buvo Bardo (ne langobardų, bet bardų) provincija *Barth*. Bent jau tokias žinias pateikia Osienglovskis.

Išsiaiškinę langobardų ir Prūsijos bartų giminystę, pabandykime nustatyti seniausią bartų genties pavadinimo kilmę, svarbiausia – kodėl seniausiais laikais jie dažnai vadinami partais. Beveik prieš du tūkstančius metų romėnas Pomponijus Mela rašė, kad Sarmatijos (taip buvo vadinama beveik visa Rytų Europa) pakraštyje tarp Vyslos ir Istro (Dunojaus, o gal ir Prūsijos Įstro, įtekančio į Prieglių prie Įsručio (?) – *R. M.*) gyveno partai: „gens Parthicae" (Pomponius Mela, *De situ orbis*, Lugd. Batavorum, 1646, p. 118 (VU Lelevelio fondas). 815 m. tuos partus mes vėl aptinkame Lenkijos karaliaus Leško valdžioje, minimus greta getų (jotvingių): „[...] nam et Gethis et Parthis ac Transporthanis regionibus omperavit" (šią citatą pateikia T. Narbutas iš Kadlubeko kronikos) (T. Narbutt, *Dzieje narodu Litewskiego*, III, Wilno, 1838, p. 105). Kitoje vietoje T. Narbutas perteikia Gunterio Ligurino žinias, kad lenkų valdžioje 1156–1157 m. kariavo pamarėnai (*Pomericos*), prūsai (*Bruscos*), partai (*Parthos*), taip pat rusai (*Ruthenos*) ir trakai (*Traces*) (ten pat, p. 282). Iš to galime susidaryti vaizdą, kad partai ir buvo prūsų bartai, o transportanai, esantys „už bartų", galėjo būti ir lietuviai dabartinėje Lietuvos teritorijoje.

Savo giliomis šaknimis bartų (partų) vardas galėjo būti kilęs iš partų, gyvenusių Persijoje prieš Kristų, tiksliau, iš kažkokių bendrų su partais protėvių. Daugiau kaip prieš 2 tūkstančius metų partų tautos vardas buvo glaudžiai susijęs su ankstyvąja Persijos valstybe. Kai kurie autoriai partus tapatina su polovcais-valvais, gyvenusiais Ukrainos stepėse, tai gali reikšti teritorinius polovcų ryšius su Volgos bartais (burtais).

Įdomi yra garsaus Prūsijos kraštotyrininko (jeigu jį taip galime pavadinti) Gizevijaus užuomina apie Prūsijos valstiečių jam pasakotą istoriją, kad jų protėviai yra iš Persijos išvarytos tautos palikuonys. Ta tauta galėjo būti tik mūsų čia aprašyti bartai-partai. Tačiau šį klausimą reikėtų nuodugniau išnagrinėti, nes Mažosios Lietuvos valstiečiai galėjo būti nusiklausę teoriją apie jų persišką kilmę iš kokių nors mokslininkų. Kad ir kaip ten būtų, ir vėlyvaisiais laikais bartų vietovardžiai yra paplitę daug toliau už senosios Prūsijos ribų: *Bartuva* (upė Žemaitijoje), *Barteliai* (Lazdijų r.), *Barčiai* (Varėnos, Lazdijų, Trakų r.), *Barščių* (gal Barčių?) kalnas – vienas iš Kernavės piliakalnių, *Bardiškiai* (Pakruojo r.), *Bartaičiai* (Kaišiadorių r.), *Berčiūnai* (Panevėžio r.), *Berte* (prie Dotnuvos 1372 m.) ir kt. Net tolimojoje Galijoje (dabartinėje Prancūzijoje) Bordo miestas, Romos laikais vadinęsis *Burdigala*, gali būti susijęs su bartais arba langobardais.

Lietuvos aidas, 2006 07 15

Sėliai

Tarp prūsų žemių Galindijos ir Sūduvos lotynų kalba rašytame veikale *Scriptores Rerum Prussicarum* (Prūsijos karalystės raštai), I t., sk. „Liber censuum Daniae", p. 737, minima teritorija *Syllonis*, kurią lietuviškai galime skaityti ir *Zilionis*, *Šilionis*, *Žilionis*, nes lietuvių kalboje kitų baltų kalbų s, z tariami kaip š, ž. Panašios yra mūsų pavardės *Žilėnas*, *Žilionis*, *Šilas* ir kt.

Ką gali reikšti pavadinimas *Syllonis* ir minėtos lietuvių pavardės? Be abejo – šilą, pušyną ar kaip kitaip apibūdintą mišką. Tai yra vienas iš baltų kalbose vartojamų miško pavadinimų. Kaip ir *šilas*, *giria* bei *miškas* šiai sąvokai apibrėžti perkeltine prasme vartojamas ir žodis „medis". Dzūkai ir dabar eidami į mišką dažnai sako: *Einu medzian*. Visos šios keturios reikšmės aptinkamos baltų genčių, gyvenusių miškuose, varduose, priešinant jas kitoms tautoms, gyvenusioms į pietus nuo miško buvusiose stepėse, lankose.

Tolyn nuo Vyslos žemupio į rytus miško juostoje ir greta jos aptiksime genčių ir žemių pavadinimus: *Pamedė* (pagirys), *Syllonis* (Šilionys), *sėliai* (šiliai), *Polesė* pagirys, Ptolemajo – *Pagiritai*), *drevlianai* (giruliai; drevo –

medis); visus šiuos pavadinimus vainikuoja girulių-gerulių, nuvertusių paskutinį Romos imperatorių, vardas. Taigi sėliai reiškia „šilų gyventojus". Tai patvirtina tokie kaimų vardai: *Šiliniškės, Šilininkai, Šilėnai, Šiluva* ir kt.

Jau teko minėti tarp Pskovo ir Novgorodo išsidėsčiusius penkis prūsiškus vietovardžius: *Prusskaja, Pruskovo, Prusskoje, Prusy* ir kitą *Prusy* prie Šelonės upės, kuri greičiausiai reiškia „Šilo upę". Šelonės upės pakrančių gyventojai gali būti priskirti ne tik prūsams, bet ir šilų gyventojams sėliams. Istorikams daug problemų sukėlė *Selencijos* vardas, kurį X–XI a. kronikininkas Anonimas Galas dažnai kartoja greta prūsų ir pamarėnų. Jis sako, kad prie Pusiaunakčio jūros (Baltijos) yra trys visiškai laukinės barbarų pagonių tautos: *Selencija, Pamarys* ir *Prūsija* (A. Gall, *Kronika Polska*, Warszawa, 1968, p. 9-10). J. Tiškevičius knygoje *Krzyzacy* (Kryžiuočiai, Warszawa, 1968, p. 41-42) Selenciją laiko viena iš jotvingių atšakų. Jį palaiko J. Bieniakas, kuris kryžiuočių ir danų minimą žemę *Silia, Syllonis* (iš rusų šaltinių – *Zlina*) ir Narevo upės intaką *Seliną* tapatina su sėliais (J. Bieniak, „Brunon a problem Selenciji", *Acta Baltico-Slavica*, VI, p. 181-195). Įdomu, kad jis šiuos sėlius žymi liutičių žemėje, kitas jos pavadinimas *Leuticija* labai artimas Lietuvos vardui (plg. sėliai – Selencija ir letai – Leuticija). Ir Romos popiežius vienoje bulėje Lietuvą yra pavadinęs Liutovija. Belieka Selonijos-Selencijos vardą pratęsti visai Aukštaitijai ir pamatysime, kad ji greičiausiai reiškia Sėliją, kuri tęsiasi nuo pat sėlių žemės prie Dauguvos iki jotvingių, t. y. apima didžiąją Aukštaitiją, o tiksliau – seniausią ikimindauginę Lietuvą.

Carinės Rusijos šaltiniai dar XVI a. jotvingių žemėje mini miestą Selionis (Kordt, *Materialy po istorini russkoj kartografii*, 1899).

Aišku, nereikia galvoti, kad Sėlija buvo tokia vientisa teritorija. Dauguvos sėlių pagrindą grečiausiai sudarė iš jotvingių Selencijos nuo krikšto pasitraukę žmonės. O užėmus Latviją kalavijuočiams, Dauguvos sėlių teritorijos didesnę dalį atkirto ir prisijungė ordinas, panašiai kaip tai atsitiko su žemgaliais ir kuršiais. Dalis sėlių, patekusių į ordino valdas, įsiliejo į besiformuojančią latvių, o pietinė dalis – į lietuvių tautą.

J. Basanavičius dar atkreipė dėmesį į Ptolemajo Romos laikais minimą gentį *Saloi* (*Apie trakų prygų tautystę ir jų atsikėlimą Lietuvon*, Vilnius, 1921,

p. 140), kuri sietina su sėliais (balsių *a, e, ė* kaita yra dėsninga). Ptolemajo „Kosmografijoje" (*Lietuvos TSR istorijos šaltiniai*, I, Vilnius, 1955. p. 19 – žemėlapis: Ptolomaeus, *Cosmographia*, Roma, 1490) *sali* pažymėti greta kareotų (tai, matyt, yra tie patys J. Basanavičiaus *Saloi*). Kadangi vėlesniais laikais tarp kuršių ir sėlių buvo įsiterpę tik žemgaliai, šiuos *Saloi* ir *Sali* turėtumėme tapatinti su sėliais.

Tenka grįžti prie šių eilučių autoriaus straipsnio *Lietuvos aide*, 2006 07 01, „Apie Bitiniją, prūsus, kimbrus ir girulius", kuriame netiksliai aprašiau Trojos arklio istoriją. Turiu atsiprašyti man siuntusio laišką Sauliaus Saulevičiaus, jis neklydo rašydamas, jog Trojos arklį į Trojos pilį įtraukė patys trojiečiai. Tai buvo tiesiog achajų gudrybė tam, kad sunaikintų Trojos pilį. Tačiau turiu patvirtinti, kad Trojos trakų ir lietuvių sąsajos yra tikrai realios. Tai išaiškės, kai mūsų mokslininkai pradės domėtis seniausiomis lietuvių tautos kilmės problemomis ir surinks daugiau duomenų šiais klausimais.

Lietuvos aidas, 2006 07 08

Prūsai

Kadangi *Lietuvos aide* 2006 06 17 rašiau apie Prūsijos gentį sambius, neišvengiamai po jų tenka rašyti apie prūsus, nes abu pavadinimai vienu metu buvo beveik tapatinami: šiaurės Vokietijoje gyvenęs vyskupas Adomas Brėmenietis XI a. pabaigoje veikalo *Gesta Hammaburgensis ecclesiae pontificum* 4-oje knygoje rašė: „Sembi vel Pruzzi" (sembai arba prūsai). Tik vėliau Sembos pavadinimas išliko Sambijos pusiasalyje (dabar – Kaliningradskij poluostrov), o Prūsijos vardas išsiplėtė visoms vakarų baltų gentims nuo Vyslos iki Nemuno. Išsiplėtus vokiečių kolonizacijai buvusi baltiškoji Prūsija pradėta vadinti Rytų Prūsija (*Ost Preussen*), į vakarus nuo jos Šiaurės Vakarų Vokietijoje atsirado Vakarų Prūsija, o XVIII–XIX a., kuriantis Vokietijos imperijai ir augant prūsų-vokiečių militarizmui, šis baltiškas pavadinimas pasiekė net Berlyną, ir Prūsija imta vadinti vos ne visa Vokietija. Genties vardas tapo visišku antipodu tam, iš ko prasidėjo.

Pabandykime trumpai apžvelgti prūsų genties vardo raidą nuo seniausių laikų. Kaip ir daugelio tautų vardų, taip pat ir prūsų, atsiradimas skęsta žilos senovės ūkuose ir yra apipintas ypatingais prieštaravimais. Kaip matysime, šio vardo šaknys slypi arba Mažojoje Azijoje (J. Basanavičius), arba germanų genčių apsuptyje gerokai į vakarus nuo mums žinomos Prūsijos, arba šios dvi teorijos gali būti susietos į vieną.

K. Būga, J. Basanavičius ir daugelis kitų autorių pastebėjo, kad 236–148 m. pr. Kr. bitinų gentį Mažojoje Azijoje valdė du karaliai, kurių vardai buvo vienodi – Prūsijas. Buvo ir miestas Prūsa (dabar Brusa) (J. Basanavičius, K. Būga, *Apie senovės prūsų raštą ir Videvuto vėliavą*, V., 1926, p. 19). Pridursime, kad tarp Mizijos (*Mysia*) srities ir Bitinijos į Marmuro jūrą iš Mažosios Azijos tekėjo upė, vardu *Prusias*, o piečiau tos upės pažymėtas miestas *Prusa* (A. Ortelius, *Aditamentum Secundum Theatri Orbis Terrarum*, Antverpiae, 1579, p. 80 (21)). Motiejus iš Miechovijos (Mathias de Michovis), kitaip dar vadinamas Miechovita, ir Dlugošas XV a. rašė, kad Bitinijos valdovas Prusijas, Hanibalo sukurstytas prieš romėnus, bet pralaimėjęs karą, su savo tauta persikėlė į šiaurę (J. Jurginis, *Legendos apie lietuvių kilmę*, V. 1971, p. 18). Kairysis Dunojaus intakas Prutas, skiriantis Rumuniją nuo Moldavijos, gali būti tokio persikėlimo liudininkas, nes ši upė yra kaip tik į šiaurę nuo Mažosios Azijos ir Marmuro jūros. Kol kas tokia šių eilučių autoriaus hipotezė greičiausiai dar nėra tyrinėta.

Bitinijos, buvusios Mažojoje Azijoje, sąsajos su Prūsija antikos laikais minimos Divonio dienoraštyje, čia aprašyta Divonio, susiginčijusio su Bitinijos astronomais, ar šiaurėje – Vėžio ženkle – už septintojo ir aštuntajame dangaus rate gali gyventi žmonės ar ne: kelionė į Skandinaviją ar Suomiją „už didžiųjų vandenų" ir atgal į piečiau Prūsijos esantį Plocką (tuo metu Plocke slavų dar turbūt nebuvo, taigi sąlygiškai Plocką galime priskirti prie istorinių Prūsijos žemių), kur Divonis ir miręs (Plačiau apie Divonio kelionę galima pasiskaityti R. Matulio straipsnyje „Divonio iš Bitinijos dienoraštis ir legendos apie lietuvių kilmę", *Lietuvos aidas*, 2003 11 22).

Jeigu prūsų vardas kilo nuo Mažosios Azijos valdovo Prūsijo vardo, kaip tada paaiškinti vėlesnį šio vardo virtimą į *borus* (II–X a.) ir vėl atgal į Prūsiją (X-XIII a.)? Tai sunki mįslė. Borusų vardą (ne prūsų!) Č. Gedgaudas aptinka jau II a.: Romos konsulas Valerijus Flakas (Flacco), turėjęs mūšį su gentimi borus prie Litano miško 195 m. Panašiai skamba ir senasis Dniepro pavadinimas: *Boristenes*.

II a. į šiaurę nuo Ripėjų (Karpatų (?)) kalnų, gerokai šiauriau už galindus ir sudinus Ptolemajas žymi boruskus, kuriuos beveik neabejodami galime laikyti prūsų protėviais! Tą patį sako ir T. Narbutas, remdamasis Kocebiu (Kotzebue) (T. Narbutt, *Dzieje narodu litewskiego*, p. 464-465). Nežinomas tų borusų santykis su brukteriais-boruktuarijais, apie kuriuos K. Tacitas I a. rašo, kad greta tenkterų kadaise gyveno brukteriai, kurie visi kaip atsikėlėliai buvę išžudyti aplinkinių genčių - 60000 vyrų krito (vertėja spėja, kad tai vyko netoli dabartinės Olandijos). K. Tacito laikais ten jau gyvenę chamavai ir angrivarijai (K. Tacitas, *Raštai*, V., 1972, p. 23). Anglosaksų autorius Beda, rašęs 700 m., tarp numatytų aplankyti tautų fryzų (*Fresones*), rugių (*Rugini*), danų, hunų, senųjų saksų (*Antiqui Saxones*) dar mini boruktuarijus. Greičiausiai brukteriai-boruktuarijai buvo į dabartinės šiaurės Vokietijos teritoriją atsikėlę prūsų-borusų giminaičiai, juos tarpgentinių karų metu išžudė aplink juos gyvenusios germanų tautos. Netiesiogiai apie Prūsiją (Borusiją) VI-VIII a. kalba Erazmas Stela aprašydamas Vaidevučio gyvenimą.

Ir tik dabar atsiranda prūsų (Bruzi) vardo paminėjimas IX a., kuris iki šiol oficialiame istorijos moksle laikomas pirmuoju. Tai nežinomo vardo bavarų geografo darbas „Descriptio civitatum et regionum ad septentrionalem plagam Danubii" (M. Alseikaitė, „Baltai priešistoriniais laikais", *Kūryba*, 1944 m. sausis). IX a. Miuncheno kodekse yra sąrašas „Nomina diversarum provinciarum et urbium", kuriame yra vardai - *Bruteri* ir *Prezzun*. M. Alseikaitė (Gimbutienė) juos sieja su prūsais, sakydama, kad raidės *b* ir *p* viduramžiais dažnai būdavo neskiriamos.

Kadangi dienraštyje negalime per daug varginti skaitytojo įvairiais vardais, siūlome plačiau pasiskaityti *www.matulis.com* R. Matulio išleistą knygą *Lietuvių tautos kilmė*. Tačiau čia nėra kaip praleisti kronikininko Galo paskelbtų žinių, kad IX a. daug žmonių, per krikštą bėgdami iš Saksonijos, atplaukė į Prūsų žemę. Tai įvykę Karolio Didžiojo viešpatavimo laikais. J.

Lelevelis spėja, kad tie žmonės buvo ne saksai (germanai – *R. M.*), bet prūsų giminaičių herulių (gerulių), po kovų su romėnais pasitraukusių į šiaurę, palikuonys. Kita vertus, daug prūsų, matyt, buvo išsikėlę gyventi į Lietuvą, Latviją, Gudiją ir Novgorodo sritį. Tai galėjo įvykti dar prieš atsikeliant į Baltijos kraštus kryžiuočiams, pavyzdžiui, prūsams bėgant nuo niokojančių lenkų žygių arba vykstant vidinėms tarpgentinėms kovoms. J. Antonievičius rado daug prūsų vietovardžių visuose minėtuose kraštuose, o prie Šelonės upės, tarp Novgorodo ir Pskovo, surado net penkis tokius vietovardžius. J. Antonievičius spėja, kad „atsikėlėliai prūsai davė pavadinimą ir Prūsų gatvei Novgorode", minimai jau XII–XIII a. sandūroje, t. y. prieš kryžiuočius.

Nuo kryžiuočių laikų apie prūsus yra daug rašyta ir pagrindiniai faktai beveik nekelia abejonių, todėl čia aprašyti tik seniausi laikai, kuriuos mokslas dar nėra pakankamai ištyrinėjęs, daugelis faktų nėra nei patvirtinti, nei atmesti. Mokslininkai bijo šios temos, kad jų neapšauktų romantikais. Todėl kviečiu baigti slapstytis ir pasistengti atsakyti į mums iškilusius klausimus apie lietuvių ir kitų baltų genčių bei tautų kilmę.

Lietuvos aidas, 2006 06

Sambiai

Iš visų baltų genčių antikos laikais daugiausiai buvo žinoma apie sambius. Viduržemio jūros baseino ir net Egipto bei Babilono valdovus traukė mūsų pajūrio auksas – gintaras, – kurio didžiausios kasyklos pasaulyje yra Sembos pusiasalyje prie Palvininkų (dabar Jantarnoje). *Gamtos istorijoje* I a. po Kristaus Plinijus rašė, kad Timajus (Timaeus), vadinasi, ir Pitėjas iš Masilijos Baltijos salą vadinę Bazilija (Basilia). Kadangi Eratosteno Europos žemėlapyje 220 m. pr. Kr. Baltija pavadinta didžiulė nesibaigianti „sala" toli šiaurėje, tai lieka mažai abejonių, kad čia minima Skandinavija. Anot Plinijaus, Timajus salą Abalus vadino Bazilija. Taigi Baltija (Skandinavija) ir Abalus greičiausiai yra dvi skirtingos „salos", kurioms abiem Plinijus suteikia Bazilijos pavadinimą. Mes pabandysime įrodyti, kad Abalus (Bazilija) yra Semba (lotyniškai – *Sambija*). Žiūrint į žemėlapį, Sembos pusiasalis salos neprimena, tačiau tikrovėje tai yra Priegliaus deltos sala, kurios rytinę dalį skalauja Deimės, o pietinę – Priegliaus upė.

Galbūt pirmą valstybę baltų genčių teritorijoje VI a. pradžioje įkūrė garsusis pasaulietinis valdovas Vaidevutis (kurio vienas iš sūnų valdęs Lietuvą) ir jo brolis – krivių krivaitis Prutenis. Vaidevučio valstybės sostinė buvo Galtgarbio (*Gailtegarvo*) piliakalnyje Aukščiausiame Sembos taške, pačiame šios genties teritorijos centre. Etninė Vaidevučio valstybės sudėtis buvo margaspalvė, kadangi šią valstybę kurdamas Vaidevutis iš Gotlando salos į Sembą atsigabeno iš šios salos išvarytus kimbrus, kurie turėjo suvaidinti svarbų vaidmenį susidarant prūsų, taigi ir sambių, tautai.

Šių eilučių autoriui aplankius beveik visus didžiausius Sembos piliakalnius, galima drąsiai tvirtinti, kad sambiai buvo galingiausia baltų gentis. Kronikų duomenimis, prieš kryžiuočius jie sustatydavo beveik tiek karių, kiek visos kitos Prūsijos gentys kartu sudėjus. Nepaprastai išsiskiria labai gerai įtvirtinti pirmojo tūkstantmečio ir antrojo tūkstantmečio pradžios Sembos piliakalniai. Vienas iš jų, esantis miške tarp Girmuvos (dabar Ruskoje) ir jūros, yra apjuostas net trimis galingais pylimais. Daugiau taip įtvirtintų piliakalnių baltų genčių teritorijoje vargu ar rasime.

Be Bazilijos ir Abalus, Semba Romos imperijos laikais, matyt, dar buvo vadinama Glezarija (*Glaesaria*), anot Plinijaus Vyresniojo, nuo germanų žodžio gintaras (*glaesum*). Šio garsaus autoriaus tėvynainiai, dalyvavę Cezario Germaniko jūros žygiuose, vieną iš gintaringų salų šiaurėje ir praminę Glezarija. Dar XVI a. žemėlapyje Filipas Austrijietis (Philippus Austriacus) 1584 m. Sambiją vadina Glezarija (VU bibliotekos Retų spaudinių skyrius, M1507) ir Diodoras Sicilietis antikos laikais Glezariją pavaizdavo prie Skitijos, kuri niekaip negalėjo siekti Jutlandijos (Danijos), kurioje taip pat randama gintaro.

Vienu metu skandinavai kraštą į rytus nuo Baltijos jūros vadino *Glasisvellir*, *Glaesisvellir*. Mitologinė tradicija sako, kad šiame krašte žmonės nemirdavę – tai buvęs „nemirusiųjų laukas", „gyvenančių vyrų šalis". Kaip čia neprisiminsi dingusios prūsų vyskupo Kristijono kronikos, skelbiančios

Vaidevutį gyvenus iki susideginimo daugiau kaip 130, o Prutenį, regis, – 118 metų. Šalis užėmusi didelę teritoriją į pietus nuo Biarmijos (Permės, t. y. ugrosuomių plačiąja prasme). Bronius Genzelis, remdamasis A. Nikitinu, Glezisveliro kraštą tapatina su kuršių valstybe Kuronija (B. Genzelis, „Ar buvome pagonys", *Literatūra ir menas*, 1977 04 09). Taigi šis kraštas galėjo užimti didelę pajūrio teritoriją nuo Sambijos iki Kuršo ir dar toliau į rytus.

Pats Sambijos pavadinimas pasirodo tik VIII–IX a. Netiesiogiai šiaurės kronikose užsimenama, kad VIII a. pabaigoje danų karalius jau buvo nukariavęs Sambiją (W. Gaerte, *Urgeschichte Ostpreussens*, p. 321), o 815 m. karalius Leško Sambiją dovanoja savo žmonai: „[...] donationis vero propter nuptias a viro Sambiensis condonata est provincija" (Kadlubek, liber I, ep.16). Saksas Gramatikas XII a. rašė apie danų karaliaus Haroldo Mėlynadančio (935–985) ir Kanuto (1047–1086) žygius į Sambijos pusiasalį. Jis taip pat praneša apie Hakiną (Haquiną), Danijos karaliaus sūnų, kuris X a. nugalėjęs Sambiją, vyrus išžudęs, o moteris privertęs eiti už nugalėtojų. Adomas Brėmenietis 1072–1076 m. savo veikalo *Gesta Hammaburgensis ecclesiae pontificum* 4-oje knygoje kalbėjo apie sembus, arba prūsus („Sembi vel Pruzzi"). Nuo to laiko sambių vardas dažnai minimas įvairiuose istoriniuose šaltiniuose.

Kalbėdamas apie kitas tautas, šių eilučių autorius ne kartą rašė, kad *sam-*, *sem-* žodžiuose Sambija ir Semba reiškia *žemas – šalis*, esanti žemai prie jūros. Tos pačios kilmės yra tautų arba genčių vardai: Samogitija (Žemoji Getija, Gitija), Semegalija – Žemgala (gentis Dauguvos upės žemupyje), galbūt Suomija (Šalis prie jūros), samiai prie Ledinuotojo vandenyno ir kt. Tą patį reiškia ir Nyderlandų (Olandijos) pavadinimas (Žemoji žemė), vokiečiai žemaičiai priešinami vokiečiams aukštaičiams, Nemuno deltos Lankų sritis vokiškai vadinta *Niederung* (žema žemė).

J. Basanavičius Sambijos ir Semigalijos pavadinimus sieja su žodžiu *žemė* ir priduria lietuviškas pavardes: *Samušis, Samulis, Samilus* ir kt. Prof. J. Pakarklis vietoj Sambijos tiesiog visur rašo *Žemija*. Ir V. Toporovas pastebėjo, kad prūsiškam Elbingo žodynėlyje *dirva, laukas, arimas* (*Acker*) aiškinamas žodžiu *samye*. Nevargindami skaitytojų ir neminėdami daugelio panašių pavadinimų Pietų Europoje ir Artimuosiuose Rytuose, turime pripažinti elementarią tiesą, kad Semba (Sambija) reiškia – *Žemai esanti žemė*.

Lietuvos aidas, 2006 06 17

Kuršiai

Dėl savo geografinės padėties ir dėl religijos bei civilizacijos antikos laikais pažangiausios baltų gentys gyveno Vakaruose – prie Baltijos jūros. Ne vėliau kaip susikūrus Romos imperijai, o gal ir dar anksčiau, vakarines baltų gentis – kuršius, prūsus (ypač sambius) – ne kartą aplankė laivai iš Viduržemio jūros. Garsusis etnografas Norbertas Vėlius rašė, kad religiniai baltų kultūros centrai nuo seniausių laikų buvo Vakaruose, Pirmiausia Prūsuose.

Plačiai paplitusios žinios apie kuršius įvairiose skandinavų kronikose, kuriose aprašomi kuršių karo žygiai į Daniją ir kitas skandinavų šalis. Danijoje net buvusi žinoma malda: *Apsaugok, dieve, mus nuo kuršių.*

Įdomiausią žinią apie kuršius XI a. mums pateikia kronikininkas vyskupas Adomas Brėmenietis (Adam von Bremen), miręs po 1081 m. Veikalo *Hamburgo vyskupų istorija* 4-oje knygoje „Šiaurės salų aprašymas" apie 1075 m. Adomas Brėmenietis ne kartą mini baltų gentis, ypač Kuršą: „Pasiekti Kuršą trunka 8 dienas. Šios šalies žmonės labai žiaurūs, nes visi išpažįsta pagonių tikėjimą. Jie turi daug aukso ir puikių žirgų. Visi jų namai pilni žynių, augurų ir burtininkų, apsirengusių vienuolių drabužiais. Atsakymų ieškoti pas juos atvyksta iš viso pasaulio, daugiausiai iš Ispanijos ir Graikijos".

Ispanijos, baltų ir gotų istorijos tyrinėtoja Jūratė Statkutė de Rosales pastebi, kad šiuos žodžius Adomas Brėmenietis rašė 1075 m., o Ispanijos karalius Alfonsas VI, atgavęs Toledą, mirė 1109 m., Alfonsas X gimė 1221 m. Vykstant aršiam ispanų karui su arabais, šis gotų istorijos žinovas, anot Rosales, negalėjo nežinoti, ko jo žmonės ieškojo pas orakulus Baltijos jūros pakrantėje ir iš kur buvo kilę jo protėviai. Jeigu pasitvirtintų šių eilučių autoriaus paskelbta teorija apie, remiantis senovės graikais, atkurtus mūsų cilindrinius aukurus ir vykusią pagonybės reformaciją Lietuvoje (*Lietuvos aidas*, 2006 01 19), tai dar kartą patvirtintų ypatingą Kuršo reikšmę senojoje baltų religijoje. Tiksliausiai iškaltas mūsų kunigaikščių laikų cilindrinis aukuras kaip tik ir yra Kurše, Ulmales Pinnas vietovėje, į šiaurę nuo Liepojos. Kadangi, anot Rosales, Graikijos sąvoka XI a. yra glaudžiai susijusi su Trakija, graikų laivų atvykimą į Kuršą galime sieti ir su plačiai J. Basanavičiaus aprašyta lietuvių kilmės iš trakų teorija. Ryšių su Kuršu tradicija galėjo siekti Romos imperijos laikus, kai Lietuva (matyt, ir Kuršas) buvo Trakijos valstybės dalis.

J. Basanavičius kuršių protėviais laiko Ptolemajo II a. minėtas gentis: *Karasones* ir *Kareotai*. Dar pridursime, kad tie karsai ir kareotai greičiausiai kilo iš Mažojoje Azijoje pr. Kr. gyvenusių karijų, arba tai buvo vienos indoeuropiečių (getų) genties šakos, nukeliavusios į skirtingus kraštus (priminsime, kad Mažojoje Azijoje ir dabar tebėra Karso miestas).

Romos laikų autorius Pomponijus Mela gentį *kuriones* žymi į šiaurę nuo Sudėnų (vakariau Vyslos ištakų). Ją taip pat jokiu būdu negalime atsieti nuo kuršių, tik Mela galėjo juos netiksliai pažymėti. Vaidevučio legendoje (V–VI a.) kalbama apie Kurtorko (*Curtorko*) uostą Nemuno deltoje, vėliau pavadintą Rusne. Kurtorkas reiškia „Kuršių uostas", o gal „turgus"?

Pirmasis mažiau legendinis kuršių paminėjimas yra *Kurland*: skandinavų *Hervararsaga* pasakojama, kad švedų karalius Ivaras 675 m. valdė Kurlandiją, Estiją ir kt. kraštus (M. Alseikaitė, „Baltai priešistoriniais laikais", *Kūryba*, 1944). B. Nermanas Stokholme 1929 m. išleistame veikale *Die Verbindungen zwischen Skandinavien und dem Ostbalticum* rašo, kad *Šv. Ansgaro kronikoje* švedų vyskupas Rimbertas, aprašydamas 854 m. įvykius, kuršius vadina *Chori, Chorelant*. Senojoje slavų kronikoje *Povestj vremennych let* sakoma, kad šiaurės kraštuose yra gentis *kors*, o estijų žemių, priklausiusių danams, aprašymuose Kuršas vėl vadinamas *Curliandia*.

Taigi kronikose randame du skirtingus kuršių pavadinimus: su raide *š* arba *s* (kuršis, kors) ir be jų (*Kuronija, Kurliandija*). Nors ir keista, bet abu variantus aptinkame jau pas Ptolemają, t. y. II a.: *karsones* ir *kareotai*. Pirmasis iš jų visiškai atitinka kryžiuočių laikais vakarų Žemaitijoje buvusią kuršių žemę, vardu Karšuva.

Iš ko kilo kuršių vardas? S. Daukantas pateikia net tris skirtingas etimologijas: nuo „finų kilties balų gyventojų kuresarų", nuo ugnies kūrenimo ir nuo Peruno (Perkūno) kūrėjo. T. Narbutas aiškino, kad Kuršžemė galėjo būti kilusi nuo dievo *Kurcho* vardo, žinomo Prūsijoje. Kuršo vardo kilmę taip pat bandė išaiškinti daugelis kalbininkų. K. Būga jį kildina iš ukrainiečių žodžio *kors* – „lydimas, plėšimas", čekų *krs* – „nuskurdęs, apkiautęs medis" ir kt.; J. Kazlauskas iš *kurti*. J. Šliavas bando sujungti visas etimologijas: iš dievo *Kurcho*, K. Būgos *lydimo* ir žemaičių dinamiško pabaigos *čiučelos* vardo *kuršio*, pirminiu šaltiniu laikydamas pastarąją žemaičių *čiučelą*.

Visos šios etimologijos įdomios, bet jeigu sutiksime su J. Basanavičiaus teorija, kad pirminė forma buvo *karsones* ir *kareotai*, kurias dar sietume su Mažosios Azijos *karijais* (visur balsis *a*), tai teks viską spręsti iš naujo. Iš karto aišku, kad, persikėlus visu puse tūkstančio metų atgal ir gerokai į pietus bei pasirinkus garsą *a* vietoj *o* ar *u*, kuršių vardo kilmę paaiškinti nebus labai lengva. Greičiau čia tiktų tokie lietuvių kalbos žodžiai: *keršyti*, *karštas* arba *karas*. Tačiau tai tik spėliojimai, kuriuos turėtų patvirtinti gilesni tyrinėjimai. O balsio *a* pasikeitimu į *o*, *u*, atsižvelgiant į daugybę panašių balsių kaitos pavyzdžių, nereikia stebėtis: *ge*tai – *gi*tonai-*go*tai – *gu*dai, kimbrai – Cambria – Cumrodor.

Lietuvos aidas, 2006 06 10

Baltų gentys istorijos šviesoje
(Apibendrinimas)

Pradžioje apie baltų pavadinimą. Kadangi šis terminas yra dirbtinis ir sukurtas tik XIX amžiuje, todėl nevartotinas. Niekada jokia tauta, jokia gentis ar visas etnosas taip nebuvo vadinamas, išskyrus minėtus „baltus" Ispanijoje tarp įsiveržusių į ją visų gotų. Tačiau terminas yra plačiai paplitęs mokslo pasaulyje ir visiems suprantamas, todėl negalėsime jo išvengti. Pabandykime pradžioje išsiaiškinti, kaip šį pavadinimą, nors ir apytikriai, galime pakeisti į tikrą, to meto žmonių vartotą. Pirmiausia turime atkreipti dėmesį į tai, kad įvairiais laikais mūsų protėviai buvo skirtingai vadinami. Seniausius laikus, kuriuos dar siekia rašytiniai šaltiniai, geriausiai atskleidė Jonas Basanavičius. Turime tik nusiimti puikybės akinius ir suprasime, kad prieš 3-4 tūkstančius metų, kaip rašė J. Basanavičius, indoeuropiečių tautų branduolys, kurių pagrindiniai palikuonys pagal kalbą mes esame, vadinti getais, ir šis vardas beveik nepakitęs išliko tautos pavadinime *Getwesia* (vietoj jo lietuviškai klaidingai pasirinktas jotvingių - *jatviahie* - pavadinimas). Kaip rašė J. Basanavičius ir kt., Biblijos laikais artimiausi getų giminės buvo hetai, chetai, hetitai, chatai, khatai, khetai (dvi pastarosios gentys kariavo senovės Egipte ir Babilone, iš chetų Abraomas už 40 šekelių sidabro pirko žemės sklypą ir olą), o patys getai įsitvirtino plačioje stepių teritorijoje į šiaurę nuo Juodosios jūros. Nedideli miškų ir kalnų masyvai stepių zonoje leido gana homogeniškiems getams išplisti dideliuose žemės plotuose. Iš čia getų giminės pasklido į šiaurę - miškų zoną. Tai ir gotai, ir gitai (Ptolemajo minimi gitonai, arba giutonai), ir gudai, ir chatai (Mažojoje Azijoje ir Vokietijoje Romos laikais) bei daugelis kitų giminingų genčių, kurioms baltų terminas būtų per ankstyvas, tačiau visų getų tautų ypatingą giminingumą baltams būtina pabrėžti, nes kitaip liksime dabartinėje neznioje, kai prieš Mindaugo laikus iš kažkur atsiranda didžiulė baltų teritorija nuo Vyslos iki Maskvos (gal nusileidžia iš dangaus?). Beje, greta getų laikais prieš Kristų turime paminėti trakus, kuriais, anot Herodoto, pasivadino getai (matyt, prie šio pavadinimo kilmės prisidėjo pabėgėliai iš Trojos), bei dakus, kuriais trakai, kaip skelbia romėnai, pasivadino keletą šimtmečių prieš Kristų. Getų, trakų ir dakų giminystę galime palyginti su tarpusavyje giminingomis slavų tautomis: ukrainiečiais, rusais ir baltarusiais (daugmaž vienos kilmės). Ir čia negalime nepaminėti to fakto, kad dabartinė Lietuvos teritorija įvairiu laiku buvo ir Trakijos, ir Dakijos (plačiąja prasme ir Getijos) dalis. Apie tai rašoma romėnų šaltiniuose, skelbiančiuose, kad Trakijos ir Dakijos riba šiaurėje buvo *Oceanus Septentrionalis*, t. y. Baltijos jūra.

Perėję į Romos laikus, vieningo getų pavadinimo turime atsisakyti, nors Jūratė Statkutė de Rosales savo knygoje *Goths and Balts* („Gotai ir baltai") net iš getų kilusius gotus neabejodama laiko baltais. Norėčiau čia pateikti nuomonę, kad antikos laikais artimiausi baltams yra aisčių (estijų) ir gerulių pavadinimai, kurių bendrumus ir skirtumus apibūdinti tikrai nelengva. Kaip jau teko ne kartą rašyti, aisčiai (estijai) Vakarų Europos gyventojams reiškė „rytiečius" (Rytų Baltijos pajūrio gyventojus), kaip ir mums vokiečiai reiškė „vakariečius". Kadangi aisčiai (rytiečiai) yra ne etninis, bet geografinis pavadinimas (be abejonės, aisčiams priklausė ir jiems negimininga Estija, kuri ir vardą gavo iš estijų), tai neaišku, kiek į rytus nuo Baltijos jūros jie buvo taip vadinami: iki dabartinės Baltarusijos, Maskvos? Tik, be abejonės, dabartinė Lietuvos, Latvijos ir buvusios Prūsijos teritorija aisčiams tikrai priklausė.

Tiksliausiai su mūsų dabar vadinamais baltais sutampa antikos laikais gerulių (girulių) gyventa teritorija, nes šis pavadinimas, nors taip pat geografinis, apima visas baltų gentis, gyvenusias miške į šiaurę nuo stepių zonos tarp Vyslos ir Maskvos. Pietų Prūsijos žemė Pamedė (Pomesania), Baltarusijos Polesė (Ptolemajo *Pagiritai*), drevlianai į šiaurę nuo Kijevo (tie patys giruliai), į pietus nuo jų gyvenę polianai ir poliakai Lenkijoje (lankiai) tai paliudija. Baltų teritorijoje gyveno girių gyventojai giruliai, vėliau pervadinti geruliais, o į pietus nuo jų – lankų gyventojai lankiai, priskirtini slavams.

Visus labai domina Romos nukariavimo istorija. Niekam ne paslaptis, kad antikos laikais Romos imperija buvo didžiausia galybė žemėje. Dėl likusios mažos mūsų tautos teritorijos ir iš to kilusios mažybės manijos daugelis lietuvių pradeda nepatogiai muistytis, kai užsimeni jiems apie mūsų protėvių dalyvavimą nukariaujant Romos imperiją. Dabar jau netenka abejoti, kad paskutinį Romos imperatorių nuvertę geruliai buvo baltai, o jeigu tikėtume Jūratės Statkutės de Rosales paskelbtais naujausiais duomenimis, kad gotai buvo baltai, tai ir pagrindiniai Romos nukariautojai būtų tie patys baltai. Kiek gotai, gyvendami Skandinavijoje ir kitose germanų žemėse sugermanėjo ir kokia jų dalis išliko artimesnė mums, dar turi nustatyti mokslininkai. Tačiau nekelia abejonių tai, kad baltų ir jiems artimų genčių vietovardžiai aptinkami toliau ir toliau Europoje ir Azijoje. Vis dažniau tenka prisiminti Česlovą Gedgaudą ir kitus autorius, kurių daugelis minčių pasitvirtina.

Po šios nedidelės apibendrinančios įžangos, apimančios seniausius laikus iki baltų genčių susidarymo, pabandysime įvairias baltų gentis, kad ir kaip sunku būtų jas priskirti tikriesiems baltams arba jų artimiausiems giminaičiams, apžvelgti toliau šių straipsnių cikle.

Lietuvos aidas, 2006 05 12

KAIP LIETUVIAI DALYVAVO GALINGIAUSIŲ PASAULIO IMPERIJŲ GRIŪTYJE

Pradėsime nuo to, kaip 1399 m. vasarą Vytautas Didysis sumanė su Lietuvos kariuomene sutriuškinti didžiausią to meto pasaulio galybę – Čingis chano valstybės palikuonis – Aukso ordą. Kautynės įvyko rugpjūčio 12 dieną prie kairiojo Dniepro intako, Vorsklos upės. Vytauto vedamoje kariuomenėje dalyvavo kryžiuočių, lenkų daliniai ir keli tūkstančiai pretendento į Aukso ordos sostą Tochtamyšo totorių, kurie savo pasitraukimu iš mūšio ne laiku gerokai pakenkė Lietuvos kariuomenei. Deja, šios kautynės Vytautui baigėsi visišku pralaimėjimu. Žuvo daug Algirdo ir Karijoto sūnų, sritinių kunigaikščių. Ir pats Vytautas vos sveikas grįžo į Lietuvą.

Po 700 metų kitas Vytautas – Landsbergis – su visa lietuvių tauta daug prisidėjo prie mūsų laikų galybės – Sovietų Sąjungos taikaus subyrėjimo (taikaus – sąlygiškai). Apie tai užtektinai žinome, todėl čia paminėsiu tik dažnai nutylimą faktą, kad Vakaruose Vytauto Landsbergio nuopelnai Sovietų Sąjungos tautoms išlaisvinti nedaug mažiau vertinami už Michailo Gorbačiovo. O neseniai egzistavusios didžiausios istorijoje Britų kolonijinės imperijos griovime lietuviai nedalyvavo, tačiau daug prie to prisidėjo mūsų tolimiausi giminaičiai – indai.

Dabar pereisiu prie, mano nuomone, įdomiausios straipsnio dalies, kiek lietuvių protėviai prisidėjo prie antikos laikų didžiausios galybės – Romos imperijos – sugriovimo. Šiuose karuose su Roma dalyvavusių baltų negalime visiškai tapatinti su lietuviais, tačiau tikrai esame jų tiesioginiai palikuonys. Šių eilučių autorius jau ne kartą pareiškė nuomonę, kad mūsų protėviai geruliai (girių gyventojai giruliai, kitaip – heruliai, eruliai) kartu su būsimais prūsais skiriais V a. pabaigoje nuvertė paskutinį Romos imperatorių. Vakaruose už Vyslos gyvenę geruliai buvo patekę į smarkią germanų įtaką. Todėl jų karalius V amžiaus pabaigoje ir vadinosi ne Radvilku (Radvila), bet Rodvulfu, iš kurio kilo vokiečių vardas Rudolfas. Taigi negalime paneigti dalies gerulių sugermanėjimo, kaip rašo vokiečių mokslininkai, tiesiog laikydami herulius germanais. Sugermanėjusi galėjo būti tik gerulių diduomenė.

Tačiau Venesueloje atsirado didelė antikos specialistė, lietuvių kilmės knygų autorė Jūratė Statkutė de Rosales, kuri baltais laiko ne gerulius, bet pačius pagrindinius Romos imperijos nukariautojus gotus (ostgotus – ostrogotus ir vestgotus – „visus gotus"). Jau Regina Liubertaitė plačiai aprašė gotų rašto paminkluose aptinkamus baltų kalbų (kalbos (?)) sluoksnius. Ir šių eilučių autoriaus nuomone, gotai yra kilę iš getų, kurie yra baltų tiesioginiai protėviai. Net jotvingius prūsai vadino getais, o Vytautas getais vadino sūduvius. Taigi gotų kalboje turėjo būti didelis baltų kalbos klodas. Tačiau kai Jūratė Statkutė de Rosales daugiau kaip 300 puslapių knygoje nuosekliai įrodinėja pagrindinius Romos nukariautojus gotus buvus baltais, tai jau visiškai nejuokinga sensacija. Toliau bandysiu įrodyti, kodėl šią autorės knygą *Goths and Balts* būtina išversti į lietuvių kalbą ir išleisti Lietuvoje.

Tai verta padaryti vien dėl to, kad, anot Jūratės Statkutės de Rosales, jeigu gotai nebūtų nukariavę Romos imperijos, mes dabar vaikščiotume ne su kelnėmis, bet su togomis. Savo knygoje autorė nuosekliai nagrinėja ispanų karaliaus Alfonso X Išmintingojo XIII a. parašytą *Gotų kroniką*, kurią Venesuelos sostinės Arcayos bibliotekoje ji aptiko visai atsitiktinai.

Po ilgų tyrinėjimų autorė nustatė, kad Alfonso X kronikos pradžia siekia mūsų kraštuose gyvenusius baltus, kurie buvę tiesioginiai gotų protėviai. Didelę knygos dalį užima senosios ispanų kalbos studijos, kuriose autorė daugybėje ispanų kalbos formavimosi iš lotynų kalbos elementų randa lietuvių kalbai būdingų leksemų ir gramatinių formų. Jūratės de Rosales nuomone, remiantis lietuvių kalbos dėsniais, galima atsekti daugelio lotynų kalbos žodžių pasikeitimą į ispaniškuosius. Jeigu V amžiuje į Ispaniją atėję gotai, arba bent jau didelė jų dalis, kalbėjo baltų prokalbe, tai jos mintims galime visiškai pritarti. Mokslas ateityje turės pasakyti, kiek Jūratė Rosales buvo teisi. Gotų ir gerulių baltiškumą teks bandyti išaiškinti ir Lietuvoje dirbantiems mokslininkams. Teks atsižvelgti į tai, kad germaniški gotų rašto paminklai nebūtinai reiškė pačius gotus kalbėjus germanų kalba. Užtenka prisiminti, kad ir Lietuvoje raštų kalba yra buvusios lotynų, senoji slavų ir lenkų kalbos, nors didžiausia gyventojų dalis visada kalbėjo lietuviškai.

Lietuvos aidas, 2006 03 31

GEOGRAFIJA PADEDA PERSKAITYTI TAUTŲ VARDUS
Miškas – laukas

Pastaruoju metu archeologai atkreipė dėmesį į labai didelius archeologinių kultūrų skirtumus tarp žmonių, gyvenusių miške ir laukuose (stepėje). Miškuose pastatai buvo statomi iš medžio, o stepėse – iš molio ir kitų medžiagų. Skirtingoje aplinkoje ir maisto gaminimo būdai labai skyrėsi.

Kaip tik baltų gyventuose plotuose nuo seniausių laikų ir ėjo pagrindinė stepės – miško riba Europoje. Vakaruose ji prasideda šiauriau Varšuvos, tęsiasi šiauriau Kijevo ir eina tolyn į rytus iki Vakarų Sibiro.

1808 m. Ksaveras Bohušas išleido knygą *Apie lietuvių tautos ir kalbos kilmę*, kurioje iškėlė sensacingą teoriją apie lietuvių kilmę iš herulių. Šį etnonimą jis kildino iš girulių – „girių gyventojų" (K. Bohush, *O początkach narodu i języka litewskiego*, W., 1808). Taip būdamas ne kalbininkas ir net gerai nemokėdamas lietuvių kalbos jis tik iš garsų panašumo padarė didelį atradimą lituanistikos moksle. Apsispręsti jam galbūt padėjo ir ankstesni istorikai, pvz. Volfgangas Lazijus, jau XVI a. teigęs, kad Pabaltijo gyventojai yra herulių palikuonys (J. Jurginis, *Legendos apie lietuvių kilmę*, V. 1971, p. 108, 128) bei vokiečių istorikas K. Hartknochas (J. Basanavičius, *Apie trakų prygų tautystę...*, V., 1921, p. 30). Ši lietuvių kildinimo iš herulių (gerulių, girulių) teorija buvo labai paplitusi XIX a. Iš emigrantų tyrinėtojų lietuvius siejo su giruliais (girių gyventojais) A. M. Račkus (A. M. Račkus, *Guthones*, Chicago 1929, p. 219-221) ir J. Venclova (J. Venclova, *Senovės graikai, giruliai ir getikai ir jų ryšys su lietuviais*, Čikaga, 1976).

Tačiau dauguma mokslininkų, kalbininkų, iš jų ir istorikas J. Ochmanskis, gerulių kildinimą iš žodžio *giria* laiko naiviu, nemoksliškam ir nepagrįstu (J. Ochmansky, *Litewski ruch narodowo – kulturalny w XIX wieku*, Białystok 1965, p. 79-80). Iki šiol taip mano ir daugelis mūsų mokslininkų. Mes čia pasistengsime reabilituoti šią „naivią" teoriją.

Turbūt visi žinome pietų Baltarusijoje, netoli šiame straipsnyje jau minėtos miško linijos, esančią sritį, vadinamą Polesė ir taip pat turbūt neabejojame, kad lietuviškai ji reiškia *pagirį*. Jau J. Basanavičius pastebėjo, kad antikos laikų geografo Ptolemajo minima tauta pagiritai ir yra tos pačios Polėsės gyventojai (J. Basanavičius, *Apie trakų prygų tautystę...*, p. 140). O kas buvo į šiaurę nuo to Pagirio (pagiritų)? Turbūt giria, o jos gyventojai turbūt „giruliai"?

Į pietus nuo miškų zonos esančioje teritorijoje mes randame daug tautų pavadinimų, kilusių nuo žodžio „laukas". Prie jų priskirsime stepių gyventojus polovcus (nuo žodžio *pole*), lugijus (nuo žodžio *lug*), kuriuos mini Tacitas apytikriai pietinėje Lenkijoje (K. Tacitas, „Germanija", *Raštai*, V. 1972, p. 29) ir tuos pačius lenkus (nuo žodžio „lanka"). Lenkų tautos pavadinimas *poliaki* yra kilęs iš žodžio *pole*. Įdomu, kad lietuvių kalbos žodis „medžioti" yra kilęs iš *medžio* sąvokos, reiškiančios mišką, o lenkų kalba medžioti sakoma *polowac*, t. y. medžioti laukuose. Čia išryškėja pagrindinis senovės baltų ir slavų skiriamasis bruožas – baltai (giruliai) yra miškų, o lenkai (lankiai) – lankų gyventojai. Panašios kilmės galbūt yra ir etnonimas *girtonai*, šią gentį Strijkovskis mini buvus netoli venedų (M. Stryjkowski, *Kronika...*, II, Warszawa, 1766, p. 52). Gerulių, dalyvavusių Romos nukariavime, kilmę iš estijų (aisčių) krašto VI a. liudijęs Prokopijus veikale *De bello Gothico* (T. Narbutt, *Dzieje...*, II, Wilno, 1837, p. 98-99). I. Danilovičius romėnų istoriko Plinijaus minimą tautą *hirri* pagrįstai sieja su heruliais (geruliais) (I. Danilowich, *Skarbiec diplomatów*, Wilno, 1860, p. 24). Šiame veikale jis pačios kilmės jis laiko ir senąjį Talino pavadinimą *Hirrin* bei vienos žemės prie Talino vardą *Harria*. Tai gali būti tiesa, nes mes žinome, kad baltų protėviai II tūkstantmetyje prieš Kristų buvo plačiai išplitę į šiaurę ir siekė net Suomiją.

Visai neseniai, tik prieš keletą metų, šių eilučių autoriui pavyko nustatyti dar vieną svarų priešinimo *miškas – laukas* argumentą etnonimuose: prieš tūkstantį metų piečiau mūsų aptartos miško – lauko linijos aplink Kijevą gyveno polianai (nuo žodžio *pole*), o į šiaurę nuo jų, už šios linijos – Dniepro baltai drevlianai. Drevlianų pavadinimas yra išverstas iš seniau vartoto vardo giruliai – girių gyventojai. Slavų kalbose *drevo* reiškia *medis*, t. y. *miškas*.

Etnonimą su šaknimis *gir-, ger-* randame ir kitame baltų žemių pakraštyje – dešiniajame Vyslos žemupio krante. Erazmas Stela šioje vietoje žymi sritį Ulmageriją (J. Jurginis, *Legendos apie lietuvių kilmę*, p. 72), 1584 m. Filipo žemėlapyje čia pažymėta žemė Kulmiger (VU bibliotekos Retų spaudinių skyrius, M1507), o Dlugošas, kurio tėvas dalyvavo Žalgirio mūšyje, teigia, kad Prūsija senovėje vadinosi Ulmirigija (J. Dlugosz, *Roczniki...*, IV (kn. VII), Warsz., 1974, p. 127). Šis antrosios šaknies *gir-* ir *rig-* painiojimas daugeliui autorių iškėlė mintį, kad čia minima rugių gentis, kuri gyveno ne tik Riugeno saloj, bet ir kontinente. Tačiau T. Narbutas yra Ulmigerijos-Ulmigirijos varianto šalininkas (T. Narbutt, *Dzieje...*, II, Wilno, 1837, p. 239, 350, 351; III, p. 43-47). Jeigu šiame etnonime tikrai turime sąvoką *giria* (kuo neturėtume abejoti), tai mums yra labai geras priešinimo lankų gyventojų lenkų, gyvenusių viename Vyslos krante, giruliams, gyvenusiems priešingame krante, įrodymas.

Lemiamu argumentu šiam girios – lauko priešinimo įrodymui galime laikyti toje pačioje vietoje, dešiniajame Vyslos krante, kryžiuočių užfiksuotą Pomezanijos žemės vardą, kurį K. Būga kildina iš etnonimo Pamedė, t. y. „žemė prie miško", ir kuri yra ties ta pačia mūsų pradžioje minėta geografine miško ir lauko riba. O lenkų tautos vardą susieti su lietuvių kalbos žodžiu „lanka" leidžia daugelis Prūsijos vietovardžių su šaknimi *leng-*, *lenk-*, reiškiančių lanką, lauką. Vienas iš tokių yra Lengnieten kaimas buvusios Sambijos šventvietės – ramovės – vietoje Vakarų Sambijoje. Taip pat kai kuriose Lenkijos lietuvių tarmėse ir dabar etnonimas *lenkai* tariamas lankiai.

Be termino *giria* baltų žemių etnonimuose yra plačiai išplitusi ir kitokio miško sąvoka – *šilas*, ji reiškia pušyną, spygliuočių mišką. Prie šio tipo etnonimų turime priskirti ir sėlių, kryžiuočių laikais gyvenusių prie Dauguvos Rytų Latvijoje ir Šiaurės Rytų Lietuvoje, pavadinimą. Prūsų žemių aprašyme knygoje *Liber censum Daniae* sėliai vadinami *syllonis* (*Scriptores Rerum Prussicarum*, I, V. 1955, p. 19). Latvių kalboje priebalsis *s* atitinka lietuvių kalbos priebalsį *š*. Greičiausiai sėlius mini Ptolemajas II a., vadindamas juos sulonais: „Iš mažesnių tautų Sarmatijoje gyvena: prie Vyslos upės už venetų – gitonai, taip pat finai, taip pat sulonai..." (*Lietuvos TSR istorijos šaltiniai*, I, V. 1955, p. 19). Anonimo Galo *Lenkijos kronikoje* greta pamarėnų ir prūsų minima žemė Selencija taip pat, matyt, sietina su sėliais (Anonim Gall,

Kronika Polska, Warszawa, 1968, p. 9, 10). Kaip jau buvo daug kartų minėta, balsių *e, ė* ir *i* kaitą čia galime laikyti dėsninga. Įdomus prūsiškų vietovardžių sambūris yra į pietų vakarus nuo Novgorodo, kur ištisa teritorija vadinta *Šelonska Piatina*: *Prusskaja, Pruskovo, Prusskoje, Prusy, Prusy* (J. Antoniewich, „The problem of the Prussian street in Novgorod the Great", *Acta Baltico-Slavica*, II, 1965, p. 17-18). Ten pat teka upė *Šelonė*, kurią galime palyginti su lietuviškais vietovardžiais *Šilėnai, Šiliniai* ir kildinti juos nuo žodžio *šilas*. Tai, matyt, prūsų-lietuvių išeivių kolonijos. Panašių vietovardžių paplitimas įvairiose baltų žemėse (*Sellen* Kaukėnų apylinkėse į pietus nuo Nemuno Mažojoje Lietuvoje, *Zlina* jotvingių krašte ir kt.) leidžia teigti, kad sėlių etnonimas kilo iš platesnius plotus apimančių šilų, pušynų gyventojų vardo, kuris taip pat gali būti priešinamas lankų gyventojams.

Lietuvos aidas, 2006 03 17

GEOGRAFIJA PADEDA PERSKAITYTI TAUTŲ VARDUS
*Etnonimai iš spalvų pavadinimų ir kiti geografinės
kilmės tautų vardai*

Įvairiose pasaulio dalyse aptinkame daug vardų, kilusių iš spalvų pavadinimų: Baltoji, Juodoji, Raudonoji ir Geltonoji jūros, Geltonoji upė ir kt. Daugelis kalbininkų ir mūsų Baltijos jūros vardą veda iš žodžio „baltas". Tačiau tai vis ne etnonimai. O tarp baltiškų etnonimų neabejotinai iš spalvos vardo kilo Prūsijos žemės Varmijos pavadinimas (prūsiškai *wormyan* reiškia *raudona*). Ši žemė nusidriekia nuo Natangijos iki Aistmarių.

Istorinėse baltų žemėse, slavų–baltų paribyje, yra trys slaviški etnonimai iš spalvų pavadinimų: Baltoji Rusia (*Rusia Alba*), Raudonoji Rusia (*Rusia Rubra*) ir Juodoji Rusia (*Rusia Nigra*). Taip ir neaišku, ar šie trys etnonimai yra atsinešti atėjus į šias žemes slavams, ar jie yra likę iš anksčiau čia gyvenusių baltų. Kaip jau minėjome, prūsų Varmijos ir Raudonosios Rusios pavadinimai yra kilę iš raudonos spalvos pavadinimo. Tai leistų teigti, kad visų šių spalvotų Rusių (ir vėlesnės rusų tautos) pavadinimai galėjo būti likę iš čia seniau gyvenusių baltų tautų vardų. Jau Romos laikais gyvenęs Pomponijus Mela (Pomponius Mela, *De situ orbis*, Lugduni Batavorum, 1646, p. 60 – VU Lelevelio fondas) ir daugelis kitų autorių tarp Europos barbarų tautų mini melanchlenų gentį, kurios pavadinimą galime išversti į *juodasermėgius* (J. Šliavas, *Mūšos ištakos* (rankr. VU bibliotekoje), 1973, p. 82). Ar tie juodasermėgiai turi ryšį su Juodąja Rusia – neaišku. Bet vis dėlto atrodo, kad trys minėti slaviški etnonimai yra kilę nuo pamėgtų tose teritorijose drabužių, pastatų spalvų arba kitokios žmonių veiklos, nes mažai įtikima, kad tokios ryškios spalvos kaip juoda, raudona, balta būtų kilusios iš geografinių terminų, žemės paviršiaus spalvų gamos. Beje, raudona yra *ochra*, kuri kai kuriuose kraštuose laidotuvių metu būdavo dedama į kapą.

Jei ateityje bus plačiau ištirta, gal pavyks geriau išaiškinti šių spalvinių etnonimų kilmę. Nemažą reikšmę čia gali turėti ir kai kuriose šalyse įsisąmonintas spalvų šventumas. Pvz., Prūsijoje pagonybės laikais balta spalva buvo laikoma šventa. Griežtai buvo draudžiama baltus arklius naudoti lauko darbams. Juos augindavo tik aukojimui. Kitur – atvirkščiai – šventa buvo juoda spalva. Mūsų kunigų iškilminga apranga taip pat balta, gedulo spalva – juoda. Taigi spalvų priešprieša – juoda ir balta – tautų varduose buvo plačiai vartojama.

Turime geografinių baltiškų etnonimų, kilusių iš vandenvardžių. Tokie yra prūsų žemių Nadruvos (Nadravijos) ir Natangijos bei Nalšios Rytų Lietuvoje pavadinimai. Pirmasis reiškia „ant Dravės", antrasis – „ant Angės", trečiasis – „ant Alšios" upės. Antrajame pavadinime Angės upė greičiausiai yra Angerapė, kuri, deja, teka kiek į rytus nuo kryžiuočių minimos Natangijos. Įvairūs vietovardžiai, kaip žinome, dažnai keičia savo vietas: persikėlus žmonėms, persikelia ir vardai. Matyt, taip atsitiko ir su natangais, o galbūt buvo kita Angies upė? Už Novos upės gyvenantys sūduviai vadinami zanavykais (ne užnoviais). Šiuose etnonimuose priešdėliai *na-* ir *za-* greičiausiai atsirado ne tiek dėl slavų kalbų įtakos, kiek dėl skambesnio vardų ištarimo.

Įdomūs yra svarbiausios prūsų žemės – Sembos – pavadinimai. Daugelis ją laikydavo sala, ko ir mes negalime paneigti. Mat Priegliaus atšaka – Deimės upė – ją tikrai atriboja nuo kontinento. Antikos laikais ji vadinta *Abalus, Basilea, Glaesaria*.

Mus labiausiai domina pastarasis pavadinimas. Romėnų istorikas Plinijus Vyresnysis I a. rašė, kad germanai gintarą vadina *glaesum*, todėl vieną iš gintaringų Šiaurės jūros salų Cezaris Germanikas ir pavadinęs Glaesaria (*Drevnije germancy*, M.,1937, p. 54). O Tacitas rašo, kad aisčiai (*Aestiorum gentes*) gintarą vadina *glaesum*. Taip pat ir 1584 m. Filipo žemėlapyje Semba vadinama Glesaria. Taigi nėra abejonės, kad Glesaria ir buvo vadinama turtingiausia gintaru prūsų žemė Semba (Sambija). Galbūt Skandinavijoje minima nemirštančių žmonių šalis *Glasisvellir* (*Glaesisvellir*) (M. Dillon, N. K. Chadwick, *Ze świata Celtów*, Warszawa, 1975, p. 147) taip pat susijusi su romėnų minima sala *Glaesaria*.

Kai kurie autoriai Sembą tapatina su prieš Kristų Baltijos jūroje minima sala *Baltia* (M. Alseikaitė, „Baltai priešistoriniais laikais", *Kūryba*, 1944, sausis, p. 39). Salą *Baltia* IV a. pr. Kr. mini Pitėjas iš Masilijos (I. Niewojska, *Pytheas z Marsylji...*, Warszawa, 1936, p. 520) bei ji pažymėta 220 m. pr. Kr.

Eratosteno žemėlapyje. Kadangi Pitėjas skelbia salą buvus labai didele, tai mokslininkai ją tapatina su Skandinavija.

Geografinės kilmės greičiausiai yra ir Sūduvos etnonimas, aptinkamas jau II a. Ptolemajo raštuose: „Už venetų yra galindai ir sudinai ir stavanai ligi alanų" (*Lietuvos TSR istorijos šaltiniai*, I, V., 1955, p. 19). Be to, apie sūduvius rašo Vytautas Didysis: „Sūdų arba Getų žemė, esanti tarp Lietuvos ir Prūsijos, yra tikra mūsų tėvonija, paveldėta iš mūsų senelių bei prosenelių" (ten pat). Sūduvos pavadinimas gali būti geografinės kilmės, reiškiantis nedžiūstančią šlapią žemę, purvą.

Paskutiniam iš mūsų išrinktų geografinių etnonimų, kuris greičiausiai apima baltus, yra romėnų minimi arimfėjai (arimpėjai). Jie gyvenę miškuose už Ripėjų kalnų (Pomponius Mela, *De situ orbis*, Lugduni Batavorum, 1646, p. 55). Apie juos rašo ir Amianas Marcelinus. Pro Ripėjų kalnus tekančios *Crono* (Nemuno) ir *Vistulos* (Vyslos) upės (J. Jurginis, *Legendos apie lietuvių kilmę*, V., 1971, p. 69). Bėda ta, kad romėnų autoriai Ripėjų kalnus žymi labai įvairiose vietose. Tačiau jei juos tapatiname su Karpatais, tai arimfėjai tada, be abejonės, galėjo būti tik baltai.

Jeigu šiame straipsnyje beieškant tautų vardų pavyko išvengti stereotipų, kurių laikantis nuolat kartojami tik keletas standartinių visiems žinomų tautų vardų, manau, kad tikslas pasiektas. Visos didesnės Europos tautos nuolat minimos jau tris ar keturis tūkstančius metų, taigi ir mums vieną kartą teks per šiuos vardus ateiti iki indoeuropiečių (getų) prokalbės susidarymo. Trijų tūkstančių metų spragą iki Mindaugo teks pripildyti, nes mūsų kalba yra seniausia iš indoeuropiečių kalbų. Reiks vieną kartą atsisakyti įpročio visus, kurie bando ieškoti mūsų tautos šaknų seniau kaip prieš tūkstantį ar ir du tūkstančius metų, laikyti romantikais, mistikais, faktų klastotojais ir pan. Be abejo, būtina bus nustatyti, kiek ir kokios baltų tautos dalyvavo Romos imperijos nukariavime, kur slepiasi tikros lietuvių kilmės iš romėnų teorijos šaknys ir kt.

Taip pat neatidėliotinai reikia išspręsti nuolat archeologo A. Girininko keliamą problemą, kad prieš keturis ir daugiau tūkstančius metų Lietuvoje gyvenę žmonės yra pagrindiniai gyventojai, o tuo laiku iš pietų atvykusios gyventojų bangos sudarė tik neženklią gyventojų dalį. Būtina nustatyti vietinių ir atvykusių gyventojų santykį ir pabandyti išsiaiškinti, kaip vietiniai gyventojai vadinosi ir kokia kalba kalbėjo. Tačiau netenka abejoti, kad mes kalbame ateivių – getų (indoeuropiečių) kalba, kuria jokiu būdu negalėjo kalbėti prieš keturis tūkstančius metų Lietuvoje gyvenę Narvos-Nemuno archeologinės kultūros medžiotojai ir žvejai. Jų kalba negalėjo sutapti su ateivių getų kalba, nes abiejų etnosų kultūra ir gyvenimo būdas visiškai skyrėsi. Tačiau yra ir daug požymių, kad mūsų teritorijoje nuo paties ledynmečio nebuvo visiško gyventojų pasikeitimo, įvairių dirbinių formos laipsniškai, be pertrūkių, rutuliojosi vienos iš kitų.

Jeigu mums bent kiek rūpi seniausia mūsų tautos praeitis, visus šiuos klausimus būtina kuo greičiau spręsti.

Lietuvos aidas, 2006 03 24

KUNIGAIKŠČIŲ IR TAUTŲ VARDAI

Iki šiol mūsų kalbininkai mažai kreipė dėmesio į lietuvių kunigaikščių ir kitų senovinių vardų panašumą į tautų, etninių grupių ir genčių pavadinimus. Ryškiausias toks pavyzdys galėtų būti asmenvardis *Gediminas* ir jam giminingi *Gedbutas, Gedgailas, Gedgaudas, Gedkantas, Gedrimas, Getautas* bei *Mingedas, Milgedas* ir daugybė kitų. Sandą *ged-, get-* kalbininkai Kazys Kuzavinis ir Bronys Savukynas kildina iš lietuvių kalbos žodžio *gedauti* – ilgėtis, tačiau pagal nepaprastai platų getų etnonimo paplitimą, iš kurio, šių eilučių autoriaus nuomone, kilo visos indoeuropiečių tautos, dabar sudarančios beveik trečdalį planetos gyventojų, galima spėti, kad kunigaikščio Gedimino vardas gali slėpti getų tautos vardą. Iš getų greičiausiai kilo ir jotvingų pavadinimas, kurį kalbininkai prieš šimtą metų klaidingai pasirinko: iš dviejų variantų *jatviahe* ir *Getvesia* reikėjo rinktis antrąjį, kuris aiškiai sako, kad jotvingiai yra getviai, panašiai kaip iš letų kilo Litva, Lietuva. Iš jotvingių pavadinimo galėjo kilti Jogailos asmenvardis, taip pat Karijoto ir kitų kunigaikščių vardai. O jotvingių vardo įvedimą lietuvių kalboje vietoj *getų, getvių* galima būtų palyginti su *jantariaus* pavadinimo įsigalėjimu vietoje *gintaro* daugelyje tautų. Laimei, mūsų kalboje taip neįvyko.

Kalbant apie getus, neišvengiamai tenka paminėti jų nepaprastą paplitimą visoje Europoje (ir ne tik Europoje) prieš 1–2 tūkstančius metų ir dar seniau. Kaip jau teko ne kartą rašyti, sandai *ged-, get-* ir kiti jiems giminingi tautų ir etninių grupių, genčių vardai laipsniškai keitėsi pagal užimtus jų naujus gyvenamuosius plotus ir ten gyvenusių kitų tautų įtaką. *Beowulfo* saksų poezijoje VIII a. plačiai aprašomi apie mūsų kraštus gyvenę *geatai*. Šiaurės Lenkijos miestas Gdanskas 997 m. vadinosi *Gyddanych*, vėliau *Gedania*, o netoli esančio *Gdynios* uosto pavadinimas greičiausiai yra artimas lietuvių kalbos žodžiui Getynė – „kur gyvena daug getų". Jau Simonas Daukantas tailkliai rašo, kad „Leškas III, lenkų kunigaikštis, valdęs ne vien visus lenkus, bet dar partus, pečenegus, getus, brutenus, arba prūsus, ir žemaičius..."

1171 m. Romos popiežius savo bulę skiria „[...] Kristų tikintiesiems, esantiems Danijos, Norvegijos, Švedijos ir Gėtijos karalystėse".

Kiekviename atskirame straipsnyje galime skelbti begalę naujų šaltinių apie getus, gitonus (Ptolemajas II a.), gotus, gudus ir kitas giminingas tautas, kilusias iš getų. Samogitijos (Žemosios Getijos) ir gitonų iš Lietuvos (Aukštosios Getijos ar Gitijos) pavadinimą labai tiksliai atskleidė A. M. Račkus, 1404 m. Vytauto Didžiojo antspaude įskaitęs lotyniškai: „Dei Gratia Ducis Lithuanie, heredis Ruteniae, dominique Hicensis", kur *hicensis* ar *hicess* reiškia *gitus*, t. y. tuos pačius gitonus.

Remdamiesi J. Basanavičiumi ir eidami gilyn į praeitį, pasieksime Izraelyje kariavusias *chitim* gentis ir senovės Egipte bei Babilone *khetus* ir *khatus*. Nenustebkime, kad ir biblinis Abraomas (Abrahamas) už 40 šekelių sidabro Kanaano žemėje pirko lauką ir uolą iš mums giminingų chetų, kurie su getais sudarė vieną tautą.

Norėdami tiksliau išaiškinti, ar mūsų kunigaikščių ir kiti pagoniški vardai su *ged-*, *get-* yra kilę iš getų, turėtumėme nuosekliau patyrinėti istorinius šaltinius. Tačiau atkreipkime dėmesį į tai, kad slavų metraščiuose atskiros jų gentys labiausiai nepasitiki *radimičiais*, kuriuos laiko tiesiog išdavikais. Ar nebus radimičiai susiję su baltais, kilusiais iš Radvilų giminės? Kaip žinome, šios giminės vardas greičiausiai siekia gerulių karaliaus Rodvulfo (taip jį vadino gerulius valdę ostgotai), lietuviškai Radvilo (Radvilko), žuvusio apie 490 m. kovose su langobardais, laikus. Iš to Radvilo, matyt, kilo ne tik Radvilų giminės pavadinimas, bet ir vokiečių vardas Rudolfas.

Ir lietuvių kunigaikščių, ir paprastuose senuosiuose varduose dažnai aptinkame žodį *tauta*: *Tautrimas, Tautginas, Tautvydas, Rimtautas*, Gintautas ir kt. Tai labai senas indoeuropiečių (getų) žodis, panašia prasme vartotas gotų ir kitų tautų. Daug kas net neįtaria, kad panašios kilmės yra ir vieno didžiausių mūsų tautos priešų – teutonų ordino – pavadinimas, taip pat ir *Deutsch* – vokiečių tautos vardas.

Kunigaikščių varduose Karijotas, Karigaila ir kituose sandas *kar-* gali reikšti *karą*, bet kartu gali būti kildinamas iš antikos laikais žinomų kareotų ir karijų tautų vardų.

Sandas *vis-* išlikęs varduose ir pavardėse *Vismantas, Visgirda, Viskantas* ir kt. Kalbininkai šį sandą neabejodami ir teisingai kildina iš žodžio *visas*.

Istorijoje žinomas faktas, kai susijungę gotai pasivadino visiškai lietuviškai: visigotai.

Kažkada sovietmečiu kalbininkų buvau labai sukritikuotas, kad painioju sandus *gal-*, *gail-* ir *gel-*, tačiau tebetvirtinu, kad *Jogaila*, *Jogėla* ir *Jogalas* yra to paties vardo tarminiai variantai, kur antroji žodžio dalis, kaip ir vietovardžiuose Ramygala, Dievo*gala*, Ario*gala*, Bety*gala*, Vandžio*gala*, paprasčiausiai reiškia *galią*. Šio vardo reikšmę dažnai komplikuoja žodžio *galia* panašumas su žodžiu *galas*, reiškiančiu pabaigą. Tokiais daugelis kalbininkų laiko oikumenos pakraščiuose gyvenusius galus ir galindus, reiškusius „galinius gyventojus", tačiau giminingos kilmės gelonų ir helenų (graikų) tautų vardai greičiausiai susiję su saule (*helios*) ir galia.

Lietuvos aidas, 2005 12 24

IŠ KUR TIE SLAVAI?

Dažnai tenka išgirsti nuomonę, kad mūsų tautos ir kaimyninių tautų kilmė yra neblogai žinoma, bet niekas neranda, iš kur kilo slavai. Noriu pasiginčyti, kad tokia nuomonė nėra visiškai teisinga. Iš tikrųjų mokslininkai nesiginčija, kad prieš tris tūkstančius metų mes su slavais buvome viena tauta. Tik jie iš Mažosios Azijos ir Pajuodjūrio pasuko į Balkanus ir Dunojų, o mes – į šiaurės Europos girias. Slavai, gyvendami ties Romos imperijos sienomis, iš romėnų perėmė daug gudrybių ir naujausių civilizacijos pasiekimų, o mes miškuose išsaugojome mažai paliestą getų – protoindoeuropiečių – kalbą ir jų archaišką civilizaciją (todėl ir mūsų kalba išliko artimiausia sanskritui).

Pabandykime nustatyti, kaip vadinosi slavai nuo seniausių laikų ir kokie buvo jų migracijos keliai. Antikos laikais niekas neabejojo, kad venedai (iš dalies tai būsimieji slavai – *R. M.*) po to, kai trojiečiai pralaimėjo karą prieš helenus (graikus), iš Paflagonijos Mažojoje Azijoje patraukė į Balkanus, Iliriją ir Dunojų. Atilos laikais Rytų Italijoje jie įkūrė Venecijos miestą. Mūsų kronikininkas M. Bielskis šiuos duomenis paėmęs iš *Iliados* ir *Odisėjos* autoriaus Homero. Anot romėno Polibijaus, jo laikais ir Adrijos jūra vadinosi Venedų jūra. O kodėl manome, kad venedai yra slavų protėviai? Labai paprastas atsakymas: estai ir dabar rusus vadina vene, t. y. venedais.

Antikos laikų autorius Strabonas mini ir antrąjį venedų persikėlimą į Europą, kurį sukėlę kimerai. Anot M. Bielskio, Ilirijos venetai plačiai išsidauginę ir pamažu apgyvendinę Padunoję, Dalmatiją, Meziją ir Dakiją (matyt, tik jos dalį – *R. M.*), pasivadinę ilirais, istrais, dalmatais. Jau istorijos tėvas Herodotas iš Halikarnaso V a. prieš Kristų mini Ilirijos venetus. Įdomumo dėlei turime pastebėti, kad iš ilirų daug kas kildina ir dabartinius albanus, kurie slavams yra beveik visiškai negiminingi. Tai nėra neįmanoma, nes senovėje dažnai naujai įsitvirtinusi tauta perimdavo seniau toje vietoje gyvenusios tautos vardą arba atsinešdavo savąjį.

Įspūdingiausi yra Čekijos seniausių kronikų duomenys apie Azijos nukariautojo Aleksandro Makedoniečio siųstą laišką venedams, kuriame jis lyg dar nenušautą briedį venedams dovanojęs Europą nuo Ledinuotojo vandenyno iki Italijos jūros. „Visos čia gyvenančios tautos turėsiančios tarnauti venedams per amžius". Gal čia glūdi baisiosios slavų, t. y. ir rusų, kolonizacijos šaknys?

Apie venedų paplitimą I a. po Kr. liudija ir Julijus Cezaris, kuris aprašo venetų ir venelų sukilimą šiaurės vakarų Galijoje-Armorike (Bretanėje) ir Normandijoje. Iš istorijos žinome, kad didžiųjų Prancūzijos revoliucijų metu šis kraštas vadintas Vandėja. Beje, vandalais vadinta sugermanėjusi venedų šaka, iš kurios po Romos nuniokojimo kilo žodis vandalizmas.

Apie slavus-venedus mūsų kraštuose pirmą kartą I a. po Kristaus rašė romėnas Kornelijus Tacitas. Anot jo, venetai pasisavinę daug papročių iš peukinų, nes „plėšikaudami jie išnaršė visus miškus ir kalnus, dunksančius tarp peukinų ir fenų (finų – *R. M.*). Vis dėlto juos reiktų priskirti germanams, kadangi namus statydinasi, ir skydus nešioja, ir vaikščioja pėsčiomis... Visa tai priešinga sarmatams". Kadangi peukinai gyveno prie Dunojaus, o finai (estai, suomiai, karelai ir kt.) – į šiaurę nuo mūsų, tai reiškia, kad venedai jau prieš du tūkstančius metų išnaršė visus mūsų miškus ir, be abejo, mūsų protėviai ir venedai nuolat kariaudavo, o daug kas galvoja, kad su slavais susidūrėme ne seniau kaip keli šimtmečiai prieš kryžiuočius!

Lietuvos aidas, 2005 06 10

LIETUVIAI - GETŲ IR GERULIŲ PALIKUONYS

Pabandykime nustatyti, kas buvo mūsų protėviai Romos laikais, prieš 4-5 tūkstančius metų. Pradedant Marija Gimbutiene ir baigiant dauguma šiuolaikinių mokslininkų nuo Romos laikų per visą pirmąjį tūkstantmetį po Kristaus mūsų protėviai vadinami, arba dirbtiniu baltų terminu arba vakarietišku – aisčiais. O ar neįmanoma nustatyti, kaip mūsų protėviai, gyvenę nuo Vyslos iki Maskvos ir dar toliau, patys save tuo metu vadino ir kaip mus vadino artimiausi kaimynai?

Tyrinėjant tautų pavadinimus, šių eilučių autoriui pavyko nustatyti daugelio iš jų reikšmę pagal priešybes: miškas – laukas, rytai – vakarai, aukštai – žemai. Paaiškėjo, kad Romos laikais baltai save ir kaimynai juos vadino *giruliais* (*geruliais, heruliais, eruliais*). Kaip teisingai rašė Jonas Basanavičius, mūsų kraštus apgyveno žmonės, atsikėlę iš Balkanų ir Mažosios Azijos. Perėję per Ukrainos stepių zoną, getai ir kitos giminingos tautos atsiremdavo į ištisinį miško masyvą, kurio pietinis pakraštys driekėsi nuo Vyslos žemupio iki Kijevo ir Maskvos (ši riba tebėra nedaug pasikeitusi ir dabartiniuose žemėlapiuose). Ruošdami dirvą žemdirbystei, gyventojai degino mišką ir taip stūmė jį į šiaurę, puikiai suvokdami skirtumą tarp gyvenimo miške ir stepėje. Prūsijoje, Lietuvoje, Latvijoje, Baltarusijoje ir Vakarų Rusijoje gyveno girių gyventojai giruliai, kurių teritorija šiaurėje ribojosi su ugrosuomių tautomis: estais, finais, karelais, komiais, mordviais, mariais ir kt.

Giria, giruliai, geruliai

Girias ir miškus mena vietovardžiai: *Medinava* – pilis Semboje, *Medininkai* (Varniai) ir *Medininkai* – pilis prie Vilniaus, daugybė *Medziūnų* ir *Madziūnų* (taip arabų keliautojo Idrisi galėjo būti vadinamas ir Vilnius), Giruliai prie Palangos bei kai kurių baltų tautų ir genčių vardai: sėliai (šilų gyventojai, kur lietuvių kaimynų baltų priebalsis *š* tariamas *s*), Dniepro baltai drevlianai (slaviškas girulių vardas: *drevo* – medis). Tačiau aiškiausiai girių gyventojų girulių pavadinimą patvirtina paribio gyventojai. Pietų Prūsijoje prie Vyslos kryžiuočiai nukariavo baltų paribio žemę Pomezaniją; šį pavadinimą Kazimieras Būga labai tiksliai rekonstravo į *Pamedės žemę* (Pamedė reiškia *pagirys*). Toliau pagal miško pakraštį einant į rytus, visi žinome Pietų Baltarusijos teritoriją Polesę (*pagirį*), kurios gyventojus II a. Ptolemajas užrašė graikiškomis raidėmis beveik visiškai lietuviškai: PAGIRITAI (su galūne -*ai*). Lygiai taip ir lenkų tautos vardas reiškia *lankiai* – lankų gyventojai (lenkiškai – *poliaki*). Beje, Kijeve Romos laikais įsikūrę *polianai* taip pat reiškė „lankų gyventojus" (laukas – *pole*). O kur dar stepių gyventojai *lugijai, polovcai* ir kt. Įdomu, kad net mūsų žodis medžioti, t. y. miške žvėris gaudyti ir šaudyti, lenkų kalba skamba *poliovać*, t. y. medžioti laukuose.

Neminėdami čia dar daugelio panašių atitikmenų, manau, galime laikyti, jog įrodėme, kad Romos laikais baltai buvo vadinami giruliais. Tad prieiname prie išvados: paskutinį Romos imperatorių nuvertusi Odoakro vedama gerulių kariuomenė buvo sudaryta iš baltų genčių karių. Nesunku čia suprasti, iš kur tuomet kilo lietuvių kilmės iš romėnų teorija (Bizantijos imperatoriaus Justiniano karvedžio Velizarijaus patarėjas Prokopijus iš Cezarėjos aprašo gerulių grįžimą į šiaurę po Romos nukariavimo ir po 492 m. pralaimėto mūšio prieš langobardus prie Dunojaus ir po to, kai nesutiko priimti imperatoriaus Justiniano geruliams siųsto karaliaus krikščionio). Kita dalis kunigaikščių, kildinamų iš romėnų, galėjo būti Bosforo trakų kunigaikščio Palemono II palikuonys, o trakai ir dakai yra neatskiriami getų giminaičiai.

Rytai, Aistmarės, aisčiai

Rytų – vakarų prieštara mums padės nustatyti aisčių (Tacito – *æstiorum gentes*) vardo kilmę. Taip mus vadino vokiečiai ir kiti Vakarų Europos gyventojai. Kaip ir Baltijos jūra (*Ost See*) bei išlikęs Estijos tautos pavadinimas (*æstiorum gentes*) reiškia rytų gyventojus, o mums *vokiečiai* (latviškai – *vacieši*) reiškia vakariečius.

Mūsų – aisčių – pavadinimą Vakarų Europos gyventojai tarė dvejopai: *estijai* ir *aisčiai*. Iš estijų kilo Estijos tautos vardas, o iš aisčių – Aistmarių. Tad galime daryti išvadą, kad estijai (aisčiai) pirmiausia buvo ne etninis, bet geografinis terminas – *rytiečiai*, apėmęs mums negiminingus estus (be abejo, geografinis buvo ir girulių pavadinimas, kuris be baltų galėjo apimti dar kokias nors dabar jau išnykusias tautas, pvz., Senosios Europos gentis).

Vikingų laikais žodžio šaknis *aist-* išvirto į *aust-*. T. Narbutas surinko vikingų vartotus Rytų Europos pavadinimus: *Austurland* (Rytų žemė), *Austarreich* (Rytų valstybė, Rytų kelias), *Ostrogardya* (Rytų Gardarika, t. y. Rytų miestų žemė). Greičiausiai „Rytų vartus" reiškia ir mūsų Aušros vartai (*Ostrobrama*), „Rytų valstybę" – Austrija ir daugelis panašių vardų.

Getai, gotai, godai, gudai

Aptarėme pirmąją temos dalį – kaip mūsų protėviai vadinti Romos imperijos laikais ir kiek vėliau. O kaip jie vadinti prieš 3–4 tūkstančius metų, kai į Lietuvą ir aplinkinius kraštus atplūdo gyvulių augintojų ir žemdirbių gentys, naudojusios virvelinę keramiką ir laivinius kovos kirvius, laidojusios mirusius pavieniuose kapuose – pilkapiuose – bei pylusios piliakalnius?

Matyt, tai buvo getų gentys (minėtus gerulius galėtume vadinti šiauriniais getais), nes kitaip neįmanoma būtų paaiškinti tokio didelio šio tautos vardo paplitimo beveik visoje Europoje ir didelėje Vakarų Azijos dalyje: mūsų artimiausi giminės – jotvingiai (getviai, getai), geatai Šiaurės Vokietijoje VIII a., chatai Vokietijoje Romos laikais, gitonai prie Vyslos upės, masagetai prie Kaspijos jūros Romos laikais, sargetai prie alanų, tyrsagetai Rytų Europoje antikos laikais, gedhilai Hebridų salose IX a., hedujai Galijoje I a., heatobardai, kovoję su vikingais, sugermanėjusi getų šaka gotai, kurių karalius Germanarikas IV a. buvo taikiai užvaldęs aisčių gentis.

Labai daug getų genčių pavadinimų buvo surinkęs Basanavičius. Priminsime, kad ostgotų karalius Teodorikas Didysis V a. iš šiaurinės Italijos valdė aisčių gentis tolimoje šiaurėje, titulavosi aisčių karaliumi ir net gavo iš mūsų kraštų gintaro dovanų. Nevargindami skaitytojų tik atkreipsime dėmesį, kad mūsų kaimynų gudų terminas greičiausiai kilo iš tų pačių mūsų giminaičių apgermanėjusių gotų.

Galai, galiniai, galindai

Žinodami, kad lietuvių kalba iš visų dabar egzistuojančių gyvų indoeuropiečių (getų) kalbų geriausiai išlaikė seniausias getų kalbos formas, galime atkreipti dėmesį į keletą naujausių šių eilučių autoriaus pastebėjimų, kad toliausiai į vakarus pasistūmėjusios getų ir jų artimiausių giminaičių gentys Julijaus Cezario laikais vadintos galais, t. y. lietuviškai paaiškinamu žodžiu *galiniais*, o po Romos žlugimo persikėlę į Britaniją galų giminaičiai – keltais, t. y. *persikėlusiais*. Tačiau arčiau tiesos būsime susieję galindų (galbūt ir galų) vardą su žodžiu *galia*.

Sakysit, kad čia Gedgaudo fantazijos, bet po arabo Hady Jiffy straipsnio *Moksle ir gyvenime* (2004, 4–6): „Lietuva. Baltijos šalis slepia didžiausią pasaulio paslaptį" greta autoriaus pastebėtų baltiškų vietovardžių ir vandenvardžių Artimuosiuose Rytuose taip ir norisi pridurti Negevo dykumą Izraelyje (galbūt „Negyvą dykumą") bei Hirijos kalną prie Tel-Avivo, kuris kadaise buvo apaugęs mišku („Girios kalnas" (?)), o dabar nuo jo valomas milžiniškas miesto šiukšlynas, ruošiamasi jį paversti rekreaciniu augalų parku.

Čia jau pereinam prie trečios mūsų temos dalies: Jono Basanavičiaus minėti *chittim* (hetitų šaka (?)), kaip rašoma *Biblijoje*, buvo užvaldę Izraelį ir jų dalis čia tapo asimiliuota. Kai kas su chittim sieja ir paslaptingas Egipte bei Izraelyje kariavusias „jūros tautas", o dar seniau – Akado indoeuropiečių valstybę dabartiniame Irake (kaimyniniame Šumere gyvenę semitai).

Taigi pasiekę 5 tūkstančių ir daugiau metų ribą, ieškodami lietuviškų vietovardžių, galime pralenkti ir Č. Gedgaudą. Tačiau šių eilučių autoriaus nuomone, beveik tikra, kad indoeuropiečių terminą mes turime keisti getų pavadinimu, o išlikę gyvi getų artimiausi palikuonys mes ir esame.

Lietuvos aidas, 2004 04 28

KAS KLYDO – J. BASANAVIČIUS AR MES?

Pastaruoju metu Lietuvos nacionalinis muziejus išleido labai vertingą knygą apie Joną Basanavičių, kurioje sukaupta daug visuomenei beveik nežinomų faktų, nuotraukų ir dokumentų apie mūsų tautos atgimimo patriarcho gyvenimą ir veiklą. Tačiau čia vėl pasikartojo jau beveik šimtmetį besitęsiančios ir nuolat kartojamos klaidos pagal posakį: „Savo kaime pranašu nebūsi". Svarbiausios mokslinės Jono Basanavičiaus lietuvių kilmės teorijos vėl liko neįvertintos. Apie jas tik pasakyta, kad tai didžiausia J. Basanavičiaus raštų nesėkmė. Mėginsiu įrodyti, kad tai yra ne J. Basanavičiaus, bet minėtos knygos didžiausia nesėkmė. Norint kokią nors teoriją paneigti, neužtenka ją pavadinti romantiko kūriniu. Kiek buvo epochų ir jų stilių Europoje, ir vienas neigdavo kitą. Renesanso kūrėjai laikė gotiką nieko nevertu stiliumi, baroko menininkai paneigė renesansą, klasicizmas – baroką ir kt. Tačiau mes visus šiuos stilius vertiname ir moksliškai tyrinėjame. Taip pat turėtume elgtis ir su romantizmu. Deja, daug kam, matyt, lengviau paskelbti kai kuriuos moslininkus romantikais ir taip išvengti ilgų valandų bibliotekose tyrinėjant antikos rašytinius šaltinius bei kronikas, kaip tai darė J. Basanavičius.

Noriu, gerbiamieji, paklausti, kas moksliškai paneigė šiuos J. Basanavičiaus teiginius:

1. Egiptiečių šaltiniuose minima tauta *Kheta*; Asirijos – *Khatta, Khate*; žydų – *Kheth, Heth, Kittim*; graikų – *Keteioi* yra ta pati getų tauta, kurią mes dirbtinai vadiname indoeuropiečiais, o vokiečiai – indogermanais. Geriau įsigilinę aiškiai matome, kad jeigu ir nevadinsime jos viena tauta, o giminingiausių protoindoeuropiečių genčių junginiu, tai tikrai neapsiriksime.
2. Seniausios lenkų kronikos mini savo kaimynus pagonis getus. Jeigu tai nėra jotvingiai, tai kokia dar pasauliui nežinoma neapsikrikštijusi tauta buvo įsiterpusi tarp krikščioniškų slavų tautų? (Šių eilučių autoriaus nuomone, jotvingių terminas kilo iš getų tokia seka: getai – getviai – jatviahe – jotvingiai.)

3. Iš visų dabar egzistuojančių gyvųjų kalbų lietuvių kalba yra artimiausia indoeuropiečių (getų) prokalbei.
4. Senovės trakų kalba yra labai artima lietuvių kalbai (apie tai rašiusių pasaulio mokslininkų sąrašas turbūt užimtų pusę šio laikraščio puslapio, žinoma, to negalima pasakyti apie lietuvių mokslininkus (!?)).
5. Istorijos tėvo Herodoto V a. pr. Kr. skelbta citata: „Trakų tauta yra didžiausia iš visų tautų, išskyrus indus", – leidžia juos su nedidele paklaida sutapatinti su protoindoeuropiečiais (antikos šaltinių duomenimis, trakų ir dakų pavadinimai dėl įvairių aplinkybių pakeitė getų terminą).
6. Trakijos ir Dakijos teritorija siekė Baltijos jūrą (jeigu ne per baltų žemes, tai dar per kokią teritoriją ji galėjo siekti Baltijos krantus).

Kadangi J.Basanavičiaus etnologiniai tyrinėjimai *Apie trakų prygų tautystę ir jų atsikėlimą Lietuvon* yra tikrai labai sudėtingas ir didelės skaitytojo kantrybės reikalaujantis veikalas, tai geriausia sugalvoti kokį nors pretekstą, kad jo nereikėtų studijuoti. Beje, Lietuvoje taip ir elgiamasi jau beveik šimtą metų. Tačiau ne vienas užsienio mokslininkas, net gerai nesuprasdamas lietuvių kalbos, šį veikalą yra visai neblogai išstudijavęs. Be abejo, dienraščio puslapiuose mes galime tik iškelti problemą. Platesnes išvadas mokslininkai turėtų daryti mokslo darbuose. O tiems, kurie ateityje rašys apie Jono Basanavičiaus lietuvių kilmės teorijas, siūlyčiau savo tekstą baigti sakiniu: „Kadangi iki šiol rimti Lietuvos mokslininkai (su mokslo vardais ir laipsniais) nėra šių teorijų rimtai ištyrę, nieko rimto apie tai negalime pasakyti". Ir tiek.

Lietuvos aidas, 2004 01 23

LIETUVIŲ TAUTOS KILMĖS TEORIJŲ SĄVADAS

2003 m. *Lietuvos aide* jau paskelbėme kelias dešimtis straipsnių apie lietuvių kilmę. Kadangi šios teorijos apima labai įvairius laikotarpius ir ryškiai viena nuo kitos skiriasi, skaitytojų pageidavimu nutarėme parengti vieną visų lietuvių tautos kilmės teorijų sąvadą, išdėstyti jas pagal svarbą ir patikimumą: iš gerulių, aisčių, gitonų, getų, trakų, dakų, frygų, kimbrų, romėnų, gotų, gepidų, venedų, alanų. Paskutines keturias teorijas priskiriame prie iš dalies klaidingų. Pradėsime nuo teorijos, kurią šių eilučių autorius laiko patikimiausia.

1. Simonas Daukantas, Jonas Basanavičius, Aleksandras M. Račkus ir daugelis kitų mokslininkų manė, kad geruliai suvaidino svarbų vaidmenį susidarant lietuvių tautai, ir jie neklydo. Romos laikais taip buvo vadinami ištisinio miško masyvo tarp Vyslos žemupio vakaruose, Smolensko–Maskvos rytuose, ugrosuomių šiaurėje bei Ukrainos stepių pietuose gyventojai. IV a., o pagal S. Daukantą dar seniau, nemažai jų patraukė į pietus, kariavo su dakais prieš romėnus, 476 m. kartu su rugijais, skiriais, kurių vardas greičiausiai kilo nuo Skaros upės (dabar Prieglius) Prūsijoje, vadovaujami Odoakro, užėmė Romą ir nuvertė paskutinį Romos imperatorių. Gerulių pavadinimas kilo nuo žodžio *giria*. Iš pradžių jie vadinti *giriais, hiriais,* giruliais, paskui – *geruliais, heruliais, eruliais*. Šios sąvokos tiksliausiai sutampa su įprastiniu mūsų protėvių baltų pavadinimu. Nesutarę su Bizantijos imperatoriumi Justinianu dėl karaliaus, geruliai grįžo į baltų kraštus ir, būdami raštingi, davė pradžią daugeliui lietuvių kunigaikščių.
2. Šiuo metu visuotinai priimta nuomonė, kad romėno Kornelijaus Tacito minimos *aestiorum gentes* (*estijai, aisčiai* – rytų gentys) sutampa su mūsų protėviais baltais. Iš esmės tai teisinga, bet turime pastebėti Jordano užuominą, kad Germanarikas savo valdžiai buvo pajungęs „visus estijus iki tolimiausių Baltijos jūros pakraščių", taigi ir estus. Beje, Estija ir gavo pavadinimą nuo estijų (germanai estijais vadino visą rytinį Baltijos

pajūrį). Šiaurėje aisčiai galėjo siekti ir Suomiją. Taigi didelę aisčių (estijų) dalį sudarė mums negiminingos finougrų tautos. Be to, vargu ar aisčiais buvo vadinami ir aukštutinio Dniepro baseine gyvenantys baltai, t. y. geruliai (slaviškai vadinti *drevlianais*), nes šis terminas reiškė tik rytinės Baltijos jūros pakrantės gyvetojus. Estijus aisčiais pirmą kartą pavadino Vakarų Europos keliautojai, lankęsi Prūsijoje apie VIII a. Pagal dabartines ir buvusias valstybes mūsų protėviams aisčiams turėtume apytikriai priskirti Prūsiją, Lietuvą ir Latviją.
3. II a. Ptolemajas tarp Rytų Europos tautų mini *gitonus*. Šių eilučių autoriaus nuomone, senasis Žemaitijos pavadinimas Samogitija kaip tik ir reiškia *žemuosius gitonus*, nes pajūrio žemės Semba, Semegalija (Žemgala) ir turbūt Suomija reiškia *žema žemė*. O gitonų, kaip ir *gudų*, *gotų*, *hetų*, *hittim*, *chatų*, pavadinimas yra kilęs iš indoeuropiečių protėvių getų. Jeigu žemaičiai buvo žemieji gitonai, tai pagal Nemuną aukštieji gitonai buvo lietuviai. Lietuvių ir gitonų apytikrio tapatumo teorija yra šių eilučių autoriaus tyrinėjimų rezultatas.
4. Tarp Samogitijos pavadinimo variantų istoriniuose šaltiniuose teko aptikti ir Samogetiją. Iš to būtų galima daryti išvadą, kad lietuviai tiesiog buvo getai (indoeuropiečiai). Tačiau taip teigti būtų ne visai tikslu, nes tikrieji getai buvo mūsų kaimynai jotvingiai (pirmiausia jų pavadinimas iš getų išvirto į getvius, o vėliau *g* pakito į *j*, kaip *gintaras* į *jantar*). Jotvingiai getais prieš tūkstantį metų vadinti pirmosiose kronikose. Mūsų protėviai – virvelinės keramikos, laivinių kovos kirvių ir laidojimo pilkapiuose papročio nešėjai – greičiausiai vadinti getais. Miškuose apsigyvenusius baltus – gerulius – galime laikyti šiauriniais getais. Štai kodėl lietuvių kalba iš visų išlikusių indoeuropiečių kalbų yra artimiausia indoeuropiečių prokalbei ir sanskritui, o mes esame artimiausi senųjų indoeuropiečių palikuonys.
5. Kas nežino garsios J. Basanavičiaus teorijos, kad lietuviai yra kilę iš trakų-frygų tautų, gyvenusių Balkanuose ir Mažojoje Azijoje? Nėra jokios abejonės, kad getai ir trakai buvo artimiausi giminės, tik pastarieji gyveno daugiau Balkanuose. Jiems vardą galėjo suteikti trojiečiai, pralaimė-

jų karą su graikais ir pasitraukę į getų žemes. Prie trakų istorijos tėvas Herodotas priskiria ir Mažojoje Azijoje gyvenusius bitinus. S. Daukantas pateikia daug istorinių šaltinių, kuriuose lietuviai ir latviai vadinami trakais: Vincento Kadlubeko, Jano Dlugošo, Martino Kromerio, Motiejaus Pretorijaus veikalus. *Danų karalystės raštuose* žemgaliai vadinami trakais. Ne tik J. Basanavičius, bet ir daugelis šiuolaikinių mokslininkų surinko daugybę vietovardžių ir žodžių atitikmenų trakų ir lietuvių kalbose. Trakų kilmės vietovardžių yra daug ir Lietuvoje: *Trakų* miestas, *Trakininkai, Trakiškiai, Trakiškiemiai, Traksėdai* ir kt. Kadangi trakai yra indoeuropiečių getų padalinys, abi teorijos yra artimai susijusios.

6. Dakų apgyventos žemės šiaurinė riba, anot romėnų geografo Vipsanijaus Agripos, gyvenusio I a. prieš Kristų, šiaurėje siekė Baltijos jūrą, taigi baltų apgyvendintas Baltijos pajūris turėjo priklausyti Dakijai. Tokios nuomonės laikėsi J. Basanavičius, remdamasis Detlefsenu. Be abejonės, mūsų protėvių kariai turėjo dalyvauti Dakijos kare su Roma Trajano laikais. Dakai, kaip ir trakai, buvo artimiausi getų giminės, pasivadinę dakais tik keletą šimtmečių prieš Kristų. XI a. kronikose dakai, kaip ir getai, minimi įvairiuose karuose Lenkijoje ir už jos ribų. Iš dakų, kuriuos romėnai II a. išvijo iš dabartinės Rumunijos teritorijos, greičiausiai kilo dzūkų pavadinimas Lietuvoje.

7. J. Basanavičius, gyvendamas Bulgarijoje, atkreipė dėmesį, kad seniausi frygų rašto paminklai, vietovardžiai ir asmenvardžiai labai primena lietuvių kalbą, todėl, jo nuomone, lietuviai kažkuria dalimi yra kilę iš į Lietuvą atsikėlusių frygų. Vėlgi nekelia abejonių labai artima frygų giminystė su trakais, dakais ir getais, o per juos ir su lietuviais.

8. Anot Herodoto, apie VIII a. prieš Kristų nuo šiaurinių Juodosios jūros pakrančių pajudėjo kimerų (kimbrų, kimrų) tauta. Jie dalyvavo Romos nukariavime ir didžiules jų apleistas stovyklas romėnai matę dabartinėje Danijoje. Aišku, kad prieš pasiekdami Daniją, jie gyveno ir dabartinės Lietuvos teritorijoje bei Prūsijoje. VI a. Gotlando sala vadinosi Cimbrija, iš kurios gotų išvytas Vaidevutis su 46 tūkstančiais kimbrų išsikėlęs į Sembą ir Prūsiją. Spėjama, kad senasis Velso pavadinimas Britų salose

kilęs iš tų pačių kimbrų. Kadangi kimerai atėjo iš Ukrainos stepių, iš kur prieš juos į baltų kraštus atsikėlė indoeuropiečiai – virvelininkai, – tai kimerai galėjo būti mūsų giminės. Roméno Kornelijaus Tacito užuomina, kad aisčių kalba panaši į britų, kaip tik ir gali paliudyti į šią salą iš mūsų kraštų atvykusių kimbrų kalbos panašumą į aisčių. Kimbrai turėjo suvaidinti svarbų vaidmenį lietuvių tautos susidarymui. Iš kimbrų galėjo kilti tokios lietuvių pavardės kaip *Kimbrys*.

9. Mūsų dabartiniai mokslininkai daug juokėsi iš lietuvių kilmės iš romėnų teorijos. Tiesiog daugelis iš jų suko galvą, kada ir kas šią teoriją sugalvojo. Kaip jau esame ne kartą rašę, pamėginsime pagrįsti mintį, kad ši teorija nėra išgalvota, tik ją reikia mokėti perskaityti. Prie teisingų teorijų šiame straipnyje ji rašoma paskutinė, bet lygiai taip pat galėtumėme ją perkelti ir prie neteisingų. Kodėl? Minėti geruliai apie šimtmetį klajojo prie Romos imperijos sienų, keletą dešimtmečių gyveno prie Dunojaus ir pačioje imperijoje, joje kariavo, dalis jų apsikrikštijo, tapo raštingi. Kodėl jų negalima laikyti romėnais? Legenda apie gerulių sugrįžimą po Romos nukariavimo seniausiais laikais, be abejo, buvo siejama su Roma. Taigi, ar lietuvių kilmės iš romėnų teorija teisinga, spręskite patys.

10. Toliau, šio straipsnio autoriaus nuomone, klaidingos lietuvių kilmės teorijos. Galbūt mažiausiai klaidinga iš jų yra lietuvių kilmės iš gotų teorija. Kaip minėta, gotai yra iškreiptas pavadinimas iš getų. Getai prieš 3–4 tūkstančius metų (o gal kai kurie ir vėliau), atsikėlė į Vokietiją ir Skandinaviją, laipsniškai perėmė germanų kalbą, bet ne visai. Dar gotų *Vulfilos biblijoje* prie Dunojaus išlikę daug mums giminingų negermaniškų žodžių. Matyt, dėl germanų kalbos žodžio „Dievas" – *Got* įtakos jie pakeitė pavadinimą į gotus. Istorikas Jordanas VI a., kaip ir daugelis kitų romėnų, gotų tautos istoriją vadina getų istorija. Iš seno jie dar žinojo apie jų bendrą kilmę. Lietuvą ilgai valdė gotų karaliai Germanarikas ir Teodorikas Didysis. Jordano duomenimis, pirmasis netgi užvaldė aisčius be karo. Galbūt neišlikusia ostgotų abėcėle parašytas Vaidevučio vėliavos įrašas?! Nors gotai ir buvo beveik sugermanėję, bet per ilgesnį laiką jų dalis, be abejo, įsiliejo į lietuvių tautą, tačiau jokiu būdu mes negalime

save laikyti kilusiais iš gotų. Neigiamas žodis „gudai" greičiausiai kilo iš priešiškumo gotams. Tačiau dauguma gotų vardų, išlikusių romėnų istoriniuose šaltiniuose, turi galūnes – is, -as, kaip lietuvių ir daugelis vardų panašūs į lietuvių.

11. Kronikininkas Motiejus Strijkovskis lietuvius kildino iš gepidų ir kimbrų. Ankstyvaisiais Romos laikais gepidai greičiausiai gyveno dabartiniame Lenkijos Pamaryje. Prokopijus iš Cezarėjos VI a. aprašo anekdotiškai skambantį jo girdėtą aiškinimą, kad kai gotai I a. kėlėsi iš Skandinavijos į žemyną, vienas iš trijų jų laivų atsiliko. Juo plaukusieji pagal gotų žodį *gepanta* (tinginys) buvę pavadinti gepidais. Vienaip ar kitaip, tai gali būti ir tiesa, nes iki Kristaus tokia gentis į pietus nuo Baltijos jūros lyg ir nežinoma. Pripažinus šią teoriją, būtų galima gepidus beveik sutapatinti su gotais. Daugelis antikos autorių juos ir laikė gotais. Kiek vėliau negu geruliai jie patraukė Romos imperijos link ir po langobardų į šiaurę nuo Dunojaus buvo sukūrę savo valstybę. Rašydamas apie gerulių, susipykusių su imperatoriumi Justinianu, sugrįžimą, Prokopijus mini, kad geruliai įsikūrė senosiose gepidų žemėse. Taigi dalis gepidų turėjo įsilieti į lietuvių tautą, bet lietuvius tiesiogiai iš jų kildinti būtų neteisinga.

12. Yra autorių, kurie lietuvius kildina iš venedų (vendų). Romos laikais jie gyveno tarp Dunojaus ir pietų Lenkijos. Vėliau įvyko garsusis venedų sprogimas – jie staigiai išplito į rytus, šiaurę ir pietus, duodami pradžią plačioms slavų giminėms. Kristaus laikais jų kalba dar buvo artima baltų kalboms, net kai kurie kalbininkai ją laiko pakraštiniu baltų kalbų dialektu. Jie laikinai buvo kolonizavę beveik visą Graikiją, Vokietijoje dalis jų sugermanėjo ir įgavo vandalų vardą. Čekijos kronikose yra paskelbtas tariamas dar senesnių laikų Aleksandro Makedoniečio laiškas, kuriuo jis venedams dovanojo Europą. Romos istorikas Kornelijus Tacitas sako, kad „venedai plėšikaudami išnaršė visus miškus ir kalnus, dunksančius tarp peukinų ir fenų" (finų – *R. M.*). Iš jų kildinami *Ventės* rago, *Ventos* upės, *Ventspilio, Vandžiogalos* (?), *Vendeno* miesto Latvijoje pavadinimai, taip pat Rygoje dar kryžiuočių laikais buvęs senasis kalnas, kuriame gyvenę venedai. Estai ir dabar rusus vadina *vene*. Didžioji slavų koloni-

zacija Europoje vyksta jau 2 tūkstančiai metų, bet, aišku, mes nesame kilę iš slavų.

13. Vaidevučio legendoje sakoma, kad Vaidevučio sūnaus, kuris VI a. valdė Lietuvą, motina buvo alanė, su kuria Lietuvoje mėginusi įsigalėti didelė alanų giminė, tačiau alanai Lietuvoje pralaimėję ir turėję pasitraukti. Kas tie alanai? Istorinių šaltinių duomenimis, jie kilę iš iranėnų – persų. Romos laikais jų giminės vadinti skitais, vėliau – sarmatais. Skitija ir Sarmatija užėmė didelę Rytų Europos dalį, dažnai jų teritorijai buvo priskiriama ir Lietuva. Kartais lietuviai buvo iš jų kildinami. Tačiau nors kai kurie alanai ar jų giminės per karus galėjo įsilieti į lietuvių tautą, tačiau mes jokiu būdu negalime savęs iš jų kildinti. Pastaruoju metu tiesioginiai alanų palikuonys yra osetinai, gyvenantys Kaukaze.

Be čia minėtų tautų, su lietuvių protėviais galėtų būti susiję prieš Kristų „už šiaurės vėjų" gyvenę hiperborėjai, kurie eidavę beveik per visą Europą į deivės Letos atlaidus į Graikiją pas Delfų orakulą, ir daugelis kitų tautų, kurių visų čia suminėti neįmanoma. Bet straipsnio autorius supažindino su visomis pagrindinėmis lietuvių kilmės teorijomis.

Lietuvos aidas, 2003 12 03

VAIDEVUTIS – LEGENDA AR TIKROVĖ?

Pirmajame tūkstantmetyje bene įdomiausia ir reikšmingiausia lietuvių tautos kilmės teorija yra vadinama legenda apie Vaidevutį ir Prūsijos valstybės įkūrimą. Pabandykime patyrinėti, kiek ši legenda atspindi tikrovę ir kiek ji susijusi su lietuvių tautos atsiradimu. Pirmiausia turime pastebėti, kad tai ne legenda, bet tik paprastas istorinis šaltinis, mus pasiekęs ne originalo, bet nuorašų pavidalu. Juo sunkiau naudotis, nes kiekvienas perrašinėtojas galėjo įterpti savus intarpus, kurių reikšmė gali būti nevienoda ir kurių patikimumą labai sunku įvertinti. Kaip jau minėjome, straipsnyje apie Divonio dienoraštį Vaidevučio legendą savo kronikoje mums surašė pirmasis prūsų vyskupas Kristijonas, ištisus metus praleidęs prūsų nelaisvėje ir naudojęsis jam prūsų pateiktu archyvu. Juozas Jurginis savo knygoje *Legendos apie lietuvių kilmę*, (Vilnius, 1971) rašo, kad Divonio dienoraštis buvo parašytas 110 metais rusiškai, bet graikų raidėmis, nors visa Vaidevučio istorija pasakojama apie VI amžių. Palikę spėjamą Divonio iš Bitinijos gyvenimo laikotarpį istorijos teismui, mes čia kalbėsime tik apie VI amžių ir pagrindinį dėmesį stengsimės sutelkti į teritoriją tarp *Crono* (Nemuno – *R. M.*) ir Halibo, saldžiųjų vandenų (Aistmarių – *R. M.*). Kadangi pagal Vaidevučio legendą į Prūsiją jis atsikėlė iš Gotlando salos, tai nuo jos ir pradėsime.

    Kronikininko Simono Grunau duomenimis, išvyti iš Italijos gotai vyko per Bavariją ir Vestfaliją, pastatė Gotingeno miestą, tačiau ir iš čia išvyti atsidūrė prie Danijos sienų. Gotų pasiuntiniai prašę nurodyti vietą, kur jie galėtų apsigyventi ir mokėti danams duoklę. Danų kunigaikštis Teudotas atidavė gotams Cimbrijos salą ir susitarė su gotų vadu Visbiu dėl salos valdymo sąlygų. Visbis cimbrijams (kitur – *skandijai*) pranešė, kad sala atiduota gotams. Cimbrijų drauge su moterimis buvę 46 tūkstančiai. Visi jie drauge su savo vadais Pruteniu ir Vaidevučiu nutarę geriau išsikelti negu vergauti gotams. Per sūrius vandenis jie atplaukę prie saldžiųjų vandenų – Halibo – ir čia, nugalėję ulmiganus, užvaldę Ulmiganiją. Tai atsitikę Justiniono (527–565) ir popiežiaus Vigilijaus (538–555) valdymo laikais. Iš karto aptarkime paminėtus faktus apie Gotlando salą.

Čia yra ne visai maloni žinia, kad Vaidevutis iš Gotlando salos į Prūsiją išsikėlė ne grįždamas į savo protėvynę po Romos nukariavimo, bet išvarytas gotų. Antra svarbi žinia, kuri vertė daugelį kronikininkų lietuvius kildinti iš kimbrų, yra įvardijimas, kad Vaidevutis buvo kimbrų valdovas. Kas tie kimbrai? Tai kimerų (kimrų) gentis, anot Herodoto, apie VIII a. pr. Kr. pajudėjusi nuo Juodosios jūros. Jie, be abejo, slinko ir per baltų, greičiausiai ir lietuvių, žemes. Romėnai mini didžiules apleistas kimbrų stovyklas dabartinės Danijos teritorijoje, iš kur jie galėjo būti išvykę į Britų salas ar grįžę į mūsų žemes. Taip pat jie puolė ir Romos imperiją. Spėjama, kad jų vardas iki dabar išlikęs Britų salose – senajame Velso pavadinime *Kumrodor*. Savo kilme ir kalba kimbrai galėjo būti artimi lietuviams, nes atvyko iš senosios indoeuropiečių (getų – R. M.) protėvynės, kaip ir prieš juos atvykę mūsų protėviai virvelininkai ir kitos indoeuropiečių bangos. Lietuvių pavardė *Kimbrys* gali būti panašios kilmės. Matyt, Vaidevutis, su geruliais grįžęs po Romos nukariavimo, įsikūrė tarp jau Gotlando saloje gyvenusių kimbrų.

Vaidevučio ir Prutenio Prūsijoje nukariauti ulmiganai, pagal Divonio dienoraštį, čia taip pat įsikūrė po to, kai nugalėjo prieš tai čia gyvenusius vietinius gyventojus. Kaip matome, karas tuo metu buvo tiesiog gyvenimo būdas. Nespėsi supilti aukšto piliakalnio – žūsi arba būsi išvytas. Vyskupo Kristijono kronikoje arba Divonio dienoraštyje rašoma, kad ulmiganų žodžių galūnės buvo -as, -is (taigi jie turėjo būti mūsų giminės – R. M.), o ulmiganų vardą jie gavę nuo vokiško žodžio *ulma* – karklas. Kaip tik netoli vėliau ulmiganų apgyventos teritorijos kurį laiką buvo įsikūrę iš Skandinavijos atsikėlę sugermanėję gotai, kurie, matyt, ir suteikė ulmiganams germanišką vardą. Beje, geruliai, beveik šimtmetį praklajoję po Rytų ir Pietų Europą bei Romos imperiją ir prabuvę beveik du šimtus metų ostgotų valdžioje, prarado galūnes -is, -as ir net jų karaliaus vardas vietoj Radvilko tapo Rodvulfas. Tačiau Vaidevučio vėliavos įrašas, kaip jį pavyko perskaityti šių eilučių autoriui, skamba beveik lietuviškai: „Dena ora atek, tu sote, tu auksekso akunks" („Diena oro ateik, tu soti, tu aukščiausiojo akis (tu aukse akių)"). Kadangi atvykę Vaidevučio žmonės (prieš tai kariavę Romos imperijoje – R. M.) buvę raštingi, tai jie greitai išpuikę ir pradėję versti ulmiganus jiems dirbti. Tada

ulmiganai sukilę, bet netrukus abiejų bendruomenių žmonės įkūrę visiems vieną ramovės šventovę dievams Perkūnui, Pikuoliui ir Patrimpui. Krivį ir jo įpėdinius, kuriuos Dievas duos ir žyniai išrinks, nutarta laikyti vyriausiu krašto valdovu. „Neklausantieji dievų neteks savo dalies, patirs kančių ir nuolatinę baimę. Visi kaimynai, kurie mūsų dievus garbins ir jiems atneš aukų, bus mūsų mylimi ir gerbiami. Tačiau tie, kurie mūsų dievus paniekins ir juos peiks, bus ugnimi ir vėzdu sunaikinti ir niekad nebus mūsų draugai".
573 m. Vaidevučiui suėję 116, o jo broliui Pruteniui 132 metai. (Jeigu čia metai pateikti tiksliai, tai turėdamas 20 metų Vaidevutis galėjo dalyvauti Odoakro vedamoje skirių ir gerulių kariuomenėje užimant Romą ir nuverčiant paskutinį Romos imperatorių – R. M.). Vaidevutis su Pruteniu sušaukę savo didikus ramovėje šalia trijų dievų ąžuolo, paaukojęs dievams ožį ir davęs visiems atsigerti midaus. Valstybė buvo padalinta visiems dvylikai Vaidevučio sūnų, o abu broliai (pagal gerulių paprotį – R. M.) pasiaukojo dievams susidegindami lauže. Lietuva atitekusi vienam iš brolių – Litvui (vardas Litvas čia aiškiai įterptas vėliau pagal Lietuvos pavadinimą). Viena iš Vaidevučio žmonų, greičiausiai šio Litvo motina, buvusi alanė. Matyt, iš čia kilo legenda, kad lietuviai kilę iš alanų. Tai viena iš mažiausiai pagrįstų lietuvių kilmės teorijų. Alanai buvo skitų – sarmatų (iranėnų – R. M.) kilmės, plačiau žinomi keletu šimtmečių vėliau po Vaidevučio. Jeigu tai ir tiesa, tai kažkuriuo metu per didžiąsias Vaidevučio klajones imperatoriaus Justiniano laikais jis galėjo būti turėjęs žmoną alanę ir nuo jos sūnų. Kol kas tai tik spėliojimai.

Baigdamas noriu pasakyti, kad po įvairių lietuvių kilmės teorijų aprašymų ateityje pasistengsiu paruošti trumpą šių teorijų suvestinę viename straipsnyje, sunumeruodamas pagal kiekvienos teorijos patikimumą ir svarbą aiškinat lietuvių tautos kilmę.

Lietuvos aidas, 2003 11 25

DIVONIO IŠ BITINIJOS DIENORAŠTIS IR LEGENDOS APIE LIETUVIŲ KILMĘ

Šių metų lapkričio 4 d. *Lietuvos aide* rašėme apie Bizantijos metraštininko Prokopijaus iš Cezarėjos svajonę apsilankyti šiaurės Skandinavijoje ir pamatyti 40 dienų trunkančias poliarinę dieną ir naktį, kurias VI a. stebėjo čia apsigyvenę mūsų protėviai geruliai. Nors Prokopijui svajonės įgyvendinti nepavyko, tačiau tai pavyko keletą šimtmečių anksčiau Mažojoje Azijoje, Bitinijoje, gyvenusiam Divoniui. Iš kur mes tai žinome? Persikelkime į kryžiuočių laikus Prūsijoje. Kaip rašė daugelis metraštininkų, pirmąjį Prūsijos vyskupą Kristijoną pagonys prūsai visus metus išlaikė nelaisvėje. Vyskupas turėjo laiko susipažinti su įvairiais senoviniais prūsų saugomais dokumentais ir jais remdamasis jis lotyniškai parašė kroniką *Liber filiorum Belial cum suis superstitionibus Bruticae factionis incipit cum maesticia cordis*. Ištraukas iš šios dingusios (galbūt ir kryžiuočių sunaikintos) kronikos savo knygoje *Legendos apie lietuvių kilmę* (Vilnius, 1971) pateikė istorikas Juozas Jurginis. Galbūt pirmieji ištraukas iš šios kronikos paskelbė kronikininkai Simonas Grunau ir Lukas Davidas, kurie, galima neabejoti, ją laikė savo rankose. Ir nėra nieko nuostabaus, kad vyskupui Kristijonui tokius senus dokumentus galėjo pateikti prūsai. Tvirtai žinome, kad apie 525 m. ostgotų karalius Teodorikas, titulavęsis ir aisčių karaliumi, lotyniškai rašė prūsams padėką iš savo sostinės Ravenos šiaurės Italijoje už aisčių (šiame kontekste greičiausiai prūsų – R. M.) įteiktas brangias gintaro dovanas. Taigi jau tada Prūsijoje buvo žmonių, mokančių skaityti lotyniškai. Be abejo, raštingų žmonių ten turėjo būti iki pat kryžiuočių atsikraustymo.

Taigi vyskupas Kristijonas rašo, kad Divonis (Diwoynis, Dywonoys, Divonis) palikęs savo kelionių knygą, parašytą 110 metais rusiškai, bet graikų raidėmis. Ją turėjęs savo rankose Plocko klebonas Jaroslavas ir paskolinęs kronikos autoriui Lukui Davidui ar Simonui Grunau (matyt, kartu su Kristijono kronika). Pagal Luką Davidą, Bitinijos mieste, vardu Salura (Mažojoje Azijoje – R. M.), buvusi įrengta astronomijos observatorija. Astronomai ginčijęsi, ar šiaurėje – Vėžio ženkle už septintojo dangaus rato ir aštuntajame gali gyventi žmonės, ar ne. Į tolimą šiaurę buvo pasiųstas Divonis su grupe palydovų. Divonis vykęs per Komaniją, Tartariją, Roksolaniją, per venedų bei alanų kraštą, kuris vėliau vadintas Leiflandtu, ir per didelius vandenis pasiekęs plačią šalį, kuri neturėjusi vardo ir buvusi apytuštė (greičiausiai Skandinavija arba Suomija – *R. M.*). Žiemą šiame krašte beveik visi jo palydovai išmirę, o Divonis persikėlęs piečiau į mūsų kraštus ir gyvenęs iki mirties Plocke (dešiniajame Vyslos krante, į šiaurę nuo Varšuvos; Divonio laikais slavai čia grečiausiai dar negyveno – *R. M.*). Beje, iš teksto neaišku, ar Divonis sugebėjo nusigauti iki mūsų protėvių gerulių šiaurės Švedijoje gyventų vietų ir pamatyti 40 dienų trunkančią naktį ir tokio pat ilgio dieną, tačiau jis turėjo būti netoli tikslo. Bent šiaurės pašvaistę jis greičiausiai matė. Be abejo, tokiu tekstu, kaip čia matome, Divonio dienoraščio originalas negalėjo būti parašytas. II a. tarp Bitinijos ir Baltijos jūros dar nebuvo komanų (polovcų – pečeniegų) ir totorių. Iranėnų kilmės alanai ir roksalanai taip pat ten atsirado apie VII – VIII a. Leiflandtas gali būti susijęs ir su Lietuva, tačiau neaišku, kada įterptas į šį tekstą. Vienintelius vendus (apytikriai slavų protėvius – *R. M.*) mini pats Divonis. Tik sutikęs keletą vendų Divonis galėjęs susikalbėti su vietiniais gyventojais. Divonio laikais tikroji dar neišplitusių vendų (venedų) tėvynė turėjo būti tarp Dunojaus ir pietų Lenkijos, todėl ir susikalbėti su jais Divoniui, matyt, buvo lengviau; jis galėjo su jais būti bendravęs ir Bitinijoje.

Pagal kronikininkų Luko Davido ir Simono Grunau pateiktas ištraukas iš vyskupo Kristijono kronikos, Divonis aprašo vietinius gyventojus tarp Crono (Nemuno (?) – *R. M.*) ir Halibo vandenų (Aistmarių – *R. M.*). Šie žmonės buvę blogi ir stačiokai, bet nuoširdūs ir draugiški svetimtaučiams. Jie gražiai nuaugę, mažai valgo ir geria, santūrūs. Geria upių vandenį, minta žuvimis, vietoj duonos užsikanda džiovinta žuviena, namų, kaimų ir miestų neturi, gyvena prie upių palapinėse iš karklų [...]. Žiemą, gindamiesi nuo šalčio, susikuria laužus ir miega [...]. Jų drabužiai iš švendrių. Toliau J. Jurginio pateiktame vertime rašoma, kad trys moterys turi vieną vyrą ir, panašiai kaip gotai, vietoje vieno dievo garbina mėnulį ir saulę. Luko Davido pateiktame Divonio dienoraščio perpasakojime rašoma, kad, pasak Divonio, jie meldėsi dievams, bet neturėjo nei dievų stabų, nei paveikslų. Nė vienas jų nemokėjo nei skaityti, nei rašyti. Jiems net atrodė keista, kad iš tolo ar per kelias mylias žmonės vieni kitiems galėtų mintis perduoti. Jei ką norėdavę atminti arba kuriai dienai ką nuskirti, įkirsdavę lazdoje brūkšnelius arba virvutėje užmegzdavę mazgą. Pirmieji į tą kraštą per platų saldų vandenį (Aistmares arba Kuršių marias – *R. M.*) atvykę ulmiganai (kitur rašoma, kad ulmiganai vartoję galūnes *-is*, *-as*, taigi artimiausi mūsų giminės – *R. M.*). Beveik kasmet pas ulmiganus atvyksta aukščiausias jų ponas Mazas (Maso, Matzo). Jis kartą su savimi buvęs pasiėmęs ir Divonį. Prieš Mazą ulmiganai labai žemai lenkėsi ir mušė kakta į žemę. Jam kaip duoklę atiduodavo gražiausius savo berniukus. Dėl to ulmiganai ne tik neliūdėjo, bet laikė garbe. Su tokia duokle Mazas patenkintas grįždavo į namus. Iš tolesnio S. Grunau pasakojimo, anot J. Jurginio, matyti, kad Mazas – tai Mazovijos, mūsiškai Mozūrijos, valdovas arba net įkūrėjas. Ar čia sutapimas, ar painiojamas mozūrų valdovas Masas, VI a. kariavęs su Vaidevučiu? Gal tokiu pačiu vardu buvęs kitas mozūrų valdovas Masas, gyvenęs II a. Divonio laikais, kurio vardas greičiausiai susijęs su žodžiu „mažas".

Taigi šį kartą susipažinome su mūsų protėviais, aprašytais legendiniame Divonio iš Bitinijos dienoraštyje, kurio teiginiai susipynę su vėlesniais spėjamų perrašinėtojų intarpais. O dėl vyskupo Kristijono kronikos, tai šių eilučių autorius tvirtai įsitikinęs, kad ji egzistavo. Toliau reikėtų pereiti prie pačios įdomiausios vyskupo Kristijono kronikos dalies – Vaidevučio legendos apie lietuvių kilmę.

Lietuvos aidas, 2003 11 22

DVASIOS MILŽINAS PROKOPIJUS IŠ CEZARĖJOS APIE GOTUS IR GERULIUS

Pirmiausia Prokopijui tokį garbingą titulą suteikėme todėl, kad vargu ar rasime istorijoje kitą žmogų, kuris taip drąsiai būtų kovojęs už tiesą informacijos srityje. Veikale *Slaptoji istorija* VI a. viduryje jis aprašė tiek daug Bizantijos imperatoriaus šeimos įvykdytų piktadarybių ir nežmoniškų susidorojimų imperatoriaus rūmuose net su tolimiausiais pavaldiniais, kad jeigu imperatorius būtų sužinojęs apie Prokopijaus rašinius... Pats Prokopijus yra užsiminęs, kad tokiu atveju jis būtų buvęs nukankintas nepaprastai žiauriai, ką net protu sunku suvokti (neaišku, kodėl visi trys – imperatorius Justinianas, jo žmona Teodora ir Prokopijus – mirė beveik tuo pačiu metu: 565 m., ar čia nėra paslapties?). Vienas artimas imperatoriaus rūmų žmogus, pakliuvęs į nemalonę, anot Prokopijaus, kelis mėnesius stačias išlaikytas prirakintas už kaklo, po to paleistas išprotėjo ir mirė. Tokiais įvykiais išmarginta visa *Slaptoji istorija*, ypač „pasižymėjusi" imperatoriaus Justiniano žmona Teodora. Tačiau mūsų žiniasklaida šiuo metu ir taip yra persisotinusi smurtu ir žiaurumais, todėl mes daugiau atkreipsime dėmesį į tai, ką smalsusis Prokopijus rašė apie mums artimas tautas: gotus ir erulius (gerulius). Kadangi šių eilučių autorius gerulius laiko baltais, nuo jų ir pradėkime. Suteikiame žodį Prokopijui: „Dabar aš noriu papasakoti, kas tai per gentis eruliai, iš kur jie atėjo ir kaip tapo romėnų sąjungininkais. Jie gyveno kitoje pusėje Įstro (Dunojaus – *R. M.*) upės, į šiaurę nuo jos ir garbino daugybę dievų; jie laikė dievobaimingumu juos gerbti net žmonių aukomis. Daugelis jų įstatymų ir papročių buvo visiškai nepanašūs į kitų žmonių įstatymus ir papročius". Senius ir ligotus, jiems sukrovus laužą, turėdavęs nužudyti erulis iš kitos giminės, po to jie būdavę sudeginami, o kaulai iš karto palaidojami. Padorios žmonos prie vyro kapo turėdavusios pasismaugti ir taip įgyti amžiną garbę. Joms to nepadarius, vyro giminės nuo jų visiškai nusisukdavusios. Savo jėga ir skaičiumi išaugę, greitai jie pradėję plėšti kaimynus, prisijungę jau apkrikšytus langobardus ir kitas gentis, priversdavo juos mokėti duoklę. Toliau net kelis knygos „Apie gotų karą" puslapius Prokopijus skiria erulių karaliui Rodulfui (Jordanas jį vadina *Rodwulfu* – *R. M.*), kuris tapęs taikingu ir nebenorėjęs kariauti. Eruliai nuolat iš jo tyčiojęsi ir vadinę bailiu, kol po trejų metų jis tvirtai pasiryžęs be jokios priežasties pulti langobardus ir žuvęs mūšyje kartu su daugybe erulių (apie 594 m. – *R. M.*). Toliau – įdomiausia dalis. „Taigi jie nebegalėjo gyventi taip, kaip jų tėvai gyveno, ir kuo greičiau išvykę iš tų vietų, jie su žmonomis ir vaikais klajojo pirmyn ir atgal po visą kraštą, kuris nusidriekęs už Įstro upės. Pagaliau atvykę į šalį, kur seniau gyveno rugiai (šiauriniame Vokietijos pamaryje, Prokopijaus priskiriami gotams – *R. M.*), kurie, susijungę su gotų kariuomene, išėjo į Italiją, eruliai įsikūrė jų vietoje. Bet kankinami bado, nes ta šalis buvo panaši į dykumą, po kurio laiko pakilo ir priartėjo prie gepidų krašto (arčiau Vyslos žiočių – *R. M.*). Pradžioje gepidai, erulių prašomi, leido jiems apsigyventi kaimynystėje, bet vėliau be jokios priežasties ėmėsi prieš erulius neteisėtų veiksmų: prievartauti moteris, grobti jaučius ir kitą turtą [...], kol pradėjo prieš juos karą. Negalėdami to pakęsti, eruliai perėjo Įstrą ir nutarė apsigyventi kartu su romėnais", (panašiai Jordanas rašo, kad erulių karalius Rodvulfas, persikėlęs per Dunojų, laimingai apsigyveno pas gotų karalių Teodoriką – *R. M.*). Bet greitai eruliai pradėję krėsti piktadarybes romėnų imperatoriui Anastasijui. Romėnai juos mūšyje nugalėję ir galėję visus užmušti. Kai kuriems eruliams, maldavusiems nežudyti, Anastasijus dovanojęs gyvybę, tačiau jie vėliau nustoję rodyti gerą valią romėnams. Po to atėjęs į valdžią imperatorius Justinianas buvęs palankus eruliams, juos apdovanojęs puikia žeme ir kitomis gėrybėmis. Daugelis erulių apsikrikštijo ir dalyvavo mūšiuose kartu su romėnais. Tačiau eruliai vis tiek begėdiškai plėšdavę savo kaimynus. Galų gale nedaug jų likę su romėnais. Susipykę su romėnais, nes sumanę gyventi be karaliaus, jie be jokios priežasties nužudę savo karalių *Ox* (Oksą (?)), po to vėlgi sumanę atsikviesti karaliumi ką nors iš karališkos giminės iš Fulos salos (Skandinavijos – *R. M.*).

Nugalėti langobardų (594 m. – *R. M.*) eruliai, kaip minėta, turėję palikti savo žemes. Vienas iš jų apsigyvenęs Ilirijoje (vakarų Balkanuose – *R. M.*), kiti per Įstrą juo nepasekę ir apsigyvenę „pačiame gyvenamos žemės pakraštyje". Valdomi daugelio karališkos giminės vadų, jie perėję per visas slavų gimines, toliau per didžiulę dykrą pasiekę vadinamąją varnų šalį (varnai užėmę didesnę dabartinės rytinės Vokietijos dalį – *R. M.*). Tada, perėję danų gimines, jie pasiekę okeaną ir laivais persikėlę į Fulos salą (Skandinaviją – *R. M.*). Anot Prokopijaus, Fulos sala yra labai didelė, spėjama, dešimt kartų didesnė už Airiją. „Didesnę šios salos dalį užima dykra, tačiau apgyvendintoje dalyje gyvena trylika labai gausių genčių, kurių kiekviena turi savo karalių. Čia kasmet vyksta stebuklingas reiškinys. Per vasaros saulėgrįžą maždaug 40 dienų saulė niekur nenusileidžia [...]. Bet (ne mažiau) kaip po šešių mėnesių po to, per žiemos saulėgrįžą, 40 dienų saulė visiškai nepasirodo virš salos ir tęsiasi nepertraukiama naktis. Šį laiką čia gyvenantys žmonės leidžia visiškoje vienatvėje, nes neturi jokios galimybės bendrauti vienas su kitu. Asmeniškai man niekaip nepavyko nuvykti į šią salą ir pamatyti savo akimis tai, ką man pasakojo". Prieš sugrįžtant saulei kai kurie žmonės užlipdavę ant aukščiausio kalno ir pranešdavę, kad jie mato saulę. Tai buvusi didžiausia šventė Fulos saloje.

Iš visų barbarų, gyvenusių Fulos saloje, viena gentis skritifinai (finai-suomiai – *R. M.*) gyvenę visai kaip žvėrys. Jie neturėję nei drabužių, nei avalynės, negėrę vyno, nearę žemės ir užsiėmę tik medžiokle. Rengdavęsi kailiais. Moterys, užuot maitinusios naujagimius pienu, išvykdamos į medžioklę įkišdavusios vaikams į burną žvėrių smegenis ir taip juos išmaitindavusios. Kiti Fulos gyventojai nelabai besiskyrę nuo įprastų žmonių. „Jie lenkiasi daugeliui dievų ir demonų (genijų), gyvenančių danguje, žemėje ir jūroje, ir kai kurioms kitoms mažoms dievybėms, kurios, kaip manoma, gyvena šaltiniuose ir upėse. Jie nuolat aukoja visokias aukas ir mirusiems, ir didvyriams. Geriausia auka jie laiko žmogaus auką – pirmąjį belaisvį. Aukoja jį Areso (Aro (?)) garbei, nes šį dievą jie garbina labiau už kitus. [...] Iš salos gyventojų gausiausia yra gautų gentis, pas juos ir apsigyveno atvykę čia eruliai".

Nužudę savo karalių Oksą, eruliai laukę naujo karaliaus iš Fulos salos. Vienas toks surastas karališkos giminės atstovas, keliaudamas per Daniją, numiręs nuo ligos ir pasiuntiniai vėl buvę priversti grįžti į Fulos salą. Jie paėmę į karalius Datiją (kitaip Todasiją). Kartu vyko jo brolis Aordas ir 200 erulių jaunuolių iš Fulos salos. Artėjant link Bizantijos erulių vadai nutarę kreiptis į Bizantijos imperatorių Justinianą, kad paskirtų jiems jam priimtiną karalių. Justinianas paskyręs ir pasiuntęs jiems seniai jau Konstantinopolyje gyvenusį erulį Svatuazą (ar Svaruazą). Iš pradžių eruliai jo klausę, bet artėjant pasiuntiniams su sosto pretendentu iš Fulos salos, minėtas Svatuas, ar Svaruas, sumanęs atvykstančius išžudyti. Naktį visi eruliai perbėgę pas pasiuntinius, o likęs vienas Svatuas pabėgęs į Bizantiją pas imperatorių. Imperatorius bandęs priversti erulius jam paklusti, tačiau šie, bijodami imperatoriaus keršto, pasitraukę į gepidų žemes. Čia Prokopijaus pasakojimas apie gerulius ir baigiasi. Siūlome, remiantis dabartinėmis mokslo žiniomis, pasakojimą pratęsti. Beveik visi istorikai sutaria, kad gepidai, prieš pajudėdami link Romos imperijos, gyveno į vakarus nuo Vyslos deltos, o Vaidevutis pagal legendą VI a. pradžioje atsikėlė į Sambiją iš Gotlando salos. Taigi šis galutinis erulių įsikūrimas netoli gepidų tikrai galėjo vykti prūsų žemėse. Tuo pačiu metu dalis erulių galėjo atplaukti ir į Ariogalą, kaip kalba lietuvių kilmės iš romėnų teorija. Abiejų senųjų Ariogalos pavadinimų, *Eriogala* ir *Heragala,* sutapimas su vėlesniais gerulių vardais (*eruliais* ir *heruliais*) negali būti atsitiktinis.

Aptardami čia pateiktas Prokopijaus iš Cezarėjos žinias, norėtume atkreipti dėmesį į du dalykus. Pirmiausia labai įdomų pasakojimą apie gepidų, vėliau užvaldžiusių didžiulius plotus prie Dunojaus, vardo kilmę pateikia Jordanas: „Kai gotai išsikraustė iš Skandzos (Skandinavijos – R. M.) su savo karalium Berichu (I a. – R. M.), šioje okeano pusėje jie ištraukę į krantą tik tris laivus. Tai įvyko *Gotiskandzoje* (spėjamas dabartinis Gdanskas šiaurės Lenkijoje – R. M.). Vienas laivas atplaukė vėliau už kitus ir taip davė visai genčiai pavadinimą gepidai, nes gotų kalba tinginys vadinamas *gepanta*". Taigi gepidus, kaip ir rugius, antikos mokslininkai priskiria gotams. Taip pat įdomios yra Prokopijaus pastangos pakliūti į tolimą šiaurę, kur poliarinės naktys ir dienos tęsiasi ištisą mėnesį. Tai antikiniais laikais pasisekė padaryti kitam Mažosios Azijos gyventojui, beveik Prokopijaus kaimynui, Divoniui iš Bitinijos. Tačiau tai būtų medžiaga kitam straipsniui. Negalime čia nepastebėti ir Prokopijaus aprašyto erulių papročio nužudyti bei sudeginti ant laužo senius ir ligotus žmones. Turbūt neatsitiktinai Vaidevučio legendoje skelbiama, kad Prūsijos dvasinis valdovas Prutenis ir pats karalius Vaidevutis, išgyvenę daug daugiau kaip 100 metų, pasiaukodami dievams, susidegino lauže.

Deja, šių eilučių autoriui nei Prokopijaus, nei Jordano raštuose nepavyko rasti gerulių vardų, kurie būtų neabejotinai artimi lietuvių kalbai. Net galūnės *-is*, *-as*, kaip matysime, ištisai aptinkamos gotų, gepidų, langobardų varduose, bet ne gerulių. Taip gali būti todėl, kad ir Prūsijoje ankstyvaisiais kryžiuočių laikais vienos etninės grupės turėjo vardus su galūnėmis *-is*, *-as*, o kitos – ne. Tai žinome iš rašytinių šaltinių. Gotų vardai su galūnėmis *-is*, *-as*: gotų karalius *Vitigis*, jo pasiuntiniai *Optaris*, *Levderis*, *Albis*, *Gibimeras*, *Albilas*, *Uligisalas*, *Unilas*, *Pitzas* (Pidzas), gotų karalius Totila ir jo karvedžiai Bleda (plg. vietovę prie Kuršių marių ir Neringos – *Bledau*), *Roderikas* (Rode-rikis (?)), *Uliaris* ir *Recimundas* (Recimantas (?)) ir eiliniai gotai *Tevdis*, *Sisigis* ir *Valaris* (Valiaris). Tarp gotų minimas gepidas su galūne *-as* – *Velas* ir gepidų karalius *Elemundas* (Elemantas (?)). Net frankų karaliaus Teoderto sūnaus vardas buvo su galūne *-is*: Radigis. Langobardų karalius, vardu *Vaces*, turėjo giminaičius, vardais *Ildiges* ir *Valdaras*. Kadangi visos čia minėtos indoeuropiečių tautos yra kilusios iš getų (iš tų pačių getų kilęs ir gotų vardas), o lietuvių kalba iš visų gyvų kalbų yra arčiausiai indoeuropiečių kalbų branduolio, tai nenuostabu, kad lietuvių kalba padeda atskleisti daugelio Europos tautų vietovardžių ir asmenvardžių kilmę. Kaip jau rašyta, Žemaitijos (Samogitijos) antrasis vardo variantas *Samogetija* rodo, kad Žemaitija buvo „Žemoji Getija", o getai (jotvingiai) su Lietuvos gitonais sudarė vieną etninę grupę, kuri buvo nedaug nutolusi nuo senųjų getų, t. y. indoeuropiečių, branduolio. O paskutinį Romos imperatorių nuvertęs Torkilingų karalius Odoakras, puolant Romą, vedęs skirių, gerulių ir rogų (rugių) kariuomenę, greičiausiai buvo kilęs iš Dargių giminės. Torkilingus ir dorgilingus galima panašiai tapatinti kaip mūsų pavardes Tarvydas ir Darvydas, o balsių *a* ir *o* kaita yra dėsninga. Beje, galbūt apeiginėje Dargių vietovėje, Prūsijoje, prieš tūkstantį metų išsikėlė būsimasis šv. Vaitiekus (Adalbertas), kur jis sambių buvo nužudytas.

Prokopijaus raštai kažkiek leidžia atskleisti paslaptį, kodėl taip sunyko mūsų kalba per amžius ir taip sumažėjo teritorija. Kai mūsų giminaičių gotų karalienė Aminasunta bandė savo sūnus siųsti mokytis pas žymiausius to meto Italijos mokytus vyrus, beveik visi gotai sukilo. Jie tai laikė baisiu protėvių papročių išniekinimu. Gotams svarbiausia buvo drąsa, jėga (galia), pirmiausia fizinė, ir karo įgūdžiai. Jie gerbė šventus ąžuolus ir karo dievą Marsą (Perkūną). Matyt, daugelis iš šių kertinių papročių išliko ir pagoniškoje Lietuvoje. Mokslas daugiau rėmėsi ne fonetiniu raštu, bet mėnulio kalendoriumi. Tai paliudijo pas Vytautą apsilankęs kardinolas D'Ailly, sakęs, kad Vytautas turi labai garsius astronomus. Jie greičiausiai ir bus atėję iš pagonybės. Dėl tokios mokslo būklės Lietuvoje kiek pasimokę, matyt, pabėgo ir Kęstučio sūnūs. Be to, neperžengiami miškai geruliams padėjo išsaugoti archaišką indoeuropiečių (getų) kalbą, bet ne teritoriją. Lietuvos Didžiosios Kunigaikštystės karinei galybei sunykus vos neišnyko ir kalba. Norint išlikti, mums ateityje, matyt, teks nesikratyti iš Europos einančių mokslo teikiamų žinių, bet ir papročius saugoti.

Lietuvos aidas, 2003 11 04

KĄ REIŠKIA ŠIE ŽENKLAI?

2003 m. vasarą statant funikulierių į Gedimino kalną Vilniuje buvo rasta 20 cm ilgio metalinė plokštelė su iki šiol neperskaitytais rašmenimis. *Lietuvos aide* šiemet šių eilučių autorius rašė apie savo paties iš dalies perskaitytus įrašus Šv. Mikalojaus bažnyčios plytoje ir Vaidevučio vėliavoje. Todėl reikia tarti žodį ir apie šį naujai rastą įrašą. Pirmiausia krenta į akis, kad jame yra susipynę ir piktografinio, ir fonetinio rašto elementai. Be abejonės, fonetinis (abėcėlinis) įrašas yra antroje eilutėje, dešinėje. Spėjame, kad apačioje, kairėje, taip pat įrėžtas fonetinis įrašas, tik kitos abėcėlės. Didžiojo įrašo kraštuose užkirsti lygiašoniai kryžiai primena ant akmenų iškaltus kryžius maro plitimui sustabdyti. Dešiniojo apatinio įrašo pradžioje įrėžti du kryžiai ir A raidė taip pat primena mūsų ženklą, reiškiantį *Amžiną atilsį*. Įdomiausi yra piktografiniai ženklai didžiojo įrašo pradžioje, kurie gali turėti sąsajų ir

Aukuro akmuo su rašmenimis (fragmentas, autoriaus kolekcija).

su kalendoriumi. Tai galėtų būti ir kažkoks falsifikatas, bet tokią prielaidą paneigtų ženklai, panašūs į smailiai užlenktą Z raidę ar strėlę, randami iškalti akmenyse – šio straipsnio iliustracijose. Daugiau panašių ženklų, iškaltų akmenyse Lietuvoje ir Latvijoje, galima pamatyti šių eilučių autoriaus knygelėje *Istoriniai akmenys*, Vilnius, 1990.

Deja, tenka prisipažinti, kad šio įrašo nepavyko perskaityti, bet tikimės pagalbos iš skaitytojų. Gal kam nors pavyks šiame įraše išaiškinti senovės lietuvių raštą? Archeologų nuomone, lentelė rasta renesanso archeologiniame sluoksnyje, t. y. reformacijos laikmečiu. Kaip tik tada vyko pirmasis senosios religijos atgimimas, kai kur iš naujo tam tikromis progomis uždegta amžinoji ugnis, vienas iš Radvilų net pasivadino Perkūnu. Tokiu laiku ir galėjo būti pagaminta mūsų rastoji lentelė, arba ją kas nors galėjo išsaugoti iš senesnių laikų.

Lietuvos aidas, 2003 10 09

Plokštelė su užrašais iš abiejų pusių (senieji lietuviški rašmenys ir senoji graikų kalba (?)), XIII–XIV a., švinas (tyrimų autorius Striška G., Vilniaus pilies teritorija).

APIE MŪSŲ PROTĖVIŲ GERULIŲ KARALIŲ RODVULFĄ, RADVILAS IR VAIDEVUTĮ

Dar kartą bandysiu įtikinti, kad Marijos Gimbutienės ir kitų istorikų plačiai aprašyti baltai savo „aukso amžiuje", Romos laikais, vadinti geruliais (pirminė forma – giruliai). Pažiūrėję į bet kokį rimtesnį geografinį atlasą pamatysime, kad nuo Vyslos žemupio iki aukštutinio Dniepro ir Sožės upės tęsiasi pietinė miško masyvo riba, kurią, beje, labai gerai skyrė Rytų Europos gyventojai jau prieš du tūkstančius metų. Jeigu dabar gyvenimas lauke visiškai skiriasi nuo gyvenimo miške, tai koks tas skirtumas turėjo būti senovėje? Būstas iš rąstų niekuo nepriminė pastatų iš molio ir akmenų. O kaip skirtingai turėjo būti gaunamas maistas? Čia iš karto priminsime, kad baltai, geruliai, buvo šimtaprocentiniai miškų gyventojai, gavę pavadinimą nuo žodžio *giria*. Šią minėtą miško – lauko ribą liudija daugybė tautų ir genčių vardų: Pamedė (Pomezanija) Prūsijoje prie Vyslos, Polesė pietų Baltarusijoje ir II a. toje pačioje vietoje Ptolemajo minimi Pagiritai (παειριται). Visi šie trys pavadinimai reiškia *pagirį* ir sutampa su minėta geografine miško riba. Lygiai taip pat daugybės nuo šios ribos į šiaurę gyvenusių genčių vardai susiję su mišku (giruliai: giriai, sėliai – šilų gyventojai; drevlianai), o į pietus – su lauku (lenkai, t. y. lankiai – poliakai, lugijai, polianai, polovcai ir kt.). Kaip jau minėjau savo kituose straipsniuose *Lietuvos aide*, Romos nukariavimo metu giruliai pakeitė savo vardą į gerulius, vėliau šis vardas buvo iškraipytas į herulius ir erulius.

Taigi laikydami baltų ir gerulių tapatybę įrodyta, patyrinėkime iš Romos nukariavimo laikų išlikusius gerulių vardus. Pastaraisiais metais Vilniaus Mažvydo ir Mokslų Akademijos bibliotekas pasiekė Sankt Peterburge išleista VI a. gotų istoriko Jordano knyga *Apie getų kilmę ir darbus* (kitaip – *Getika*). Mažvydo bibliotekoje ši knyga yra 1997 m. leidimo, o Mokslų Akademijos bibliotekoje – atnaujintas 2001 m. leidimas. Kalbėdamas apie gerulius Jordanas rašo: „Odoakras (galbūt vardas sutrumpėjęs iš „Odinui aukas kūrenantis" (?) – R. M.), Torkilingų karalius, vesdamas paskui save skirius (plg. Mūsų vardus *Skirmantas*, *Skirgala* ir kt.), gerulius ir pagalbinius dalinius iš įvairių genčių, užėmė Italiją [...] Nuo to laiko Italiją ir Romą pradėjo valdyti gotų karaliai". Kitoje vietoje Jordanas, taip pat knygos paaiškinime minimas Prokopijus, skelbia, kad prieš daug metų gerulius valdė karalius Rodvulfas, tačiau paniekinęs savo karalystę jis pasislėpęs pas gotų karalių Teodoriką ir jo globoje radęs tai, ko ieškojęs. Anot Prokopijaus, karalius Rodvulfas žuvo mūšyje su langobardais praėjus trejiems metams po imperatoriaus Anastasijaus atėjimo į valdžią, t. y. apie 494 m.

Ar mums nieko neprimena vardas Rodvulfas? Geruliai, žinoma, antrą vardo dalį turėjo tarti ne *vulfas*, bet *vilkas*. Daugelis barbarų karalių buvo vadinami *vulfais*, nes gotų kalba (mažiau ostgotų) buvo ženkliai sugermanėjusi. Tai liudija *Vulfilos vestgotų biblija*. Taigi mūsų kalba Rodvulfas turėjo vadintis karalius *Roda* arba *Radvilkas*. Legendose apie Lietuvos didikų Radvilų kilmę kaip tik ir sakoma, kad antroji Radvilos pavardės dalis kilo nuo žodžio *vilkas*. Todėl turėtume patikėti, kad gerulių karalius Rodvulfas buvo vienas iš Radvilų giminės pradininkų.

Gerulių kartu su gotais pralaimėtas mūšis prieš langobardus V a. pabaigoje į šiaurę nuo Dunojaus mus atveda iki Prūsijos valdovo Vaidevučio, kuris, gavęs iš ostgotų karaliaus Teodoriko Didžiojo pagalbą ir pripažinęs jo valdžią, per Gotlando salą atvykęs į Prūsiją, Sembos pusiasalio centre, aukščiausiame jo taške esančiame Galtgarbio piliakalnyje, įkūrė savo valstybės sostinę. Vaidevutis galėjo būti Rodvulfo artimiausias giminė arba bent jo aplinkos žmogus. Šių eilučių autoriui kilo dar viena labai patikima erezija apie Vaidevutį, kad jo vėliavoje įrašyta abėcėlė galėjo būti sukurta raštuose neišlikusios ostgotų abėcėlės pagrindu (šiuo metu mokslui žinomą gotų abėcėlę mums paliko vestgotai – „visi gotai"), nes Vaidevutis pripažino ostgotų valdžią ir kartu su jais ilgai kariavo.

Jordano *Getikoje* labai įdomiai aprašyta, kaip ostgotų karalius Germanarikas (Ermanarichas) pajungė savo valdžiai aisčius ir gerulius. Bet tai medžiaga kitam straipsniui.

Lietuvos aidas, 2003 09 05

AR VALDĖ LIETUVĄ OSTROGOTŲ KARALIUS TEODORIKAS DIDYSIS?

Iki šiol klaidingai manoma, kad Romos imperiją V a. užkariavo nežinia ko iš šiaurės atplūdusios germanų gentys. Pirmiausia šiame nukariavime dalyvavusiose kariuomenėse didesnę dalį sudarė ne germanų, kaip mes juos dabar suprantame, bet baltų (gerulių) ir jiems giminingos gentys. Iš dabar egzistuojančių tautų lietuviai yra artimiausiai susiję su prieš 4 tūkstančius metų gyvenusia didele getų (indoeuropiečių) etnine bendruomene, arba tiesiog yra getų palikimo paveldėtoja. Tik atsikėlę į dabartinės Vokietijos ir pietų Švedijos teritoriją getai (galbūt dėl vokiško žodžio *Got* (dievas) įtakos) savo pavadinimą pakeitė į gotus ar gudus. Daugumai gotų sugrįžus į savo istorinę protėvynę prie Dunojaus, getų kalba jau buvo apgermanėjusi. Tai liudija garsioji *Vulfilos biblija*, kurioje baltiškų žodžių yra palyginti nedaug.

Antra, kaip jau teko ne kartą šių eilučių autoriui įrodinėti *Lietuvos aide*, Romos imperijos nukariavimas buvo kelių šimtų metų karo dėl Dakijos padarinys. Jeigu Romos imperatorius Trajanas galėjo nukariauti Dakiją, kuri buvo Getijos–Trakijos dalis, tai kodėl Romos pavergtos tautos negali atsakyti tuo pačiu ir nukariauti Romą?

O gotų ir gerulių bendrą kilmę geriausiai paliudija istorikas Jordanas, VI a. parašęs getų tautos istoriją, kurioje daugiausiai mini gotus. Jau Jurijus Lipovka atkreipė dėmesį į Jordano teiginį, kad gotai galėjo susikalbėti su geruliais savo kalba, t. y. suprato vieni kitų kalbą. Ne kartą istorijoje Pamario–Prūsijos–Lietuvos žemės buvo vadinamos vardais, panašais į Rytų Gotiją. Viduramžiais Zeusas mini žemę *Reithgotland* (Rytų Gotija žemaitiškai (?)) į rytus nuo Lenkijos. Simonas Daukantas, matyt, tą pačią žemę vadina *Redingotija*, tačiau mano ją buvus pietiniame Baltijos jūros pakraštyje. Iš šių teiginių galime manyti, kad gotai mūsų kraštus dar laikė esant bendros kilmės. Įdomiausia, kad net po Romos nukariavimo aisčių (gerulių) ryšiai su gotais nenutrūko. Nukariavę šiaurės Italiją (dabartinę Lombardiją, beje, gavusią vardą nuo langobardų), ostgotai savo sostinę įkūrė Ravenoje, iš kurios didžiulę teritoriją valdė ostgotų karalius Teodorikas Didysis. Kaip tik tuo metu geruliai (baltai) buvo įkūrę savo valstybę šiauriniame Dunojaus krante, kur netoli dabartinės Slovakijos ir Austrijos sienos buvo gerulių miestas *Gerulata*.

Kodėl Teodorikas Didysis pasivadino aisčių karaliumi (*Haestis Rex*)? Savo valdymo pabaigoje, apie 523 m., jis pasiuntė aisčiams laišką dėkodamas už gausias gintaro dovanas. Remiantis Vaidevučio legenda galima spėti, kad kaip tik tuo metu galingiausias gerulių (aisčių) valdovas buvo Vaidevutis. Čia prisiminkime garsųjį „barbarų" persikėlimą per Dunojų. Kai romėnai jų paklausė: „Kur jūs žygiuojate?" – atsakymas buvo: „Į Tulę". Prūsiškai Tulė reiškia *žemė*. Taigi geruliai greičiausiai taip vadino Prūsiją. Bet kuo čia dėta Lietuva? Anot Vaidevučio legendos, po jo mirties Lietuvą paveldėjo vienas iš sūnų. Taigi Vaidevutis valdė tam tikrą dabartinės Lietuvos dalį, gal ir didesnę negu dabar (?). Garsiajame Tauragnų kape su romėnišku kardu galėjo būti palaidotas vienas iš Vaidevučio (ir Teodoriko) vietininkų Lietuvoje arba ir pats Vaidevučio sūnus. Greičiausiai Vaidevutis per karus dėl Romos puikiai pažinojo Teodoriką, kuris po to, kai langobardai V a. pabaigoje sumušė gerulių kariuomenę, gavo iš Teodoriko paramą ginklais, o gal ir žmonėmis ta sąlyga, kad Vaidevutis pripažins Teodoriko valdžią. Taigi dėl to, matyt, Teodorikas Didysis ir pasivadino aisčių karaliumi. Be to, Teodorikas nebuvo pirmasis valdovas Romos imperijos teritorijoje, kuris titulavosi įvairių barbarų tautų karaliumi. Yra žinių, kad valdovas Augustas, be kitų titulų, net buvo pasivadinęs finų valdovu. Grįžę prie ostgotų, prisiminkime, kad aisčius jau seniau buvo užvaldęs ostrogotų valdovas Ermanarikas. O pavaldi Teodorikui Vaidevučio valstybė Prūsijoje (ir Lietuvoje?) po Vaidevučio mirties subyrėjo į daugybę mažų kunigaikštysčių, kurios visos, kaip rašo iš Vakarų Europos atvykę pasiuntiniai, kariavo tarpusavyje. Matyt, dėl to ir Vaidevučio mėginimas įvesti fonetinį raštą Prūsijoje, kurį matome Vaidevučio vėliavoje, po jo mirties neįsitvirtino, netapo visuotinai vartojamu kaip Gruzijoje ir Armėnijoje (šiose šalyse fonetinis raštas buvo įvestas kaip tik tuo metu).

Lietuvos aidas, 2003 08 13

KĄ REIŠKIA ŽODIS *LIETUVA*?

Iki šiol dažniausiai girdėdavome nuomonę, kad Lietuvos vardas yra kilęs iš Lietaukos upelio ar Leitės upės, Leiciškių ežero vandenvardžių. Kadangi šiose vietovėse nėra didelių senovinių gyvenviečių ar piliakalnių, kaip pvz., Vilnius prie Vilnios upės, ir dėl nepaprasto giminingų Lietuvos vardui vietovardžių paplitimo nuo seniausių laikų didžiulėje teritorijoje, šią teoriją reiktų atmesti.

Taip pat nelabai įtikina ir bandymai Lietuvos vardą susieti su lotynišku žodžiu *litus* – jūros pakrantė. Kalbininkas S. Tarvydas rašė apie vieną senovės Galijos pajūrio provinciją, lotyniškai vadintą Litovia. Daugelis nelietuvių kalbininkų, tarp jų ir Walde, lietuvius siejo su šiais *pajūrio gyventojais*.

Lieka aptarti tris pagrindines Lietuvos vardo kilmės teorijas:
1) mitinę – iš deivės Letos, Ledos arba dievo Lietuvanio;
2) etninę – iš lidų tautos, žinomos iš Mažosios Azijos;
3) nuo žodžio *liaudis*, kuris galėjo reikšti ir kariauną.

Šių eilučių autoriui patikimiausia yra jo paties išplėtota mitinės kilmės teorija, siejanti Lietuvos vardą (Mindaugo rašte ir Dusburgo kronikoje vadintą *Letovia*) su Apolono motina deive Leta, kurią garbinę hiperborėjai gyvenę „už šiaurės vėjų". Kadangi Apolonas buvo karo dievas, tai jo motina Leta gali būti siejama su trečiuoju mūsų kilmės aiškinimu apie Lietuvą – liaudies kariauna. Deivė Leta, anot žymaus tyrinėtojo R. Greivo (Graves), yra gimininga Egipte ir Palestinoje garbintai derlingumo deivei *Lat*. Čia galime palyginti Strijkovskio minimą derlingumo dievą, lietaus sukėlėją *Lietuvanį*. Letos garbintojus hiperborėjus mokslininkai mano gyvenusius įvairiose Šiaurės ir Rytų Europos vietose: nuo Britų salų iki Dniepro. Tačiau remdamiesi 1 tūkstantmečio pradžios Ptolemajo žemėlapiu, galime spėti hiperborėjus gyvenus į šiaurę nuo Karpatų kalnų baltų žemėse. R. Gravesas deivę Letą tapatina su Leda, o apie lietuvių deivę Ladą daug duomenų buvo surinkusi mūsų garsi etnografė Pranė Dundulienė. Ši mitinė lietuvių vardo kilmės teorija nukelia mus keletą tūkstančių metų atgal, prieš pirmąjį Lietuvos vardo paminėjimą 1009 m. Tačiau šios ankstesnės Lietuvos nesiejame su konkrečia teritorija, taigi nebūtinai čia turime įžvelgti prieštaravimą. Paminėjimas prieš tūkstantį metų jau rodo aiškią Lietuvos valstybingumo užuomazgą.

Pirmąją Lietuvos vardo kilmės teoriją gerokai trikdo antroji – etninė teorija. Ties besikuriančios Lietuvos valstybės viduriu buvo labai sena ir galinga Lydos pilis, kuri, panašiai kaip ir Trakai su pilimi (pavadinti pagal trakų gentį), savo vardą greičiausiai gavo nuo Mažojoje Azijoje antikos laikais gyvenusios lidų tautos pavadinimo. Lietuvoje paplitę vietovardžiai Lyduvėnai, Lydavėnai, Lydnia ir kt. turėtų būti susiję su išeiviais iš Lydos. Anglosaksų poemoje *Widsith* minimi *Lidwicings* gali būti Lydos ar Lietuvos vikingai. Priebalsiams *d* ir *t* susikeitus, Lyduva lengvai galėjo pavirsti į Lietuvą. Tai viena iš kildinimo galimybių. Deja, vargu ar pavyktų šią lietuvių kilmės teoriją suderinti su pirmąja. Tegul tai nustato ateities mokslininkai.

Trečiajai teorijai artimiausi Česlovo Gedgaudo pamąstymai. Kronikose suradęs tariamai bendrinius vardus: „in Sudua Littonia" (Lietuva Sudūvoje), „Letovini de Samethia" (Žemaitijos lietuviai) ir „Littovin Lant" (Lietuvos kraštas Žemaitijoje) jis prieina prie išvados, kad šie lietuviai žymi liaudų, tam tikrų lietuvių karinių formuočių teritorijas – stovyklavietes. Č. Gedgaudas aptikęs aprašymą, kad apie 800 m., Karolio Didžiojo laikais, *letes – leudes* – kovėsi su burgundais. Pastaruoju metu kai kurie mūsų lituanistai taip pat Lietuvos vardą sieja su kariauna, karine formuote. Beje, kaip minėjome, ši teorija gali būti suderinta su pirmąja teorija apie karo dievo Apolono motinos deivės Letos garbės kariauną.

Negaliu čia nepaminėti ir savo teorijos, kad Lietuvos ir Latvijos vardai yra tos pačios kilmės. Tai patvirtina seniausi rašytiniai šaltiniai. Mindaugo laiške bei Dusburgo kronikoje Lietuva vadinama *Letovia, Lethovia*, o Livonijos kronikininkas Henrikas Latvis letais vadina latvius ir panašiai lietuvius – *lettones*. Todėl šių eilučių autorius seniai siūlo bendrą istorinį lietuvių ir latvių pavadinimą – letai. Kalbėdami apie Lietuvą ir Latviją kartu, šį kraštą turėtume vadinti Letija.

Lietuvos aidas, 2003 06 03

KUNIGAIKŠTIENĖ OLGA, DREVLIANAI IR RYTŲ BALTŲ NUKARIAVIMAS

Visi mes, vyresnieji, sovietmečiu mokėmės apie Kijevo Rusios valstybės susidarymą, netgi galbūt daugiau, negu apie Lietuvos valstybę. Sakmėje apie *Igorio žygį* ir kituose seniausiuose rusų rašytiniuose šaltiniuose daug rašoma apie tai, kaip kunigaikštienė Olga, keršydama už vyro žūtį, paėmė iš drevlianų balandžių duoklę, parišo po jais fakelus ir juos uždegusi paleido. Taip buvo sudeginta ir užimta viena ar daugiau pagrindinių drevlianų pilių. Tada, deja, mes nežinojome, kad yra kalbama apie mūsų protėvių gerulių (girių) artimiausių giminių liūdną likimą. Pagal miško ir stepės ribą, praeinančią į šiaurę nuo Kijevo, šių eilučių autoriui pavyko nustatyti, kad čia kalbama apie mūsų protėvių – Dniepro baltų nukariavimą. Kaip jau ne kartą esu skelbęs, galiu dar kartą patvirtinti Algirdo Patacko paskelbtą nuomonę, kad pimajame tūkstantmetyje baltų apgyvendintas miško masyvas driekėsi nuo Baltijos jūros iki Maskvos, ir pridurti, kad šio miško gyventojai vadinti *giruliais, giriais,* vėliau *geruliais.*

Kijevo Rusia formavosi į pietus nuo miško. Ji buvo susijusi su laukų gyventojais – polianais, o platesne prasme – ir su lenkais (lankiais – *poliakais*), kurie Kristaus laikais turėjo didelę įtaką prie Dniepro atsikėlusiems Polianams. Pradėję imti iš drevlianų (girulių) duoklę, laukų gyventojai slavai įsiveržė į visai jiems svetimą erdvę. Deja, šis įsiveržimas baigėsi visišku rytinių (Dniepro) baltų nukariavimu bei jų nutautinimu.

Kodėl mes drevlianus tapatiname su geruliais? Todėl, kad *drevo* (*derevo*), išvertus iš slavų kalbų, reiškia medis, t. y. miškas. Dabar tiesiog atrodo keista, kaip sovietmečiu per istorijos pamokas mes nesuvokėme tokio paprasto fakto. Miško ir lauko pavadinimai pagal tikrąją miško ir lauko ribą įvariomis kalbomis tęsiasi nuo pat Vyslos žiočių iki čia minimų Dniepro baltų: Pamedės žemė Prūsijoje kryžiuočių laikais, nuo kurių į pietus gyveno lankiai (poliakai); Polesė (*paleksėnai* ir Ptolemajo minimi *pagiritai*) pietvakarių Baltarusijoje; drevlianai į šiaurę nuo Kijevo ir polianai į pietus nuo jų. Suvokę šiuos faktus, nesunkai išsiaiškinsime ir galindų (*Goliadj*), gyvenusių į vakarus nuo Maskvos, su kuriais slavų kunigaikščiai dar ilgai kariavo antrojo tūkstantmečio pradžioje, kilmę. Lengviau bus suprasti didžiuliuose plotuose iki Maskvos ir toliau išplitusių baltiškų vandenvardžių ir vietovardžių kilmę.

Susidomėjimą kelia kunigaikštienės Olgos vardas. Savo kilme jis primena mūsų vardus: Algis, Algirdas, Algimantas, Minelga, Vaišelga ir daugybę kitų. Garsai *a* ir *o* baltų ir slavų kalbose dažnai priešinami. Galbūt Olga buvo atitekėjusi iš baltų žemių arba buvo mišrios baltų-slavų klmės. Į šį klausimą vargu ar kas nors atsakys. Tačiau gerulių ir drevlianų vardų bendra kilmė padeda dar kartą patvirtinti, kad baltai vadinti geruliais (giriais) ir kad tie patys geruliai dalyvavo Romos imperijos nukariavime.

Lietuvos aidas, 2003 05 21

ARIOGALA, GERULIAI IR LIETUVIŲ KILMĖS IŠ ROMĖNŲ TEORIJA

Tiriant vietovardžių, besibaigiančių -*gala*, kilmę, pavyko nustatyti, kad jie reiškė svarbius senojo tikėjimo ir kunigaikščių valdžios centrus, tvirtoves ir reiškė *galią, tvirtybę*. Žodžių pabaiga -*galis*, -*galiai* dažniausiai nusako kažko galą, pabaigą (*Kopgalis, Laukagaliai* ir pan). Ramygala gali reikšti „ramovės galią, kulto centrą". Palyginkime dvi Romainių šventyklas ar šventus ąžuolus Sembos (Sambijos) Romainiuose ir Romainiuose prie Kauno, kur greičiausiai Jogaila užgesino amžinąją ugnį bei Nadruvos romovės (*Romov*) šventą ąžuolą, prie kurio gyvenusį krivį, anot Dusburgo, Prūsijos, Lietuvos ir Livonijos tautos garbino taip, kaip krikščionys garbina Romos popiežių. Netoli Zapyškio tekantis kažkada laikytas šventu Dievogalos upelis, be abejo, reiškia „Dievo galią", o garsusis žemaičių Medvėgalis buvo žymi pilis, kulto centras ir kryžiuočių laikais vadinosi Medvaigala. Beje, ir Kauno priemiestis Aleksotas senovėje vadinosi Svirbigala, matyt, „svarbi, skvarbi galia".

Lietuvoje yra daug vietovardžių, susijusių su tautų vardais: Trakai (senovės trakų tautos gyvenvietė), Lyda (greičiausia nuo lydų, gyvenusių Mažojoje Azijoje), Maišiagala, senovėje Maisegal (masių (mezų) nuo Dunojaus tvirtovė). Taigi artėjame prie Ariogalos ir Betygalos. Motiejus Strijkovskis ir daugelis kitų kronikininkų, kalbėdami apie lietuvių kilmę iš romėnų, rašo, kad Palemono vadovaujami apie 500 romėnų aplink Europą atplaukę į Kuršių marias, po to Nemunu pasiekę Dubysą ir įsikūrę Ariogaloje, iš kurios grįžę į Nemuną jau toliau plaukę Nerimi. Remdamasis vienomis kronikomis Strijkovskis rašo, kad šis Palemonas vykęs imperatoriaus Nerono laikais, o remdamasi kitomis, – kad jie bėgę nuo hunų vado Atilos, kurio aukščiausia galybė buvo V amžiaus viduryje. Mūsų teorijai artimesnis antrasis variantas, nors, be abejo, romėnai į mūsų žemes buvo atvykę ne kartą. Kaip tik su kitomis gentimis nukariavę Romos imperiją apie 500-uosius metus geruliai prie Dunojaus įkūrė savo valstybę, kurią netrukus sumušė langobardai. Bandysime įrodyti, kad po romėnų, atvykusių į Ariogalą, pavadinimu, kaip tik ir slepiasi šie geruliai.

Vieni iš seniausių užfiksuotų Ariogalos pavadinimų yra *Erogeln*, *Eragel*, *Heragala*, *Ergalle*. Kaip tik geruliams kariaujant Romos imperijoje, jau šio karo pabaigoje, jie buvo vadinami heruliais ir eruliais. Gerulių (girių) vardas Romos imperijoje kito tokia tvarka: giruliai, geruliai, heruliai, eruliai – *eruliorum gentes*. Taigi senieji Ariogalos vardo variantai *Eriogala* ir *Heragala* atitinka paskutinius gerulių vardo variantus. Matyt, į Ariogalą atvyko ne romėnai, bet Romos imperiją nukariavę geruliai, jau vadinti heruliais, eruliais. Jeigu ši teorija teisinga, tai Ariogala reškia „Gerulių tvirtovė".

Šioje istorijoje įdomiausia tai, kad metraščiai iš Ariogalos kildina mūsų kunigaikštį Vytenį, t. y. gediminaičiai gali būti kilę iš Romos imperiją nukariavusių gerulių karvedžių, arba bent jau jie galėjo taip save kildinti. Štai kokia yra ta lietuvių kilmės iš romėnų teorija. O mūsų mokslininkai panašias mintis laiko „nemoksliškomis". Sovietmečiu lengviausia buvo paskelbti lietuvių kilmės iš romėnų teorijas fantazija, tada nereikėjo vargti ir kapstytis po antikos laikų rašytinius šaltinius.

Beje, Betygala greičiausiai seniausiais laikais buvo priešinama gerulių tvirtovei ir pavadinta „Bet tik galia", t. y. silpnesne vietove. Reikėtų dar laukti, kad šią teoriją patvirtintų archeologai ir kiti mokslininkai. Būtų gražu, jeigu prie Ariogalos būtų rastas toks romėnų kardas, kaip rastasis prie Taurapilio, šis greičiausiai priklausė vienam iš gerulių karvedžių.

Lietuvos aidas, 2003 04 16

AR SENOVĖJE LIETUVIAI TURĖJO RAŠTĄ?

Deja, teks pradėti ne nuo Lietuvos, bet nuo prūsų. Tokį pasirinkimą lemia per mažas informacijos kiekis apie fonetinį lietuvių raštą iki krikščionybės įvedimo. Apie senąjį raštą gerulių (baltų) žemėse pirmajame tūkstantmetyje po Kristaus gimimo daugiausiai duomenų pateikia įrašas Vaidevučio vėliavoje, kurią, anot XVI a. kronikininkų Simono Grunau ir Luko Davido, kryžiuočiai atėmę iš prūsų. Šį fonetinį prūsų raštą greičiausiai sukūrė po Romos nukariavimo per Gotlando salą sugrįžę Prūsijos valstybės įkūrėjai valdovai Vaidevutis ir Prutenis (pirmasis buvo pasaulietinis valdovas, o antrasis – dvasinis). Beje, anot legendos, Vaidevutis valdęs ir Lietuvą. Pagrindinė jo pilis buvusi aukščiausiame Sembos pusiasalio taške, Galtgarbių vietovėje.

Vaidevučiui valdant V–VI a. ir buvusi sukurta garsioji Vaidevučio vėliava su čia pavaizduotu įrašu. Kaip tik tuo metu buvo suformuoti daugelio Europos tautų alfabetai: armėnų, gruzinų ir kt. Slavų abėcėlę IX a. sukūrė Kirilas ir Metodijus. Deja, prūsų abėcėlė taip ir liko embriono stadijos. Galbūt dėl nenutrūkstamų karų ir reto gyventojų skaičiaus, o gal ir dėl tam tikro atsilikimo civilizacijos prasme šis raštas, kaip užkoduota formulė, liko krivių-žynių luomo aplinkoje, o galbūt ir užgeso kartu su garsiųjų kovotojų, grįžusių po Romos nukariavimo, mirtimi.

Pabandykime perskaityti, kas rašoma Vaidevučio vėliavoje. Daugelis raidžių čia yra artimos gotų, graikų, lotynų ir slavų abėcėlėms. Ir kitų šalių abėcėlės buvo kuriamos panašiu būdu (Vaidevučio vėliavos įrašų dešifravimo tekstai yra šių eilučių autoriaus įteikti Vilniaus Universiteto bibliotekos rankraščių skyriui).

Nesutikdami su kitų mokslininkų iki šiol atliktais bandymais perskaityti Vaidevučio įrašo tekstą, drįsime teigti, kad čia yra įrašytas lyg savotiškos maldos tekstas – kreipinys į Aukščiausiąjį ar pagonių dievus, susijusius su klimato, atmosferos ir gamtos reiškiniais, prašant gero oro, derliaus, kad gyvenimas būtų sotus ir laimingas. Paraidžiui skaitome: DENA ORRA ATEK. TU SOTE, TU AUKSE'KSO AK'UNKS, t. y. *Diena oro ateik, tu soti, tu aukš-*

čiausiojo akis, arba *Diena oro ateik, tu soti, tu aukse akių* (abu skaitymo variantai iš karto tekste numatyti). Deja šis įrašas negarantuoja, kad jis kaip nors reiškėsi ir dabartinėje Lietuvos teritorijoje, tačiau jis, matyt, yra vienintelis žinomas tikras bandymas sukurti fonetinį raštą gerulių (baltų) teritorijoje seniausiais laikais.

Lietuvos aidas, 2003 02 15

Vaidevučio vėliava su senovės rašmenimis.

KĄ MUMS MENA ROMOS IMPERATORIAUS TRAJANO ŽYGIAI

Garsiojoje Trajano kolonoje Romoje pavaizduoti šio imperatoriaus karo žygių epizodai. Tai vyko nepraėjus nė šimtui metų po Kristaus gimimo. Greta daugybės Trajano nukariautų tautų ypač išsiskiria Dakijos nukariavimas. Kaip matysime, Trajanas prie Romos imperijos prijungė tik nedidelę Dakijos dalį, tačiau ji buvo toliausiai pažengusi ir tankiausiai apgyvendinta, užėmė didesnę dabartinės Rumunijos dalį, taip pat ir sostinę Sarmisegetuzą. Etniniu požiūriu Dakija buvo labai artima Trakijai ir Getijai. Šios trys tautos kalbėjo artima lietuvių kalbai kalba, o visas junginys buvo labai arti paties indoeuropiečių branduolio, tik įvairiu metu buvo skirtingai vadintas. Seniausias ir pirminis pavadinimas greičiausiai yra getai, nes getų kilmės etnonimais nusėta visa Europa. Tai plačiai aprašyta šių eilučių autoriaus knygoje *Lietuvių tautos kilmė*. Netoliese, didžiuliuose Rytų Europos plotuose, gyveno ir klajojo persų kilmės sarmatai, skitai ir alanai. Jų palikuonys yra dabartiniai osetinai šiaurės Kaukaze.

Dabar pažiūrėkime, kaip susijęs Dakijos nukariavimas su mūsų tautos protėviais. Jau Jonas Basanavičius, remdamasis Detlefsenu, skelbė, kad romėnų geografo Vipsanijaus Agrippos (mirė 12 m. pr. Kr.), dalyvavusio romėnų karuose Panonijoje ir Balkanuose bei Oktaviano Augusto laikais, Romos imperijos teritorijos matavimų duomenimis, Dakijos valdos siekė Baltijos jūrą. Todėl Dakijai būtinai turėjo priklausyti gerulių (baltų) žemės kartu su Lietuva, nes slavai (apytikriai venedai) tada dar gyveno tik pietinėje Lenkijoje ir prie Dunojaus, o germanai – maždaug dabartinės Vokietijos teritorijoje. Trajanui nukariavus Dakijos dalį prie Dunojaus, ją nuolat iš šiaurės puldinėjo likusios nenukariautos dakų gentys, beje, visą laiką turėjusios sąjungininkių nukariautoje Dakijos dalyje. Be abejo, dakai kvietė į karą prieš romėnus šiaurėje jiems priklausiusias tautas. Maždaug per 60 metų prie Juodosios jūros iš žemutinio Pavyslio atsikėlę gotai kartu su giminingomis tautomis karpais, gepidais bei iranėnų kilmės sarmatais iki 271 m. išstūmė romėnus iš Dakijos. Daugelio mokslininkų duomenimis, gepidai, prieš pajudėdami link Romos, gyveno prie Baltijos jūros į vakarus nuo prūsų, o gimininga baltams karpų gentis davė vardą Karpatų kalnams.

Kaip žinome, atsikovojusios Dakiją, susijungusios gentys nesustojo ir toliau puolė Romos imperiją. Čia ir prieisime prie mūsų protėvių. Be įvairių mums giminingų gotų genčių sąjungų ir gepidų, taip pat skirių, karuose greičiausiai dalyvavo karių ir iš dabartinės Lietuvos teritorijos. Tai gali liudyti ir mūsų liaudies dainų žodžiai: „Pargrįžysiu žirgelį ant septintų metelių". Čia gali atsispindėti labai senas motyvas, kai mūsų kariai užsiverbuodavo į karo žygius septyneriems metams, po to sugrįždavo. Tokį faktą gali paliudyti ir tai, kad po Romos nukariavimo sugrįžo didelė dalis gerulių. Abejonių nekelia, kad tikrieji mūsų protėviai geruliai nusiaubė Romą V a. Jeigu į karą prieš Romą nebūtų įtraukti geruliai bei kitos mums giminingos tautos, galbūt nebūtų žlugusi Romos imperija ir pasaulio istorija būtų pasukusi visai kita vaga. Taigi galime spėti, kad Trajanas, nukariaudamas Dakiją, iškasė duobę visai imperijai, o mūsų protėviai prie jos sugriovimo tikrai prisidėjo. Deja, tokių duomenų mes nerasime jokioje oficialioje Lietuvos istorijoje, ką jau kalbėti apie mokyklinius vadovėlius. Tikėkimės, kad mūsų istorikai šią spragą užtaisys.

Lietuvos aidas, 2003 02 11

PATRIARCHO DARBAI LIKO NEĮVERTINTI

Jeigu paklausime mokinuko, kas buvo Jonas Basanavičius, beveik tikrai pasakys, kad Basanavičius buvo vienas iš nepriklausomos Lietuvos atkūrėjų, gal ir pagrindinis, net nepriklausomos Lietuvos atgimimo patriarchas. Tačiau jei paklausime apie Basanavičių mokslininką, tik iš šimto vienas pasakys, kad jis buvo prirašęs niekų apie labai seniai Mažojoje Azijoje ar prie Dunojaus gyvenusias tautas, kurių kalbos giminingos lietuvių kalbai. Ir tiek. Kodėl taip yra? Viena iš priežasčių – mažos tautos nevisavertiškumo kompleksas. Kita – mūsų mokslininkų pomėgis apie senąją Lietuvos istoriją rašyti pro gretimų didžiųjų valstybių varpinių langus, o kartais net ir per svetimus akinius. Kartais iš paprasčiausios tinginystės – kam kapstytis po įvairiose knygose pabertus istorinius šaltinius apie Romos ir dar senesnius laikus? Tačiau tai tik vyraujanti mūsų mokslo tendencija. Visada Lietuvoje buvo žmonių, kurie bandė pažvelgti į Lietuvos istoriją prieš valstybės susidarymą per savo paties sukaltos varpinės langus. Kartais tokia varpinė gal išeidavo kiek per didelė, gremėzdiška. Taip galima būtų pasakyti apie Česlovo Gedgaudo knygą *Praeities beieškant*. Prie bandžiusių į senąją Lietuvos istoriją žiūrėti per savus akinius galime priskirti jau šio laikraščio nr. 1 ir 17 minėtą Vytautą Rimšą, taip pat Joną Basanavičių, A. Račkų ir daugelį kitų.

Pažiūrėkime, ką šiais klausimais rašė Jonas Basanavičius. Knygoje *Etnologiškos smulkmenos* jis spėja, kad Lietuvoje galėjo gyventi Mažojoje Azijoje Romos laikais gyvenę lydai. Mūsų nuomone, tai galėtų patvirtinti Lydos miesto pavadinimas, taip pat daug Lyduvėnų bei Lydavėnų vietovardžių Lietuvoje. Beje, šių eilučių autoriaus nuomone, tai galėtų būti ir vieno iš daugelio Lietuvos vardo kildinimo variantų.

Kitoje vietoje, knygoje *Legendos apie lietuvių kilmę*, J. Basanavičius cituoja Motiejų iš Miechovijos (paprastai vadinamą Miechovita) ir Dlugošą apie tai, kaip Hanibalo sukurstytas prieš romėnus Bitinijos (šalis Mažojoje Azijoje) valdovas Prusias, pralaimėjęs karą, su savo tauta persikėlė į šiaurę. Nors šie autoriai ne Romos laikų, bet valdovo Prusijaus vardo panašumas į prūsų tautos vardą gali būti neatsitiktinis.

Mūsų svarstomu klausimu įdomiausia yra J. Basanavičiaus knyga *Apie trakų prygų tautystę...* Rašydamas apie kuršius, jis Ptolemajo minėtus *karasones* ir *kareotus* laiko kuršių protėviais (prisiminkime kryžiuočių laikais pietiniame Kurše buvusią *Karšuvos* žemę). Čia pridursime, kad Mažojoje Azijoje prieš Kristų gyveno *karijai*, o Romos laikų istorikas Pomponijus Mela į šiaurę nuo Sudinų (t. y. sūduvių) mini tautą *kuriones*. Kad ir kaip būtų, šie J. Basanavičiaus pastebėjinai tikrai verti dėmesio.

Jau J. Basanavičius, sekdamas A. Račkumi, labai taikliai pastebėjo, kad geruliai buvo vadinami *Hirri*, kitaip tariant, „girių gyventojai". Juos Romos laikais Plinijus mini greta skirių genties. Čia neiškęsiu nepaminėjęs garsaus skirių ir gerulių vado Odoakro, kuris 476 m. nuvertė paskutinį Vakarų Romos imperatorių. Odoakro vardą greičiausiai galime perskaityti lietuviškai: „Odinui aukas kūrenantis" (lietuviškai, matyt, galime perskaityti ir vestgotus – „visi gotai", taip pasivadino susijungę ostgotai ir vestgotai).

Ypač toli siekiančių išvadų J. Basanavičius pasiekė, rašydamas apie getų kilmę. Jis priėjo prie išvados, kad getų tauta yra ta pati, kurią egiptiečių paminklai vadina *Kheta*, asirų – *Khattai*, žydų – *Chittim, Hitim, Het*, graikų – *Getai*. Tad šie keli pastebėjimai jau rodo, kad Jonas Basanavičius buvo rimtas mokslininkas, o ne niekų rašinėtojas. Tai patvirtina daugelis užsienio mokslininkų, kurie Basanavičių plačiai cituoja, ko negalima pasakyti apie daugelį mūsų mokslininkų.

Lietuvos aidas, 2003 02 07

GERULIAI

Straipsnis Visuotinei lietuvių enciklopedijai (nespausdintas)

Geruliai – Romos laikų geografinis terminas, žymintis miškų teritoriją tarp Vyslos žemupio ir aukštutinio Dniepro baseino, tarp stepių pietuose ir ugrosuomių tautų šiaurėje. Pirminis gerulių pavadinimas buvo *giriai, hiriai, giruliai* – nuo žodžio giria. Dauguma gerulių kalbėjo baltų genčių kalbomis ar tarmėmis. Didesnei gerulių daliai V a. pajudėjus į pietus ir jiems kariaujant Romos imperijoje, gerulių vardas iš pradžių pakito iš girulių į gerulius, vėliau į herulius ir erulius (VI a.). 476 m. Torkilingų karalius Odoakras su skirių, gerulių, rugių ir kitų tautų kariuomene nuvertė paskutinį Romos imperatorių. Daugelyje mūšių geruliai kovojo kartu su romėnais, būdami jų sąjungininkais. V a. pabaigoje dalis gerulių su karaliumi Rodvulfu (Radvilku) persikėlė per Dunojų ir apsigyveno gotų karaliaus Teodoriko valdose. Apie 594 m. prie Dunojaus mūšyje su langobardais žuvo daug gerulių kartu su karaliumi Rodvulfu. VI a. viduryje geruliai ruošėsi priimti jiems palankaus Bizantijos imperatoriaus Justiniano siųstą gerulių tautybės karalių, tačiau naktį palikę karalių vieną jie pasitraukė į seniau gepidų apgyventas žemes (netoli Vyslos žemupio), o gerulių karalius Vaidevutis su dvasiniu vadu Pruteniu Sembos pusiasalyje įkūrė Prūsijos valstybę su sostine Galtgarbio piliakalnyje, aukščiausiame Sembos pusiasalio taške. Pasak legendos, vienas iš Vaidevučio sūnų paveldėjo Lietuvą, matyt, Lietuva taip pat priklausė jo valstybei. Galima spėti, kad dalis gerulių atplaukė laivais iki Ariogalos, kaip apie tai kalba lietuvių kilmės iš romėnų teorija, ir čia įsikūrė. Kryžiuočių atimtoje Vaidevučio vėliavoje greičiausiai yra išlikęs įrašas ostgotų abėcėle, kuris patvirtina, kad Vaidevutis bandė įvesti savo valstybėje fonetinį raštą, kuris po jo mirties neįsigalėjo. Anot Bizantijos istoriko Prokopijaus, eruliai garbinę daugybę dievų, kuriems aukodavę net žmones, pirmiausia – išskirtinius belaisvus. Ugniai paaukodavę ir savo senus bei ligotus žmones. Pasak Vaidevučio legendos, gilioje senovėje, sulaukę žymiai daugiau nei šimto metų, pasiaukodami dievams, ugnyje susidegino ir Vaidevutis su Pruteniu.

2003.12.

Šaltiniai

Lietuvių tautos kilmė

[1] Seibutis A. „Padavimai ir tikrovė", *Mokslas ir gyvenimas*, 1971, 5, p. 38-40; „Vėlyvojo ledynmačio vietovardžiai", *Mokslas ir gyvenimas*, 1971, 10, p. 16-20; „Paleogeografija apie indoeuropiečių protėvynę", *Mokslas ir gyvenimas*, 1974, 9, p. 38-40; „Žmonės ledynmečio salose", *Mokslas ir gyvenimas*, 1976, 10, p. 20-23.
[2] Rimantienė R. *Pirmieji Lietuvos gyventojai*, V. 1972, p. 14.
[3] Ten pat, p. 19-20.
[4] Ten pat, p. 20.
[5] Ten pat, p. 29.
[6] Ten pat, p. 30-31.
[7] Ten pat, p. 38-39.
[8] Ten pat, p. 47.
[9] Ten pat, p. 48.
[10] Ten pat, p. 49.
[11] Ten pat, p. 54.
[12] Ten pat, p. 63-64.
[13] Ten pat, p. 78-79.
[14] Ten pat, p. 93-95.
[15] Ten pat, p. 96.
[16] Римантене Р. К. „Неолит Литвы и Калининградской области", *Этнокултурные общности лесной и лесостепной зоны Европейской части СССР в эпоху неолита*, Лен., 1973, p. 218.
[17] Ten pat.
[18] Vankina L. „Sarnates tipa atradumi Latvijas neolita apmetnęs", *Archeologija un etnogrāfija*, XI, Riga, 1974, p. 50-51.
[19] Римантене Р. К.
[20] Брюсов А. Я. *Очерки по истории племен Европейской части СССР в неолитическую эпоху*, М., 1952, p. 34-37.
[21] Брюсов А. Я. ... p. 91-94.
[22] Ten pat., p. 177-178.
[23] Żurek J. „Osada z młodszej epoki kamiennej w Rzucewe", *Fontes Archeologii Posnanienses*, 4, 1954, p. 31-32.
[24] Римантене Р. К.
[25] Ten pat, p. 219.
[26] *Plinii naturalis historia*, IV, p. 94-95; 37, p. 35, 39. (Žr. V. Pašuta, *Lietuvos valstybės susidarymas*, V., 1971, p. 75).
[27] Narbutt T. *Dzieje narodu Litewskiego*, II, Wilno, 1837, p. 94.

[28] Daukantas S. *Raštai*, I, V., 1976, p. 619.
[29] Cornelii P. *Taciti opera...*, II, *De situ, populis et moribus Germaniae*, Lipsiae, 1846, sk. 45.
[30] Klimas P. *Lietuvių senobės bruožai*, V., 1919, p. 131.
[31] *Scriptores Rerum Prussicarum*, I, p. 732.
[32] Mierzyński A. *Mith. Lit. Monumenta*, I, p. 7. (žr. P. Klimas, min. veik., p. 131.)
[33] Einhardi, *Vita Karoli Magni*, Hannoverae, 1839, p. 30 (cap. 12).
[34] *Lietuvos TSR istorijos šaltiniai*, I, V. V., 1955, p. 22.
[35] Kabelka J. „Baltija ir baltai", *Žodžiai ir žmonės*, V., 1974, p. 59.
[36] Narbutt T. *Dzieje...*, II, Wilno, 1837, p. 340.
[37] Ten pat, t. 3, Wilno, 1838, p. 76.
[38] Daukantas S. *Raštai*, II, V., 1976, p. 28.
[39] *Helmoldi Chronica Slavorum*, Lubecae, 1659, (lib. I, p. I).
[40] Gordon R. K. *Anglo – Saxon poetry*, London, 1934, p. 77.
[41] Račkus A. M. *Gudonai*, Chicago, 1929, p. 27.
[42] Ptolomaeus. *Cosmographia*, Roma, 1490.
[43] Klimas P. *Lietuvių senobės bruožai*, V., 1919, p. 18.
[44] Shafarik, *Urgeschichte des estnischen Volksstammes*, p. 402 (žr. J. Basanavičius, *Aušra*, 1885, p. 111).
[45] Narbutt T. *Dzieje...*, II, Wilno, 1837, p. 93.
[46] Alseikaitė M. „Baltai priešistoriniais laikais", *Kūryba*, 1944 sausis, p. 38.
[47] *Aušra*, 1885, p. 111.
[48] Klimas P. *Lietuvių senobės bruožai*, V., 1919, p. 21.
[49] Žilinskas J. *Lietuvių protėviai*, K., 1937, p. 75.
[50] Tacitas K. „Germanija", *Raštai*, V., 1972, p. 269 (komentarai).
[51] Ten pat.
[52] Alseikaitė M. „Baltai priešistoriniais laikais", *Kūryba*, 1944 sausis, p. 38.
[53] Kulikauskas P., Kulikauskienė R., Tautavičius A., *Lietuvos archeologijos bruožai*, V., 1961, p. 105.
[54] Ten pat, p. 119.
[55] Niewojska I., *Pytheas z Marsylji w ujęciu Gosselina i Lelewela*, Warszawa, 1936, p. 518-520.
[56] Gedgaudas Č. *Praeities beieškant*, p. 32.
[57] Niewojska, *Pytheas...* p. 518-520.
[58] Ten pat.
[59] Ten pat.
[60] Kabelka J. „Baltija ir baltai", *Žodžiai ir žmonės*, V., 1974, p. 59 – 60.
[61] Ten pat.
[62] Ten pat.
[63] Ten pat.
[64] Ten pat, p. 61-62.
[65] Ten pat, p. 62.
[66] Dusburg P. *Scriptores Rerum Prussicarum*, p. 159.

[67] Латвийский Г. *Хроника Ливонии*, М., 1938, p. 59 ir kt.
[68] Tarvydas St. *Lietuvos vietovardžiai*, V., 1958, p. 20.
[69] Dillon M., Chadwick N. K. *Ze świata Celtów*, Warszawa, 1975, p. 82.
[70] Gedgaudas Č. *Praeities beieškant*, p. 17-20.
[71] Daukantas S. *Raštai*, II, V., 1976, p. 11.
[72] Дестунис Г. Р. „Сказания Приска Панийского", *Уч. Зап. Акад. Наук*, т.7, вып.1, Спб, 1861, p. 46.
[73] Gedgaudas Č. *Praeities beieškant*, p. 24-25.
[74] Žilinskas J. *Lietuvių protėviai*, K., 1937, p. 35.
[75] *Соч. Карнелия Тацита*, II, Р. Птб., 1887, p. 162. (Летопись, кн. 111, гл. 38).
[76] Daukantas S. *Raštai*, II, V., 1976, p. 26.
[77] Ochmański J. *Historia Litwy*, Warszawa, 1967, p. 12.
[78] Narbutt T. *Dzieje...* II, Wilno, 1837, p. 371.
[79] Žr. J. Trinkūnas. „Baltai centrinėje Europoje", *Mokslas ir gyvenimas*, 1969, 8, p. 23-24.
[80] Žr. A. Vanagas, *Kur gyventa prabaltų*, ten pat, p. 25-27.
[81] „Script. Rer. Pr.", I, p. 237 (*Lietuvos TSR istorijos šaltiniai*, I, V., 1955).
[82] Basanavičius J. *Etnologiškos smulkmenos*, Tilžė, 1893, p. 25.
[83] Геродотъ, II, М, 1888, p. 169 (кн. 7, гл. 74).
[84] Schiern F. E. *Origines et migrationes Cimbrorum*, Hauniae, 1842, p. 3.
[85] Narbutt T. *Dzieje...* I, Wilno, 1835, p. 101-102.
[86] Vėlius N. *Mitinės lietuvių sakmių būtybės*, V., 1977, p. 56-57.
[87] Ten pat, p. 125.
[88] *Kronika Stryjkowskiego M.*, II, Warszawa, 1766, p. 144.
[89] Graves R. *The Greek Myths*, II, Aylesbury, 1975, p. 93.
[90] Ten pat, p. 142.
[91] Ten pat, p. 295.
[92] Ten pat, p. 55-56.
[93] Геродотъ. II, М., 1888, p. 426.
[94] Graves R. Ten pat, p. 57.
[95] Ten pat.
[96] Ten pat, p. 80.
[97] Ten pat.
[98] Ten pat.
[99] Ten pat, p. 126, 207.
[100] *New Larousse Encyclopedia of Mythology*, London-New York-Sydney-Toronto, 1977, p. 177.
[101] Онайко Н. А. „Аполлон гиперборейский", *История и культура античного мира*, М., 1977, p. 153-159.
[102] Graves R. *The Greek Myths*, I, p. 281.
[103] Jakobis B. *Sugrąžinti iš praeities*, V., 1978, p. 5.
[104] Ptolomaeus, *Cosmographia*, Roma, 1490.

[105] Narbutt T. *Dzieje...* I, Wilno, 1835, p. 40.
[106] Календарные обычаи и обряды в странах зарубежной Европы, „Зимние праздники", М., 1973, р. 275-276.
[107] Narbutt T. *Dzieje...* I, p. 101-102.
[108] Pakarklis P. *Kryžiuočių valst. santvarkos bruožai*, K. 1948, p. 227.
[109] Otrębski J. Balt. Leita, „Problemos", 1967, III (2), p. 201-203.
[110] Girininkas A. „Šarnelės vėlyvojo neolito gyvenvietė", *LTSR MA darbai*, A. 1 (58), 1977, p. 62, 63.
[111] Гравере Р. У. „Проблемы этнической истории балтов", *Тезисы докладов*, Рига, 1977, р. 68.
[112] Денисова Р. У. Ten pat, p. 68.
[113] Žr. *Lietuvos archeologijos bruožai*, V., 1961, p. 100 – 102.
[114] Basanavičius J., Būga K. *Apie senovės prūsų raštą ir Videvuto vėliavą*, V., 1926, p. 19.
[115] Štolis H. A. *Dievai ir gigantai*, V., 1974, p. 41.
[116] Ortelius A. *Aditamentum Secundum Theatri Orbis Terrarum*, Antverpiae, 1579, p. 80 (21).
[117] Basanavičius J. *Legendos apie lietuvių kilmę*, V., 1971, p. 18.
[118] Jurginis J. *Legendos apie lietuvių kilmę*, V., 1971, p. 18.
[119] Ten pat, p. 82 – 84.
[120] Ten pat.
[121] Gedgaudas Č. *Praeities beieškant*, p. 17.
[122] Ptolomaeus, *Cosmographia*, Roma, 1490.
[123] Narbutt T. *Dzieje...* II, p. 464 – 465.
[124] Tacitas K. *Raštai*, V., 1972, p. 23 („Germania").
[125] Osięgłowski J. *Wyspa słowiańskich bogów*, Warszawa, 1971, p. 45.
[126] Jurginis J. *Legendos apie lietuvių kilmę*, V., 1971, p. 72.
[127] Alseikaitė M. „Baltai priešistoriniais laikais", *Kūryba*, 1944 sausis, p. 38.
[128] Ten pat.
[129] Ten pat.
[130] Вестберг Ф. *Комментарий на записку Ибрагима ибн Якуба о славянах*, Р. Птб., 1903, р. 146.
[131] *Helmoldi Chronika Slavorum*, Lubecae, 1659, p. 2 (lib. I, p. I).
[132] *ПСРЛ*, I, Петербург, 1926, p. 4.
[133] *Kronika M. Stryjkowskiego*, II, Warszawa, 1766, p. 54.
[134] Daukantas S. *Raštai*, I, V., 1976, p. 419-420.
[135] Narbutt T. *Dzieje...* II, Wilno, 1837, p. 356-357.
[136] Vanagas A. „Baltų etnonimai", *Mokslas ir gyvenimas*, 1979, 5, p. 17.
[137] Ten pat.
[138] Kalwaitis W. *Lietuwiszkų Wardų Klėtelė*, Tilžė, 1910.
[139] Pakarklis P. *Kryžiuočių valst. santvarkos bruožai*, K., 1948, p. 15.
[140] Narbutt T. *Dzieje...* III, Wilno, 1838, p. 102-104.
[141] Antoniewicz J. „The problem of the „Prussian street" in Novgorod the Great", *Acta Baltico*

- *Slavic*a, II, p. 25.
[142] *Scriptores Rerum Prussicarum*, I, p. 136.
[143] *ПСРЛ*, vertimas MA ist. in-te 58 R, p. 79.
[144] *ПСРЛ*, II, Стб, p. 878.
[145] *Scr. Rer. Pr.*, I, p. 148.
[146] Pakarklis P. *Kryžiuočių valst. santvarkos bruožai*, K., 1948, p. 119.
[147] Austriječio P. *Žemėlapis*, VVU reti spaudiniai, M., 1507.
[148] Būga K. *Raštai*, II, V., 1959, p. 118.
[149] *Kronika M. Bielskiego*, I, Sanok, 1856, p. 42.
[150] Tacitas K. *Raštai*, V., 1972, p. 268 (išnaša).
[151] Gordon R. K. *Anglo – Saxon poetry*, London, 1934, p. 46, 47.
[152] Ten pat, p. 76.
[153] Tacitas K. *Raštai*, V., 1972, p. 21 („Germania").
[154] Gaspar Ens, *Deliciarum Germaniae...* I, Coloniae, 1609, p. 271.
[155] Osięgłowski J. *Wyspa słowiańskich bogów*, Warszawa, 1766, p. 181 ir 252.
[156] Kondratovas A. *Senovės kultūrų paslaptys*, V., 1972, p. 215.
[157] Хвольсон Д. А. *Известия о хазарах, буртасах*, Спб, 1869, P. 28.
[158] *ПСРЛ*, 27, Никаноровская летопись, p. 71.
[159] Lelewel J. *Geographie du moyen age*, I, Bruxelles, 1852, žemėlapis – priedas.
[160] Mela Pomponius. *De situ orbis*, Lugd. Batavorum, 1646, p. 118 (VVU Lelevelio fondas).
[161] Narbutt T. *Dzieje...* III, Wilno, 1838, p. 105.
[162] Ten pat, p. 282.
[163] Ten pat, t. 2, Wilno, 1837, p. 363.
[164] Daukantas S. *Raštai*, II, V., 1976, p. 13.
[165] Žr. straipsnį R. Matulis, „Baltramiejus ar Bartelis", VVU rankraštynas, F. 72, MR2.
[166] *Lietuvos TSR istorijos šaltiniai*, I, V., 1955, p. 19.
[167] Klimas P. *Lietuvių senobės bruožai*, V., 1919, p. 18, 131.
[168] Narbutt T. *Dzieje...* II, Wilno, 1837, p. 410.
[169] Žr. Vanagas A. „Galindai", *Mokslas ir gyvenimas*, 1965, Nr. 5, p. 28.
[170] Č. Šeduikio laiškas „Galindai Ispanijoje ir Amerikoje", *Mokslas ir gyvenimas*, 1965, Nr. 11, p. 38.
[171] Žilinskas J. *Lietuvių protėviai*, K., 1937, p. 77.
[172] Kulikauskas P. „Peveisininkų piliakalnis", *Istorija*, 11, V. 1970, p. 245.
[173] Vanagas A. „Galindai", *Mokslas ir gyvenimas*, 1965, Nr. 5, p. 29.
[174] Ten pat.
[175] Narbutt T. *Dzieje...* II, Wilno, 1837, p. 360-362.
[176] Топоров В. Н. „Балт...", *Проблемы этнической истории балтов*, Рига, 1977, p. 122-126.
[177] Ten pat.
[178] Nalepa J. „Proba nowej etymologii nazwy Galindia", *Acta Baltico – Slavica*, 9, p. 189 – 209.
[179] Narbutt T. *Dzieje...*, II, Wilno, 1837, p. 360-362.

[180] *Геродотъ*, II, М., 1888, p. 426.
[181] Žr. straipsnį R. Matulis, „Dėl vietovardžių -gala ryšio su senaisiais tikėjimais", VVU b-ka, F 72, MR2.
[182] Jurginis J. *Legendos apie lietuvių kilmę*, V., 1971, p. 48 – 50.
[183] Narbutt T. *Dzieje...* II, Wilno, 1837, p. 229.
[184] Schedii Eliae, *De diis Germanis*, Amsterodami, 1648, p. 254 – 255.
[185] Štolis H. A. *Dievai ir gigantai*, V., 1974, p. 36 – 37.
[186] Mela Pomponius, *De situ Orbis*, Lugd. Batavorum, 1646, p. 9 (VVU Lelevelio fondas, 607).
[187] *Реальный словарь классической древности*, Р. Птб., 1888.
[188] „Древние германцы", *Сборник*, М., 1937, p. 54.
[189] Philippo Austrijiečio žemėl., 1584 (VVU reti spaudiniai, M. 1507).
[190] Dillon M., Chadwick N. *Ze świata Celtów*, Warszawa, 1957, p. 147.
[191] Genzelis B. „Ar buvome pagonys", *Literatūra ir menas*, 1977, balandžio 9, p. 12.
[192] Gaerte W. *Urgeschichte Ostpreussens*, p. 321.
[193] Narbutt T. *Dzieje...* III, Wilno, 1838, p. 105.
[194] *Script. Rer. Pruss.*, I, p. 735-736.
[195] Klimas P. *Lietuvių senobės bruožai*, V., 1919, p. 19, 20.
[196] Ivinskis Z. „Lietuvos istorija", *Rinkt. raštai*, I, Roma, 1978, p. 116.
[197] Tacitas K. *Raštai*, V., 1972, p. 267 („Germania").
[198] Daukantas S. *Raštai*, V., 1976, p. 417 („Būdas...").
[199] Schedii E. *De diis Germanis*, Amsterodami, 1648, p. 257, 423-429.
[200] *Латинско – Русский словарь*, М., 1976.
[201] *Геродотъ*, II, М., 1888, p. 84 (кн. 4, гл. 47).
[202] *Латинско – Русский словарь*, М., 1976.
[203] Solini I. „Polyhistor". Pomponius Mela. *De situ orbis*, Lugd. Batavorum, 1646, p. 468.
[204] Ten pat.
[205] MA Istorijos in-tas, 47, 15.
[206] Basanavičius J. *Etnologiškos smulkmenos*, Tilžė, 1893, p. 17.
[207] Топоров В. Н. „Прусск.", *Проблемы этнической истории балтов – тезисы докладов*, Рига, 1977, p. 177.
[208] Tacitas K. *Raštai*, V., 1972, p. 26 („Germania").
[209] Gordon R. K. *Anglo – Saxon poetry*, London, 1934, p. 76.
[210] Schedii E. *De diis Germanis*, Amsterodami, 1648, p. 488.
[211] Klimas P. *Lietuvių senobės bruožai*, V., 1919, p. 18, 131.
[212] Daukantas S. *Raštai*, I, V., 1976, p. 619 („Būdas...").
[213] Narbutt T. *Dzieje...* II, Wilno, 1837, p. 478.
[214] Ten pat, III, 1838, p. 80.
[215] *Script. Rer. Pruss*, I, p. 737.
[216] Narbutt T. *Dzieje...* II, Wilno, 1837, p. 367-368.
[217] Ivinskis Z. „Lietuvos istorija", *Rinktiniai raštai*, I, Roma, 1978, p. 212.
[218] MA Istorijos in-tas, 67 R, p. 22.

[219] Ten pat, 73 R, p. 49.
[220] *Младшая Эдда*, Лен., 1970, p. 171.
[221] *Lietuvos TSR istorijos šaltiniai*, I, V., 1955, p. 19.
[222] Melae P. *Philosophi...*, Basileae, 1564, p. 75.
[223] MA Istorijos in-tas, 67 R, p. 22.
[224] Długosz J. *Roczniki chyli kroniki...*, IV (kn. VII), Warszawa, 1974, p. 260-261.
[225] Daukantas S. *Raštai*, II, V., 1976, p. 26 („Pasakojimas apie veikalus...").
[226] Basanavičius J. *Apie trakų prygų tautystę...*, V., 1921, p. 139.
[227] Jurginis J., *Legendos apie lietuvių kilmę*, V., 1971, p. 96.
[228] Alseikaitė M. „Baltai priešistoriniais laikais", *Kūryba*, 1944 sausis, p. 39.
[229] Nerman B. *Die Verbindungen zwischen Skandinavien und dem Ostbalticum...*, Stockholm, 1929, p. 15.
[230] *Повесть Временных Лет*
[231] *Script. Rer. Pruss.*, I, p. 733 („Liber censuum Daniae").
[232] Daukantas S. *Raštai*, II, V., 1976, p. 13.
[233] Ten pat, I, p. 421.
[234] Ten pat, I, p. 495.
[235] Narbutt T. *Dzieje...* I, p. 33.
[236] Būga K. Rinktiniai raštai, II, V., 1959, p. 234.
[237] Kazlauskas J. „Dėl kuršių vardo etimologijos", *Baltistica*, IV (1), 1968, p. 59-62.
[238] Šliavas J. Žeimelis, *Iš Mūšos senobės*, 1975, p. 185 (mašinr. VVU bibliotekoje).
[239] Basanavičius J. *Apie trakų prygų tautystę...* V., 1921, p. 140.
[240] *Lietuvos TSR istorijos šaltiniai*, I, V., 1955, p. 19; Žemėl: Ptolemaeus, *Cosmographia*, Roma, 1490.
[241] Ten pat.
[242] *ПСРЛ* т. 27, Никаноровская летопись, p. 30.
[243] *Script. Rer. Pruss.*, I, p. 737 („Liber censuum Daniae").
[244] Antoniewicz J. „The problem of the Prussian street in Novgorod the Great", *Acta Baltico - Slavica*, I, 1965, p. 17-18, 24.
[245] Gall A. *Kronika Polska*, Warszawa, 1968, p. 9 – 10.
[246] Tyszkiewicz J., Morawski, *Krzyżacy*, Warszawa, 1973, p. 41 – 42.
[247] Bieniak J. „Brunon a problem Selenciji", *Acta Baltico - Slavica*, VI, p. 181-195.
[248] Ten pat.
[249] *Кордт Материалы по истории русской картографии*, 1899.
[250] Daukantas S. *Raštai*, II, V., 1976, p. 26.
[251] Ten pat, p. 51-54.
[252] Narbutt T. *Dzieje...* II, 1837, p. 451-453.
[253] Basanavičius J. *Etnologiškos smulkmenos*, Tilžė, 1893, p. 20-21.
[254] Račkus A. M. *Guthones*, Chicago, 1929, p. 219-221.
[255] Ten pat.
[256] Jurginis J. *Legendos apie lietuvių kilmę*, V., 1971, p. 15.

[257] *Lietuvos archeologijos bruožai*, V., 1961, p. 225-228.
[258] Ten pat, p. 249.
[259] *Marcelini Comitis Chronicon*, Lutetiae Parisiorum, MDC XIX, p. 544.
[260] *Helmoldi Chronica Slavorum*, Lubeceae, 1659, p. 6 (lib. I, p. II.
[261] Ten pat, p. 138 – 139.
[262] Basanavičius J. Etnologiškos smulkmenos, Tilžė, 1983, p. 27 – 28.
[263] Schedii E. *De diis Germanis*, Amsterodami, 1648, p. 488.
[264] Jurginis J. *Legendos apie lietuvių kilmę*, V., 1971, p. 85-87 (Divonio dienoraštis).
[265] Długosz J. *Roczniki czyli Kroniki...* IV, kn. VII, Warszawa, 1974, p. 127.
[266] Jurginis J. Ten pat, p. 93.
[267] VU b-ka, M. 1507.
[268] *Stryjkowskiego M. kronika*, II, Warszawa, 1766, p. 52.
[269] Ptolomaeus. *Cosmographia*, Roma, 1490.
[270] Lowmiański H. „Zagadnienie słowiańskich i Baltyjskich nazw plemiennych w Sarmaciji Europiejskiej Ptolemeusza", *Acta Baltico – Slavica*, I, Białystok, 1964, p. 40.
[271] Kalwaitis W. *Lietuwiszkų Wardų Klėtelė*, Tilžėje, 1910, p. 33.
[272] Daukantas S. *Raštai*, II, V., 1976, p. 12.
[273] Тацит К. *Сочинение*, II, Р. Птб., 1887, p. 185.
[274] Ten pat, p. 117.
[275] Vertimas MA Istorijos in-te 73R, p. 12.
[276] Maciej z Miechowa, *Opis Sarmacji...* Warszawa, 1972, p. 52.
[277] Ten pat, p. 49.
[278] Mela P. *De situ orbis*, Lugd. Batavorum, 1646, p. 177.
[279] Narbutt T. *Dzieje...* III, Wilno, 1838, p. 130.
[280] Ten pat, II, 1837, p. 482-498.
[281] Ten pat, p. 224.
[282] Ten pat, p. 232.
[283] Vertimas MA istorijos in-te 11R, p. 27.
[284] *Lietuvių tautos istorijos šaltiniai*, II, Klaipėda, 1939, p. 24 (iš SRP).
[285] Narbutt T. Dzieje... III, 1838, p. 140-144.
[286] Ten pat, II, 1837, p. 111.
[287] Klimas P. *Lietuvių senobės bruožai*, V., 1919, p. 18, 131.
[288] *Stryjkowskiego M. kronika*, II, Warszawa, 1766, p. 30.
[289] Miechowita M., *Opis Sarmaciji...* Warszawa, 1972, p. 53.
[290] Gordon R. K. *Anglo – Saxon poetry*, London, 1934, p. 56.
[291] Basanavičius J. *Etnologiškos smulkmenos*, Tilžė, 1893, p. 27-28.
[292] Batūra R. *Lietuva tautų kovoje prieš Aukso Ordą*, V., 1975, p. 176.
[293] *Lietuvos TSR istorijos šaltiniai*, I, V., 1955, p. 19.
[294] Narbutt T. Dzieje... III, 1838, p. 105.
[295] Ten pat, II, 1837, p. 374 – 375.
[296] Ten pat.

[297] Jurginis J. *Legendos apie lietuvių kilmę*, V., 1971, p. 69.
[298] Guagninus... 1768, p. 351.
[299] Ptolomaeus, *Coasmographia*, Roma, 1490.
[300] Mela P. *De situ orbis*, Lugd. Batavorum, 1646, p. 55.
[301] Alseikaitė M. „Baltai Priešistoriniais laikais", *Kūryba*, 1944 m. sausis, p. 38.
[302] Ten pat.
[303] Narbutt T. *Dzieje...* III, 1838, p. 122.
[304] Ivinskis Z. „Lietuvos istorija", *Rinkt. raštai*, I, Roma, 1978, p. 10.
[305] Sulimirski T. „Ancient southern neighbours of the Baltic tribes", *Acta Baltico – Slavica*, V, 1967, p. 1-17.
[306] Szafrański W. „Zarys dziejow religii", *Religia Słowian*, Warszawa, 1968, p. 161.
[307] Mela P. *De situ orbis*, Lugd. Batavorum, 1646, p. 61.
[308] *ПСРЛ*, XXVII, Никаноровская летопись, p. 47.
[309] Tacitas K. *Raštai*, V., 1972, p. 20.
[310] Alseikaitė M. „Baltai Priešistoriniais laikais", *Kūryba*, 1944 sausis, p. 38.
[311] Herodotas, *Žmonės ir žygiai*, V., 1974, p. 108.
[312] Raulinaitis A. „Aisčiai karinės istorijos šviesoje", *Karys*, 1962, p. 56 – 60.
[313] Митрофанов А. Г. „Археол. памятники сев. - зап. Белоруссии I тысячел. н. э.", *Проблемы этнической истории балтов...* Рига, 1977, p. 36–37.
[314] Mela P. *De situ orbis*, Lugd. Batavorum, 1646, p. 118.
[315] Tacitas K. *Raštai*, V., 1972, p. 31 („Germania").
[316] Galla A. *Kronika Polska*, Warszawa, 1968, p. 10.
[317] *Stryjkowskiego M. kronika*, II, Warszawa, 1766, p. 39.
[318] Daikovičius H. *Dakai*, Vilnius, 1973, p. 19.
[319] Klengel E. H. *Hetyci i ich sąsiedzi*, Warszawa, 1974, p. 34 – 35.
[320] Ten pat, p. 35-64, 125.
[321] Ten pat, p. 129-134.
[322] Solini J. „Polyhistor"; Mela Pomponius, *De situ orbis*, Lugd. Batavorum, 1646, p. 476-477.
[323] Tacitas K. *Raštai*, V., 1972, p. 21 („Germania").
[324] Basanavičius J. „Isz priežasties atradimo Lietuvoje raszyto akmens", *Aušra*, 1885, Nr. 12, p. 9.
[325] Szafrański W. „Religia Bałtów", *Zarys dziejów religii*, Warszawa, 1968, p. 653.
[326] Daikovičius H. *Dakai*, V., 1973, p. 9.
[327] Ten pat, p. 65.
[328] Vergilijus, *Eneida*, V., 1967 (vertė A. Dambrauskas).
[329] Basanavičius J. *Lietuviszkai – Trakiszkos studijos*, Shenandoah, 1898, p. 8.
[330] Gedgaudas Č. *Praeities beieškant*, p. 29-31.
[331] *Геродотъ*, II, M., 1888, p. 2-3.
[332] *Bielskiego M. kronika*, I, Sanok, 1856, p. 7.
[333] Basanavičius J. *Etnologiškos smulkmenos*, Tilžė,1893, ir kitur.
[334] Ptolomėjus, *Lietuvos TSR istorijos šaltiniai*, I, V., 1955, p. 19.

[335] Bielskiego M. *kronika*, I, Sanok, 1856, p. 7.
[336] Guagninus... *Kronika*, 1768, p. 10.
[337] Gordon R. K. *Anglo – Saxon poetry*, London, 1934, p. 66 (Beowulf).
[338] Basanavičius J. *Etnologiškos smulkmenos*, Tilžė, 1893, p. 13.
[339] Gordon R. K. Ten pat, p. 76 („Widsith").
[340] Marcelinus Amianas, Jurginis J. *Legendos apie lietuvių kilmę*, V., 1971, p. 69.
[341] Ten pat.
[342] Narbutt T. *Dzieje...* II, Wilno, 1837, p. 24.
[343] Dillon M., Chadwick N. *Ze świata Celtów*, Warszawa, 1975, p. 120.
[344] Jakobis B. *Sugrąžinti iš praeities*, V., 1978, p. 178.
[345] Melae P. Philosophi... *Basileae*, 1564, p. 6.
[346] Jordanes, *De origine actibusque getarum*, M. G. H., I, 1882.
[347] Daikovičius H. *Dakai*, V., 1973, p. 57.
[348] Maciej z Miechowa. *Opis Sarmaciji Azjatyckiej i Europejskiej*, Warszawa, 1972, p. 44.
[349] Bielskiego M. *kronika*, I, Sanok, 1856, p. 34.
[350] Basanavičius J. Apie trakų prygų tautystę... V., 1921, p. 19 – 20.
[351] Osięgłowski J. *Wyspa slowianskich bogow*, Warszawa, 1971, p. 38.
[352] Solini J., Mela Pomponius, *De situ orbis, Polihistor.*, Lugd. Batavorum, 1646, p. 503.
[353] Hensel W. *U źródel Polski sredniowiecznej*, V., 1974, p. 292.
[354] Jurginis J. *Legendos apie lietuvių kilmę*, V., 1978, p. 88.
[355] Basanavičius J. *Etnologiškos smulkmenos*, Tilžė, 1893, p. 27-28.
[356] Maciej z Miechowa. *Opis Sarmaciji...* Warszawa, 1972, p. 41.
[357] Helmoldi. *Chronika Slavorum*. Lubecae, 1659, p. 25.
[358] VVU reti spaudiniai, M. 1507.
[359] Daukantas S. *Raštai*, I, V., 1976, p. 422-423 („Būdas...").
[360] Stryjkowskiego M. *kronika*, II, Warszawa, 1766, p. 67.
[361] Jurginis J. *Legendos apie lietuvių kilmę*, V., 1971, p. 67.
[362] Račkus A. M. *Guthones*, Chicago., 1929, p. 31 – 32.
[363] Daukantas S. *Raštai*, V., 1967, p. 53 („Darbai...").
[364] Račkus A. M. Ten pat, p. 27.
[365] Ten pat.
[366] Ten pat.
[367] „Liber censuum Daniae". *Script. Rer. Pr.*, I, p. 737.
[368] Hermano Vartbergės Livonijos kronikos vertimas. M. A. Ist. In-te 40, 41R, p. 8.
[369] Daukantas S. *Raštai*, I, V., 1976, p. 45 (remiasi Kotzebue, *Preuss. aelt. Geschichte*, I, k. 1) ir II, p. 19.
[370] Basanavičius J. *Apie trakų prygų tautystę...* V., 1921, p. 140-141.
[371] Pakarklis P. *Kryžiuočių valst. santvarkos bruožai*, K., 1948, p. 18-19.
[372] Narbutt T. *Dzieje...* III, Wilno, p. 1838, p. 105.
[373] Pakarklis P. Ten pat.
[374] Ten pat.

[375] Basanavičius J. *Etnologiškos smulkmenos*, Tilžė, 1893, p. 5, 11, 12.
[376] Vileišis V. *Tautiniai santykiai Mažojoje Lietuvoje*, K., 1935, p. 39.
[377] *LTSR istorijos šaltiniai*, I, V., 1955, p. 92.
[378] *Lietuvių emigrantinė enciklopedija*, žr. Kadlubek.
[379] Długosz J. *Roczniki czyli Kroniki...* IV, kn. 7, Warszawa, 1974, p. 177, 179.
[380] Ten pat, p. 276-279.
[381] Būtėnas J. „Prieš šimtmetį dar būta jotvingių", *Kultūros barai*, 1972, Nr. 11, p. 70.
[382] Daikovičius H. *Dakai*, V., 1973, p. 28.
[383] Геродотъ. II, М., p. 170 (кн. 7, разд. 75).
[384] Narbutt T. *Dzieje...* II, Wilno, 1838, p. 282.
[385] Daukantas S. *Raštai*, I, V., 1976, p. 420.
[386] Ten pat, II, p. 770 (laiškas T. Narbutui).
[387] Basanavičius J. *Apie trakų prygų tautystę...* V., 1921, p. 100 – 101.
[388] Серебренников Б. А. *Об одной изоглоссе района Прибалтики...* p. 51.
[389] Dundulienė P. *Žaltys ir jo simboliai lietuvių liaudies mene ir žodinėje kūryboje*, V., VVU, 1979, p. 88-89.
[390] Rimša V. „Etnolingvistiniai baltų ir slavų ryšiai", *Mokslas ir gyvenimas*, 1979, 5, p. 18.
[391] Дуриданов И.
[392] Basanavičius J. *Etnologiškos smulkmenos*, Tilžė, 1893, p. 25-26.
[393] Tarasenka P. *Lietuvos piliakalniai*, V., 1956, p. 56, 61.
[394] Basanavičius J. *Apie Trakų Prygų tautystę...* V., 1921, p. 13.
[395] Solini J., Mela Pomponius, *De situ orbis*, „Polyhistor.", Lugd. Batavorum, 1646, p. 503.
[396] Hensel W. *U źródel Polski sredniowiecznej*, Warszawa, 1974, p. 292.
[397] Narbutt T. *Dzieje...* III, Wilno, 1838, p. 203-205.
[398] Basanavičius J. *Etnologiškos smulkmenos*, Tilžė, 1893, p. 27-28.
[399] Helmoldi Chronica Slavorum, Lubecae, 1659, p. 63 (lib. I, cap. XXII), p. 87 (cap. XXXIV), p. 158 (p. LXX).
[400] Ten pat, p. 138 (lib. I, cap. LVII – LVIII).
[401] Olivos kronikos vertimas MA Istorijos in-te 67 R, p. 47.
[402] Česnys G. „Lietuvos gyventojai XIV–XVII a." Mokslas ir gyvenimas, 1979, Nr. 5, p. 23.
[403] Mela P. *De situ orbis*, Lugd. Batavorum, 1646, p. 89.
[404] Graves R. *The Greek Myths*, I, Aylesbury, 1975, p. 281, 283.
[405] Herodotas. *Žmonės ir žygiai*, V., 1974, p. 46.
[406] *Marcelini Comitis Chronicon*, „Lutetiae parisiorum", MDCXIX, p. 41.
[407] Ten pat, p. 43.
[408] Ioachimi Pastorii, *Florus Polonicus...* Lugd. Batavorum, 1641, įžanga – cituojamas Thuanus, lib. LVI, Histor.
[409] Basanavičius J. *Etnologiškos smulkmenos*, Tilžė, 1893, p. 15.
[410] Daukantas S. *Raštai*, I, V., 1976, p. 420-421 („Būdas").
[411] Būga K. *Raštai*, II, V., 1961, p. 113.
[412] Narbutt T. *Dzieje...* II, Wilno, 1837, p. 242.

[413] *Guagninus...* 1768, p. 15, 16.
[414] Graves R. *The Greek myths*, I, Aylesbury, 1975, p. 269.
[415] Basanavičius J. *Apie trakų prygų tautystę...* V., 1921, p. 143.
[416] Basanavičius J. *Etnologiškos smulkmenos*, Tilžė 1893, p. 29, 30.
[417] Ten pat.
[420] Ten pat, p. 30.
[421] Ten pat.
[422] Basanavičius J. Etnologiškos smulkmenos, Tilžė, 1893, p. 29-30.
[423] Ten pat.
[425] Einhardi A. Hannoverae, 1839, p. 23.
[426] Ten pat, p. 32.
[427] Pastorii I. *Florus Polonicus seu Polonicae Historiae*, Lugd. Batavorum, 1641 (įžanga).
[428] Ten pat.
[429] Einhardi A. Hannoverae, 1839, p. 63.
[430] Ten pat, p. 75.
[431] Ten pat, p. 80.
[432] Widukindi. *Res gestae Saxinicae*, lib. 1-20, p. 22.
[433] *Helmoldi Chronica Slavorum*, Lubecae, 1659, p. 30.
[434] Widukindi, *Res gestae Saxonicae*, lib. 1-35, p. 34.
[435] Narbutt T. *Dzieje...* II, 1837, p. 131-133.
[436] *Acta Baltico – Slavica*, III, Białystok, 1966, p. 89.
[437] Žr. citatą 427, 428.
[438] Jurginis J. *Legendos apie lietuvių kilmę*, V., 1971, p. 29.
[439] Narbutt T. *Dzieje...* III, Wilno, 1838, p. 107-408.
[440] Жучкевич В. А. *Краткий топонимический словарь Белоруссии*, Минск, 1974.
[441] Ochmański J. „Lietuvių ir krivičių sandūra gentinėj epochoj", *Vingis*, Varšuva, 1973, p. 1-6.
[442] *Kronika Bielskiego M.* I, Sanok, 1856, p. 24-25.
[443] Ten pat.
[444] Ten pat.
[445] Ten pat.
[446] Herodotas. *Žmonės ir žygiai*, V., 1974, p. 55.
[447] *Kronika Bielskiego M.* Ten pat.
[448] Cezaris J. *De bello Gallico*, III, K., 1930, p. 3, 4.
[449] Tacitas K. *Rinkt. raštai*, V., 1972, p. 30 („Germania").
[450] Jakobis B. *Sugrąžinti iš praeities*, V., 1978, p. 160.
[451] Prosdocimi A. „Litewskie Laumė, Lacińskie Libera", *Acta Baltico – Slavica*, III, 1966, p. 100.
[452] Tacitas K. *Rinkt. raštai*, V., 1972, p. 6 („Germania").
[453] Narbutt T. *Dzieje...* II, 1837, p. 410.
[454] *Lietuvos archeologijos bruožai*, V., 1961, p. 138.
[455] Grigalavičienė E. „Egliškių pilkapiai", *Lietuvos archeologija*, I, V., 1979, p. 29 – 38.

[456] Ptolomaeus. *Cosmographia*, Roma, 1490.
[457] Guagninus... 1768, p. 350.
[458] Maciej z Miechowa. *Opis Sarmacji Azjatyckiej i Europejskiej*, Warszawa, 1972, p. 47.
[459] Ten pat.
[460] *Kronika Bielskiego M.* I, Sanok, 1856, p. 9.
[461] Guagninus... 1768, p. 5-6.
[462] Ochmański J. „Weneckie początki Litwy", *Acta Baltico – Slavica*, t. 3, Białystok, 1966, p. 151-158.
[463] Račiūnas P. Medžiaga Lietuvos... istorijai, Rankraštis, I, p. 123.
[464] Ляпушкин Н. *Словяне... 7 – 9 в.*, Лен., 1968, p. 6.
[465] Basanavičius J. *Lietuviszkai – Trakiszkos studijos*, Shenandoah, 1898, p. 47.
[466] *Kronika Bielskiego M.* I, Sanok, 1856, p. 28.
[467] *Helmoldi Chronica Slavorum*, Lubecae, 1659, p. 6-11.
[468] Ten pat.
[469] Stryjkowski M. *Kronika...* II, Warszawa, 1766, p. 38.
[470] *Kronika Bielskiego M.* I, Sanok, 1856, p. 40.
[471] Maciej z Miechowa. *Opis Sarmacji*, Warszawa, 1972, p. 46.
[472] Ten pat, p. 51.
[473] Narbutt T. *Dzieje...* t. 3, 1838, p. 129-130.
[474] Ten pat.
[475] Albrechto rašto vertimas M. A. ist. in-te 28R, p. 5.
[476] VVU reti spaudiniai, M. 1507.
[477] Raulinaitis A., „Vaidevutis", *Karys*, 1964, Nr. 7 – 10 (1965 m. str. atspaude p. 55).
[478] Jurginis J. *Legendos apie lietuvių kilmę*, V., 1971, p. 96.
[479] *Helmoldi Chronika Slavorum*. Lubecae, 1659, p. 46 (lib. I, cap. XV).
[480] SRP II, Leipzig, 1863, p. 623, 624 (Žr. Matulis R. „Dėl vietovardžių -gala ryšio su senaisiais tikėjimais", VVU b-ka, F72, MR2).
[481] Basanavičius J. *Etnologiškos smulkmenos*, Tilžė, 1893, p. 21.
[482] Ochmański J. „Weneckie początki Litwy", *Acta Baltico – Slavica*, t. 3, Białystok, 1966, s. 151-158.
[483] *Acta Baltico – Slavica*, VIII, 1973, p. 55-58.
[484] Einhardi, *Vita Karoli Magni*, Hannoverae, 1839, p. 33.
[485] Ptolomaeus, *Cosmographia*, Roma, 1490.
[486] *Сборник документов по социально – экономической истории Византии*, М. 1951, p. 100.
[487] Helmoldi. *Chronica Slavorum*, Lubecae, 1659, p. 6 (lib. I, cap. II).
[488] Kowalenko W. „Ekspansja Polski na Bałtyk za Mieszka" I, *Liber Josepho Kostrzewski, octogenario a veneratoribus dicatus*, Warszawa, 1968, p. 411.
[489] Olivos kronikos vertimas M. A. Ist. in – te 67R, p. 50.
[490] Никаноровская летопись, ПСРЛ, т. 27, p. 44.
[491] Basanavičius J. *Etnologiškos smulkmenos*, Tilžė, 1893, p. 23.

[492] Жучкевич В. А. *Краткий топонимический словарь Белоруссии*, Минск, 1974.
[493] Jurginis J. *Legendos apie lietuvių kilmę*, V., 1971, p. 69, 71.
[494] Narbutt T. *Dzieje...* t. 2, 1837, p. 57.
[495] Ten pat.
[496] Solini I. Mela Pomponius, *De situ orbis*, „Polyhistor.", Lugd. Batavorum, 1646, p. 508.
[497] Melae Pomponii, *Philosophi...* Basileae, 1564, p. 77.
[498] *Lietuvos TSR istorijos šaltiniai*, I, V., 1955, p. 19.
[499] „Idatii Episcopi chronicon", *Lutetiae parisiorum*, MDCXIX, p. 10-11 (VVU Lelevelio fondas, Nr. 985).
[500] Jurginis J. *Legendos apie lietuvių kilmę*, V., 1971, p. 69.
[501] Narbutt T. *Dzieje...* II, 1837, p. 59-60.
[502] Daukantas S. *Raštai*, II, V., 1976, p. 153 („Pasakojimas apie veikalus...").
[503] *Хрестоматия по истории средних веков*, I, М., 1961, p. 311.
[504] *Геродотъ*, II, М., 1888, p. 574-575.
[505] Narbutt T. *Dzieje...* II, 1835, p. 42-43.
[506] Guagninus... 1768, p. 581-582.
[507] Raulinaitis A. „Aisčiai karinės istorijos šviesoje", *Karys*, 1962, p. 50.
[508] Narbutt. T. *Dzieje...* II, 1837, p. 229.
[509] Batūra R. *Lietuva tautų kovoje prieš Aukso ordą*, V., 1975, p. 176.
[510] Husovianas M. *Giesmė apie stumbrą*, V., 1977, p. 61, 81.
[511] *Геродотъ*, II, М., 1888, p. 575.
[512] Schiern F. E. *Origines et migrationes Cimbrorum*, Hauniae, 1842, p. 13.
[513] Ten pat.
[514] Guagninus... 1768, p. 220.
[515] Mela P. *De situ orbis*, Lugd. Batavorum, 1646, p. 117.
[516] Tacitas K. *Raštai*, V., 1972, p. 25 („Germania").
[517] Schiern F. E. *Origines et migrationes Cimbrorum*, Hauniae, 1842, p. 13.
[518] Dillon M., Chadwick N. K., *Ze świata Celtów*, Warszawa, 1975, p. 71.
[519] „Древние германцы..." *Сборник*, М., 1937, p. 54.
[520] Schiern F. E. *Origines...* p. 33.
[521] Philippo Austriaco... VVU reti spaudiniai, M., 1507.
[522] Helmoldi. *Chronika Slavorum*, Lubecae, 1659, p. 138 (lib. I, cap. LVIII komentarai).
[523] Stryjkowski M. *Kronika...* II, Warszawa, 1766, p. 30, 36.
[524] Raulinaitis A. „Vaidevutis", *Karys*, 1964, 7-10 (atspaudas 1965 m., p. 33).
[525] Stryjkowski M. Ten pat.
[526] Vanagas A. „Baltų etnonimai", *Mokslas ir gyvenimas*, 1979, Nr. 5, p. 17.
[527] Solini J. Mela Pomponius, *De situ orbis*, „Polyhistor.", Lugd Batavorum, 1646, p. 503.
[528] *Никаноровская летопись, ПСРЛ*, т. 27, p. 48.
[529] Helmoldi. *Chronica Slavorum*, Lubecae, 1659, p. 18 (lib. I, cap. IV).
[530] Narbutt T. *Dzieje...* III, 1838, p. 115.
[531] Piekarczyk S. *Zarys dziejów religii*, „Religia germanów", Warszawa, 1968, p. 626 - 627.

[532] Žilinskas J. *Lietuvių protėviai*, K., 1937, p. 15.
[533] *Lietuvos TSR istorijos šaltiniai*, I, V., 1955, p. 21.
[534] Брюсов А. Я. *Очерки по истории племен Европейской части СССР в неолитическую эпоху*, М., 1952, p. 38.
[535] Rimantienė R., *Šventoji*, V., 1979, p. 148-152.
[536] Никаноровская летопись, *ПСРЛ*, т. 27, p. 29.
[537] Ten pat, p. 48.
[538] Ten pat, p. 45.
[539] Jurginis J. *Legendos apie lietuvių kilmę*, V., 1971, p. 87.
[540] Tacitas K. *Raštai*, V., 1972, p. 30 („Germania").
[541] *Lietuvos TSR istorijos šaltiniai*, I, V., 1955, p. 19.
[542] Tacitas K. *Raštai*, V., 1972, p. 31 („Germania").
[543] Daukantas S. *Raštai*, II, V., 1976, p. 25 (Pasakojimas apie veikalus...).
[544] Narbutt T. *Dzieje...* II, 1837, p. 410.
[545] Граудонис Я. *Латвия в эпоху поздней бронзы и раннего железа*, Рига, 1967, p. 137.
[546] Narbutt T. *Dzieje...* II, 1837, p. 424.
[547] Дестунис Г. Р. *Сказания Приска Панийского*, Уч. зап. акад. наук, 7, Р. Птб., 1861, p. 46.

Ptolemajo geografija ir baltų tautos

[1] Jovaiša Eugenijus. *Aisčiai – kilmė*, V., 2012.
[2] Jovaiša Eugenijus. *Aisčiai – raida*, V., 2014.
[3] Patackas Algirdas, *Litua*, V., 2013.
[4] Gedgaudas Česlovas. *Mūsų praeities beieškant*, 1972, Meksika
[5] Statkutė-Rosales Jūratė, *Baltų kalbų bruožai Iberų pusiasalyje*, Chicago, 1985 ir kt.
[6] Геродотъ, II, M. 1888, p. 2-3.
[7] Daikovičius H. *Dakai*, V., 1973, p. 9.
[8] Statkutė de Rosales Jūratė. *Europos šaknys ir mes, lietuviai*, V. 2011 ir kt.
[9] Gedgaudas Česlovas. *Mūsų praeities beieškant*, 1972, Meksika.
[10] Voigt P. *Gesch. Preuss.*, b. I, s. 314.
[11] Helmoldi. *Chronica Slavorum*, Lubecae 1659, s. 63, lib. I, cap. XXII.
[12] Lundius Carolus. *Zamolxis – First legislator of the Getae*, Upsala 1687.
[13] Basanavičius J. *Etnologiškos smulkmenos*, Tilžė, 1893, p. 27-28, Slg. Pertz, *Monumenta German. histor.*, Scriptores XIV, p. 572.
[14] Olivos kronikos vert. MA Ist. i-te, 67R, p. 47.
[15] *Kultury i ludy dawnej Europy*, Warszawa, 1981, p. 233.
[16] Voigt, *Codex dipl. Prussicus*, p. 109, 129, 149, 160-164
[17] Basanavičius J. *Etnologiškos smulkmenos*, Tilžė 1893, p. 11-12.
[18] „Versus Austechiam, terram regis Lethowie", P. Dusburg, Scr. I, p. 159
[19] *Lietuvos istorijos šaltiniai*, I, V. 1955, p. 92.
[20] *Popiežių bulės dėl kryžiaus žygių prieš prūsus ir lietuvius XIII a.*, V. 1987, p. 23.

[21] *Prussia – Karten 1542-1810*, Stuttgart, 1982, p. 66.
[22] Jovaiša Eugenijus. *Aisčiai – kilmė*, V. 2012, p. 20.
[23] Ten pat, 137-139.
[24] Jovaiša Eugenijus. *Aisčiai – raida*, V. 2014, il. 5:7, 5:11.
[25] Žemėl. 7, „Germania, Rhaetia, Vindelicia, Noricum, Pannonia", Lipsiae (Leipcigas), In libraria J. P. Hinrichsia prostat, MA bibliotekoje K.1-103, atlasas Orbis terrarum antiquus
[26] Pusgers F. W. *Historischer Schul-Atlas*, Bielefeld und Leipzig, p. 50.
[27] Jovaiša Eugenijus. *Aisčiai – raida*, V. 2014, p. 159, il. 5:15.
[28] Ten pat, p. 214.
[29] Ten pat, p. 159, il. 5:15.
[30] Ten pat, il. 5:8.

Girių gyventojai geruliai ir lietuvių kilmės iš romėnų teorija

[1] Bohusz K. P. *O początkach narodu i języka litewskiego rozprawa*, 1808.
[2] Jurginis J. *Legendos apie lietuvių kilmę*, V. 1971, p. 72.
[3] Philippo Austriaco..., 1584 m. (VVU reti spaudiniai, M1507).
[4] Basanavičius J. *Etnologiškos smulkmenos*, Tilžė 1893, p. 17-19 (Ptolom, III, 5. 22).
[5] *Lietuvos TSR Administracinio – teritorinio suskirstymo žinynas*, V. 1976.
[6] Vanagas A. *Lietuvos miestų vardai*, V. 2004.
[7] Račkus A. *Gudonai*, Čikaga 1929, p. 219 (Plinius, IV, 27).
[8] Daukantas S. *Pasakojimas apie veikalus...*, Raštai, II t., V. 1976, p. 26.
[9] Žemėl. „Germania, Rhaetia, Vindelicia, Noricum, Pannonia", Lipsiae (Leipcigas) in libraria J. P. Hinrichsia prostat, MA bibliotekoje atlasas K.1 – 103 Orbis terrarum antiquus.
[10] Pusgers F. W. *Historischer Schul-Atlas*, Bielefeld und Leipzig, p. 50.
[11] Kuzavinis K., Savukynas B. *Lietuvių vardų kilmės žodynas*, V. 2005.
[12] Vasmer M. *Etimologičeskij slovarj russkogo jazyka*, M. 1987.
[13] Matulis R. „Dvasios milžinas Prokopijus iš Cezarėjos apie gotus ir gerulius", *Lietuvos aidas*, 2003 11 04.
[14] Bliujienė A., Steponaitis V. „Wealthy Horsemen in the Remote and Tenebrous Forests of East Lithuania during the Migration Period" (Turtingi tautų kraustymosi laikų raiteliai gūdžiuose rytų Lietuvos miškuose), *Archeologia Baltica*, XI, p. 185-205.
[15] Bliujienė A., Butkus D. „Burials with Horses and Equestrian Equipment on the Lithuanian and Latvian Littorals and Hinterlands (V-VIII)" – (V-VIII a. kapai su žirgais ir žirgų apranga Lietuvos ir Latvijos pajūryje bei krašto gilumoje), *Archeologia Baltica*, XI, p. 149-163.
[16] Detschew Dimiter. *Die thrakischen Sprachreste*, Wien 1957, p. 19.
[17] Statkutė de Rosales Jūratė. *Baltų kalbų bruožai Iberų pusiasalyje*, Chicago 1985, *Didžiosios apgavystės*, V. 2007 ir *Senasis aisčių giminės metraštis*, Kaunas, 2009.
[18] Modzelevskis K. *Barbarų Europa*, V. 2007, p. 309.

Vardynas

Vietovardžiai ir etnologija

A
Abalus 20, 41, 181, 189, 204
Ablinga 127
Abodritorum 78
achajai 185
Adamenka 61, 171
Adrija 82, 210
aesti 17, 19
aestiorum gentes 17, 19, 20, 110, 134, 204
aestorum 17
aestuarii 17, 44, 168
aestvarijai 44
Afrika 19, 27, 53, 65, 83, 113, 140, 148
agatiršai 89, 90, 170, 172
Agdistis, deivė 62
Airgialla 92
airiai 25, 75
Airija 92, 168, 232
aisčiai 11, 17, 18, 19, 21, 27, 30, 31, 35, 42, 44, 47, 50, 51, 52, 54, 60, 63, 64, 66, 67, 72, 74, 76, 80, 83, 84, 86, 87, 88, 91, 92, 93, 94, 96, 97, 99, 100, 103, 105, 107, 109, 110, 113, 133, 134, 137, 146, 155, 156, 163, 166, 168, 170, 171, 173, 174, 175, 181, 195, 200, 204, 212, 213, 214, 215, 218, 219, 221, 227, 239, 240, 241
Aista 19
Aistan 18
aisti 17, 18, 115, 133, 214
Aistland 19
Aistmarės 18, 54, 203, 213, 214, 224, 228, 229
aistrai 78
Aistuva 18
Akadas 215
Akmeninės krūsnys 110
akmens amžius 13, 19, 99

alanai 30, 31, 38, 56, 57, 61, 64, 65, 80, 81, 88, 89, 90, 95, 100, 113, 117, 149, 162, 169, 171, 172, 173, 175, 176, 205, 214, 218, 223, 226, 228, 250,254
Alanija 65, 71, 80, 81, 89, 154
alanorsai 89
albanai 21, 39, 210
Albenga 127
Albijono sala 20
Albim 78
albingai 127
Aleksotas 115, 141, 142, 246
Alemanai 54
Alna 37, 180
Alnpekės kronika 85
Alšėnai 109, 125, 133
Alšia 34, 204
Alžyras 113
Amalang 126
Amaliai 126
amazonės 60, 170
Amerika 38, 94, 111, 121, 125, 153, 163, 175
Andalūzija 83, 113, 152
Angerapė 34, 44, 180, 204
Angės upė 34, 44, 204
anglai 18, 92, 106, 112, 122, 123, 134, 153, 165
Anglija 20, 43, 64, 94, 106, 112, 148
anglosaksai 17, 18, 28, 31, 35, 44, 55, 67, 85, 112, 168, 181, 187, 243
angrivarijai 31, 34, 44, 187
Annales Bertiniani 81
antai 77
Ante, upė 43
Antiqui Saxones 31, 168, 187
antropofagai 89, 172
antropologija 73, 157

271

Apolonas 26, 27, 136, 139, 143, 145, 148, 149, 242, 243
Apula 127
Apulia 94, 127
Apuolė 94, 126, 127
arabai 35, 167, 191, 212, 215
Araksas 168
Araratas 168
Arcayos 198
Aresas, dievas 232
Argyl 92
Aria 167
Ariane 167
arijai 148, 158, 165, 166, 167, 168, 169
arimfėjai 57, 147, 150, 205
arimpėjai 57, 149, 173
Ariogala 50, 92, 115, 125, 161, 209, 233, 246, 247, 254
Aristajas 149
Armėnai 168, 241, 248
Armorikas 23, 83
Artemidė 73, 173
Artimieji Rytai 62, 103, 118
Asgardas 18
Asiatica 109
asirai 63, 253
Asirija 166, 216
astronomija 30, 186, 227, 235
Atėnai 50, 120
Atlantida 27
Atlanto vandenynas 65
augurai 191
Aukščiausiasis 225, 229, 246, 248, 249
Aukštaitija 20, 28, 49, 135, 184
Aukštzemė 114, 135
aukuras 142, 157, 191, 192
Aura 121
Austarreich 18, 146, 214
australe 17
Austrija 24, 58, 179, 214, 241
Austurland 18, 146, 214
Austurweg 18, 146
Aušra 112
aušrėnai 17
Aušros vartai 214
Avesta 114
avijonai 43
Azerbaidžanas 39
Azija 40, 47, 48, 57, 60, 62, 63, 69, 70, 73, 74, 78, 82, 90, 91, 99, 100, 109, 110, 148, 150, 158, 159, 160, 161, 164, 166, 167, 168, 169, 170, 173, 174, 175, 178, 186, 192, 193, 195, 210, 212, 214, 219, 220, 223, 227, 242, 243, 246, 252, 253
azylinė 14
Azovo jūra 61, 90, 169, 171

B
Babilonas 166, 188, 194, 208
Baentarassa 123
Baktrija 168
Balkanai 23, 29, 46, 60, 63, 64, 65, 66, 72, 73, 74, 87, 99, 104, 113, 120, 126, 132, 154, 155, 159, 160, 165, 168, 173, 174, 175, 210, 212, 219, 231, 250
Baltarusija 14, 15, 16, 20, 24, 28, 33, 52, 56, 73, 74, 76, 79, 82, 88, 109, 119, 128, 129, 136, 141, 157, 174, 179, 195, 199, 212, 213, 238, 244
baltei 21
Balthei 74
Baltia sala 204
Balticus 21
Baltija 14, 15, 16, 17, 18, 19, 20, 21, 24, 32, 33, 41, 43, 44, 50, 54, 61, 65, 66, 67, 71, 72, 78, 84, 85, 87, 90, 91, 94, 95, 96, 97, 99, 105, 108, 109, 110, 114, 115, 126, 133, 134, 140, 146, 152, 154, 155, 162, 169, 171, 184, 188, 189, 191, 194, 195, 199, 203, 204, 213, 215, 217, 218, 219, 220, 228, 240, 244, 250
Baltoji jūra 203

Baltoji Russia 203, 244
Baltoji Vokė 93
Bancerovo 128
barbarai 26, 39, 49, 53, 74, 93, 103, 111, 126, 127, 152, 156, 163, 164, 176, 184, 203, 232, 239, 241
Barčiai 33, 34, 37, 183
Bardiškiai 37, 183
Bardo 35, 182
Barščių kalnas 183
bartai 34, 36, 37, 122, 169, 180, 181, 182, 183
Bartaičiai 183
Barteliai 37, 183
Barth 35, 182
Bartuva 37, 183
Basilea 113, 176, 204
Basilia 20, 188
baskai 168
bastarnai 61, 122, 162, 171
batavai 63, 147, 150, 154, 167, 171, 172, 174, 178, 182, 203, 205
bavarai 31, 38
Bavarija 53, 65, 163, 187, 224
Bazilija 20, 39, 41, 91, 188, 189
Bebro upė 69
Beheim 78
Belgija 22, 58, 91, 144, 179
Beltemere 21
Beltų sąsiauris 20
Beotija 27, 148
Beovulfas 35, 55, 112, 181, 207
Berčiūnai 37, 183
Berlynas 44, 51, 148, 151, 185
Berte 37, 183
Betygala 125, 138, 209, 246, 247
Biarmija 41, 190
Biblija 62, 103, 113, 166, 194, 215, 221, 239, 240
Bielskas 69
Birka 66

bitinai 30, 69, 158, 186, 220
Bitinija 30, 31, 40, 84, 149, 185, 186, 224, 227, 228, 229, 233, 252
Bizantija 40, 85, 123, 126, 131, 175, 213, 218, 227, 230, 233, 254
Bledau 234
Boemanni 87
Bohemija 78, 90, 170
Bordo 37, 125, 183
Borealibus 105
Borėjas 27
Boristenas 31, 53, 58, 179, 187
boruktuarijai 31, 32, 44, 187
borusai 31, 32, 89, 168, 172, 186, 187
boruskai 27, 31, 57, 150
Bosforas 78, 126, 213
Bosnenses 73, 174
bosniečiai 78
Brandenburgas 78, 85
Bratislava 121, 122
Bremenas 94
Brėslauja 56
Brestas 69
Bretanė 22, 23, 83, 211
brigai 73, 173
Brigita, šv. 26
britai 17, 26, 92, 104, 197, 220, 221, 225, 242
britanai 42
Britanija 27, 83, 92, 215
britonai 92, 112
Brizo, deivė 26
Bructreri 32
brūkšniuotoji keramika 16, 19
brukteriai 31, 32, 187
Brusa 30, 186
Bruscos 36, 69, 159, 182, 136
Bruteni 32
bruteri 32, 187
Bruticae 227
Bruzi 31, 187
budinai 55, 89, 172

Bugas 87, 88
bulgarai 35, 73, 78, 174
Bulgarija 28, 69, 76, 220
Burdigala 37, 125, 183
burgundai 23, 243
burtai 35, 36, 182
burtininkai 25, 36, 191
Burtniekų ežeras 36
Butygala 138

C
Cambris 92
Carbones 87
Careotas 87
Cargradas 76
Carinthii 73, 174
Carniolani 73, 174
Caspium 167
Cassiodorus 17
Cesis 87
chamavai 31, 187
chatai 35, 48, 63, 166, 181, 194, 214
Chaukai 91
chazarai 35
Chelmnas 46, 176
Chersino upė 18, 57, 64, 150
chetai 35, 48, 64, 181, 194, 208
chitim 48, 62, 208
Chittim 62, 63, 215, 253
chodanai 66
Chorelant 47, 192
Chori 47, 192
Christburgas 91, 170
Chronas 84, 86
Chuni 110
cilindriniai aukurai 191, 192
Cimbrija 220, 224
cirkassi 73
civilizacija 39, 68, 74, 116, 128, 129, 130, 167, 190, 210, 248
Coeus 26

Crateia, deivė 25
Crono 57, 149, 205, 224, 228
Cumberland 92
Curlandia 45
Curtork 47, 86, 192
Czeremissa 94
Czud 94

Č
čečėnai 125
čekai 24, 47, 64, 193
Čekija 29, 46, 78, 83, 176, 210, 222
čeremisai 95
čerkesai 73, 174
Černigovas 48
čigonai 84, 97, 98
Čikaga 199
čiučela 47, 193,
čiudai 36, 95
čiudj 32
čudj 95
Čufutkalė 125

D
Daccones 72, 105, 155
Daci 51, 65, 105
Daciae 72, 105, 155
Dacians 105
Dacosque 72, 105, 155
Dagaipi 19
Dago 19, 72, 105, 156
dakai 51, 64, 65, 69, 70, 71, 72, 73, 76, 100, 104, 105, 106, 110, 112, 117, 120, 127, 132, 154, 155, 156, 157, 158, 161, 194, 213, 217, 218, 220, 250
Dakija 23, 46, 65, 71, 72, 73, 82, 89, 104, 105, 127, 154, 155, 156, 159, 161, 172, 174, 194, 210, 217, 220, 240, 250, 251
Dalamantiam 78
dalmatai 78, 82, 83, 210
Dalmatiae 73, 174

Dalmatija 210
Dalneje 108
danai 18, 31, 41, 47, 48, 49, 51, 55, 65, 70, 72, 85, 94, 105, 155, 159, 168, 180, 184, 187, 190, 192, 220, 224, 232
Danapras 78
Danastras 77
Dani 51, 55, 58, 65
Danija 13, 14, 41, 67, 72, 85, 93, 105, 106, 107, 113, 148, 155, 189, 190, 191, 207, 220, 224, 225, 232
Danų karalystės raštai 70, 159, 220
Danubium 78
Dardanelai 158
Dargiai 234
Dauguva 18, 20, 44, 49, 55, 61, 77, 84, 109, 114, 120, 135, 147, 150, 171, 184, 201
De Guines 89, 172
Deimė 41, 189, 204
Delfai 26, 27, 28, 40, 149, 223
Delo sala 149
deserta 57, 150
Despenaperra 152
Deutsch 42, 54, 114, 145, 208
Dievogala 43, 115, 125, 141, 209, 246
Dijanai 23
Dionisas 27, 148
Dniepras 15, 20, 27, 31, 53, 55, 57, 58, 61, 78, 109, 110, 147, 148, 172, 187, 189, 197, 200, 212, 219, 238, 242, 244, 254
Dniestras 77, 112
Donas 60, 89, 109, 152, 170, 172
dragavitai 78
Dravė 204
dregovičiai 78, 128
Drejutesk 77
Drejutiškis 77
drevlianai 52, 79, 109, 119, 183, 195, 200, 212, 219, 238, 244, 245
Drojos upė 34, 176
druidai 42

Druja 77
Dubysa 125, 143, 246
Ducesque 72, 105, 155
dukai 72, 105, 156
Dulebai 87
Dunojus 23, 24, 30, 36, 40, 50, 53, 64, 67, 78, 90, 100, 112, 121, 122, 123, 124, 126, 131, 153, 156, 167, 169, 171, 173, 175, 176, 182, 186, 210, 213, 221, 222, 230, 231, 233, 239, 240, 241, 246, 250, 254
dzūkai 36, 56, 71, 73, 105, 119, 156, 157, 161, 181, 183, 220
Džochargala 125
Džungarija 97

E
Eastland 18
Eda 45
Egėjo jūra 30, 42, 158, 178
Egiptas 26, 113, 119, 147, 166, 198, 194, 208, 215
egiptiečiai 63, 253
Egliškiai 84
Einamųjų laikų kronika 32
Eirė 26
eisčiai 126
Eystones 72, 105, 155, 156
Elbė 35, 42, 51, 59, 78, 87, 176, 161
Elbingo žodynėlis 43, 190
Eneida 62
Eningia 50
epas 155
Eragel 125, 246
Ergalle 125, 247
Eriogala 115, 125, 161, 232, 247
Erogeln 125, 247
eruliai 51, 110, 114, 115, 117, 125, 131, 133, 161, 197, 212, 218, 230, 231, 232, 233, 238, 247, 254,
eskimai 74
Essex 106

estai 110, 134, 155, 15+6, 162, 176, 210, 212, 218, 222
este 19
Estija 134, 155, 179, 195, 213, 214
estijai 155, 156, 170, 192, 195, 200, 214, 218, 219
Estmarės 18
Estmere 18
Estonija 20, 94
Estum 54
estvarijai 44
Etnologiškos smulkmenos 112, 155, 161, 2521
etnosas 60, 92, 110, 111, 129, 132, 134, 146, 158, 167, 168, 193
eudozai 43
Eurazija 137
Europeoidai 95
Europidai 14, 15, 29
Ezelio sala 72, 105, 156

F
Fatjanovo 15
Fėbė 26
fenai 83, 96, 211, 222
finai 38, 47, 56, 83, 84, 89, 95, 96, 97, 110, 114, 162, 163, 173, 175, 176, 193, 201, 211, 212, 241
Florencija 46, 177
fonetinis raštas 235, 236, 241, 248, 249, 254
Francica 78, 81
frankai 78, 144, 234
Frey, deivė 180
Freya, deivė 180
Frėja 25, 180
Fresones 31, 168, 187
frigai 62
Frigija 62
fryzai 31, 187
Fulos sala 131, 231, 232, 233

G
gaethya 114
Gaetulia 113
Gailtegarvo piliakalnis 189
galai 40, 41, 63, 137, 164, 215, 219
galatai 137, 164
Galatija 40
Galendico 38, 163
Galija 22, 23, 27, 37, 39, 40, 63, 64, 89, 91, 183, 211, 214, 242
galindai 31, 33, 38, 39, 40, 41, 45, 48, 55, 56, 57, 83, 89, 97, 103, 109, 115, 116, 117, 121, 128, 137, 153, 162, 163, 164, 175, 176, 187, 205, 209, 215, 244
Galindija 57, 91, 115, 149, 183,
Galisija 89, 173
Gallinden 39
galogrekai 40
Galšia 125
Galtgarbiai 189, 239, 248, 254
Gamtos istorija 20, 58, 179, 188
garamantai 53
Gardarika 214
Gardinas 33, 66, 69, 178
gautai 123, 232
Gdanskas 112, 207, 233
Gdynė 207
geatai 35, 64, 104, 112, 167, 181, 207, 214
Geceniškiai 67
Gečaičiai 67
Gečiai 67, 68
Gečialaukis 68
Gečionys 68
Gedania 207
Gedanonys 68
Gedėliškė 68
Gedhilai 64, 167, 214
Gedimino kalnas 236
Gedrosis 167
gelai 39
geležies amžius 19

geležinis vilkas 27
gelonai 26, 39, 89, 162, 172, 176, 209
Geltonoji jūra 203
Geltonoji upė 203
genetika 70, 129, 160
georgai 73, 173
gepidae 55
gepidai 51, 55, 65, 72, 92, 105, 117, 218, 222, 231, 233, 234, 251, 254
Geritai 53
germanai 53, 54, 61, 66, 72, 76, 83, 84, 85, 93, 94, 99, 103, 108, 111, 113, 123, 124, 125, 146, 151, 152, 155, 162, 171, 186, 187, 195, 197, 198, 221, 240, 250
Germanija 58, 65, 71, 78, 89, 91, 105, 154, 172, 179, 181, 182
Germanto ežeras 54
germundurai 53, 54, 93
Gerulaitė 122
Gerulata 121, 241
geruliai 24, 44, 49, 50, 51, 52, 55, 66, 79, 97, 108, 109, 110, 114, 117-127, 131, 133, 146, 152, 155, 156, 161, 166, 174, 175, 188, 195, 197, 198, 199, 200, 208, 212, 213, 214, 218, 219, 221, 222, 225, 226, 227, 228, 230, 233, 234, 225, 238, 239, 240, 241, 244, 245, 246, 247, 248, 249, 250, 251, 253, 254
Geruliškiai 119, 124
Getae 112
getai 24, 35, 46, 57, 61, 62-68, 69, 71, 72, 73, 74, 90, 99, 100, 103, 104, 106, 107, 111, 112, 113, 124, 125, 132, 135, 136, 154, 155, 156, 157, 158, 160, 161, 165, 166, 167, 168, 170, 171, 174, 177, 193, 194, 198, 207, 208, 212, 214, 216, 219, 220, 221, 234, 240, 253
getanai 112
Getas 62
Gete 67
Gethae 68
Gethas 72, 105, 155
Gethis 36, 67, 182
Gethos 105
Getija 35, 42, 64, 65, 67, 68, 94, 100, 104, 107, 113, 114, 132, 154, 159, 161, 166, 169, 181, 194, 208, 240, 250
Getijos bardai 35, 64
Getika 238
getikai 199
Getynė 207
Gettarum 136
Getuesia 106
getulai 167
Getulia 113
Getuva 68, 106
Getva 68, 106
Getvezitae 106
getviai 68, 106, 167, 177, 207, 219
Getwesia 106, 112, 207
gevinai 55
Ghaedhill 64
Gibraltaras 113
Gyddanyzc 112
Gielądz 39
Gieliondz 39
gintaras 39, 40, 41, 87, 91, 106, 132, 137, 146, 174, 188, 189, 204, 207, 215, 227, 241
giria 50, 52, 53, 117, 119, 124, 183, 201, 210, 212, 218, 238, 245, 254
giriai 50, 120
giritai 53
Girkalnis 50, 124
Girmuva 189
girtonai 52, 200
giruliai 34, 49, 50, 52, 109, 114, 117, 118, 119, 120, 131, 133, 134, 136, 137, 146, 156, 183, 184, 185, 195, 197, 199, 200, 201, 212, 213, 214, 218, 238, 244, 247, 254
Gythones 64
Gitija 42
gitonai 38, 42, 56, 64, 67, 89, 96, 104, 111,

Vardynas 277

113, 162, 167, 172, 175, 193, 194, 201,
208, 214, 218, 219, 234
Gitonija 42
Giutones 135
Glaesaria 41, 189, 204
Glaesisvellir 41, 189, 204
Glaesum 40, 41, 189, 204
Glasisvellir 41, 189, 204
Glesaria 41, 204
Glesissvelir 87
godai 214
Goldapė 119
Golensizi 38, 163
Goliadj 163, 244
goltescytha 38, 163
Gordias 62
Gorodkovo 108
Gorodnia 76
gotai 77, 92, 103, 104, 107, 110, 111, 112,
113, 114, 117, 121, 122, 123, 125, 127,
129, 133, 146, 151, 152, 153, 154, 155,
163, 165, 167, 171, 172, 173, 174, 175,
191, 193, 194, 195, 198, 208, 209, 214,
218, 219, 220, 221, 222, 224, 225, 228,
230, 231, 233, 234, 238, 239, 240, 248,
250, 251, 254
Got-Alanija 89
Gothi 51, 55, 65, 105
Gotija 89, 154
Gotiskandza 233
Gotlandas 92, 189, 220, 224, 225, 248
Gottones 65
Gotum 67
gracilumas 73, 157
graikai 23, 25, 26, 27, 29, 39, 40, 60, 61, 62,
63, 70, 76, 119, 122, 133, 136, 138, 139,
145, 147, 152, 156, 158, 160, 162, 171,
172, 191, 192, 199, 209, 210, 216, 220,
224, 227, 248, 253
Graikija 26, 28, 40, 50, 67, 117, 120, 139,
148, 149, 156, 191, 192, 222, 223

Graudė 33
Grenlandija 94
Greters saga 44
Griaustinis 70, 159
Grimnismal 94
Grįžulo Ratai 27, 148
Gross Schirrau 108
Gruzija 63, 73, 173, 241
gruzinai 92, 168, 173, 248
gudai 48, 66, 104, 107, 111, 113, 125, 129,
133, 167, 193, 194, 208, 214, 215, 219,
222, 240
Gudija 129, 188
Gumbinė 32
Gutasaga 19
Guthones 199
guzai 35
Gzetuesie 68

H
Haedui 64
Haestis 17
Haestis Rex 241
Hakmis 62
Halibas 224, 228
Halikarnasas 103, 112, 158, 167, 169, 178,
210
Halis 40
Hamerfestas 122
Hanza 141
Harria 200
Hatusas 62
heathobardai 35, 64, 104, 167, 181
Hebridai 64
hedujai 64, 167, 214
Heiligenwalt 143
Helada 26
helenai 25, 39, 162, 176, 209, 210
Helespontas 73, 174
Helle, deivė 25
helvetai 40, 164

henetai 83
Hera, deivė 26, 133
Heragala 50, 115, 125, 161, 233, 247
Heraklionas 133
Hercinijos giria 35, 63, 166, 181
Hercinijos kalnai 40
hermionai 54
Herulam 44, 51, 113
Heruli 55, 65, 105
heruliai 23, 33, 46, 51, 66, 72, 97, 110, 114, 115, 117, 125, 131, 133, 155, 161, 177, 188, 197, 199, 200, 212, 218, 233, 238, 247, 254
Hervararsaga 47, 192
Hestis 109, 110
hetai 62, 194
hetitai 35, 62, 63, 73, 104, 166, 174, 181, 194, 215
Hettios 63, 166
Hicensis 135, 205
hicess 208
Hypakyris 53
hiperborėjai 26, 27, 28, 99, 113, 129, 136, 139, 145, 147, 148, 149, 150, 172, 223, 242
hiriai 120, 218, 254
Hirija 215
Hirri 50, 120
Hirrin 200
Histoire des Huns 89, 172
Historia de Espana 152
Hitim 63, 253
Hiuma 156
Hoch Deutsch 42, 114
Holšany 109, 125, 133
hosijai 18, 110
hossii 18, 87, 109
Hreth Gotum 67
hunai 23, 24, 46, 55, 78, 89, 97, 110, 122, 145, 177, 187, 246
Hungarija 97
Hunni 168

I
Iberų pusiasalis 175
igilionai 38, 56, 89, 162, 173, 175, 176
ikiindoeuropiečiai 70, 160
ilergetai 64, 167
Iliada 210
ilirai 21, 23, 65, 83
Ilirija 40, 75, 78, 82, 83, 210, 231
Illyrica 73, 174
indai 32, 64, 69, 84, 104, 106, 114, 148, 158, 167, 197, 217
indėnai 74
Indija 114, 148
indoiraniečiai 129
Ingelheimas 81
Inster 67
Ipatijaus metraštis 33
Irakas 168, 215
Iraklionas 133
Iranas 70, 159, 168
iranėnai 90, 162, 169, 170, 172, 223, 228, 250
Islandija 94
ispanai 103, 152, 153, 165, 191, 198
Ispanija 103, 113, 121, 133, 151, 152, 153, 163, 165, 173, 175, 191, 193, 198
Įsra 122
Įsrutis 36, 67, 122, 182
įsrutiškiai 54
iste 18
įstrai 83, 210
Įstras 122
isztawany 56
Italija 22, 26, 40, 42, 56, 82, 83, 91, 121, 126, 127, 147, 152, 175, 181, 210, 211, 214, 224, 227, 231, 235, 239, 240
Italijos enciklopedija 56
Izraelis 62, 166, 208, 215
Izraelitai 62

J
jacwingowie 106
Jam 94
jamj 95
Jantarnoje 188
Jasnaja Poliana 104
jatviahe 68, 207, 216
jatviazi 69
Jelgavaras 123
jemj 95
Jenisiejus 112
jetviahie 106
Jonija 91
jotvingiai 100, 104, 106, 107, 112, 113, 114, 136, 154, 157, 160, 161, 164, 165, 166, 167, 169, 176, 177, 178, 184, 194, 202, 207, 214, 216, 219
juodasermėgiai 203
Juodoji jūra 203
Juodoji Rusia 203
jutai 104, 106, 112
Jutlandija 39, 41, 44, 104, 106, 112, 189

K
kalavijuočiai 22, 49, 96, 184
kalendorius 235, 237
Kambrija 92
Kamoya, Litle 123
Kamoya, Store 123
Kanaanas 62, 208
Kapadokija 40
karaimai 97, 98
Karaliaučius 69, 72, 104, 108, 134, 155, 177
Karasones 46, 192, 253
karelai 83, 96, 211, 212
Kareotai 46, 47, 48, 185, 192, 193, 208, 253
karijai 47, 48, 192 193, 197, 207, 208, 253
karintai 78
Karniolanai 78
karpai 250
Karpatai 14, 61, 64, 71, 75, 80, 147, 154, 171, 176, 187, 205, 242, 251
karsai 46, 68, 192
Karsas 47, 192
Karsones 47, 48, 192, 193
Karšuva 47, 68, 192, 253
Kartagina 89, 140, 173
Kaspija 57, 60, 63, 64, 73, 74, 174, 214
Kastilija 152
Kašubai 85
Katalonija 23, 65, 89, 113, 144, 173
Kaukazas 19, 168, 223, 250
Kaunas 115, 117, 126, 140, 141, 143, 144, 157, 163, 177, 246
keltai 27, 40, 70, 147, 148, 160, 164, 169, 215
keltiberai 42
Keltike 40
Kernavė 183
ketai 112
Keteioi 216
Khate 216
Khatta 216
khattai 63, 253
Kheta 63
Kijevas 52, 77, 79, 82, 109, 118, 119, 128, 136, 137, 158, 195, 200, 212, 213, 244
kimbrai 25, 27, 52, 55, 66, 72, 88, 91, 92, 100, 117, 148, 155, 169, 185, 189, 193, 218, 220, 224, 225
Kimbrija 65, 92
Kimerai 78, 82, 90, 91, 92, 169, 210, 220, 221, 225
kiolaletai 23
kipčakai 31
Kittim 216
Klaipėda 50, 63, 140, 166
Kleckas 76
Klečeskas 76
Kobrinas 69
Kolchida 63
Koločino 128
komanai 30, 31, 228

Komanija 228
Komarovska kultūra 58, 179
komiai 212
Konstantinopolis 81, 94, 233
Kopgalis 43, 115, 125, 246
kors 47, 94, 192
Kosmografija 48, 185
Kovarskas 71, 104, 161
Kreta 25, 75, 133
Kribišoi 76
Krivis 77, 142, 226, 246, 248
kriviai 189
krivičiai 44, 76, 77
kryžiuočiai 22, 29, 32, 33, 34, 37, 38, 42, 43, 47, 49, 52, 54, 55, 68, 72, 74, 79, 93, 94, 95, 96, 106, 115, 118, 119, 135, 140, 142, 155, 160, 162, 167, 174, 176, 177, 178, 180, 184, 188, 189, 192, 197, 201, 204, 211, 213, 222, 227, 234, 244, 246, 248, 253, 254
Krobišoi 76
Krokuva 69
Kronas 57, 150
Kulmas 52
kulmigeriai 52, 119, 201
Kultūros fondas 138, 160
Kumbraland 92
Kumraland 92
Kundos kultūra 95
Kurchas, dievas 47, 193
kuresarai 47, 193
kurionai 46
Kuriones 47, 176, 192, 253
Kurland 47, 192
Kurlandija 47, 192
Kurmaičiai 84
Kuronija 41, 47, 190
Kurskas 76
Kuršas 47, 54, 192
kuršiai 41, 46, 47, 48, 68, 86, 87, 94, 126, 177, 179, 185, 190, 191, 192, 193, 253

Kuršių marios 55, 81, 86, 229, 234, 246
Kuršžemė 47, 193
Kurtorkas 47, 192
Kurzemė 86
Kūryba 178, 187, 192, 204
kvadai 46, 176
Kvedenuva 55

L
Labegovė 34
Labguva 34
Labota (Labutė) 34, 55
Lada, deivė 28
Lado 28, 143
laduvanije 28
laeti 23, 144
Laetorum 144
langobardai 34, 35, 43, 50, 53, 61, 122, 131, 171, 175, 181, 182, 183, 208, 213, 222, 230, 231, 234, 239, 240, 241, 246, 254
Lankenyčiai 53
lankiai 52, 80, 119, 137, 146, 181, 189, 195, 200, 201, 213, 238, 244
lankos bartai 34
Lankų kraštas 34
Lat, deivė 26
Latgalija 87, 114
Latium 26, 83
latobrigai 23
Latona 26
latovici 23
latviai 11, 15, 20, 22, 25, 29, 49, 58, 69, 70, 73, 77, 95, 97, 100, 106, 112, 120, 123, 136, 151, 159, 179, 184, 201, 212, 220, 243
Latvija 15, 16, 22, 26, 36, 49, 55, 77, 82, 86, 87, 88, 97, 108, 114, 126, 135, 136, 137, 149, 184, 188, 195, 201, 219, 222, 237, 243
Laukagalys 43, 115, 125, 246
Lectouie 68
Leda, deivė 26, 28, 242
Ledinuotasis vandenynas 95, 114, 123, 126,

135, 190, 210
ledynmetis 103, 110, 206
Leiciškių ežeras 29, 242
leičiai 114
Leiflandtas 30, 31, 228
Leita 24
Leitė 29, 242
Lemovii 65
Lengnieten 201
lenkai 33, 36, 38, 52
Lenkeliškiai 53
Lenkija 13, 16, 31, 34, 46, 51
Lenklaukiai 53
Lenkupiai 53
Leta 26, 28, 129, 143, 145, 149, 242
letai 22, 49, 100, 136, 184, 243
Letau 22
Letavia 22
letes 23, 144
Lethovia 22, 136, 243
Letija 243
Letland 139, 149
Letona 129
letones 106
Letovia 22, 106, 129, 139, 145, 149, 242, 243
letovici 23, 144
Letovini 23, 243
lettones 22, 243
Lettonia 129
Letuva 68
leudes 23, 145, 243
Leuticija 28, 49, 184
liachai 23
liachovie 32
liaudai 23, 145
Libanas 91
Liber censuum Daniae 45, 46, 183, 201
libiai 26
lybiai 26, 36, 96, 162, 176, 179
Libija 26, 53
Lyda 25, 28, 243, 246, 252

lidai 25, 29, 100, 161, 242, 243
lydai 24, 25, 26, 29, 246, 252,
Lidas 161
Lydau 25, 92
Lydavėnai 25, 243, 252
Lydnia 25, 243
Lyduva 92, 243
Lyduvėnai 243, 252
lidwicings 24, 28, 243
Lielupė 135
Liepoja 192
Lietaukos upelis 29, 144, 242
Lietuvanis (Lietuwani), dievas 25, 26, 28, 143, 242
lietuvėnai 25
lietuvisai 129
Lietuvos vikingai 24, 243
Ligdomis 62
lygiašonė keramika 61, 171
Ligurija 127
Litano miškas 22, 31, 144, 187
Litava 22
Litaw 23
lites 23, 144
lithuani 208
litianai 24, 177
Litovia 22, 23, 24, 242
Littonia 23, 243
Littovin Lant 23, 243
Litua 103, 111, 114, 116
Lituae 24
lituani 23, 177
lituanistika 132, 199
Lituans, dievas 25, 143
Lituva 25
Litva 24, 68, 106, 114, 128, 207
Litvas 226
litvikingai 24
Litwa 94
Liubava 33, 34, 176
Liubekas 72, 85, 92, 155

282   LIETUVIŲ TAUTOS KILMĖ

liutičiai 29, 49, 184
Liutovija 184
liv 96
lyviai 96
Livonija 72, 74, 86, 96, 105, 155, 174, 243, 246
Llydaw 23
Logožsk 77
Lombardija 181, 241
longobardai 34, 181
Lotaringija 137
lotynai 18, 21, 22, 26, 56, 74, 81, 124, 165, 167, 168, 183, 198, 248
Lotynų Amerika 121, 153, 163, 175
Luara 64
Lubava 46
lugijai 52, 119, 137, 146, 200, 213, 238
Lutovija 29
Luzitanija 89, 173
lužitėnai 78, 83, 84
Lvivas (Lvovas) 112

M
Machačkala 125
Madlenas 13, 14, 99
maesi 73, 173, 174
Magdeburgas 78, 79
Maglemozinė kultūra 14
Maysegayl 74, 174
Maysegal 246
Maišiagala 74, 161, 174, 246
makabėjai 96
Makedonija 40, 70, 73, 160, 173
makrolitinė kultūra 14, 99
mariai 95, 212
Marmuro jūra 30, 174, 186
Marsas, dievas 58, 178, 235
masagetai 57, 63, 64, 66, 73, 74, 90, 104, 113, 135, 149, 167, 170, 173, 174, 214
masiai 73, 74, 161, 174, 246
Masilija 17, 20, 188, 204

Masiukai 74, 175
Maskva 38, 52, 70, 73, 80, 95, 103, 149, 159, 163, 164, 174, 194, 195, 212, 218, 244, 245
Maso 58, 74, 179, 229
Mauritanija 65, 113
Mazovija 56, 74, 115, 174, 229
Mažieji getai 57, 66, 73
Mažoji Azija 25, 30, 31, 32, 48, 63, 70, 158, 159, 160, 161, 166, 168, 186, 193, 210, 212, 233, 242
Mažoji Lietuva 120, 183
medai 73, 114
Medenuva 55
Medija 91
Medinava 212
Medininkai 119, 212
Medsėdžiai 119
Medvaigala 246
Medvėgalis 246
Medziūnai 119, 212
Meischengallen (Meisegal, Meysegallen, Meisegaln) 74, 174
mejonai 25
Meklemburgas 51, 67
Meklemburgija 55
melanchlenai 89, 172, 203
Meotijos ežeras 61, 90, 169, 171
Mera 94, 95
Mera, upė 97
meria 76
meschai 73, 173
mezai 73, 74, 78, 100, 125, 161, 173, 174, 175, 246
Mezija 73, 74, 82, 173, 174, 175, 210
mezolitas 14, 15
midai 168
Midas 62
mikrolitinė kultūra 14, 99
Milda, deivė 142
mileziečiai 75
Milogrado kultūra 58, 179

Mindaugas 22, 44, 45, 67, 98, 106, 136, 138, 139, 145, 149, 194, 205, 242, 243
Minskas 66, 82, 128, 129, 130
Mysegal 125
Mysia 30, 186
Mysiškiai 74, 175
Missendorf 74, 175
Misshof 74, 175
Mysviečiai 74, 175
Mizija 30, 73, 173, 186
Moesia 73, 174
Mokslas ir gyvenimas 157, 160, 163, 176
Moldova 30
mongoloidai 15, 90
Monte Antiquo 87
Monumenta German. histor. 72, 155
moravai 71, 154
Moravija 78, 90, 170
mordviai 95, 212
Mordwa (Mordva) 94
more variažskoje 32
moschai 73, 173, 174
Mosėdis 74, 174
moskai 78
Moskava 73
Moščino 128
Mozyrj 74, 174
Mozūrija 72, 74, 105, 115, 155, 174, 229
Možaiskas 164
Murom 94, 95
Mursijus 77
Mūsų Lietuva 142
musulmonai 73, 173
muškai 73, 173
Mūšos ištakos 203

N
Nadravija 204
Nadrawcy 112
Nadrowini 45, 176
Nadruva 32, 33, 34, 246
nadruviai 176
Nalšia 34, 204
Narevas 49, 58, 69, 179, 184
Narkūnai 51
Narutis 58, 179
Narva 58, 179
Narvos-Nemuno kultūra 16, 19, 20, 95, 206
Natangija 33, 34, 203, 204
Naugardukas 28
Nauka 112
Negevo dykuma 215
Nemirskiemis 32
Nemuyn-balt 21
Nemunas 33, 44, 46, 47, 56, 57, 69, 81, 84, 86, 88, 89, 107, 108, 114, 121, 134, 139, 140, 141, 143, 149, 150, 173, 177, 185, 190, 202, 205, 206, 219, 224, 228, 246
Nemuno aukštupio kultūra 14, 99
neolitas 14, 15, 16, 20, 99
nerija 177, 246
Neringa 94, 179, 234
Neris 56, 58, 119, 140, 141, 179
Neroma 58, 94, 96, 179
Nerta, žemė 44
Nertus, deivė 180
nervijai 58, 179
Nesterovas 46
Neuerbergas 85
neurai 27, 58, 59, 89, 172, 178, 179, 180
Nevėžis 134, 142, 143
Nevriai 58, 179
Nevrujevi 58, 179
Nyderlandai 114, 190
Nieder Deutsch 42
Niederlandai 42
Niederung 114, 134, 190
Njordas, dievas 180
Nogatė 54
Nordalbingai 127
Norika 58
Norikumas 51, 179

normanai 93, 94
Normandija 83, 211
Norvegija 72, 107, 113, 122, 123, 131, 155, 207
Nova 204
Novgorodas 33, 49, 76, 184, 188, 202
Novietunas 77
nuitonai 43
Nur 58
Nuras 58
Nurec 58
Nurzec 58
Nurzyk 58

O
obodritai 51, 78, 87
Obotritorum 51
Oceanus Occidentalis 63, 166
Oceanus Septentrionalis 126
ochra 203
Oderis 14, 42, 51, 61, 87, 88, 107, 108, 171
Odisėja 210
odruzai 23
Olandija 31, 42, 187, 190
Olivos vienuolynas 72, 155
orakulai 149, 191, 223
Orbis Gothicus 66
Ordinas 33, 46, 49, 54, 68, 94, 107, 115, 140, 143, 151, 184, 208
Ortigija 26
osetinai 92, 169, 172, 223, 250
osijai 18, 110
osoliečiai 72, 155, 156
osolienses 72, 105, 155
ossioi 18
Ost Preussen 185
Ost See 134, 213
ostai 17
Ostbalticum 192
ostgotai 17, 19, 21, 66, 163, 175, 198, 208, 214, 221, 225, 227, 239, 240, 241, 253, 254

Ostyaeos 17
Ostiaioi 17
ostijai 17
Ostimioi 17
ostiones 17
Ostium 18
Ostrobrama 146, 214
Ostrogardya 18, 214
Ostrogardija 19, 146
Ostrogotai 126
Ostsae 18

P
Pabaltijis 20, 99, 127, 146, 199
Pacyris 53
Padunojė 82, 210
Paflagonija 82, 210
pagirėnai 80
Pagirys (pagirys) 52, 53, 68, 79, 80, 109, 174, 183, 199, 213
Pagyritae 109
pagiritai 27, 53, 57, 117, 119, 137, 150, 183, 195, 200, 238, 244
Pagyritę 150
pagonys 24, 49, 53, 55, 66, 77, 79, 86, 140, 184, 190, 191, 203, 216, 227, 235, 248
Pagraudė 33, 34
Pajuodjūris 29, 74, 89, 166, 172, 210
Palanga 34, 119, 133, 212
Palatvys 49
Palenkė 52, 79
paleolitas 14
Palestina 26, 242
Palvininkai 188
pamarėnai 36, 49, 69, 159, 182, 184, 201
Pamarys 16, 49, 85, 87, 222, 231, 240
Pamaskvys 15, 38, 164
Pamedė (pamedė) 52, 74, 79, 109, 117, 119, 174, 183, 195, 201, 213, 238, 244
pamedėnai 136, 137
pangermanistai 129

Panonija 23, 40, 51, 71, 250
partai 36, 61, 67, 169, 171, 176, 181, 182, 183
Parthis 36, 182
parthos 69, 159, 182
Parusiai 32
Parusija 32
Paskalviai 45
pasulėnai 48
Pathicae 36, 182
Patrimpas 226
Paveisininkai 163
Pavyslis 61, 66, 171, 250
Peczora 94
pečenegai 35, 207
Pečiora 96
pečiorai 95
Peloponesas 40
Peragodia 67
Perkūnas 47, 140, 141,143, 149, 178, 193, 226, 235, 237
Perkūnkalvė 140
Permė 41, 190
Perona 67
persai 51
Persija 36, 73, 91, 114, 167, 168, 169, 175, 182, 183
Perunas 47, 193
peukinai 61, 83, 162, 171, 211, 222
Peuse-balten 21
Phoebe 26
piktografija 236
Pikuolis, dievas 226
Piliš 122
Pirėnų kalnai 64
Plockas 30, 31, 186, 227, 228
Počepskaja, kultūra 61, 171
Podolė 58, 179
Pogezanija 33, 69
Pojezanija 69
poledynmetis 19

poleksėnai 80
Polesė 14, 52, 58, 80, 109, 119, 179, 183, 195, 238, 244
Polexiani 68
poliakai 52, 79, 80, 137, 146, 181, 195, 200, 213, 238, 244
polianai 52, 79, 80, 109, 119, 137, 146, 195, 200, 213, 238, 244
poliarinis ratas 122, 123, 155, 227, 233
Poliesė 14, 52, 58, 68, 80, 109, 119, 179, 183, 195, 213, 238, 244
Polockas 76, 88
polovcai 31, 36, 52, 89, 119, 146, 182, 200, 213, 228, 238
Pomeranija 51, 55, 85
Pomericos 36, 69, 159, 182
Pomezanija 74, 79, 119, 174, 201, 213, 238
Pontum 73, 174
popiežius 29, 68, 74, 107, 113, 140, 174, 184, 207, 224, 246
Porotvos upė 38
Porusy 32
Povestj vremennych let 28, 32, 47, 87, 192
prabaltai 129
pranciškonys 55, 91
Prancūzija 39, 94, 125, 148, 164, 183, 211
Preusssische Schaub. 141
Prezzun 32, 187
Priamaja 108, 121
Prieglius 36, 37,41,54,61,84,86,108, 120, 121, 131, 180, 182, 189, 204
Prygai 106, 154, 184, 199, 200, 217, 253
Pripetė 58, 178, 179
Protva 163
Prusa 30, 186
Prūsa 30, 186
prūsai 11, 18, 21, 26, 27, 29, 30, 31, 32, 33, 34, 35, 36, 38, 39, 44, 45, 48, 49, 51, 66, 67, 70, 71, 72, 79, 84, 85, 86, 95, 105, 106, 112, 113, 114, 115, 119, 120, 134, 139, 140, 145, 152, 154, 155, 157, 163, 165,

168, 169, 172, 174, 176, 177, 182, 183, 184, 185, 186, 187, 188, 189, 197, 198, 201, 202, 203, 204, 224, 227, 233, 248, 251, 252
Pruseliai 32
prusy 32, 49, 184, 202
Prusias (Prūsijas) 30, 152, 186
Prūsija 13, 15, 16, 30, 31, 32, 34, 38, 43, 44, 47, 49, 51, 52, 53, 54, 61, 67, 68, 69, 72, 74, 82, 84, 87, 89, 91, 92, 94, 107, 108, 109, 115, 119, 120, 121, 125, 136, 151, 154, 155, 156, 162, 164, 170, 171, 172, 174, 176, 177, 180, 181, 182, 183, 184, 185, 186, 187, 189, 193, 195, 201, 203, 205, 212, 213, 218, 219, 220, 224, 225, 227, 234, 238, 239, 240, 241, 244, 246, 248, 254
Prūsiškiai 32
Prūskiemiai 32
Pruskovo 49, 184, 202
Prusskaja 49, 184, 202
Prusskoje 49, 184, 202
Prūsų gatvė 33, 188
Prušilai 32
Prutas 30, 186
pruteni 32
Pruttenos 72, 155
Pruzi 32
Pruzzi 42, 185, 190
Pskovas 33, 49, 96, 184, 188
purusa-h 32
Pusiaunakčio jūra 49, 184

R
Radimičiai 128, 208
Ragainė 45, 86, 143
ragainiškiai 54
Ramygala 43, 115, 125, 209, 246
ramovė 43, 115, 125, 201, 226, 246
rasai 82, 146
Rasciani 73, 174

raskai 73, 78, 80, 89, 100, 174
raštas 132, 133, 151, 152, 198, 220, 236, 237, 239, 241, 248, 249, 254
Raudonės rankraštis 39
Raudonoji jūra 203
Raudonoji Rusia 203
Ravena 121, 152, 227, 240
Redingotija 50, 67, 240
Reichbarten 181
Reinas 22, 23, 50, 63, 144
Reit-gota-land 18
Reithgotland 67, 240
reudingai 43
Rhos 81
Ryga 68, 87, 140, 171, 222
rikis 63, 64, 66, 112, 166, 234
rymionys 177
Ripėjų kalnai 27,31, 57, 109, 147, 149, 150, 187, 205
risai 81
Rythabalt 21
Rytų gotų žemė 18, 67
Rytų jūra 18
Riugenas 35, 52, 85, 108, 114, 121, 181, 182, 201
rizai 55
rogai 234
roksalanai 78, 80, 81, 89, 100, 228
Roksolanija 30, 228
Roma 24, 31, 37, 38, 39, 40, 42, 51, 52, 53, 58, 65, 66, 68, 71, 73, 78, 83, 89, 92, 93, 97, 108, 115, 117, 118, 121, 125, 126, 127, 150, 155, 156, 159, 162, 163, 173, 175,, 179, 181, 184, 194, 195, 197, 198, 200, 203, 207, 211, 212, 213, 214, 215, 218, 220, 221, 222, 223, 225, 226, 234, 238, 239, 240, 241, 246, 248, 250, 251, 252, 253, 254
Romainiai 142, 143, 246
Romainis 142
romantizmas 12, 50, 125, 177, 188, 205, 216

romėnai 22, 26, 30, 33, 46, 50, 51, 53, 71, 83, 92, 97, 103, 104, 106, 112, 117, 120, 124, 125, 126, 127, 132, 133, 147, 148, 152, 154, 156, 162, 166, 167, 171, 173, 175, 178, 186, 188, 194, 200, 204, 205, 210, 213, 218, 220, 221, 222,225, 230, 231, 233, 241, 246, 247, 250, 252, 254
Romene 143
Romewerder 143
Romos imperija 17, 19, 22, 34, 35, 38, 50, 51, 61, 65, 66, 83, 93, 97, 114, 120, 121, 122, 124, 126, 152, 156, 162, 163, 164, 171, 176, 181, 189, 191, 192, 195, 197, 198, 205, 210, 214, 221, 222, 225, 233, 240, 245, 246, 247, 250, 251, 254
romovė 246
romuva 140, 142
rosai 80, 81
rossai 81
Rossija 80, 89
Rudava 55
Rudonis 109
Rugi 51, 105
rugiai 155, 187, 201, 231, 233, 234, 254
rugijai 114, 117, 120, 121, 218
Rugini 31, 168, 187
Rugium 108
Rumunija 30,46, 104, 170, 186, 220, 250
rusai 32, 36, 38, 69, 70, 72, 76, 77, 80, 81, 82, 92, 95, 100, 106, 128, 130, 139, 150, 155, 158, 160, 182, 194, 203, 211, 244
Rusia 41, 77, 82, 158, 203, 244
Rusia Alba 203
Rusia Nigra 203
Rusia Rubra 203
Rusija 18, 19, 24, 58, 79, 80, 81, 82, 90, 170, 173, 178, 179, 184, 212
Rusj 80, 81
Ruskoje 189
Rusnė 32, 81, 82, 86, 139, 140, 192
Rusnia 47, 81, 140

Rusokai 82
Rusų jūra 32
Ruteniae 208
Ruthenos 36, 69, 72, 155, 159, 182

S
Sakmė apie Igorio žygį 244
Saksai 31, 33, 34, 44, 106, 112, 127, 134, 145, 187, 188, 207
Saksnava 34
Saksonija 33, 34, 78, 187
Salamankos universitetas 151
Salė 78
Sali 48, 109, 185
Salynas 142, 143
Sallin 142
Saloi 185
Salura 227
Samaide 135, 137
sambiai 33, 42, 55, 185, 188, 189, 190, 191, 234
Sambija 20, 33, 34, 39, 40, 41, 42, 43, 52, 54, 55, 67, 68, 91, 94, 147, 148
Samethia 23, 243
samiai 43, 114, 135, 190
samogetai 57, 74
Samogetija 23, 46, 64, 67, 107, 125, 161, 166, 219
Samogitija 42, 46, 64, 67, 107, 114, 125, 135, 166, 190, 208, 219
Samos sala 42
Samosata 42
Samothe 42
Samotrakija 42
Sandomiras 69
sanskritas 165, 168, 210, 219
Sarema 72, 94, 156
Sarga 57, 149
sargėtai 57, 89, 149, 167, 214
sarmatai 60, 61, 80, 83, 84, 85, 89, 90, 95, 100, 117, 162, 169, 170, 171, 172, 176,

201, 226, 250
Sarmatija 27, 30, 36, 38, 50,, 56, 60, 61, 78, 89, 90, 108, 109, 162, 170, 171, 172, 175, 182, 201
Sarmisegetuza 250
sauromatai 61, 172
sąvadas 166
Saxones 31, 44, 168, 187
Scalewo 45
Schalbini 176
schwabische 93
scirai 23, 46, 177
Sciri 108, 120
Sciris 50
Scythae 167
Scythicum 167
Sclavi 17, 78
Script. Rerum Prussicarum 79, 174, 183, 201
Scriptores rerum Danicarum 70, 74, 159
Selencija 49, 184, 201
Seligero ežeras 120
Selina 49, 184
Selionis 49, 184
sellen 202
Selonija 184
Semba 20, 42, 43, 67, 114, 134, 135, 142, 147, 148, 177, 185, 188, 189, 190, 191, 204, 212, 219, 220, 239, 246, 248, 254
Sembai 42, 135, 164, 185, 190
Sembi 42, 185, 190
Semigalija 42, 67, 190, 219
Semegallen 43
Semigallia 42, 45
Semigalorum 114
Semigola 94
Semland 42, 114
semnonai 42
Semnothei 42
senieji saksai 31, 187
serbai 73, 78, 85, 87, 122, 174

Serviani 73, 174
setai 96
sėliai 48, 49, 109, 120, 176, 183, 184, 185, 202, 212, 238
Sėlija 49, 184
sėsniai 145
Shalbini 45
Sibiras 74, 97, 112, 199
Sicilija 27, 148
Silenas 27, 148
Silenus 27
Silezija 78, 90, 170
Silia 49, 184
Syllonis 48, 49, 183, 184, 201
Silones 120
Sylones 49
Sylonija 49
Sirija 40, 42
sitonai 96
skalviai 43, 45
Skalvija 32, 45, 108
Skandija 111, 115, 224
skandinavai 18, 19, 25, 41, 43, 44, 45, 47, 81, 94, 123, 189, 191, 192
Skandinavija 20, 27, 30, 31, 35, 43, 54, 65, 66, 71, 91,, 92, 94, 115, 123, 148, 152, 155, 180, 181, 188, 195, 204, 205,, 221, 222, 225, 227, 228
Skandza 115
Skara 86, 108, 120, 218
Skarbiec diplomatow 133, 200
Skera 108, 120
Skėriai 108
Skerpieviai 108
Skilvingai 45
Skirava 108, 121
Skiren 120
skiriai 97, 174, 218, 226, 234, 238, 251, 253, 254
Skirius 108, 120
Skirlėnai 108

Skironys 108
Skirsnemunė 108
Skiručiai 108
Skirus 120
Skirvytė 121
skitai 40, 60, 66,, 90, 91, 95, 100, 169 170,
    171, 178, 223, 250
Skitija 39, 41, 64, 90, 91, 170, 189, 223
Skitlaukiai 91, 170
Sklavinai 77, 78, 81
Skören 108
Skritifinai 232
Slaptoji istorija 230
slavai 17, 18, 50, 51, 58, 59, 66, 68, 70, 75,
    76, 77, 78, 79, 80, 81, 82, 84, 85, 86, 87,
    88, 90, 93, 95, 99, 100, 103, 106, 115, 121,
    122,, 123, 129, 130, 133, 137, 138, 159,
    160, 161, 162, 175, 1786, 192, 195, 198,
    200, 203, 204, 208, 210, 211, 216, 222,
    223, 228, 232, 244, 245, 248, 250
Slavis 78
Slavs 91, 170
Slonimas 23
slovakai 79, 85
Slovakija 122, 241
slovėnai 76, 79
Smolenskas 76, 88, 218
Sona 64
Sorabi 87
Sovietų Sąjunga 197
Sožė, upė 238
Stalupėnai 46, 177
Starožytna Polska 141
stavanai 38, 56, 89, 162, 173, 175, 176, 205
stepės 49, 52, 60, 79, 109, 118, 119, 126, 136,
    146, 182, 183, 194, 195, 199, 200, 212,
    213, 218, 221, 244, 254
Stetynas 85
Stounhendžas 148
Strežev 77
Suda 33, 135

Sūdai 68, 107, 177, 205
sudargai 23, 46, 97, 177
Sudargas 44, 46, 177
Sude 176
Sudėnai 46
Sudeni 46, 176
Sudetai 46, 176
sudinai 31, 38, 48, 56, 89, 109, 162, 173, 175,
    176, 187, 205, 253
Sudowici 46
Sudowini 45, 46, 176
Sudua 23, 243
sūduviai 33, 34, 38, 45, 46, 55, 56, 86, 107,
    109, 135, 136, 154, 157, 160, 162, 164,
    166, 175, 176, 177, 178, 198, 205, 253
Suediae 105
Sueonia 105
Sueonum 81
Suevi 65
Sula 48
sulonai 38, 48, 56, 89, 96, 162, 173, 175, 176,
    201
Sumj 96
suomiai 43, 83, 95, 96, 162, 176, 211, 232,
    254
Suomija 16, 30, 31, 43, 114, 135, 186, 190,
    200, 219, 228
Sussex 106
Suvalkai 178
suvalkiečiai 178
Suvalkija 19, 46, 69
svardonai 43
svebai 42, 89, 92, 93, 154, 172
Svebija 96
svejai 93
sveonai 93
svevai 17, 93
Sveviae 93
Svidrinė kultūra 13, 14, 99
svijonai 96
svionai 93

Svirbigala 43, 115, 141, 246
Szalawony 112
Szemgallen 43

Š
Šaksvitė 55
Šalauenenburgas 45
Šalbini 45
Šalovė 45
Šaltuonos upė 45
Šeldė 58, 179
Šelon, upė 33, 49, 184, 202
Šernai 63, 166
Šiaulėnai 45
Šiauliai 25, 45
Šilainiai 49, 120
Šilėnai 49, 120, 184, 202
Šiliai 109
Šilininkai 120, 184
Šiliniškės 49, 184
Šilionys 49, 109, 120, 183
Šilonis 49
Šiluva 49, 120, 184
Škotija 92
štrichuota keramika 61, 171
šukinė keramika 95, 97
Šumeras 215
švabai 93
švedai 47, 85, 93, 94, 154, 192
Švedija 66, 72, 105, 107, 113, 155, 207, 228, 240
Šveicarija 164
Šventaragis 143

T
Talinas 200
Tanais 57, 61, 149, 169, 171
Tarentas 40
Tartarija 30, 31, 228
Tauragala 125
Tauragnai 126 ,241

Taurapilis 126, 247
tauringiai 146
tauroskitai 90, 170
tautonys 145
tautų kraustymasis 40, 110, 113, 115, 162
Telšiai 54, 67, 68, 119
tenkterai 31, 187
Tesalija 25
Tešubas 63, 166
teutonai 53, 94, 145, 208
Tilžė 32, 45, 112, 121, 155, 161
Tiras 91, 112
tirsagetai 113, 150
Tyrsagetai 64, 167, 214
Tisa 64
Tyssagetai 64
Tiuringija 78, 146
tiurkai 48, 168
Toledas 191
toponimika 129
torkilingai 120, 152, 234, 238, 254
totoriai 35, 66, 89, 90, 97, 98, 170, 197, 228
Traces 36, 69, 159, 182
trakai 16, 26, 28, 29, 36, 51, 64, 69, 70, 71, 73, 82, 95, 99, 104, 105, 106, 112, 117, 127, 129, 132, 138, 154, 157, 158, 159, 160, 161, 167, 173, 182, 184, 192, 199, 200, 213, 217, 218, 219, 220, 243, 246, 253
Trakai, miestas 37, 69, 71, 93, 104, 106, 159, 161, 183, 220, 243, 246
Trakėnai 71, 104, 161
Trakija 27, 40, 42, 73, 104, 126, 148, 158, 159, 173, 192, 240, 250
Trakininkai 71, 104, 161, 220
Trakiškiai 71, 104, 105, 161, 220
Trakiškiemiai 71, 161, 220
trakologija 138
Traksėdai 71, 105, 161, 220
Trakų Vokė 93
Transalpinė Galija 40
Transilvanija 46, 156, 176

Transporthanis 36, 67, 182
troakai 70, 158
Troja 70, 82, 159, 185, 194
trojiečiai 158, 185, 210, 219
Truso 94
Tulė 50, 241
Tunisas 113
Turisto atlasas 119
Turkai 57, 150, 168
Turovas 76
Turunti 109
Tušemlia 128

U
ugnis 39, 47, 81, 139, 140, 142, 193, 226, 237, 254
ugrai 35
ugrosuomiai 15, 27, 28, 41, 60, 95, 97, 139, 168, 170, 176, 190, 212, 218, 254
Ukraina 13, 15, 24, 73, 75, 80, 118, 126, 136, 155, 157, 158, 161, 168, 178, 182, 212, 218, 221
ukrainai 47, 70
ukrainiečiai 88, 112, 158, 160, 193, 194
Ulmales Pinnas 192
Ulmas 52, 119
ulmiganai 52, 96, 224, 225, 226, 229
Ulmiganija 224
ulmigerai 74
Ulmigerija 119, 201
ulmirugiai 52, 201
Ungariorum 78
Ungurupė 37, 180
Upelionis 26, 139, 145
Uralas 60, 89, 94, 95, 147
Urgeschichte Ostpreussens 190
Utena 51, 126
Užkaukazė 39
Užledžiai 142
Užnoviai 204

V
vaci 19, 93
vacieši 19, 93, 137, 213
Vadgiris 50
Valachija 90, 170
Valdajus 57, 147
Valgala 94
Valgalė 94
Valhala 94
Valjala 94
vandalai 24, 38, 53, 61, 78, 82, 83, 85, 86, 87, 89, 125, 131, 146, 161, 162, 163, 173, 211, 222
Vandali 163
Vandalija 84, 85, 86
vandalizmas 83, 211
Vandalus 84
Vandaluzija 83
Vandėja 83, 211
vandėjai 125
Vandejogala 125
Vandeli 85
vandilijai 85
vanduoliai 146
Vandžiogala 86, 125, 161, 209, 222
variagai 44, 76, 81, 82, 93, 94, 146
varijai 44, 55
varinai 43, 44
varingiai 146
varmiai 33, 43, 44, 55
Varmija 54, 68, 203
Varna 76
varnai 232
Varniai 212
Varšuva 52, 79, 118, 141, 155, 166, 168, 171, 199, 228
varuliai 44, 146
varumoniai 64, 66, 112, 166
veidinės urnos 107
velatabai 78, 87
velegezitai 87

veletai 78, 87, 88
Velynianie 87
veljadcy 88
Velsas 92, 220, 225
veltai 18, 87, 88
Veluta 88
Vėluva 87, 108
vendai 228
Vendenas 222
Vendenico 38, 163
vene 85
Venecija 82, 107, 210
venedai 18, 30, 31, 38, 50, 54, 64, 66, 72, 77, 78, 80, 81, 82, 83, 84, 85, 86, 87, 90, 95, 97, 99, 100, 117, 125, 155, 160, 161, 163, 200, 210, 211, 222, 228, 250
venelai 83, 211
Venesuela 151, 152, 198
venetai 38, 48, 56, 61, 82, 83, 89, 96, 162, 171, 172, 173, 175, 201, 205, 210, 211
venetulanai 83
vengrai 78, 122, 123, 137
Vengrija 23, 24, 55, 58, 122, 168, 179
Venta 86, 87, 109, 222
Ventė 140
Ventės ragas 86, 140, 222
Ventland 85
Ventspilis 86, 87, 222
vepsai 95
Veršvai 142
veruliai 51
Verulynas 44
vesj 95
Vestfalija 65, 224
vestgotai 19, 21, 38, 66, 105, 121, 163, 198, 239, 253
vibionai 55
vyčiai 55
vidivarijai 44, 54, 55
Viduržemio jūra 53, 118, 127, 188, 191
Vidzemė 55

vikingai 18, 24, 41, 44, 64, 93, 94, 127, 146, 214, 243
vilčiai 78
Vilgerassa 123
vilinai 87
Viljandi 88
vilkai 27, 58, 122, 124, 178, 239
villa sacra 143
Vilnia 88, 143, 242
Vilnius 35, 66, 68, 74, 77, 88, 93, 116, 117, 119, 133, 140, 141, 142, 143, 147, 148, 149, 153, 154, 159, 161, 162, 163, 166, 170, 171, 172, 173, 174, 175, 177, 179, 181, 184, 185, 212, 224, 227, 236, 237, 238, 242
vindai 78
vindelikai 85
Vineta 86
Vinidi 85
vinilai 85, 87
vinitai 86
vinuliai 85, 86
Virušgielas 123
virvelinė keramika 16
Visbis 224
visi gotai 19, 239, 253
visigotai 61, 121, 171, 209
Viskiautai 94
Vysla 17, 20, 32, 36, 38, 44, 47, 48, 52, 54, 55, 56, 57, 61, 64, 77, 79, 84, 85, 86, 89, 91, 94, 100, 105, 108, 109, 112, 113, 119, 120, 133, 135, 149, 150, 154, 162, 170, 171, 172, 173, 176, 182, 183, 185, 192, 194, 195, 197, 200, 201, 205, 212, 213, 214, 218, 228, 231, 233, 238, 244, 251, 254
vyslėnai 71, 155
Vysocka kultūra 58, 179
Vistula 50, 57, 120, 149, 150, 205
Vištytis 157
vitbionai 55
Vitė 55,

Vitebskas 55
vitingai 54, 55, 81
Vitlandija 54, 55
Vitsby 55
Vitsbis 55
Vladimiras 76
vodj 96
Vokės upė 93
vokiečiai 19, 21, 54, 66, 70, 85, 86, 93, 99,
   108, 113, 119, 124, 128, 137, 145, 151,
   152, 160, 185, 190, 195, 197, 208, 213, 216
Vokietija 13, 32, 42, 51, 54, 64, 78, 79, 92,
   105, 114, 121, 124, 152, 167, 185, 187,
   194, 214, 221, 222, 231, 232, 240, 250
Volga 15, 35, 36, 57, 65, 88, 147, 150, 182,
Volynė 58, 88
volynėnai 87
Volkoviskas 69
Vorpilis 44
Vorusnė 44
Voruta 44, 84, 130
Votai 86

W
Waeringen 44
Wallia 92
Wendlas 44
Weonodland 85
Werlam 44, 51
Werlem 44
Wernas 44
Wes 94
Wessex 106
Widsith 11, 24, 35, 44, 67, 181, 243
Wielbarko kultūra 107
Wilovense 87
Wiltzi 78
Windlandia 85

Wiscele 74, 174
Witingorum 55
Witland 54
Wolgastiensi 35, 182

Z
Zambia 45
zanavykai 178, 204
Zapyškis 115, 141, 246
zarubiniecai 80, 81
Zilionis 48, 183
Zlina 49, 184, 202
Zudna 46

Ž
Žalgirio mūšis 176, 201
žalvario amžius 16, 19
Žeberklai 95
Želva 32
žemaičiai 19, 20, 36, 42, 43, 47, 57, 66, 73,
   74, 100, 115, 124, 126, 129, 134, 135, 140,
   141, 149, 157, 174, 177, 190, 193, 207,
   219, 246
Žemaitija 20, 23, 33, 37, 42, 46, 47, 56, 64,
   67, 87, 94, 107, 114, 115, 119, 124, 125,
   127, 135, 142, 161, 166, 183, 219, 234, 243
Žemgala 39, 43, 56, 67, 114, 135, 190, 219
Žemgalė 43
žemgaliai 48, 49, 70, 135, 159, 184, 185, 220
Žemija 33, 43, 177, 190
Žemoji Getija 42, 64, 100, 114, 161, 190,
   208, 234
žydai 63, 97, 98, 216, 253
Žiemgala 38, 43, 114, 135
Žilonis 49
Žyniai 42, 140, 147, 149, 191, 226, 248
Žynių kaimas 140
Žucevo kultūra 16

Asmenvardžiai

A
Abaris, Abarius 28, 149
Abraomas 62, 194, 208
Adalbertas, šv. 234
Adelungas Johanas 54
Albilas 234
Albis 234
Albrechtas 85
Aleksandras, kunigaikštis 58, 179
Alfonsas VI 191
Alfonsas X 151, 152, 191, 198
Algimantas 245
Algirdas, kunigaikštis 197
Algis 245
Almanis 54
Almantas 54
Almonaitis Vytenis 128
Alseikaitė-Gimbutienė Marija 178, 179, 187, 192, 204
Amaliai 126
Ambrazas 157
Ambraziejienė Rasa 115
Ambraziejus, šv. 157
Aminasunta, karalienė 235
Ammunas 62
Anastasijus, imperatorius 231, 239
Andriejus 76
Anittas 62
Ansgaras, šv. 47, 192
Antonievičius Ježis 33, 49, 198
Aordas 232
Apelionis 139, 145
Apolonas 26, 27, 136, 139, 143, 145, 148, 149, 243
Ariabignes 168
Arioramnes 168
Atila 23, 24, 25, 78, 82, 97, 103, 145, 210, 246

Atis 25
Augustas, valdovas 241
Auskaras 142
Austrijietis Filipas 52, 66, 85, 92, 93, 177, 189

B
Balinskis Mykolas 141
Baranauskas Tomas 128
Baronas D. 111
Basanavičius Jonas 18, 24, 29, 43, 46, 47, 48, 50, 51, 53, 55, 63, 64, 65, 67, 68, 70, 71, 72, 74, 76, 77, 85, 88, 99, 105, 106, 112, 123, 128, 136, 138, 154, 155, 159, 160, 165, 166, 167, 174, 184, 185, 186, 190, 192, 193, 194, 199, 200, 208, 212, 214, 215, 216, 217, 218, 219, 220, 250, 252, 253
Batūra Romas 55, 91
Beda 31, 168, 187
Belizarijus 123, 131
Beresnevičius Gintaras 126, 128, 160
Berichas, karalius 233
Bertiniani (Bertinijus) 81
Bielskis Marcinas 56, 64, 65, 82, 83, 84, 85, 112, 181, 210
Bieniakas J. 49, 184
Byzantinus Stephanus 17
Bleda, karvedys 234
Bliujienė A. 126
Bogufalas 67, 72, 105, 155, 156
Bohušas Ksaveras (Bohush Xawier) 112, 118, 199
Boleslovas 86
Boleslovas Gėdingasis 69
Bonfantė Džulianas 21
Brėmenietis Adomas (Bremen Adam von) 21, 32, 169, 185, 190, 191
Brenas 40

Briusovas Aleksandras 15, 16, 95
Brunonas, šv. 24, 184
Brutenis 32
Būga Kazimieras 18, 29, 34, 47, 74, 136, 186, 193, 201, 213
Burebista 156
Butkus Alvydas 111
Butkus D. 126

C
Cesari 38, 163
Cezaris Germanikas 41, 189, 204
Cezaris Julijus 39, 41, 63, 64, 83, 164, 211, 215
Chacanus 81
Cluverius 50

Č
Česnys Gintautas 73, 157
Čingis chanas 197

D
D'Ailly, kardinolas 234
Daikovičius H. 65, 69
Dambrauskaitė Teresė 141
Dangerutis 142
Danilovičius J. 200
Dargis 234
Darijus 129, 168
Darvydas 234
Datijas, karalius 232
Daugaila 134
Daugalas 134
Daugėla 134
Daukantas Simonas 17, 18, 23, 32, 36, 42, 46, 47, 50, 51, 53, 66, 67, 69, 70, 74, 83, 89, 90, 97, 99, 130, 135, 139, 140, 141, 151, 174, 177, 193, 207, 218, 220, 240
Davidas Lukas 86, 227, 228, 248
Decebalas 156
Denisova Raisa 29

Detlefsenas Ričardas 20, 71, 106, 154, 220, 250
Dillon M. 204
Diodoras 26, 27, 39, 40, 41, 91, 147, 148, 189
Divonis 30, 31, 52, 57, 74, 84, 96, 149, 186, 224, 225, 227, 228, 229, 233
Diwoynis 227
Dywonoys 227
Dlugošas Janas 30, 50, 52, 69, 70, 143, 159, 176, 186, 201, 220, 252
Dorgilingai 234
Dundulienė Pranė 70, 128, 143, 159, 242
Duridanovas Ivanas 70, 161
Dusburgas Petras (Dusburgietis Petras) 22, 33, 37, 38, 43, 51, 106, 115, 143, 242, 243, 246
Dvornikas Františekas 90, 170
Dzierzva 67

E
Ebertas Maksas 91, 170
Edukonas 46, 177
Einhardas 17, 78, 87
Elemantas 234
Elemundas, karalius 234
Embrasas 157
Eratostenas 20, 188, 205
Erdvilas, kunigaikštis 142
Ermanarikas (Ermanarichas) 110, 221, 241

F
Stiprusis Fingbogas 81
Flacco (Flakas) 187
Floamanas 81
Foigtas Johanas (Voigt Johannes) 32, 54, 56, 72, 85, 86, 155
Frydrichas 79

G
Gaerte Vilhelmas 18, 190

Galas 33
Galas Anonimas 49, 184
Galindo 38, 121, 163
Gasparas 182
Gedetas 33, 177
Gedgaudas Česlovas 22, 23, 26, 31, 44, 48, 51, 64, 66, 68, 81, 82, 94, 103, 104, 107, 112, 116, 128, 139, 144, 145, 146, 164, 166, 187, 195, 207, 215, 243, 252
Gediminas 56, 106, 207
Gelonas, pusdievis 39
Genzelis Bronislovas 41, 190
Gerasimovas Michailas 15
Germanarikas 66, 109, 129, 163, 175, 214, 218, 221
Gerulaitis 50, 133
Gerulis 133
Gibimeras 234
Girėnas 50, 124
Girininkas Algirdas 12, 127, 128, 205
Girininkienė V. 12
Girskis 124
Goldsworthy Adrian 63
Gorbačiovas Michailas 197
Gordon R. K. 112
Goselinas 20
Gotz 152
Gramatikas Saksonas 41, 190
Graves Robert (Greivsas Robertas) 26, 27, 148, 174, 242
Gruberis 141
Grunau Simonas 65, 86, 224, 227, 228, 229, 248
Guagninus (Gvaninis) 61, 84, 149, 171
Gudelis Vytautas 130

H
Hakonas 81
Hanibalas 30, 186, 252
Hantilis 62
Haquinas 41

Haraspilis 62
Hartknochas Kristofas 199
Hattusillis 62
Hekatajas iš Abderos 27, 147
Hekatajas iš Mileto 26, 64, 147
Helmoldas 18, 32, 51, 66, 78, 85, 86, 105
Hermanarikas 17, 110
Herodotas 25, 26, 39, 53, 58, 60, 64, 69, 83, 90, 99, 104, 106, 112, 129, 132, 152, 158, 159, 167, 169, 170, 178, 194, 210, 219, 220, 225
Homeras 70, 82, 210
Hrodulf 124
Husovianas Mikalojus 91
Huzzijas 62

I
Ibrahimas Ibn Jakubas 32, 87
Idrisi 35, 212
Iglona 39
Igoris, kunigaikštis 244
Ildiges 234
Imbrasas 157
Inocentas IV 140
Ivanovas Viašeslavas 70, 129, 159
Ivaras 47, 192

J
Jakobis Bernardas 148
Janas 112
Janis 112
Jaunius Kazimieras 18
Jedimin 106
Jiffy Hady 215
Jogaila 36, 134, 142, 207, 209, 246
Jogalas 134, 209
Jogėla 134, 209
Jogilas 36, 134
Jokubauskas Juozas 132, 137, 144
Jonas 112
Jones Prudence 180

Jordanas 17, 38, 44, 55, 65, 66, 77, 78, 107,
112, 113, 163, 221, 231, 233, 234, 238,
239, 240
Jovaiša Eugenijus 12, 103, 107, 108, 109, 110
Jurginis Juozas 149, 150, 172, 173, 186, 199,
200, 205, 224, 227, 228, 229
Justinianas 123, 126, 131, 175, 213, 218,
222, 226, 230, 231, 233, 254

K
Kadlubekas 36, 56, 67, 68, 70, 72, 80, 155,
159, 182, 220
Kanutas 41, 190
Karaliūnas Simas 32, 112
Karamzinas 55
Karigaila 208
Karijotas 197, 207, 208
Karolis Didysis 24
Kasiodoras 17
Kazimieras, karalius 72, 105, 155, 213
Kazlauskas Jonas 47, 129, 160, 193
Keraunas Ptolomėjas 40
Kežinaitis P. 142
Kimbrys 221, 225
Kleinas Danielius 25, 143
Klemensas IV 29
Klengel E. ir H. 62
Klimas Petras 18, 38, 163
Kocebiu (Kotzebue) 31, 77, 187
Koleva T. A. 28
Kolumbas 111
Komitis Marcelinas 51
Krečmeris Paulius 122
Kristijonas vyskupas 30, 31, 84, 172, 189,
224, 225, 227, 228, 229
Kromeris Marcinas 70, 85, 159, 220
Ksenofontas iš Lampsako 20
Kudaba Česlovas 140
Kulikauskas Pranas 163
Kuzavinis Kazimieras 121, 207

L
Labarnas 62
Ladaslavas 78
Landsbergis Vytautas 197
Lasickis Jonas 25
Latvis Henrikas 22
Laurinavičius Jonas 128, 129, 130
Lazius Wolfgangas 50
Lekomceva M. 70, 160
Lelevelis Joachimas 33, 35, 51, 113, 167,
182, 188, 203
Leškas III 207
Leško, karalius 36, 41, 67, 182, 190
Levderis 234
Libencelė 143
Lietuvis Mykolas 80
Ligurinas Gunteris 36, 159, 182
Lipovka Jurijus 132, 138, 240
Liubartas 34
Liubertaitė Pranciška Regina 132, 153, 198
Liudvikas 23, 137
Liudvikas Pamaldusis 81
Liugaila 34
Lothekontas 93
Lovmianskis Henrikas 53
Ludovicus 81
Lundijus Karolis 105
Luprechtas 33, 177

M
Makedonietis Aleksandras 83, 210, 222
Malabatas 50
Marcelinus Amianas 35, 57, 89, 113, 149,
173, 205
Maslavas 72, 105, 155
Maso 58, 179, 229
Masos 74
Matzo (Mazas) 229
Mažiulis Vytautas 32
Medėja 167
Mela Pomponijus 36, 40, 47, 58, 61, 73, 89,

91, 113, 147, 150, 154, 166, 167, 171, 172, 173, 176, 178, 182, 192, 203, 205, 253
Mėlynadantis Haroldas 41, 190
Meška 87
Metodijus ir Kirilas 248
Michovis Mathias de (Miechovita) 30, 65, 84, 85, 186, 252
Midas 27, 62, 148
Mieška 87
Mikailionis Vaclovas 128
Mindaugas 22, 44, 45, 67, 98, 106, 136, 138, 139, 145, 149, 194, 205, 242, 243
Minelga 245
Mitrofanovas A. G. 171
Miulenhofas 88
Modzelevskis Karolis 127
Mommsenas Teodoras 152
Monte 93
Moronas Guillermas 151, 152
Mstislavas Vladimirovičius 76
Mullenhoff 88
Muromecas Ilja 95
Mursilis 62

N
Nalepa J. 39
Narbutas Teodoras 17, 18, 24, 25, 28, 31, 32, 38, 39, 42, 44, 45, 47, 50, 54, 56, 58, 67, 72, 80, 81, 83, 89, 93, 97, 99, 105, 140, 141, 143, 147, 155, 159, 163, 172, 173, 179, 180, 182, 187, 193, 200, 201, 214
Narimantas 180
Naruševičius Adomas 24
Narvilas 180
Nerijus 180
Nermanas Birgenas 192
Neronas, imperatorius 246
Neselmanas Georgas 21
Nestoras 44, 58, 76, 94, 179
Niderlė Luboras 58
Nievojska Irena 20

Nikanorovas 48, 58, 76, 179
Nikitinas A. 41, 190
Norkūnas A. 121, 128

O
Oakeshott R. E. 60, 170
Ochmanskis Ježis 23, 82, 84, 87, 199
Odinas 18, 94, 238, 253
Odoakras 24, 52, 97, 108, 114, 120, 121, 152, 174, 213, 218, 226, 234, 238, 253, 254
Oktavianas Augustas 71, 154, 250
Olga, kunigaikštienė 244, 245
Ombrasas 157
Onaiko N. A. 27, 149
Optaris 234
Orozijus 17, 65
Ortelius A. 186
Osienglovskis 35, 65, 182
Otrembskis Janas 32
Oukšotas 170
Ox (Oksas) 231, 232

P
Pakarklis Povilas 43, 67, 134, 135, 177, 190
Palemonas 126, 213, 246
Palmaitis Letas 128
Panietis Priskas 97
Pastorijus Joachimas 78
Patackas Algirdas 103, 111, 113, 114, 115, 128, 244
Pausanijus 25
Pennick Nigel 180
Percas (Pertz) 72, 155
Pidal Ramon Menendez 152
Pidzas 234
Pijus II 74, 174
Pindaras 26
Pitėjas iš Masilijos 17, 20, 188, 204, 205
Pithanas 62
Pitzas 234
Plinijus 20, 23, 41, 50, 53, 58, 83, 85, 120,

147, 156, 179, 188, 189
Polibijus 82, 210
Porfirogenetas Konstantinas (Porphyrogenneto) 76
Praetorius 141, 143
Pretorijus Motiejus 141
Procopius 131
Prokopijus iš Cesarėjos 123, 131, 166, 200, 213, 222, 227, 230, 231, 232, 233, 234, 235, 239, 254
Prusias 30, 186, 252
Prūsijas 186, 252
Prutenis 32
Ptolemajas 18, 27, 31, 38, 40, 46, 47, 48, 53, 55, 56, 57, 84, 87, 88, 89, 96, 103, 108, 109, 110, 119, 135, 137, 140, 149, 150, 162, 164, 172, 175, 183, 184, 185, 187, 192, 194, 195, 200, 201, 205, 208, 213, 219, 238, 242, 244, 253
Ptolemajas Klaudijus 140

R
Račiūnas Pranciškus 84, 140
Račkus Aleksandras 18, 50, 66, 67, 124, 125, 135, 164, 199, 208, 218, 252, 253
Radigis 234
Radvila 122, 124, 197, 208, 237, 239
Radvilkas 122, 197, 225, 239, 254
Raulinaitis A. 90, 141, 170, 171
Recimantas 234
Rybakovas Borisas 112
Rimantienė Rimutė 47, 94, 192
Rimbertas, vyskupas 47, 94, 192
Rimša Vytautas 132, 138, 160, 161, 252
Riškus Vaidutis 84
Riurikas 76
Roda, karalius 239
Roderikas, karvedys (Roderikis) 234
Rodulfas 131, 231
Rodvulfas (Rodwulfas) 122, 124, 131, 197, 208, 225, 231, 239, 254

Romulas Augustas 24, 108, 114, 120
Rudnickis M. 32
Rudolfas 124, 197, 208
Ruscelli 107

S
Sabelikas 78
Samilus 43, 190
Samulis 43, 190
Samušis 43, 190
Saulevičius Saulius 185
Savukynas Bronius 207
Schutz 143
Sclaomir 78
Seibutis Algirdas 13
Serebrenikovas B. A. 70, 159
Sicilietis Diodoras 39, 41, 91, 189
Sikulas Diodoras 26
Silvijus Enėjus 74, 174
Sisigis 234
Skalvyras (SKelvIras) 45
Skirgaila 86, 108, 121
Skirius 121
Skirmantas 108, 121, 238
Sklavomiras 78
Skomantas 68, 176
Smirnovas J. 70, 160
Solinis Julijus 58, 63, 65, 71, 89, 93, 147, 154, 166, 172, 178
Soltzbach Marquardum 86
Stalinas 173
Statkutė-Rosales Jūratė 19, 103, 104, 107, 109, 111, 113, 114, 125, 127, 128, 129, 132, 133, 151, 153, 164, 165, 191, 194, 195, 198
Stela Erazmas 31, 89, 119, 172, 187, 200
Steponaitis V. 126
Strabonas 17, 64, 71, 112, 154, 156, 210
Strijkovskis Motiejus 25, 32, 52, 55, 61, 66, 85, 92, 143, 171, 200, 222, 246
Stritter 89, 172

Sudas 86
Sudimuntas 53
Sulimirskis Tadeušas 179
Suppiluliumas 62
Svaruazas 123, 233
Svatuas 123, 233
Svatuazas 123, 131, 233

Š
Šafarikas Pavelas 23, 64, 85, 88
Šafranskis Vlodzimiežas 58, 63, 166, 179
Šedijus Elijas 40, 42, 44, 51
Šeduikis Č. 163
Šiucas (Schutz) 143
Šliavas Juozas 47, 193, 203
Šmitas Pėteris 58, 179
Šuchartas Karlas 148

T
Tabornas 62
Tacitas Kornelijus 17, 23, 31, 32, 35, 42, 43, 45, 53, 58, 61, 63, 65, 83, 85, 91, 92, 93, 96, 99, 100, 110, 134, 166, 171, 175, 179, 180, 181, 187, 200, 204, 211, 213, 218, 222
Tarasenka Petras 71, 161
Tarkvilas Sventonijus 85
Tarvyd E.. 22, 112, 153
Tarvydas Algirdas 112
Tarvydas Stanislovas 22, 242
Telipinus 62
Teodebertas, karalius 234
Teodora 131, 230
Teodorikas Didysis 17, 53, 73, 109, 110, 121, 126, 152, 174, 214, 221, 227, 231, 239, 240, 241, 254
Teofilis 81
Terleckas Vladas 128
Teudotas 224
Tevdis 234
Thioderikas 51
Thuanus 78

Timaeus (Timajus) 20, 188
Tioderikas 55, 65
Tiškevičius J. 49, 184
Tochtamyšas 197
Todasijus, karalius 232
Toporovas Vladimiras 38, 43, 70, 88, 103, 112, 114, 116, 121, 129, 159, 163, 190
Torismundus 53
Torkilingai 238, 254
Totila, karalius 234
Traidenis 33
Trajanas 51, 71, 104, 156, 159, 220, 240, 250, 251
Trakas 105
Trakelis 105
Trakimas 105
Traknys 105
Trakomaitis 105
Trazymund 54
Trubačiovas Olegas 32, 88
Tuanas 78, 80
Turnvaldas K. 24
Tuthalijas 62
Tuvaitis 62

U
Uliaris, karvedys 234
Uligisalas 234
Umbrasas 157
Unamuno Don Miguel de 152
Unilas 234

V
Vaces, karalius 234
Vadingas L. 56
Vaičiūnas Albinas 178
Vaidevutis 32, 89, 189, 190, 220, 224, 225, 226, 233, 234, 238, 239, 241, 248, 254
Vaillant 38, 163
Vaina Juozas 112
Vaišelga 245

Vaišvila Gediminas 22
Vaitiekus, šv. 85, 234
Valaris (Valiaris) 234
Valdaras 234
Valerijus Flakas (Flacco) 31, 187
Valiukevičius Gintaras 132
Valuzianas 83
Vanagas Aleksandras 92, 119, 163, 176
Vankina L. 15
Vartbergė Hermanas 67
Varumonių Rikis 64, 66, 112, 166
Vasmeris Maksas 122
Vaškelis Kęstutis 119
Velas 234
Vėlius Norbertas 25, 191
Venclova J. 199
Vercingetorix 63
Vergilijus 64
Vernadsky G. 60
Viačeslavas 76
Videvutas 186
Vigilijus, popiežius 224
Vilinbachovas V. 87
Vipsanius Agrippa (Agrippa) 71, 154, 220, 250
Vyšniauskienė Nijolė 132, 137
Vytautas Didysis 46, 64, 68, 86, 98, 107, 112, 115, 129, 132, 135, 136, 141, 160, 165, 167, 177, 205, 208, 235
Vytenis, kunigaikštis 247
Vladimiras 33
Vladislavas 78
Vodanas 94
Voluzianas 38, 163
Vsevolodas 76
Vulfila 129, 221, 239
Vulfstanas 18, 28, 54, 85

W
Walde 22, 242

Z
Zamolxis 112
Zareckienė Dalija 141
Zeusas (Zeuss) 67, 88, 240
Zidantas 62
Zinkevičius Zigmas 132, 133, 134, 135, 136, 138, 179

Ž
Žilėnas 49, 183
Žilinskas J. 163
Žilionis 49, 183
Žučkevičius V. 82, 88
Žurekas J. 16

Rimantas Matulis
LIETUVIŲ TAUTOS KILMĖ
Istorinės apybraižos

Išleido leidykla „Charibdė"
S. Konarskio g. 49, 03123 Vilnius
www.charibde.lt
Spausdino AB Spauda
Laisvės prospektas 60, 05120 Vilnius
www.spauda.com